中華民國建國七十年紀念

中華民國建國七十年紀念叢書

我國社會的變遷與發展

朱岑樓 主編

三民書局印行

行政院新聞局登記證局版臺業字第〇二〇〇號

中華民國七十年十月初版

（中華民國建國七十年紀念叢書）

我國社會的變遷與發展

主　編　朱岑樓

發行人　劉振強

出版者　三民書局股份有限公司

印刷者　三民書局股份有限公司
　　　　臺北市重慶南路一段六十一號
　　　　郵政劃撥九九九八號

基本定價　捌元捌角玖分

中華民國建國七十年紀念叢書序

　　為慶祝中華民國建國七十年，全國圖書出版界編印了「中華民國建國七十年紀念叢書」，以表達出版業者愛國的熱忱。這部叢書的發行，將使中華民國建國以來各方面的發展情形，尤其是復興基地三十年來的建設成就，更廣泛深入地為世人所知，以建立「中國的希望在臺灣，中國的未來在三民主義」的共識；並期有助於早日貫澈以三民主義統一中國的大業。

　　「中華民國建國七十年紀念叢書」的編印，由中華民國圖書出版事業協會於民國六十八年八月，在行政院新聞局輔導下，發起籌劃；並組成「中華民國建國七十年紀念叢書編印委員會」，公推維新書局發行人蔣紀周先生負責編務輯稿工作。

　　該叢書共分為「文化」、「教育」、「政治」、「軍事」、「社會」暨「經濟」等六大類，分由中國文化大學出版部負責「文化類」、廣文書局負責「政治類」及「教育類」、黎明文化事業公司負責「軍事類」、三民書局負責「社會類」、世界書局負責「經濟類」之編輯工作，經大家通力合作，克服許多困難，在建國七十年國慶前夕終於完成出版。

　　這一套三百廿餘萬字深具時代意義叢書的出版，是國內出版界的一件大事。尤其年來由於世界性能源短缺，造成業者資金困絀，出版界仍能不計盈虧，毅然全力貫澈編印工作，其團結愛國的熱忱，以及獻身文化建設的敬業精神，值得欽敬。

綜覽該叢書內容，不僅涵蓋面相當廣泛，同時也能作深入的延伸。確能勗勉國人效法先賢堅忍奮鬥的精神，和爲國爲民服務的志行；同時更對政府貫澈三民主義，建設臺、澎、金、馬爲自立自強、民主自由、安和樂利、屹立不移的復興基地，獲得明確的認識。

值此各類叢書出版之際，本人能爲此一巨構作序，深引爲榮；並藉此向全國出版界及所有參與工作人士，致誠摯的敬意。

宋　楚　瑜
中華民國七十年九月

序

　　中華民國締造維艱，回顧 70 年來，遭遇亘古未有的挑戰，面臨一次又一次的考驗，通過一道又一道的難關，有光榮的勝利，也有屈辱的挫敗；有哭泣，也有歡笑；有突梯滑稽，也有莊嚴肅穆：總之這一齣民族歷史劇在波瀾壯闊地展現着。我國遠在 140 年前，已開始爲現代化而努力，蔡文輝教授爲此一悠長的歷程作簡明扼要的回顧與前瞻，故將其大作「我國現代化努力的過去、現在與將來」列爲首篇，爲本書「我國社會的變遷與發展」揭開序幕。

　　現代化、工業化、西方化這三個概念，常被人混作一團。好像是「一氣化三清」，用不着分彼此。本文首先予以區別，謂現代化是一種包括社會、文化、工藝技術、宗教、政治、經濟等方面的全盤性變遷，而工業化的範圍比較窄，侷限於經濟發展與工藝技術改進方面的變遷，至於西方化則指全力接納及模倣西方文明社會制度的一種變遷方式。我國尋求現代化的努力，應追溯到 19 世紀後半期，在過去140 年期間內，可以分爲四個階段：

　　(1)被動局部西化階段—1840～1842年的中英鴉片戰爭，可以說是我國現代化的開端。清廷於大敗之餘，求其轉弱爲強，作局部性變革，其現代化範圍僅限於軍事方面，如造船、製礮、築港、設電報局，派學生留洋等。

　　(2)維新與革命階段—1895年的中日甲午戰役，是我國由局部西化運動轉向急速全盤西方的轉捩點。康有爲所倡導的「維新運動」，因

〔 1 〕

慈禧太后再度臨朝聽政而完全失敗。　　國父於1896年成立「興中會」，領導革命，終於 1911 年武昌起義，推翻滿清政權，建立民國，爲我國現代化帶來新的希望。

(3)民國混亂紛歧階段──由於民國初年政治不穩定，軍閥橫行，中原板盪，而知識界充滿着各式各樣的學說：全盤西化論、復古運動、社會主義、共產主義、無政府主義、君主立憲、民主立憲等，百家爭鳴，彼起此落。當政者無所適從，朝令夕改，現代化不僅一事無成，而新舊知識分子間的激烈衝突，嚴厲攻訐，亂成一團糟，加上八年抗日的難苦戰爭，現代化運動幾乎全部停頓。中日戰後緊跟着共黨叛亂，竊據大陸，國民政府於 1949 年退守臺灣。

(4)臺灣繁榮富裕階段──自 1949 年迄今三十餘年內，我國的現代化過程，出現兩種不同的現象，隔海相望，對比鮮明：一是臺灣由農業經濟社會邁進了工業經濟社會，貧窮落後一變而爲進步繁榮，相反地，大陸上仍停滯於古老衰敗的階段，民不聊生，前途一片黑暗，從此可以明顯地看出政治領袖在現代化過程中扮演很重要的角色。

本文的主要論點是強調臺灣的現代化是我國 140 年來努力於現代化的結晶，故在題目上特別標明，從過去到現在，爲未來我國現代化歷程鋪下了前進的路基，主要是經由經濟工業化而邁進社會現代化，而成功的關鍵，根據以往的歷史經驗，端賴於下列因素：(1)穩定的政治，(2)具有現代化眼光的政治領袖，(3)普及的教育，(4)勤奮努力的人民，(5)和諧穩定的社會結構。

范珍輝敎授在「我國社會政策的發展與特性」內，明白指出我國建國 70 年所推行的社會政策，是以民生主義社會福利思想爲基礎。而民生主義是　國父手創的，先總統　蔣公是　國父的繼承者，於是

將　國父及　蔣公的社會政策思想歸納出五個「標竿」(所謂「標竿」
是衡量的理想尺度或標準)：

(1)社會政策為解決或對付民生問題(或社會問題)的基本原則。

(2)社會福利的推行基於同胞愛和人道主義，但應以全體人民為對
象。

(3)社會福利的推行，應重視積極的輔導，兼顧各業的利益。

(4)社會政策的推行，應配合經濟制度的改革。

(5)政府應發揮萬能政府的威力，為全國人民謀幸福。

依此「標竿」，得知我國早期的社會政策，在民生主義的大前提
下，只作原則性的指示，直至民國 18 年所訂立的「訓政時期國民政
府施政綱領」，才開始賦予較具體的內容。

抗日戰爭勝利後國民黨六全大會所頒布的「四大政策綱領」，包
括人口政策、農業發展、工業發展、福利服務等方案，是一項劃時代
的社會政策，相當充實完備，成為復興基地社會建設的藍本。

政府在臺灣所訂頒的社會政策，主要者有「民生主義現階段社會
政策」、「現階段社會建設綱領」、「現階段加強國民就業輔導工作
綱領」、「現階段農村經濟建設綱領」、「保障勞工利益、改善勞工
生活重要措施」及「復興基地重要建設方針」。此六者相輔相成，互
為配合，但也有許多值得斟酌的地方。

進步是沒有止境的，最後建議：在政府部門或國民黨本部設立永
久性社會政策委員會，從事於社會政策的研究、發展及策進工作，以
充分發揮民生主義的精神。

席汝楫教授以我國的卓越成就為例，來進行社會發展與經濟發展
的比較分析。首先將生活水準和生活品質予以區別：謂前者係指人類

基本需要獲得滿足的程度，後者則是人類在生活環境中對所有事物滿意的程度。

識字率、嬰兒死亡率、預期壽年三者能正確地反應生活品質的良窳。將此三者合併計算之，則稱為「實質生活品質指數」(Physical Quality of Life Index, 簡稱 PQLI)。用臺灣地區 30 年來的資料，計算其「實質生活品質指數」，藉以指明我國實行三民主義，推行經濟建設，在社會發展方面所獲得的豐碩成果。

再以平均國民生產毛額、實質生活品質、政治自由指標三者，編成綜合指數，進行132個國家間的經濟、社會及政治發展的比較，分別計算其相關係數，並作「跋蹊分析」(path analysis)，以確立三者間的因果關係。此是目前社會學研究社會變遷現象的重要方法之一，值得讀者細心閱讀。

葉啓政教授對中國文化在臺灣的發展作一番細心檢討。所撰之文都五萬餘言，是本論文集內最長的一篇，共含九節，前三節就文化的概念、學理及方法論，作一般性的舖陳，目的是把作者本身的認知架構及研究方法展示出來，讓讀者去體會和瞭解。其中最重要的一點是：告訴讀者要認清一個社會現象，必須考慮到的有三點：(1)時間性(temporality)，(2)空間性(spatiality)，(3)典範性 (paradigmaticality)。換一句話說：社會內的個人如何建構他們的社會，乃隨着不同的時代背景、不同的文化區位環境、不同的認知典範，而有其差異。我們想要瞭解臺灣 30 多年來的臺灣文化現象，必須認識清楚臺灣「空間」在這段「時間」內的一些基本特徵。

臺灣曾經歷荷蘭、西班牙、日本等外族的統治，再加上山胞原有的文化，於是成為多種文化的輻輳地區，呈現多元的性格。自從民國

38年國民政府播遷臺灣以來，全中國各省人口紛紛渡海而至，菁英薈萃，各種不同的口音與風俗習慣，也都在臺灣出現，紛然雜陳，遂使臺灣成爲中國各種次文化（sub-cultures）的一個展現所。在此種多變的豐富的歷史背景下，臺灣成爲多種文化的理想實驗室，也可能成爲締造新中國文化的發祥地。

　　經過 30 多年的努力，臺灣的經濟成長相當迅速，國民所得逐年繼續上升，物質生活水準大爲改善，使得 30 年前的臺灣跟 30 年後的臺灣，宛若兩個不同的世界。無疑地，社會上普遍接受了經濟化社會化社會發展的意識型態，一般人也肯定了經濟成長的社會價值。但問題是：經濟發展除了提供更「多」、更「好」的物質生活條件，又爲我們帶來甚麼樣的其他後果？尤其對文化發展有何影響？作者憂心忡忡地爲我國文化的平凡化和商品化而提出五點警告：(1)策略性實用科技知識的發展，駕凌於共識性人文藝術知識的發展，(2)外來文化的移植色彩濃厚，聲勢煊赫，本土傳統文化備受威脅，有日趨式微之勢，(3)文化的創造和使用，因階層不同而呈現區間隔離化，(4)平凡商品文化充斥，大眾生趣文化猖獗，而人文藝術性精緻文化退縮枯萎，(5)社會中正統意識甚爲明顯，成爲主導文化的最終指導，因而窒息人文藝術性精緻文化。

　　吳自甦敎授在「我國倫理思想的演進與發展」中，首先肯定五倫是我國倫理思想的核心。舜命契爲司徒（卽今之敎育部長），布五倫之敎。此爲我國五倫之最早出處。孟子解釋爲：「父子有親，君臣有義，夫婦有別，長幼有序，朋友有信。」

　　孔子倫理思想的焦點在「仁」，亦爲「中道」的發揚。「中」的原始概念，乃悟於人獸之別，締造一夫一婦的倫理關係，爲文化道德

生活的開端。由男女基倫而推至父子、兄弟、朋友、君臣等倫。

荀子言性惡，然性可化，而僞日起，僞起則禮義生。謂禮有三本：天地者生之本，先祖者類之本，君師者治之本。故其學說依然是闡發儒門的人倫至理。

道家思想是被視爲反社會的、反正統的，實則並未眞正遠離倫常原則。墨家主兼愛，並將五倫以及其他人際關係，概以「君臣」爲一規範，以求「同天下之義」。法家的倫理思想，像墨家一樣，特別重視君臣關係。

漢初學派紛然雜陳，有陰陽、儒、墨、名、法、道德諸家，惟儒者「列君臣父子之禮，序夫婦長幼之別，雖有百家弗能易也。」（司馬談「六家要旨」）。漢武帝罷黜百家，獨尊儒術，使儒家倫理思想在我國文化中取得正統地位。唐之韓愈以衛道者自命，特別推崇大學、孟子，使儒家倫理思想更爲光大。宋代新儒學，以傳統經學爲父，佛學中國化爲母，服膺韓愈的「原道」，繼承孟子的正統，薪火相傳，求安身立命，開萬世太平。

南宋祚滅，蒙古入主華夏，元朝賤視儒者，其地位淪於娼與丐之間，代表着傳統文化與倫理道德的慘遭摧殘。明代王陽明倡知行合一，致良知，化理學爲心學，使我國倫理於寒冬之後，奇葩突現，吐馥揚芬。滿清漢化，使儒家倫理深入民間。

先總統　蔣公在臺灣領導文化復興運動，勉勵全國人民實踐倫理道德，使國家社會臻於安和樂利之境。

楊國樞教授在「中國人性格與行爲的形成及蛻變」中，提出一套兼具理論意義和實徵內涵的架構，用以描摹與說明中國人的性格與行爲的形成及蛻變。近 30 年來，臺灣從農業社會進入工業社會，此一

現代化歷程所造成的經濟型態的變遷，不僅改變我國的社會結構，同時也給予社會化方式以很大的影響，於是引發個人在思想、性格、行爲等方面的蛻變。

本文的基本觀點是以文化生態學 (cultural ecology) 和生態心理學 (ecological psychology) 爲其基礎，分爲四方面，用對照的方式，將我國傳統社會和現代社會互相比對，以進行說明和討論：

第一方面是宜農的生態環境和宜工的生態環境，列舉特徵六點。

第二方面是農業社會結構和工業社會結構，列舉特徵五點。

第三方面是傳統社會化方式和現代社會化方式，列舉特徵七點。

第四方面是傳統性格及行爲和現代性格及行爲，列舉特徵十點。

各方面所舉的一些特徵，大多數不是一反一正，壁壘分明，而是互相關聯，爲一雙極變項 (bipolar variable) 的兩端。

拙文「中國家庭組織的演變」是「中國婚姻家庭的變遷」的縮小。原計劃以問卷調查所統計得出的變遷項目爲基準，從中擇其重要者八或十項，逐項進行分析討論。統計表上列爲首項的是：夫妻及未婚子女組成的家庭增多，傳統式大家庭相對減少。便以此項開端，寫完計算字數有兩萬多，超過了本書各篇的預定字數，加上本書急於付梓，必須儘快結束，只好暫告一段落。爲了將就內容，不得不把題目範圍縮小，其餘各項重要變遷，只能等以後有機會再動筆了，而拙文的內容，主要爲下述兩點：

第一是關於家庭組織的─累世共居、五代同堂的大家庭，一直是我國人民所嚮往，成爲一種「文化理想」，可是這種大家庭，必有種種有利的社會經濟條件相配合，方得以實現，故自古以來極爲少有，稀若鳳毛麟角，而在現代社會，由於工業化和都市化加速進行，更瀕

於絕跡，而成為一個歷史名詞。於是我們可以說，從古至今，我國社會所普遍採用的家庭組織只有兩種；一種是夫妻子女所組成的小家庭，一種是父母夫妻子女所組成的折衷家庭，未來發展的趨勢，仍然不會有甚麼改變。現今一般人（連同專家學者在內）常說起：「在我國現代社會，小家庭已完全取大家庭而代之。」壓根兒把折衷家庭擱在一邊，這是很不正確的說法。

第二是關於家庭人口的──家庭人口增加，來源有二；一是血親、姻親、僕從、附居者（如叔伯姑姨兄弟姊妹中的鰥寡者）；一是新生嬰兒。大家庭在現代工業都市社會無立足之餘地，前一來源便告枯竭。以往農村社會需要人力從事於生事，以「多子」為福，而工業社會的生產完全依賴機械，人力失去其重要性，於是養育子女由「資產」變成「負債」，父母的「理想子女數」將降至兩個。平均家庭人口三個稍多，而不再是說了幾千年的「八口之家」或「五口之家」。傳統的孝道已植根於我國人民內心深處，將與我國文化同其始終，這也是我國文化最值得自豪的優點。父母與已婚子女之一同居，於是小家庭和折衷家庭平分秋色。此點和前一點所說的家庭組織相呼應，而增加其推斷的可靠性。

我國推行「社區發展」，已有十多年歷史了，成效頗佳，可是有關社區權力結構的研究卻寥若晨星。因此，文崇一敎授在「社區權力結構的變遷」內所提出的研究，彌足珍貴。

我國在帝制時代，社區事務不甚複雜，社區權力分配便非常單純，而現代社會則情形丕變。在民主政體下，地方機構的重要性大大增加，不僅要執行中央的命令，而且要提供政策性意見。

所謂「社區權力結構」，乃是社區權力分配的狀況。美國學者在

此方面作了不少研究，大體將社區權力結構區分為四型；(1)專權型，(2)黨派型，(3)聯盟型，(4)散漫型。本文採用之以說明我國都市、農村、山地三類社區權力結構的變遷。

都市社區的權力結構，由散漫型──→聯盟型──→黨派型，一變再變，脫胎換骨。農村社區原來是散漫型和聯盟型，現在還是散漫型和聯盟型，可以說完全沒有變。山地社區原來是專權型，現在還是專權型，也毫無改變。這可從兩方面解釋之：一方面是農村社區所保留的家族結構及山地社區所保留的氏族結構，都對其社區權力分配產生直接的影響，以致不因現代的政治體係和工業文化的進入，而改變原有的權力結構；另一方面是，即使在現代政治體系和工業文化的衝擊下，農業社區（農村社區和山地區都是農業文化）的權力結構，仍然可以適應新的情境，用不着改變。

瞿海源教授從社會學觀點來分析我國的宗教變遷。謂民國以來，國內社會在宗教方面的變遷，主要受三方面的影響：(1)世俗化的傾向，(2)西方宗教力量的介入，(3)中國局勢的動盪不安。本文對臺灣 30 年的宗教變遷，即從這三方面進行分析和討論。

依其分析結果，臺灣的「宗教區」，大致可分為兩個類型：(1)民間信仰和佛道教為主的地區，包括臺灣以外的漢人居住地區，(2)天主教和基督教占優勢的地區，包括臺北市及高山族居住的地區。這兩個類型之下可再分為若干副區，例如第一類型可分為東部漢人區、西部閩南人區、西部客家人區、澎湖區等，第二類型可分為臺北都會區及高山族居住區。

最後說到：迄至目前止，對臺灣地區整體宗教現象及其變遷，能提出有系統的社會學或人類學的理論性解釋者，尚未之見。下列閩

題：爲甚麼下層民衆不易於擺脫傳統的民間信仰？爲甚麼山胞易於接受西洋的宗敎？社會階層化對宗敎有那些影響及爲何發生這些影響？宗敎變遷與社會政治制度之間有甚麼樣的關係？又與經濟發展有甚麼樣的關係？像這些及其他有關問題，等待我們去尋求證據予以解答。

王維林敎授在「自人口學觀點看我國都市社會」內，用統計數字指出臺灣地區自民國29年以來，都市人口大幅度增加，並用數字表明都市的人口密度、人口年齡分配、經濟活動人口、有業人口、出生率與死亡率、社會流動、通訊率等。在在證明臺灣地區在迅速都市化。而所謂「都市化」，卽是人口集中的過程，也可以解釋爲一種社會進化過程，卽指某一社會隨着時間的變化，在人口組成、人際關係、社會結構、社會價值、社會規範、社會制度等方面也發生變化，其社會結構日趨專門化、複雜化。

蔡宏進敎授在「臺灣的社會經濟發展與人口變遷」內，探討臺灣光復後社會經濟發展對人口變遷的影響，主要有三方面：

(1)生育率的下降——光復之初，自大陸遷移來臺者，多數爲年屆生育的青壯人口，故生育率一度上升，但自 1952 年後，生育率大致呈下降趨勢，在社會經濟發展因素中，有關鍵性影響者有工業發展、敎育發展，都市發展、醫療衛生發展、家庭計劃五項。

(2)城鄉人口在分配上及結構上的改變——隨着工商業的高速度發展，過去 20 餘年來，人口由鄉村大量而快速地向大都會集中，且有許多小鎮，搖身一變，成了大都市，因而都市的人口所占比率越來越大，相反地，縣村的人口所占比率越來越小。而都市及鄉村人口，在年齡及性別結構存在着種種的差異。

(3)死亡水準及結構的變遷——光復後臺灣在死亡方面最重要的改變，是死亡率巨幅下降，其主要因素有下述五項；經濟發展（包括糧食增產、農工技術改進、交通運輸改善，國民收入提高等），醫療進步（公共衛生設施及服務的普及），社會制度改進（各種保會險制度的建立、工作及住宅條件的改進、保健社會運動的推廣等），生活習慣革新（接受預防注射、注重營養等），自然環境改進（自來水供應、住處環境改善等）。

黃大洲教授在「臺灣農村建設的回顧」內，指出 30 多年來，臺灣的農業發展和鄉村建設，確實有長足的進步，得力於政府正確的政策領導以及大量的資源投注。從下列五方面予以說明之：

(1)土地改革——於民國38年先推行「耕地 375 減租」，繼於40、41, 42, 47, 50 年，分五期辦理公地放領，「耕者有其田」的理想終歸實現，不僅舉國農民額手稱慶，同時贏得許多國際人士的讚佩，譽之為遠東實行土地改革的楷模。

(2)農會組織——臺灣農會於民國 42 年改組之後，業務大為改進，不再受商人和地方人士的控制，而由農民自行監督、管理，其業務逐年發展，欣欣向榮，計有供銷業務，信用業務，推廣業務，家畜保險業務等。其貢獻之大者：有配合政府政策、改善農業生產與經營、繁榮農業經濟、培養鄉村領袖、提高農民生活水準等五項。

(3)四年經濟建設——政府自民國 42 年起，廣續實施五期四年經濟計劃，有關農業方面者，是在國家計劃的引導與鼓勵下，獎助農民增加投資，改良技術，以增進農業生產，提高所得，改善生活。並透過農民組織的力量，提供各種服務，使臺灣的農村建設奠下良好的實施基礎。

(4)村里基層建設——爲使農村建設進一步紮根落實，並縮短都市和鄉村發展的差距，政府特別推動社區建設、綜合發展示範村、吾愛吾村等村里基層建設，以改善農民的生產條件和生活環境

(5)農場共同經營和委託經營——共同經營，係指農民在從事作物或牲畜產銷過程中的合作行爲，農民可從中獲得提高經營效益的好處。委託經營則指耕地過小的家庭農場，覺得自己經營不經濟或勞力不足，無法自耕之時，將部分或全部農場委託他人經營之，有下列四項優點：擴大農場經營以促進農業現代化，解決農家農場經營與雇工的困難，有效降低生產成本，提高留農農民農場工作收入及增加離農農民農業以外收入等。

蕭新煌教授在「臺灣農業政策的檢討與展望」內，突破農業經濟學和鄉村社會學的窠臼來進行分析和檢討。

回顧自民國 42～61 年的 20 年來臺灣農業政策，是以農業培養工業。這只是對農業的一種壓榨，結果「瘦了農業，肥了工業。」農業本身雖在「量」方面有所增加，但只能說是「成長」而已，而不是「質」的發展，因爲土改後提出的經濟計劃，一直沒有履行「以工業發展農業」的諾言。農業只被看成「商品」，看成「經濟部門」，沒有以「人」爲本位，充分發展農民的內涵：公平、尊嚴、人道主義、互惠參與等。眞正的農業發展，不能視農民爲手段，而要將農民看成目的。

民國 62 年公布的「農業發展條例」，明定農業現代化爲今後政府所採用的政策。至此，臺灣的農業發展有了可資遵循的基本大法。同時第 6 期四年經建計劃（民國62～65年）標明農工均衡成長的經建策略，以縮短農工間的差距，含有以「公平、平等、福利」等原則爲

內涵的「發展」觀念。

從 60 年代步入 70 年代的 10 年中，臺灣農業農策經歷前所未有的挑戰和調整，也進行一連串的改革，已跨出了很成功的第一步，希望繼續跨出更有力的第二步、第三步。70年代的臺灣便將出現一個眞正的「均富」社會。

最後從鉅視社會學(macro-sociology)觀點，爲臺灣農業政策進行四點分析和解釋：(1)土地政策完成後，農村／農民社會性格的轉變。(2)政府菁英份子對國家現代化的意識型態。(3)工商階層興起，對政府農業政策的影響。(4)美國透過外援，對政府農業政策的影響。

張曉春教授在「近卅年臺閩地區職業結構的變遷」內，首先指出職業是個人、社會、經濟三要素所組成的一個等邊三角形，各據一項點。由三項點至對邊各劃一垂直線，於是在個人方面，才能得以充分發揮；在社會方面，角色能夠適當履行；在經濟方面，報酬可以合理獲得。

至於近 30 年來，臺閩地區職業結構的變遷，根據本文的分析，有下列五項顯著事實：(1)自民國 45～68 年的 35 年內，總就業人數約增加一倍。(2)農林及有關工作者減少24.8%，而女性的減少趨勢大於男性。(3)生產作業及有關工作者，增加11.6%，而女性增加速率高於男性一倍。(4)其他各業，男女同時增長，而女性的增長幅度大於男性。(5)以就業者的性別比較，民國 45 年男與女是 5：1，至民國 68 年，縮小爲 2：1，由此可見婦女勞動力參與率迅速上升，但以 71 年 1 月的情形而言，婦女就業者僅達39.73%，其勞動力尚待開發運用。

以上是本書各篇的撮要介述。今年欣逢我國建國 70 週年，出版

界編印各類紀念叢書，以表慶祝之忱，其中含有軍事、社會、經濟、政治、教育等部份。三民書局總經理劉振強先生一向熱心於出版學術性書籍，是一位很成功的出版家，所印行的好書，難以數計，遇此建國70年大慶，當仁不讓，毅然擔任「社會」部份，囑區區承乏編務，乃邀請十幾位教授集會商討，首先決定書名爲「我國社會的變遷與發展」，然後各就所長撰一專論。謝謝他們於百忙中抽暇成完，使本書得以如期付印。

近百年來，我國社會在物質、精神、生活、制度、價值觀念等層面，都發生鉅大而複雜的改變，其速度之快，幾乎每天都出現不同的「形象」，如佛法所云者：「念念遷謝，新新不住，不惟年變，亦兼月化，且又日遷。」無論從那一個角度來「描繪」，都不能顯示其「全貌」，掛一漏萬，自所難免，尚望高明讀者指教！

最後要提到是：王韻芬小姐的熱心負責，催稿、取稿、集稿、校稿，非常辛勞，至可感激。

朱 岑 樓
中華民國70年 8 月　臺北市

中華民國建國七十年紀念叢書

我國社會的變遷與發展　目次

我國現代化努力的過去、現在與將來

蔡 文 輝

一、前 言

任何一個研究臺灣現代化過程的人都應該注意到一個很重要的事實: 臺灣之所以能有今日的成就不是突然的隔夜的偶發事件, 而是全中國人過去 140 年來長期現代化努力的成果。雖然臺灣眞正邁向現代化社會只不過是最近二、三十年間的事, 但是我們必須注意到清末民初現代化努力的掙扎和失敗給今日臺灣的現代化計劃埋下了很寶貴的經驗基礎。本文的一個中心論題就是把臺灣現代化看成整個中國 140 年來現代化努力的一個歷史過程, 臺灣今日之成功不僅是過去歷史的結晶, 而且亦將給未來整個中國社會提供一個典範藍圖。

在這篇文章裏, 我們將首先介紹現代化的定義和特質: 現代化在西方社會的源始, 現代化與工業化的異同點, 現代化成果對非西方社會人民之影響。本文第三節將討論過去 140 年來中國現代化努力的幾個主要歷史階段。第一階段始自 1840 年的鴉片戰爭至 1894 年中日宣戰之前。這一階段的特徵是被動式局部性的西化運動。現代化的重點在模倣西洋的船堅砲利, 以夷之器制夷。在這一階段裏雖然有一所謂「同治中興」的景象, 但內憂外患逼使滿清政府手足無措。第二階段始自中日甲午戰後 1895 年所定的馬關條約至 1911 年的辛亥革命。這一階段的特質是由保守的維新運動轉而激進的革命運動。康有為所

代表的維新運動雖然已遠超出早先的局部性的船堅砲利的洋務運動而涉及政治方面的改革，但是基本上它的中心思想仍然是以儒家爲主的保守思想。孫中山所領導的革命運動則是激進的廣泛性改革，直接向君主政權的滿淸政府挑戰。第三階段始自 1912 年中華民國的成立至1949年中國共產黨的竊據大陸及國民政府的遷居臺灣。在這一階段裏，中國政治是不穩定的，內有軍閥橫行在先，共產黨叛亂於後，外有日軍侵華的八年抗戰慘禍。這一階段的特徵是各種西洋思想流傳於中國知識份子之間，現代化努力缺乏一貫性的計劃，朝令夕改。中間除了一段從北伐成功至抗日戰爭爆發前的短短十年裏稍有作爲之外，其他可以說是一事無成。這是一段摸索探討方面的階段。第四階段則始自1949 年迄今。這最近的一階段最顯著的特徵是國民黨領導下的臺灣經濟高度成長和工業化的成功，使臺灣的社會成爲一個富強康樂的社會。相反地，共產黨統治下的中國大陸卅年來仍然是貧窮的和落後的。臺灣的成功給整個中國近百年來的現代化努力指出了一條可行的途徑，也給每一個中國人帶來了新希望。

　　因此，本文第四節將對臺灣過去這二、三十年來的現代化過程單獨作一詳細的分析討論。在這一節裏，我們將討論政府歷年來的經濟建設計劃的要點，我們也將分析臺灣在經濟上、工業上、教育人口上、社會結構上、價值體系上的各種變遷。而更重要的，我們將提出爲什麼臺灣現代化成功的原因。

　　最後，本文將依據過去中國在現代化努力上所經歷的歷史經驗，對將來臺灣和大陸的現代化方向途徑做一展望式的討論，提供讀者參考。

二、現代化的意義

　　美國著名的社會學家派深思教授 (Talcott parsons) 在分析當代

社會結構時就很坦率的指出我們今日所看到的所謂現代社會事實上就是從西方社會演進出來的。因此，西方的基督教社會才是現代社會的出發點❶。以色列社會學家艾森斯達特 (S. N. Eisenstadt) 也同意現代化的過程只不過是一種朝向在十七、十八世紀發展出來的歐美社會型態而已。他說，雖然當代各個國家的社會有相當程度的差異，但是基本上仍然是朝向西方社會的發展型態❷。

德國社會學家韋伯 (Max Weber) 的基督教倫理與資本主義的精神 (*The Protestant Ethic & the Spirit of Capitalism*) 一書是討論西方現代化起源最權威的理論。基本上，韋伯將宗教思想看做一種社會變遷的主要原動力。他和當時許多思想家一樣，都對當時歐洲工業化現象發生濃厚的興趣。他認為既然工業革命發生在宗教改革運動之後，則宗教改革可能就是工業革命的催生劑。

韋伯發現基督教在宗教改革時所提倡的一些新的價值觀念有助於工業革命的出現。這些新的價值觀念包括下面兩點：

㈠借錢抽取利息是正當的行為。因為基督教當時所提倡的新倫理主張：個人與神的交通是直接的，不必要經由教會或教士第三者來轉達。而且每一個信仰基督的人並不一定像兄弟般的分不開。個人單獨面對着神，信徒間所謂的兄弟之愛並不必要，這種思想消除了中古歐洲社會裏凡是信主的皆為弟兄的價值觀念，因而提供了一種競爭的新觀念。既然，信主的人並非就是弟兄，那麼抽取利息並無不可，而商

❶ Talcott Parsons, *Societies*: *Evolutionary and Comparative Perspectives*. Englewood Cliffs, N. J.: Prentice-Hall, 1966. *The System of Modern Societies*. Englewood Cliffs, N. J.: Prentice-Hall, 1971.

❷ S. N. Eisenstadt, *Modernization*: *Protest and Change*. Englewood Cliffs, N. J.: Prentice-Hall, 1966.

業上相互競爭自然也沒有違反教義。工業革命裏資本主義的基本競爭思想因而得到社會和教會的認可允准。

㈡基督教的新倫理認爲侍奉上帝的方式並不在於參加週日禮拜或其他宗教節慶儀式，而是每個人要把世上的事務做好才是奉神之道。每個人的心靈都可以直接跟神交通，而侍奉上帝最好的方式是把個人在世上所應該做的事和任務做得盡善盡美：不奢侈、不浪費、不懶惰。此種新的倫理號召每個人認眞盡心去做自己本份的工作。

韋伯認爲基督教此種新思想是獨特的，是羅馬天主教教義所沒有的。因此工業革命才發生在西歐那些脫離羅馬天主教的幾個國家裏。不僅如此，在古代中國、印度、猶太社會裏都看不出來這些基督新教所倡導的新倫理，因此工業革命也就沒在上述這三個社會裏出現❸。

工業化的結果使西方社會一躍而成世界上最富裕的領導國家，也使西方社會變成其他國家所欲模仿的對象。從十九世紀末期，一直到今天，「趕上西方，走向現代化」的呼聲響透全世界每一個角落，也成爲許多國家追求的最終目標。

雖然在一些貧窮國家人的眼光裏，工業化、西方化、現代化，三個概念完全是指同一回事，可以相互交換使用。但是，事實上它們之間還是有點差別的。嚴格來講，現代化是指一種包括社會、文化、工藝技術、宗教、政治、經濟等各方面的全盤性的變遷。工業化則是比較侷限於經濟發展與工藝技術改進方面的變遷。一個社會的工業化程度可以從其使用非動物性的資源的多寡程度及其經濟成長結果兩方面來看。西方化則是指全力模做探納西方文明社會制度的一種變遷方式❹。

❸ Max Weber, *The Protestant Ethic and the Spirit of Capitalism.* Tr. by Talcott Parsons. New York: Charles Scribner's Sons, 1958.

❹ Wen-hui Tsai, *Essays on the Study of Chinese Modernization.* Taipei: Orient Cultural Service, 1976.

　　我們可以肯定地說，西方化和工業化都只能算是現代化過程的一小部份。西方化是現代化過程的一種型態，而工業化則亦只不過是現代化過程裏經濟方面的改變而已。現代化包括工業化和西方化，但現代化並不等於工業化或西方化。

　　現代化是一種邁向新的社會型態的過程，它所牽涉到的變遷自然相當廣泛。從結構方面的角度來看，一個現代化的社會必須具備下面五個特質：

　　㈠一個穩定發展的經濟。工業生產的增加和消費量之擴充必須是長期穩定與持續的。短時期的「經濟奇蹟」不能算是穩定發展的經濟。

　　㈡社會文化逐漸走向於非宗教神權的文化特質。換句話說，社會的價值觀念是比較理性的。

　　㈢社會上的自由流動量應該增加並受鼓勵。在現代社會裏個人應有選擇職業、居住、宗教信仰、地位昇遷等方面的自由。社會應儘量減少那些束縛個人自由流動的措施。鼓勵並提供機會個人流動。

　　㈣社會和政治政策的裁決應採納大多數人的意見，鼓勵社會上的成員參加政策性的決定。這種政策性的決定可能小至街巷道路的拓寬，大至國家經濟政策等活動。

　　㈤社會的成員同時亦應該具有一種適合現代社會的人格。此種人格特質包括一種對環境的高度樂觀性，進取努力的精神，創造並改變自然環境的毅力，公平與尊重他人人格的價值觀念❺

　　西方現代化的過程最主要的一個特質是社會結構的分化 (differ-

❺　David Lerner, "Modernization," in D. Shills (ed.), *International Encyclopedia of the Social Sciences*. Vol. 10, N. Y.: Mac-Milliam & Free Press, 1968.

entiation)。斯美舍教授（N. J. Smelser）指出在西方現代化的歷史過程裏，我們可以很明顯的看出社會各部門的分化過程。例如，在舊傳統社會裏家庭不僅是一個消費性的經濟單位，而且也是一個很重要的生產單位；很多工廠和住宅是在一起的，而且工廠的員工大多數也都來自家族成員或親朋。但是在現代化的過程裏，生產的功能逐漸從家庭分化出來而成一新的經濟單位，所謂工廠制度就是為生產而設。分化的結果，新的制度結構或單位應該較非分化前更為有效率，更能發揮功能。現代化的過程事實上也就是把社會舊有的結構制度加以調整修定，使其更能適應人們的需求❻。因此，一個現代化的社會在理想上應該是一個富強康樂、不患貧、不患寡的社會。

既然西方社會在經過現代化的變革後，經濟發展迅速、民生富裕、國勢亦日益強盛，領土迅速擴張。許多非西方的社會當然想模倣西方社會，希冀達成這些目標。政治學家艾伯特（D. E. Apter）指出現代化已成為新興國家內國民的一種特別的冀望。因為在這些國家裏，他們已覺悟傳統的文化和生活方式是落伍和無法適應時代需求的。只有現代化才是自救之道，社會才能有進步，有希望❼。

三、中國現代化的幾個主要階段

中國尋求現代化的努力可以追溯到十九世紀的後半期。在這一段時間裏，內亂外患連綿不斷、民不聊生，國勢日落。有識之士乃大聲疾呼效法西方文明制度，並同時摒棄或整修固有傳統文化，希望中國

---

❻ N. J. Smelser, *Essays on Sociological Explanation*. Englewood Cliffs, N. J.: Prentice-Hall, 1968.

❼ David E. Apter, *The Politics of Modernization*. Chicago: University of Chicago Press.

能趕上西方列強。如果我們把鴉片戰爭算做中國走向現代化努力的起點，那麼過去這 140 年間，中國尋求現代化的努力可以說是一篇說來話長的痛史。在本節裏，我們將檢討過去 140 年來我國現代化過程的幾個主要歷史階段。

1. 第一階段　被動式的局部西化運動

我國現代化過程的一個不可忽視的特徵是其被動性。現代化之產生於西方國家是一種適合其體系的內部分化演進的結果；但是我國十九世紀中葉之所以現代化乃是外來因素的結果。現代化所牽涉到的特質是外來的東西。我國最初尋求現代化的動機是被動的，所欲變革的也因此只是局部性的。

1840 年至 1842 年的中英鴉片戰爭可說是我國現代化過程之起點。李劍農在其所著中國近百年政治史裏指出：

> 「中國需要模仿西洋的動機，最早起於鴉片戰爭結局時。魏源在此時所成的海國圖志序文內說：『是書何以作? 曰，為以夷攻夷而作； 為以夷款夷而作； 為師夷之長技以制夷而作。』師夷之長技以制夷，便是模倣西洋的動機。因為鴉片戰爭的挫敗，知道夷人也有夷人的長技，非中國人所能及，非師其長技不足以制之。」❸

鴉片戰爭前，中國與西洋各國之間的關係可用無知自大四個字來形容。在政治外交上，滿清政府從未對外國使節以平等待遇，總要求外商使節依慣例成規朝貢；對於互派公使駐京平等來往的請求也一概嚴詞拒絕。在通商制度上自然持着一種懷柔遠人的政策，認為通商是優惠於夷人。這種態度在乾隆皇帝與英王的勅諭中表現得很清楚： 「

---

❸　李劍農，中國近百年政治史，上冊，臺北: 商務，1968 年，128 頁。

天朝物產豐盈，無所不有，原不藉外夷貨物以通有無。」❾因此，通商制度甚為不合理。不僅通商口岸地方官員以外商為索賄對象，外國亦遭受許多不合理的限制：例如，不准外國婦女偕來商館、不准任意乘船出外遊冶，不准自由向官府進稟，如有陳訴，須由公行代呈等。

鴉片戰爭敗於英人之手，南京條約的結果不僅使中國被迫訂下喪土賠款的條約，更重要的是使中國士大夫和官員首次認清西洋人的厲害。接着滿清政府又遭受太平天國 15 年之亂，捻匪和回亂相繼而起，禍延十幾省。對外則有 1857 年及 1860 年兩次英法聯軍之役逼使咸豐皇帝避難於熱河，安南、緬甸、琉球、朝鮮等各地藩屬亦相繼喪失。

西洋船堅砲利是不可否認的事實。曾國藩、李鴻章兩人更是親自體驗經歷過。「中國但有開花大砲輪船兩樣，西人即可歛手」是曾李兩人當時的信念。因此，1865 年首先設立江南機器製造局於上海。從 1860 年到 1890 年，曾李所創設的洋務包括：

㈠1866 年設輪船製造局於福州馬尾。

㈡1870 年設機器製造局於天津。

㈢1872 年選派留美學生。

㈣1872 年設輪船招商局。

㈤1875 年籌辦鐵甲兵船。

㈥1876 年派武弁往德國學習水陸軍械技藝；派福建船政學生出洋學習。

㈦1880 年購買鐵甲兵船，設水師學堂於天津，設南北洋電報局。

㈧1881 年設開平礦務商局。

㈨1882 年築設旅順港，設商辦織布局於上海。

---

❾　同前書，第 130 頁。

(十)1885 年設武備學堂於天津。

(十一)1888 年設北洋艦隊。

從上面這表來看，初期的現代化運動所包括的範圍只限於軍事方面的改革。造船、製械、築港、設電報局、選派留學生，都是爲「轉弱爲強之道，全由於仿習機器」目的而設。這時期的現代化運動是被動的，是出於不得已的防禦性的；這時期的現代化運動也只是局部性的，所牽涉的範圍僅及於軍事兵工而已。但是這種局部性的西化運動在中日甲午之戰一役證明是不够而且是失敗的。

2. 第二階段 維新與革命

1895年中日甲午之戰是中國由局部西化運動而轉向急速全盤西化的轉捩點。曾李所經營的 20 年洋務至此已證明是失敗的，而原本反對洋務的士大夫至此也不得不承認敗於日本小國是一奇恥大辱。局部革新和西化已不足以圖存，唯有廣泛的通盤性維新，才是自救之道。船堅砲利不足以禦抗外患，社會政治的改革才是根本的方策。

早在 1887 年駐英公使郭嵩燾就已致書李鴻章勸李倣効日人西化之法，把洋務擴大至非軍事事務。中日甲午一戰更證明郭嵩燾的看法是對的，日本的做法澈底且成功。馬關條約的城下之盟帶出了兩個提倡劇變的人物：康有爲和孫中山。康有爲在 1896 年在北京發起「公車上書」痛陳改革救亡的辦法；孫中山則於同年在香港成立興中會謀求推翻滿清政權。

康有爲的維新運動的主要對象在於一方面爭取光緒皇帝的支持，另一方面則針對一部份士大夫求變心切的心理擴大其運動成員。康有爲主張取法俄國和日本維新的策略，以定國是，提拔有志改革維新之士大夫。並廣泛允許各地疆臣就地按情變法。從 1898 年四月開始，康有爲所推行的新政包括下面幾項重要措施：

（一）選舉及教育方面：廢八股文、考試經義策論、設大學堂於京師，各省府州縣的書院分別改爲高等、中等及小學堂並令中西兼習，改上海時務報爲官報，並在京師籌設報館等。

（二）政治方面：撤消閒散衙門、裁汰冗官、澄清吏治、引用新人、廣開言語等。

（三）軍事方面：武科考試槍砲、軍隊改習洋槍、裁減冗兵、力行保甲等。

（四）實業方面：籌辦鐵路開礦、促進農工商業及獎勵製造發明等。

雖然康有爲的新政措施仍處處考慮到避免過份偏激，但是守舊大臣如榮祿、剛毅等依恃太后，竭力反對。至八月間當康派人物接洽袁世凱以兵力保護德宗光緒皇帝，慈禧太后乃捕殺新黨人物，幽囚光緒，太后再度臨朝聽政。一切新政全被取消，革新運動至此完全失敗❿。

康有爲維新運動失敗之結果使許多有志之士更認淸滿淸政府已至不可藥救的地步，局部性的維新已無法救中國於危難之中。唯一的途徑只有全盤革命、根本推翻君主制度、重建一個新的中國。在這種情況下，孫中山所領導的革命運動乃轉而成爲有志之士期望之寄託。以往將孫的革命思想視爲大逆不道無法無天的一些士大夫，現在亦給予同情和支持。戊戌政變後，緊接着的是北京拳匪之亂和八國聯軍之役，中國的危急愈陷愈深，孫的革命思想亦逐漸擴散。各地革命運動不斷舉事，乃至 1911 年武昌起事終至推翻滿淸政府，亦給中國的現代化努力帶來一個新的希望。

總而言之，在這一階段裏，中國現代化運動已由原先以洋務運動

❿　傅樂成，中國通史，下册。臺北：大中國。1968年，695 頁。

為中心的局部防禦性軍事改革，轉進至較廣泛的社會政治改革運動。在這一階段的初期是康有為的維新運動，後期則逐漸轉向至孫中山的革命運動。

3. 第三階段　民國的徬徨

這一階段始自 1912 年滿清政府正式遜位國民政府成立至 1949 年共產黨竊據大陸及國民政府遷居臺灣為止。這一階段最大的特色是現代化學說百家爭鳴及現代化措施的雜亂無章。在這一階段裏，我們看到民國初年政治不穩定，軍閥橫行，新政推行缺乏一貫持續性。短命的內閣根本無能力擬定一長遠的現代化計劃。知識界裏則充滿各式各樣的學說：全盤西化、復古運動、資本主義、社會主義、共產主義、無政府主義、君主立憲、民主立憲等學說爭鳴一時。當政者無所適從，朝令夕改，現代化不僅一事無成，更嚴重的是造成新舊士大夫知識份子之間激烈的衝突。既使主張現代化者之間亦因思想主義之紛岐而彼此攻訐。社會各階層之間之差距愈演愈大[11]。

雖然如此，在這一階段裏從民國 16 年北伐完成至民國 26 年中日戰爭之間的 10 年內，由於國家的暫時統一而能在現代化的努力上稍有成績。這些成績包括：

（一）交通建設方面：全國鐵路自八千公里增至一萬三千公里。全國公路自一千餘公里延長至十一萬五千七百餘公里。整頓招商局，成立中國航空公司、歐亞航空公司及西南航空公司。擴張郵電服務等。

（二）財政金融方面：北伐成功前我國幣制至為紊亂，不僅市面上流通之銀幣不同，而且各省所鑄造的銀幣亦各異，影響國民經濟，國家財政與對外貿易。北伐成功後國民政府統一銀幣，由中央統一鑄

---

[11]　李守孔，中國現代史。臺北：三民。1972 年。

造，穩定外滙及物價，增進出口貿易。平均稅率，整頓海關稅則及內外公債等各項改革。

（三）農礦方面：設立中國農民銀行貸款予合作社及協助農民。設立資源委員會主管國有一切工業之興建及礦藏之開採，並調查西南西北各省地下資源。

（四）教育方面：公佈大學法整頓高等教育。10年之間全國大專以上學校數目自七十餘所增至一百零八所。普通中學自 954 校增至 1956 校。師範學校自 236 校增自 814 校。職業學校自 149 校增至 494 校。社會推廣教育亦自六千餘所增自三萬七千餘所⑫。

上述這些「小成績」雖然小且少，但卻得來不易。不幸的是，民國 26 年七七事變使整個中國陷入一次歷時 8 年的中日戰爭。過去 10 年間所獲得的一些小成績，一切努力被迫中斷放棄。現代化運動幾乎全盤停頓。中日戰後緊跟着中國共產黨之叛亂乃至於大陸失陷，政府遷居臺灣，中國現代化的努力再次受到一次重大的挫折。但是，這階段的結束也正是另一階段的新開始。

4. 第四階段　繁榮的臺灣與停滯不前的大陸

1949 年以後的中國在現代化的過程裏出現了兩個很顯著的對照：臺灣在這 30 年間由一個農業經濟社會邁進了工業社會，由一個貧窮落後的社會轉而為富裕的經濟奇蹟的典型。無論在都市發展上、教育普及方面、或國民生計上都有很驚人的進步與成就。相反地，在中國大陸這 30 年來，政治不穩定，經濟不躍進，問題重重，民不聊生，其社會，其人民仍然停滯於古老落後的階段。在這一階段裏，我們很明顯地看出來政治領袖在現代化中所扮演的一個相當重要的角色。在

---

⑫　同前書，195-202 頁。

臺灣，政權的持續有長久一貫性，政策決定者具有現代化的眼光與胸懷。因此，經濟發展長期計劃順利推行，社會改革亦能推廣執行。在中國大陸，相反地，我們看到政權不穩，連續不斷的鬥爭，以及當權者缺乏現代化遠見，朝令夕改。30 年來，共產黨統治下的中國大陸一直沒多大的進步。一直到今日，華國鋒、鄧小平、以及所謂四人幫等之間的權力鬥爭仍然未停，政治領袖無法顧及現代化的推行❸。

　　綜觀中國這 140 年來的現代化過程，很明顯地一個特質是一種由上而下的現代化運動。也就是說，現代化的努力始自於士大夫上流社會和知識份子，由清末民初的洋務西化運動，而至今日臺灣的全民現代化努力。它是一種外來的思潮運動需要中國社會適當的調整融合。臺灣之有今日是這種彈性適應融洽的表現。在下一節，我們將詳細分析臺灣過去 30 年來在經濟、政治、社會各方面的變遷，並探討其因素。

四、臺灣的現代化過程

　　1960 和 1970 年代臺灣在經濟發展上的成績是相當可觀的。這個所謂經濟上的奇蹟不僅值得國人自豪，而且也是許多外國學者專家們所稱道的。俞國華先生就說：「在將近 30 年間，經濟蓬勃發展，生活水準提高，成為開發中國家經濟建設的典範。」❹費景漢與郭婉容等人亦稱：「在低度開發國家裏，臺灣的成功是很少有的。1953年以後年間，臺灣有兩種成就是值得特別注意的：緊跟着急速的經濟成長之

---

❸　中共政權內部之不穩可從其早期之大清算、百家爭鳴、大躍進之失敗、文化大革命、林彪之奪權喪命，以至最近鄧小平與華國鋒所倡導之四個現代化計劃之失敗與大審四人幫等看出，政策上的錯誤與領導人物之無能，使中國大陸之經濟遠遜臺灣之後。

❹　俞國華，我國經濟建設。民國 69 年國建會國情報告，第一頁。

後，國民所得之分配大為改進；而在 1960 年代結尾時，失業問題幾乎消除了。」❺肯恩教授（Herman Kahn）亦讚揚臺灣（和南韓）的成就是開發中國家的英雄❻。

在本節裏，我們將討論臺灣過去 30 年來的經濟發展過程及成果，並分析其所以成功的因素。

1. 計畫的經濟發展

臺灣經濟發展的源始可追溯至 1949 年政府遷臺以後所執行的土地改革計劃。這計劃包括三個主要的步驟：（一）1949 年的三七五減租，規定每等則耕地地租不得超過主作物正產品年總產量 37.5%，租期至少 6 年，所有耕地租約必須依照這項規定向政府登記。其目的在改善和保障佃農收益並激發承耕者努力增產的意願。（二）1951 年的公地放領，讓農民在 10 年內分 20 期向政府攤還地價以換取耕地所有權。在此期間共放領公地九萬六千甲，承領農民計十五萬六千餘戶。（三）1953 年的耕者有其田。 政府向地主徵購超額的出租耕地， 由現耕佃農承購。地主則獲得實物補償及公營事業股票❼。

1949 年中國農村復興委員會遷臺，在蔣夢麟領導下對臺灣農村社會的改革也盡了相當大的貢獻。蔣夢麟指出「農復會之工作， 即在應用西方民主思想於中國實際狀況。」❽在這大前提下， 農復會不僅輔助

---

❺ John C. H. Fei et. al., *Growth with Equity*: *The Taiwan Case*. N. Y.: Oxford University Press 1979, p. 3.

❻ Herman Kahn, *World Economic Development*, 1979 *and Beyond*. Bowder, Colorado: Westview Press, 1979.

❼ 有關臺灣土地改革文獻，請參考農復會出版之報告及 英 文 書： Martin M. C. Yang, *Socio-Economic Results of Land Reform in Taiwan*. Honolulu: East-West Center Press. 1970. Hung-chao Tai, *Land Reform and Politics*: *A Comparative Analysis*. University of California Press 1974.

❽ 吳光華、焦維城編，農復會卅年紀實。臺北：農復會，1978年，第三頁。

政府推行土地改革政策及農業增產措施外，而且協助政府推動農村社會制度之現代化。改革農民與農會組織，培植訓練農村基本幹部領導人材，奠定日後雖然工業起飛，而農村並未完全破產的良好基礎。「在此一被世界各國譽為「奇蹟」的經濟發展過程中，農業部門的貢獻極大；而在農業發展過程中，農復會亦扮演了一個重要的角色」。雖然這句話出自農復會刊物上，卻一點也不為過⑲。

　　1950 年代政府遷臺初期，農業一直是最主要的一種產業，不僅農業人口佔全省總人口之大多數，而且農業生產額亦佔全國總生產額之大部份。因此，早期的經濟計畫的原則是一種「以農業培養工業，以工業發展農業」的政策。農業一方面提供工業發展所需的資金與原料，另一方面農村亦構成了工業產品的重要市場。同時，農產品的輸出亦是佔總出口值的大部份，許多工業所需的機器與原料都是以出口農產品所換取。

　　在經濟方面，政府在 1953 年開始實施第一期 4 年計畫，作有系統的發展臺灣工業。從 1953 年到 1974 年，政府連續實施了五期 4 年經濟計畫。由於 1973 年至 1975 年之物價膨脹及經濟衰退，政府於 1976 開始一項新的 6 年經濟計畫以適應能源危機以後世界經濟的新情勢，並配合十項建設。

　　在這一連串的經濟計畫裏，政府由保護關稅和管制外滙始而發展勞動密集的工業、平衡政府預算、鼓勵投資及出口、增加就業人口，穩定物價，改善所得分配，而終至創造了一個所謂經濟發展史上的典範、奇蹟。下面這幾項統計分析將可給讀者一個清晰的印象，知道和明瞭臺灣過去 30 年間在經濟方面的成長。

⑲　同前書，第 30 頁。

　　從表一，我們可以很清楚地看出農業生產值在政府遷臺初期的重
要性。同時也可以看出在經濟發展過程中，農業逐漸為工業所代替。
1952 年第一期經濟計畫實施前，農業佔生產總值之三分之一以上，而
工業還不到 18%。可是到 1978 年時，農業已減退到只有 12%，工
業卻增加到 40% 以上。

表一: 經濟結構之變遷

年	農	工
1952	35.7	17.9
1953	38.0	17.6
1954	31.5	22.0
1955	32.5	20.9
1956	31.2	22.1
1957	31.3	23.6
1958	30.8	23.7
1959	30.1	25.4
1960	32.4	24.6
1961	31.1	24.7
1962	28.8	25.5
1963	26.4	27.8
1964	27.6	28.0
1965	26.8	28.1
1966	25.5	28.4
1967	23.2	30.3
1968	21.5	31.9
1969	18.5	33.8
1970	17.6	34.1
1971	15.3	36.5
1972	14.9	38.9
1973	15.0	40.1
1974	15.7	38.4
1975	15.9	36.5
1976	13.8	38.2
1977	13.4	38.3
1978	12.0	40.3

資料來源: 英文中國年鑑 1979年，p. 186。

　　同樣地農工消長相對趨勢也可見於表二之出口值百分比上。工業
產品由 1952 年之 8.1% 增至 89.1%，不能不說是一顯著的改變。

表二: 農工業產品出口比較

年	工	農
1952	8.1%	91.9%
1953	8.4	91.6
1954	10.6	89.4
1955	10.4	89.6
1956	17.0	83.0
1957	12.6	87.4
1958	14.0	86.0
1959	23.6	76.4
1960	32.3	67.7
1961	40.9	59.1
1962	50.5	49.5
1963	41.1	58.9
1964	42.5	57.5
1965	46.0	54.0
1966	55.1	44.9
1967	61.6	38.4
1968	68.4	31.6
1969	74.0	26.0
1970	78.6	21.4
1971	80.9	19.1
1972	83.3	16.7
1973	84.6	15.4
1974	84.5	15.5
1975	83.6	16.4
1976	87.6	12.4
1977	87.5	12.5
1978	89.1	10.9

資料來源: 同前, p.187。

　　臺灣經濟由農業轉向工業, 由進口轉向出口貿易的結果, 臺灣的經濟成長率逐漸往上昇高。從 1952 年至 1979 年, 臺灣經濟成長的平均年率爲 9.1%, 是世界上長期維持高速成長的少數地區之一。在表三, 在 1950 年代, 平均成長率爲 7.7%, 1960 年代則增至 9.1%, 1970 年代則已至 10% 以上。事實上, 從 1963 年起, 臺灣的經濟成長率除了 1974、1975 兩年因能源危機之影響之外, 其他每年都超過 9%以上。

表三: 國民生產毛額   單位: 新臺幣百萬元
按1976年固定價格計算

年	金　　　　額	經 濟 成 長 率
1951	80200	……
1956	122748	12.05%
1961	171970	6.83
1966	275691	9.01
1971	455226	12.90
1972	515825	13.31
1973	581928	12.82
1974	588459	1.12
1975	613414	4.24
1976	696101	13.48
1977	764706	9.86
1978	870521	13.85
1979	940561	8.03

資料來源: 中華民國國民所得, 1979 Table 5. p. 20

　　工業的成長帶來了經濟的繁榮，也增加了人民的財富。在 1951
年，平均每人國民所得才只有 9,354 元，1970 年已增至 26,582 元，
1979 年的估計將達 48,957 元。在將近 30 年間，平均個人國民所得
增加了五倍以上。（見表四）

　　在許多開發中國家的經濟成長過程，一個很嚴重的問題是貧富差
距之增大。急速增長的出口貿易雖然提高了全國國民所得，但是事實
上卻是富者更富，貧者更貧。很可慶幸的是這種危機並沒發生在臺灣。

表四: 平均每人所得　　　　　（單位: 新臺幣元）

按1976年固定價格計算

年	每　人　所　得	增　　加　　率
1951	9,354	……
1956	10,222	9.28%
1961	14,097	3.65
1966	19,752	6.31
1971	29,524	10.05
1972	32,512	11.14
1973	35,753	9.97
1974	34,438	-3.68
1975	34,910	1.37
1976	39,468	13.06
1977	42,167	6.84
1978	46,295	9.79
1979	48,957	5.75

資料來源: 中華民國國民所得, 1979 Table 8. p. 26.

按照 1978 年臺灣地區個人所得分配調查報告的資料，我們可以看出貧富差距的縮小。從表五，我們知道民國 53 年 (1964) 所得最高的 20％家庭的個人所得是所得最低的 20％家庭個人所得的 5.3 倍。這差距在民國 67 年 (1978) 時已縮小到 4.2 倍。

　　總而言之，今日臺灣經濟之所以能有高度成長實歸功於政府所實施的這幾期按步就班的經濟計畫。政府有遠見的長期計畫再加上工商業人士之苦幹努力，才有今日之偉大成績。

表五: 個人所得按戶數五等分位之分配

	1964	1966	1968	1970	1972	1974	1976	1977	1978
1. 最低所得組	7.71%	7.90%	7.84%	8.44%	8.60%	8.84%	8.91%	8.96%	8.89%
2.	12.57	12.45	12.22	13.27	13.25	13.49	13.64	13.48	13.71
3.	16.62	16.19	16.25	17.09	17 06	16.99	17.48	17.31	17.53
4.	22.03	22.01	22.32	22.51	22.48	22.05	22.71	22.57	22.70
5. 最高所得組	41.09	41.45	41.37	38.69	38.61	38.63	37.26	37.68	37.17
5與1等位之倍數	5.33	5.25	5.28	4.59	4.49	4.37	4.18	4.21	4.15

資料來源: 中華民國臺灣地區個人所得分配調查報告，1978，表五，p. 10.。

2. 社會結構的量的變遷

　　經濟高度成長固然是臺灣近30年來最顯著的現代化努力的成果，但是我們也必須注意到其他社會各部門的變遷。在下面的討論裏，我們將以量的角度來探討臺灣過去這 30 年間在人口、都市化、教育、職業等社會結構方面的幾種主要變遷。

　　首先我們要分析的是臺灣過去 30 年間人口粗出生率與粗死亡率的同時下降。表六顯示 1951 年，臺灣的粗出生率高達 49.98，粗死亡率亦有 11.58，但在 1978 年時粗出生率已減低至 24.62，粗死亡率減至 4.82，這不能不說是一個好的現象。

　　出生率和死亡率的降低使得人口中老年人數的增加。在表七，我們可以看見臺灣省 65 歲以上人口在總人口數百分比的逐年增加，同時也可以看到臺灣省居民平均餘命的延長。尤其後者在 30 年間，男的由 1951 年的 53.1 歲延長到 1978 年之 69.2 歲；同期間內，女的亦由 57.3 歲延長到 74.3 歲。換言之，男的平均餘命增加了 16 歲餘，女的則增加了 17 歲。這種增加是社會進步的徵象和結果，也

是臺灣現代化的最好證明之一。因為這幾個數目字已與其他所謂已開
發的歐美各國及日本相等齊了。

表六: 臺灣人口出生與死亡率之比較

年	粗 出 生 率	粗 死 亡 率	自 然 增 加 率
1951	49.98	11.58	38.39
1956	44.84	8.03	36.81
1961	38.31	6.73	31.58
1966	32.41	5.45	26.96
1971	25.86	4.93	20.93
1972	24.39	4.87	19.52
1973	24.09	4.93	19.16
1974	23.66	4.92	18.74
1975	23.32	4.85	18.47
1976	26.30	4.85	21.45
1977	24.23	4.91	19.32
1978	24.62	4.82	19.80

資料來源: 中華民國 68 年臺灣省統計年報第 38 期, p. 42。

表七: 老年人口與平均餘命比較

年	老 年 人 口 在 總 人 口 比*	平 均 餘 命** 男	女
1951	2.46%	53.1	57.3
1956	2.44	59.8	65.4
1961	2.50	62.3	67.7
1966	2.71	64.1	69.7
1971	3.03	66.4	71.5
1972	3.20	67.8	72.5
1973	3.30	67.7	72.8
1974	3.42	68.0	73.0
1975	3.55	68.4	73.4
1976	3.69	68.8	73.7
1977	3.87	68.8	74.1
1978	4.03	69.2	74.3

*中華民國 68 年臺灣省統計年報, 第 38 期表 15.
**Statistical Yearbook of Repubilc of China, 1979, Table 18.

　　工業的發展與經濟成長自然帶來人民就業機會的大量增加。如果
我們以就業人口在總人口的比率來比較, 則表八很明顯的指出兩個很

值得注意的現象。第一當然是就業人口的增加，從 1951 年占總人口
36.6％增加到1979年的43.0；第二點則是婦女就業人口的顯著增加，
這可從 1951 年的 18.3％ 增加到 1979 年的 29.7％ 裏看出來。 婦
女就業人口的增加對臺灣社會將來的影響是值得注意的一個現象。

表八:　就業人口比較

年	總就業人口比	男就業人口比	女就業人口比
1951	36.6％	54.2％	18.3％
1956	32.1	48.7	14.8
1961	30.8	47.1	13.5
1966	29.8	45.8	12.9
1971	36.3	50.2	20.8
1972	38.0	51.1	23.6
1973	39.1	51.8	25.2
1974	39.5	52.2	25.4
1975	40.0	52.8	26.0
1976	41.4	53.8	27.8
1977	41.9	54.5	28.1
1978	43.0	55.2	29.7

資料來源: Statistical Yearbook of Republic of China 1979, Table 8, pp.
20-23.

　　研究現代化的學者都一致同意現代化過程中教育程度的提高是必
然的。教育是現代化的因，也是現代化的果。就臺灣過去 30 年來講，
臺灣教育的進展是很顯著的。根據教育部的統計，1950年時，各級學
校總數爲 1504 校，1979 年時已增至 4950 校，增加率爲 3.29；教
師與學生人數之比較，1950 年每一教師平均所教學生數爲 36.35 人，
1979 則爲 27.74 人；人口數與學生人數比較，在 1950 年每千人口
中，平均有在學學生 139.64 人，1979 則增爲 26.51 人； 6 至 12 歲

學齡兒童就學率由 1950 年之 79.98％ 增至 1979 年之 99.68％；在高等教育方面，1950 年計有大專院校七所，學生 6665 人，1979 年大專院校已增至 101 所，研究所 192 所，學生數 329603 人❷。

在這裏要特別指出的一個重要的教育措施是留學外國學生返國服務人數之增加。從 1950 年至 1979 年，核准出國留學生數總數共達 57128 人，其中男性占64.7％，女性占45.3％，研習工程類居首，佔留學生總數 25.23％，留學國以美國居首。歷年返國服務留學生有顯著增加。由表九，可以看到 1950 年時才只有 6 人返國服務，1970 年代則急速增加，其中以 1976 年的 722 人為高峯。留學生返國人數之增加的主要原因之一，當然是國內就業環境之改善所致。

表九　出國留學生數與返國服務學生數

年	出國留學生數	返國服務學生數
1950	216	6
1956	519	67
1961	978	52
1966	2189	136
1971	2558	362
1972	2149	355
1973	1966	445
1974	2285	486
1975	2301	569
1976	3641	722
1977	3852	624
1978	4756	580
1979	5801	478

資料來源：中華民國教育統計，1980, 表 12 及表 13, pp. 32-37.

---

❷ 教育部，中華民國教育統計，1980 年。第 6-7 頁。

　　最後，我們要提到的是都市化現象。1951 年時，10 萬人以上人口之都市數爲 8，1979 年增至 17 個。不僅如此，高雄和臺北都已是百萬人口以上之都市了。如果以百分比數來比較，則全省人口似乎有集中大型都市之趨勢。從表十，我們可以看到在 1957 年時只有 27.5％的人口居住在 10 萬人以上之都市，1978 年則已急增至 45.4％；換言之，全省將近半數的人口目前是居住在 10 萬人以上之大型都市。這種現象是可喜也是可憂的。

表十　十萬人口以上都市居民佔全省總人口百分比

1957	27.5%
1958	28.0
1959	28.3
1960	28.9
1961	29.2
1962	29.6
1963	29.7
1964	30.2
1965	30.4
1966	31.0
1967	33.6
1968	36.6
1969	37.3
1970	37.9
1971	38.6
1972	39.3
1973	41.4
1974	42.8
1975	43.9
1976	44.4
1977	44.8
1978	45.4

資料來源: Statistical Yearbook of Republic of China, 1979, Supplementary Table 3, p. 12.

在本節裏，我們已經很簡單地把臺灣這 30 年來的經濟發展及其他連帶的社會結構的變遷做了一個量的描述。正如許多國內外專家學者都一致稱讚的，它的成就是可觀的，也是國人多年來辛苦努力的結果。臺灣的經歷不僅是世界上其他未開發國家及正開發中國家的典範，更重要的是替中國未來的發展前途指出了一個可行的途徑方向。在下一節裏，我們將檢討臺灣現代化成功的原因，也將討論臺灣目前所遭遇到的幾個問題。

五、中國現代化的展望

本文的一個主要論點在於強調臺灣現代化是整個中國 140 年來現代化努力的結晶。臺灣的經驗因此也替未來中國現代化的路程鋪好了一條可行之徑。

1. 以經濟為重心的計劃現代化： 臺灣現代化過程一個很顯著的特徵是計畫經濟的成功。從政府所發表的幾個四年計畫裏，我們可以看出最初幾期是純經濟的計畫，而最近的新計畫已推廣到社會文化方面的建設。這樣的作法是對的，因為只有繁榮的經濟生活，才能有推行現代化的餘力。換言之，先工業化而後現代化不僅在理論上是可行的，而且是必須的過程。

2. 穩定的政治： 臺灣現代化過程的成功，穩定的政治是一個相當重要的原因。清末民初各種工業化計畫之所以無法推廣就是因為當時中國政治之混亂，內憂外患逼使政府無暇顧及經濟民生，而且朝令夕改，缺少長期一貫性。從政府遷臺至今，臺灣的政治是很穩定的，因此政府才能按步就班的推行各種經濟工業化和社會現代化的計劃。這一點是其他開發中和未開發中國家所缺少的。共產黨的中國大陸內爭不已，政令不行，至令仍然停留在 30 年前的社會。

3. **有現代化眼光的政治領袖**：臺灣現代化成功的另一個原因是政治領袖具有現代化的眼光和毅力。在前面，我們曾強調中國現代化運動是一種由上而下的革命運動。現代化先由知識份子領導倡行而推及一般老百姓。臺灣這近 30 年來的政治領袖有現代化的眼光，由上而下將經濟帶起，灌輸人民現代化意識概念。

4. **教育的普及**：研究現代化的人都強調現代化過程中教育所扮演的角色是相當重要的。臺灣教育的高度普及使工人階級容易接受新的工藝技術訓練，也使中上層的工商業企業領導人物有知識接受新觀念和新的工商管理技術。教育的普及使臺灣絕大多數的人民都有新的求進步的精神，不守舊、不頑固，這是很重要的。

5. **勤奮努力的人民**：上述的這些因素固然很重要，但是歸根究底還是要有一羣勤奮努力刻苦耐勞的百姓人民去執行政治領袖所設計的計畫與政府的現代化政策。不管我們怎麼樣來分析臺灣成功的原因，我們決不能忽略掉那一羣腳踏實地努力工作的工人和一般老百姓。沒有一羣這樣的人，再有多好的計畫或多能幹的領袖，都是沒有用的。

6. **和諧的社會結構**：未開發的非西方社會現代化努力所面臨的一個困難常是傳統社會階層的阻撓和反抗。現代化的概念和計劃常常是不適合於傳統社會結構的，因此，傳統社會階層份子的反抗常是相當激烈的。伊朗的土地改革計畫、印度的家庭節育計畫都遭遇激烈的反抗。臺灣傳統份子的勢力不強，一切現代化計畫都較能順利展開。社會結構已有現代化所需要的和諧成份，這是要特別提出來給大家參考的。

最近大家對未來現代化的發展的討論相當熱烈，報章雜誌都可看到這方面的論文專著和座談會。不過，很遺憾的，這些討論千篇一律的是哲學性的空談，公說公有理，婆說婆有理，爭吵不停，無補於事。

我們不否認現代化是一個哲學問題。但是我們不應該空談。筆者個人的立場是要談中國未來現代化發展的趨勢方向一定要從中國整個過去140 年來的經驗來談，拿出證據來談。為什麼以前現代化不成功？原因為何？為什麼臺灣近二、三十年的努力就成功了，原因何在？把這些因素瞭解了，把過去的經驗徹底做一檢討，我們才能給未來中國的現代化指出一條路，甚至於預測其方向及可能的成就㉑。

過去 140 年的歷史經驗告訴我們中國現代化的成敗最重要的一個因素是穩定的政治。清末民初政治混亂，無法推行現代化計劃。相反地，臺灣近 30 年來的穩定政治下終於達到可觀的成就。因此，我們可以大膽的說，將來臺灣是否能繼續往前邁進，端賴一個穩定的政治。共產黨統治下的中國大陸如果想迎頭趕上臺灣，想踏進現代化，其內部政治問題必須先解決。光是上面幾個人高喊現代化是沒有用的，一定要有一個有效率的健全的政治制度來配合才行。

清末民初及臺灣的經驗又告訴我們現代化是一種全盤性的有系統計畫。早期的洋務西化運動雜亂無章，各種改革政策相互抵制，致成事倍功半。臺灣的計畫則是全盤性以經濟為重心的計畫，按步就班，以竟全功。而且從臺灣的經驗裏，我們可以預測將來整個中國的現代化必須要從經濟起飛和工業化着手。只有富強繁榮的民生，才能顧及其他看不見的社會文化的現代化㉒。

最後我們必須注意到臺灣 30 年來現代化所帶來的問題必須設法加以解決。這些問題包括人口過份集中都市地區、犯罪問題之日趨嚴

㉑　有關中國現代化展望的討論散見於時報週刊海外版，中國論壇，以及聯合報。主要受邀討論者總是幾位「著名」的文史哲學家如余英時、成中英、金耀基、牟宗三等人，多是空談。

㉒　參閱 Wen-hui Tsai, *Essays on The Study of Chinese Modernization*. Taipei: Orient Cultural Service 1976.

重、家庭婚姻之可能解組問題、老年問題之顯著，以及日益嚴重的能源問題與環境污染問題。這些問題的改善應該是今後臺灣現代化努力的工作重點。總而言之，臺灣在未來的發展應是由經濟工業化而邁進社會現代化。

我國社會政策的發展與特性

范　珍　輝

一、前　言

本文是中華民國社會發展專輯的一篇，討論我國建國七十年來社會政策的發展方向及各階段社會政策的特性。主要內容分爲以下兩部份：一是社會政策思想的發展，另一是社會政策體制的發展。二部份雖密切不可分開，但技術上卻可分別剖析。思想、主義或意識型態是目標，制度是手段或工具。目標與手段，由於各方面因素的影響，難能完全吻合，這也就是現階段政策所應修訂、改進或加強的方向。因此，主義與政策的分別討論，有益於制度的認識與改進，本文討論的問題也就含有對現行社會政策把脈及提出發展方向建言的意義。

誠然，我國社會政策思想與制度的發展，受到外國社會思潮鉅深的影響，雖尚保持濃厚的固有性格，因此，各時期外國社會政策思潮的介紹，不無有助於我國社會政策的了解。此方面的資料在文中也將略予提及。

社會政策在歐美國家的經驗上，先以勞工問題爲對象，後以全體社會爲對象。前者稱爲德國模式，後者稱爲英美模式。德國模式的主要特性是採議會政治外的途徑，達到均富及消滅階級的目的；英美模式則藉議會政治的途徑，達到社會改造的鵠的，二者志趣不同，方法也迥異。近年來社會政策發展的一般趨勢是走向英美模式，這對西德

言，也不例外。因此之故，本文評價我國社會政策的標準，擬以英美模式爲準。易言之，本文探討各階段社會政策體制的標準，除三民主義指導原理外，另包括福利國家 (Welfare State) 的標準。

福利國家的基本原理是保護與合作，一方面由政府推行社會建設計畫，以公權力爲後盾，達到社會秩序維護的目的；他方面則充分考慮社會各階層的相互依賴性，以集體力量解決各階層的問題❶。

福利國家在功能上具有以下三個指標：第一、提供所得、健康、教育、住宅及其他社會福利服務的最低標準，俾使國民得以充分參與社會活動；第二、依市場外的水準分配權益，雖然市場機能仍用以維持生產與分配；以及第三、維持集體力量以保障高就業率、經濟成長及所得穩定❷。

換言之，福利國家的基本觀念是創造個人潛智潛能充分發展的環境，使個人得到最大的尊嚴，最大的自我充足。在此原則下，財富的分配、教育、就業、健康、住宅等福利措施的提供，都是必要的條件。福利國家的觀念，出自於人性、人道主義及社會倫理，同時也是社會和諧與凝聚的條件。三民主義的立國原理充分反映此一觀念，因此福利國家的指標也就是三民主義的指標。

社會政策的範圍非常廣泛，大凡倫理建設、心理建設、均富政策、人口政策、國民保健政策、農民政策、勞工政策、教育政策、社會保險、社會救助、及福利服務，均包括在內❸。由於篇幅所限，本文擬

❶　參閱 Alva Myrdal, National and Family. New York: Harper & Bros, 1941, p. 152; Richard M. Titmuss, "The Welfare State: Images and Realities," in Social Service Review, 37 (March 1963), p. 11.

❷　參閱 Alfred J. Kahn, Theory and Practice of Social Planning. New York: Russel Sage Foundation, 1969, p. 421；范珍輝「美國社會安全制度之倫理觀」，刊在周建卿編　社會安全論叢（第二集），水牛出版社，民國 68 年，頁 91～92。

❸　參閱邱創煥著　我國社會政策，陽明山莊，民國 65 年, 頁 44 以下。

注重社會安全部份的社會政策，亦卽以社會保險、社會救助及福利服
務爲主要討論範圍。

二、社會政策的涵義與理論

對於社會政策一詞，尙未加以解釋之前,擬先討論「政策」一詞。
政策一詞，有多種解釋，就廣義言，係指政府、團體及個人所決定及
採行的行動路線或方法。狹義的政策，則指國家或政黨爲謀實現政治
上某種目的，所採取的具體行動路線、基本原則或方針❹。本文採狹
義的解釋，認爲政策是政府或政黨爲達成某一目的所訂定的指導原理
或方向。

政策蘊含手段與方法，換言之，政策是一種社會變遷的手段，用
以創造所欲的狀況、體系、習慣及行爲。我們尙無氣象的政策，因爲
對氣象的改變仍無能爲力，不過我們卻有非婚生兒童的政策，因爲我
們認爲有力改變其生活，以維護其身心健康。政策因此是行動朝向或
問題朝向: 一方面用以了解問題，他方面用以解決問題❺。 政策訂定
的基礎是人民的公意或共識(Consensus)，在我國的情形，則以三民主
義爲基礎。我們一致支持三民主義的哲學、政治及經濟目標或價值目
的。在此目標下，我們訂定實施方針，作爲執行依據，這卽是政策。

社會政策一詞，德國人用之最早。德國於 1873 年成立社會政策
學會 (Der Verein Für Sozialpolitik)。西摩拉爾 (Gastav von Sch-
moller) 在成立大會致辭時， 特強調社會政策的立場爲發揮倫理道德

❹　福武直等編　社會學辭典，東京，有斐閣，1958 年，頁509; 黃永世「社
　　會政策」，刊在邱創煥、黃永世及蔡漢賢主編　社會工作辭典，臺北，中
　　華民國社區發展研究訓練中心及中華民國社區發展協會編印，民國66年，
　　頁 265。
❺　Richard M. Titmuss, *Social Policy*. New York, Pantheon Books,
　　1974, pp. 23-24.

的觀念要素，用以改革所得分配制度，調和階級利益爲方針❻。他說：

　　　「本會議的性質，不是討論主義，而是在深入問題的中心，
把握目前最重要的改良事項，如對於罷工、工會、工廠法、及住
宅問題，使發生實際的效果。」❼

依其看法，社會政策的主要功能，在於解決資本主義社會不可避
免的制度弊病——社會問題。動員社會的道德力量，用以緩和或解決
這些問題，乃社會政策的成立依據。因此，社會政策的立場，不在於
討論社會問題的來源，而在於解決現有的社會問題。此一見解叫做倫
理社會政策論。華格納（Adolf Wagner）卽辯護此一立場。

華格納對社會政策有以下三種看法：㈠社會政策所指稱的社會諸
弊害，係僅指分配過程範圍內的弊害而言，也就是財產所得與勞動所
得間的分配不均所發生的弊害，是私有財產制度的自由經濟發展所必
然產生的結果。㈡社會政策所要求的主觀動機是在爭取，換言之，其
用意是在如何緩和財產所得與勞動所得的對立，並如何調節其弊害。
㈢社會政策是國家的政策，必然要採取立法及行政的處理。

西摩拉爾與華格納的理論含有很強的價值判斷，其立論的主要動
機在於結合經濟與倫理，這後來被譏評爲非科學的社會政策論。德國
學術界在本世紀初開始注意到「價值判斷」的問題，而努力於建立科
學的社會政策（Wissenschaftlichen Sozialpolitik），其領導人爲韋伯
（Max Weber）、亞蒙（Alfred Amonn）、波勒（Lndwig Pohle）等人。

韋伯於 1904 年創刊的「社會科學、社會政策雜誌」（Archiv für
Sozialwissenschaft und Sozialpolitik）中，撰文主張社會科學與社會
政策研究的客觀性，認爲社會政策的目的是規定的，經已存在的，因

---

❻　陳國鈞著　社會政策與社會立法，臺北，三民書局，民國 64 年，頁 3。
❼　同上，頁 4。

此問題在於手段而非目的。究明手段是否切實符合目的，以及各個手段的採行將付出那些階層多少犧牲、影響那些價值，是爲社會科學或政策學的任務❽。換言之，依其看法，若果在社會政策上摻入某種價值觀，將使之成爲一種信仰，而失去研究意義❾。

　　亞蒙也主張社會政策的科學性格，認爲應袪除主觀的價值判斷，以建立「科學的社會政策」，而將主要認識對象限於勞資關係，作爲其科學的研究領域❿。亞氏於 1924 年發表的「社會政策概念」一文中，主張「社會政策是特以對於維持並增進社會的物質依存關係的貢獻，爲其本質的政治努力及方法。」照他的意見，社會政策與經濟政策，在實行上雖有部份的重複，但有根本的不同，而社會政策更爲廣泛；社會政策的一部份，常常涵蓋了經濟政策。又論社會政策與勞動政策時，他認爲勞動政策是因勞動階級利益所行的政策，是現代社會政策的一部份，而且是其大部份，和最重要的部份，但並非其本身就可以完全代表了社會政策⓫。

　　第一次世界大戰後，由於勞工在政治、社會上的地位逐漸提高，在社會政策理論上，也隨之產生廢止資本主義、建立無階級社會的理論。此一潮流的社會政策係建立在馬克思的剩餘價值及社會變遷的理論見解之上。主要的社會政策學者如亞德勒（Max Adler）則認爲社會政策爲社會主義化的確實方法，乃是一種手段用以邁向社會主義體制，故可視爲社會主義的前階段。他認爲資本主義社會裏社會政策的逐漸推展及量的累積，將導致社會主義體制的建立。因此，社會政策

❽　大河內一男著　獨逸社會政策思想史，第五版，東京，日本評論社，1940年，頁 450～451。
❾　小林端五著　社會政策，總論，東京，青木書店，1980 年，頁 21。
❿　平田富太郎著　社會政策，東京，世界書院。1968 年，頁 20。
⓫　同註❻，頁 6。

含有改變社會秩序的意義。

　　海曼 (Edward Heimann)也認為社會政策除了維護資本主義的保守性格外，另含有否定或推翻資本主義的急進性格。社會政策的此雙重性格，依時代而異其成分，但當後者（革命性)大於前者（保守性)時，即實行社會體制的轉變，而只有此一現象出現，社會政策始成為真正的社會政策。海曼主張先訂定一先驗的理想目標，而從此目標上考慮或衡量社會政策的得失及意義。

　　宋伯德 (Werner Sombart) 的理論最為極端，採階級鬥爭的立場。他認為社會政策應以「最高生產之達成」為著眼點，而以此目標而論，階級對立而非調和的社會政策，應為社會政策訂定的實質基礎⑫。宋氏界定社會政策為：「保持、增進、或抑制一定的經濟制度或其構成部份為目的，是經濟政策的諸方法之一。」宋伯德有兩點極其明顯的主張：㈠社會政策必是經濟性的，因為他相信社會政策的理想，在於經濟的完成，社會政策有了具備最高生產力的經濟體系始能實現。所以依宋伯德看來，農業、工業、商業諸政策非由國家統一指導不可，而成為此一統一指導方針的，就是社會政策。㈡社會政策必是階級性的，因為在國家的內部，利益的不平等是一特徵，而此利害衝突的原因，是由於共存的經濟制度的不調和，社會政策必須確定所欲實現的經濟生活方針，祇有公然代表所欲維護的勞動階級利益，否則，左顧右盼，便無政策可言了⑬。

　　綜觀上述，德國早期社會政策理論強調社會政策是國家的政策，應由國家採取斷然措施，訂定勞動政策或全盤經濟政策，改革所得分配方式，達到均富或無階級的社會體制。此一看法的前半部份，現代

----

⑫　同註⑩，頁 22～24。

⑬　同註⑥，頁 4～5。

學者附和者甚眾，雖然國家政策經由何一程序訂定，仍有不同見解。英美學者多主張透過立法的機能訂定社會政策，而德國學者一般主張經由行政機能予以達成。惟後半部份的見解，現代學者支持者甚少。社會政策應否以勞工階級為對象，抑或應以全體人民為對象？爭論激烈，但就近半世紀的趨勢言，社會政策有其擴展範圍的趨勢。美國 1935 年制定「社會安全法」，英國 1940 年代制定一連串「福利國家」法案，例證此一趨勢⓮。社會政策學者逐漸感覺到，現代社會情況，變遷迅速且劇烈，社會問題再不以勞動問題為限，社會問題的性質也不再侷限於經濟性，於是主張社會政策應超出勞動政策與經濟政策的界限。

陳國鈞教授接受此一觀念，提出以下社會政策的新定義：「所謂社會政策，是經由國家以立法及行政為手段，以提高國民生活，增進社會利益，促使經濟與社會的平衡發展。」對此定義，陳教授有以下三點說明：

　　1. 社會政策的性質，是國家基本政策，必須經過立法機關的處理，才成為政策，實施起來，方能收效，這是社會政策與社會改良運動及社會主義思想根本不同的地方。

　　2. 社會政策的實施對象，應以社會全體為對象，不是專為社會的某一部份或某一階級。社會利益是共同利益，社會政策應該為最大多數人謀利益，包括物質生活和精神生活。

　　3. 社會政策的最後目標，是經濟與社會的平衡發展；不應將社會政策視為經濟政策的一種，亦不應認為經濟政策隸屬社會政策，受其指導，而是經濟與社會兩種政策應立於平行的地位，互相配合，互相影響，互為因果，不偏舉，不偏廢，並駕齊驅，使兩方的發展，趨

⓮　參閱三浦文夫編　社會福祉論，社會學講座第 15 卷，東京大學出版社，1976 年，第 6 章。

向平衡，庶幾「人民的生活，社會的生存，國民的生計，羣眾的生命」方克有濟[15]。

　　陳教授上述見解係屬現代最進步的社會政策觀念，並充分擷取國父的民生主義社會福利思想。惟自 1930 年代社會政策思想分爲以下三種模型，各個模型所主張的目標不同，所提出的制度方案也有異[16]。

　　1.　剩餘福利型 (**The Residual Welfare Model**)　此一模型的根本想法是認爲解決個人經濟安全有二管道：自由市場的機能與家庭，而在此二管道遭受到阻塞時，社會政策始有其發揮作用的餘地。皮克格 (A. Peacock) 曾說：「福利國家的眞正目的在於敎導人民如何不需要它。」[17]此爲英國濟貧法及美國早期社會福利的主要精神。因此之故，社會政策的目的在於補充經濟的短暫失調，其重點在於公共救助或濟貧，用以達成社會均衡[18]。

　　2.　工業成就表現型(**The Industrial Achievement-Perform-ance Model**)　此一模型主張社會政策附屬於經濟政策，用以激勵生產。個人的社會經濟需要的滿足，應依其本身的貢獻、工作表現及生產的多寡，社會政策輔助經濟政策，用以激勵及酬賞個人的成就或表現。依此看法，社會保險是個人延後或保證繼續滿足其經濟需要的方法[19]，社會服務，如職業訓練、就業服務、及重建職業機能，係用

⑮　同註⑥，頁 8～9。
⑯　參閱 Titmuss, *Social policy*, 同註⑤，頁 23～32。
⑰　A. Peacock, *The Welfare Society*. London, Liberal Publication Department, 1960, p. 11.
⑱　社會均衡爲功能論主要的看法，請參閱 Talcott Parsons, *The Structure of Social Action*. Allen & Unwin, London, 1949; and *The Social System*, London, Routledge & Kegan Paul, 1964.
⑲　此爲凱因斯經濟學理論的主要看法，值得注意。

以提高個人的工作表現，皆為此方面的制度方案[20]。

3. 制度上再分配型 (The Institutional Redistributive Model)　此一模型強調社會政策為社會不可或缺的主要制度，與經濟制度同等重要，用以提供市場外的普遍服務功能(universalistic service)。社會政策的目的在引導社會變遷、改革經濟體制，締造社會平等。其主要鵠的在於實行資源支配權的再分配[21]。依三模型的見解，社會政策可界定為：「社會政策是國家的政策，係經由服務與機會的提供，保證全體國民生活的安全，增進生活品質，促進社會的平等。」[22]

三、我國社會政策思想

我國建國七十年來所推行的社會政策，乃以民生主義社會福利思想為基礎。民生主義由　國父孫中山先生創造，由總統　蔣公闡揚及踐履，係以民生問題或社會問題為對象，謀求人民經濟安全的保障，並預防社會革命之發生，共產主義之滲透顛覆，以確保國家的安定與進步。

---

[20]　美國 1960 年代的社會改革係屬此一模型，參閱拙著「美國社會安全制度之倫理觀」一文，同註[2]，頁 90～91。

[21]　Alfred J. Kahn　在批評美國現行的社會福利制度上所含蘊的觀念，為此模型的最佳註解 Kahn, "What Price a Better Tomorrow? Social Policy for the Future," *Social Welfare Forum*, 1973, p. 51.

[22]　此一定義係綜合 G. Macbeath, W. Hagenbuch, 及 F. Lafitte 三人的定義而成，G. Macbeath 認為社會政策用以提供服務，保障人民所得；Hagenbuch 主張社會政策保障人民最低生活標準與某些機會；Lafitte 則認為社會政策用以提供市場上無法得到的舒適生活，如都市更新、國家公園及污染消除。Macbeach, "Can Social Policy be Rationally Tested?" *Hobhouse Memorial Trust Lecture*. Oxford University Press, 1957, p. 1; Hagenbuch, *Social Economics*. Nisbet, Welwyn, 1958, p. 205; Lafitte, *Social Policy in a Free Society*. Birmingham University Press, 1962, p. 6. 以上資料引自 Titmus 上引書，同註[5]，頁28～30。

　　國父的民生主義，本於一貫的政治道統，提出社會經濟建設的構想，其思想出於仁愛的胸懷，以社會干涉（Social intervention）爲手段，以達成裕民與均富的大同世界理想，有其健全的思想基礎。總統蔣公的社會政策思想則一方面根據民生哲學，他方面擷取現代福利哲學，予以匡補闕遺，更正條理，尤其補述民生主義育樂兩篇，這使三民主義社會政策思想更加完整，更加符合時代背景。下文分別整理敍述二人的社會政策思想，以便發展現行社會政策的評價指標。

㈠　**國父孫中山先生的社會政策思想**

　　我國古代的社會政策，有以下兩個至爲顯著的特點：其一是強調四維八德的倫理道德規範，和從內至外由己及人的行爲實踐次序；其二是重視人民地位的民本思想和全面照顧人民生活的福利政治觀念。㉓後一特點由　國父闡發，成爲其民生主義社會政策的基礎思想。我國之有近代社會政策思想，始於　國父孫中山先生㉔。　國父於民前七年撰寫民報發刊詞時，就強調社會政策的需要。在文中他說：「世界開化，人智益蒸，物質發舒，百年銳於千載，經濟問題繼政治問題之後，則民生主義躍躍然動，二十世紀不得不爲民生主義之擅揚時代也。」接著　國父強調我國推行社會政策的意義與目的，他說：「民生主義歐美所慮積重難返者，中國獨受病未深而去之易。是故或於人爲既往之陳迹，或於我爲方來之大患，要爲繕吾羣所有事，則不可不並時而弛張之。嗟夫！所陝卑者其所視不遠，遊五都之市，見美服而求之，忘其身之未稱也，又但以當前者爲至美。近時志士舌敝脣枯，惟企強中國以比歐美；然而歐美強矣，其民實困，觀大同罷工與無政府黨、

㉓　邱創煥著　我國社會政策，同註❸，頁 1 。
㉔　劉脩如著　社會政策與社會立法，國立編譯館，民國 66 年，上冊，頁 279。

社會黨之日熾，社會革命其將不遠。吾國縱能媲迹於歐美，猶不能免於第二次之革命，而況追逐於人已然之末軌者之終無成耶。夫歐美社會之禍，伏之數十年，及今而後發見之，又不能使之遽去。吾國治民生主義者，發達最先，覩其禍害於未萌，誠可舉政治革命、社會革命畢其功於一役；還視歐美，彼且瞠乎後也。」㉕歐美民權革命的結果，僅解決政治問題而未解決社會問題，而社會問題，若不採取預防措施，實施社會政策，有其累積叢生，積重難返之勢。為避免重蹈歐美的覆轍，引起社會革命，　國父主張實施民生主義社會政策，消滅貧富懸殊的現象。

　　我國之推行社會政策，依　國父看法，較歐美諸國為易。　國父在民國元年四月一日解臨時總統職時，對南京同盟會員餞別會演講中云：「英美諸國，因文明已進步，工商已發達，故社會革命難；中國文明未進步，工商未發達，故社會革命易。英美諸國資本家已出，障礙物已多，排而去之故難；中國資本家未出，障礙物未生，因而行之故易。然行之之法如何？今試設一問，社會革命尚須用武力乎？兄弟敢斷然答曰：英美諸國社會革命，或須用武力，而中國社會革命，則不必用武力。……中國原是窮國……中人之家，已不可多得，如外國之資本家，更是沒有，所以行社會革命是不覺痛楚的。但因此時害猶未見，便將社會革命擱置，是不可的。譬如一人醫病，與其醫於已發，不如防於未然。吾人眼光不可不放遠大一點，當看至數十年數百年以後，顧及全世界情形方可。如以中國資本家未出，便不理社會革命，及至人民程度高時，貧富階級已成，然後圖之，失之晚矣。」㉖誠如上

㉕　民報發刊詞，民國紀元前 7 年 10 月 30 日，收編在中國國民黨中央黨部史科編輯委員會編　國父全集，民國 63 年，第一冊，頁壹——173。

㉖　民生主義與社會革命，民國元年 4 月 1 日講，　國父全集，同上，頁壹——180。

述，民生主義的推行，可避免流血的路而走社會政策的途徑，達成社會的整合與均衡。這是本於一貫的仁愛道統，及融滙歐美福利哲學的思想朝向。

中國在民國初年，貧窮問題至爲嚴重，國父在演講中不斷強調此一現象。他在「民生主義第三講」中說：「像廣東地方，每年進口的糧食要值七千萬元，如果在一個月之內，外間沒有米運進來，廣東便馬上鬧飢荒，可見廣東是不够飯吃的。這是廣東一省而言，其他有許多省分，都是有和廣東相同的情形。……中國現在正是民窮財盡…全國人口現在都是不够飯吃，每年餓死的人數大概過千萬，這還是平時估算的數目。如果遇着了水旱天災的時候，餓死的人數更是不止千萬了。」❷⁷可見，當時生產落後，窮到吃飯都成問題。

國父又在「民生主義第二講」中說：「中國人大家都是貧，並沒有大富的特殊階級，只有一般普通的貧。中國人所謂的貧富不均，不過是在貧的階級之中，分出大貧與小貧。其實中國的頂大資本家，和外國資本家比較，不過是一個小貧，其他的窮人都可說是大貧。中國的大資本家，在世界上既然是不過一個貧人，可見中國人通通是貧，並沒有大富，只有大貧、小貧分別。」❷⁸在此「上下交困，大家一樣窮」，❷⁹的情況下，社會政策應採何方針，採何構想與設計，確是件煞費苦心的難題。國父所提出的民生主義是針對此問題的一套合乎實際而具體嚴謹的社會工程方案，具有健全的哲學、政治及經濟基礎，下文分別介紹此三方面的主要思想。

1. 國父社會政策思想的哲學基礎　民生主義是一部完整的社會

---

❷⁷ 民生主義第三講，國父全集，同上，頁壹——150。
❷⁸ 民生主義第二講，國父全集，同上，頁壹——139～140。
❷⁹ 三民主義之具體辦法，民國 10 年 3 月 6 日在廣州中國國民黨特設辦事處講，國父全集，同上，頁壹——217。

政策體系。依 國父見解，社會問題即民生問題，而民生主義是解決社會問題及發展人力的一套設計、原則或方針。民生主義社會政策以計劃變遷爲內容， 國父在民生主義演講及其他著述中，指出我國社會情狀，並提出匡正社會行爲、促進社會進步的綱領、原則或方針。

然民生主義的哲學原理爲何？戴季陶先生在「孫文主義的哲學的基礎」一文中分析說：「民生主義的目的是要在經濟生活平等的基礎上，使人民的衣食住行育樂六個生活的要求得到滿足，解決基本的社會問題，而滿足這六個生活要求的前提條件：在心理上是要改變人民的思想；在物質上，各項建設由國家計劃、組織及管理。從目的上說，是要把全世界造成民生主義的新社會，就是完成民有、民治、民享的社會。」❸這一段話中，「心理上要改變人民的思想」一句話，蘊含民生主義的哲學基礎。仁愛、互助及合作精神的復興與發揚是爲改變人民萌長中的功利思想的根本辦法。

國父在民生主義演講中，呼籲道德精神的復興，並主張以此爲民生建設的基礎。工業社會的一特徵是初級團體的式微，次級團體的發達。青年羣性的日益低落，都市居民親屬及鄰里關係的淡薄化，是國內外研究所指出的一般趨向。相反的，各種職業團體及利益團體，有其快速成長的趨勢。其結果，個人終日碌碌，但均非恆久性的友誼或親情關係，而是短暫性與膚淺性的利益關係。共同的興趣或利害關係一消失，其團體也隨之星散。當次級團體成爲個人活動的中心，或成爲個人認同的對象時，個人就傾向於視他人爲工具或手段，認爲人與物同，爲達成或妨碍其目標的手段。人與人間的關係成爲角色或功能的交換，或換言之，予與取的功利關係。

---

❸　戴季陶，「孫文主義之哲學的基礎」，收編在陽明山莊印，三民主義研究重要文獻，民國 65 年 6 月，頁 402。

當工具主義伸張時，人與人的權利義務，傾向於正式化與普遍化，甚至在小家庭裏，亦呈現這種現象；擇偶上亦漸注重職業、收入、文憑、汽車、洋房等而非個人人格特性。人人傾向於計算，傾向於考慮個人利益，而對人失去情感、熱誠，更談不上奉獻或犧牲。在鄰里和社區裏，人與人的關係，也傾向於冷漠，來往僅止於物質，或建立在金錢的基礎之上，社會結帶非常脆弱。社會學家指出，社會問題或個人問題，皆發生在社會結帶的問題上，社會結帶未鞏固之前，一切社會問題之解決，均屬空談而無功[31]。

要鞏固社會結帶，有賴社會道德的重建。民生主義的核心是仁愛精神。　國父說：「我是爲了實行民生主義而革命的，如果不要民生主義，就不是革命。」[32] 總統　蔣公對此解釋說：「民生主義的動機全爲仁愛，離開仁字，便無革命可言。」[33] 戴季陶先生也說：「　國父認爲中國古代的倫理哲學和政治哲學，是全世界文明史上，最有價值的人類精神文明的結晶。要求人類問題的眞正解決，必須以中國固有的仁愛思想爲道德基礎，把一切科學的文化都建設在這一種仁愛的道德基礎上面，然後世界人類才能得到眞正的和平，而文明的進化，也才有眞實的意義。……『民生是歷史的中心，仁愛是民生的基礎。』先

---

[31] Alvin Toffler, *Future Shock.* China Commercial Center, 1970, Part 2; George Simpson, *Emile Durkheim on the Division of Labor in Society.* New York: Macmillan, 1933, p. 407; Helena Znaniecki Lopata, "The Secondary Features of a Primary Relationship," in *Human Organization*, 24 (Summer 1965), pp. 116–121; David Mc. Clelland *The Achieving Society.* Princeton, New Jersey: Van Nostrand, 1961, p. 194. 范珍輝「臺北市移民之社會適應問題」，臺大社會學刊，第10期，頁 15～16。

[32] 引自戴季陶上文，同註 30，頁 395。

[33] 引自邱創煥編著　中國社會福利思想制度概要，臺北，商務印書館，民國 66 年，頁 62。

生把這一個思想，強調到最高潮的時候，就是先生對歐洲文化的基本思想來宣戰。所以先生對於俄國革命的成功，也認爲這是東方文化的勝利，認爲是受三民主義的教訓，而不認爲三民主義的思想的基礎，是由西方文化而來。」❸

在社會關係上，發展人飢己飢、人溺己溺的博愛公愛觀念，誠是挽救人類社會危機的正途，亦正是社會政策所應遵循的哲學原理。「仁」是人羣關係的根本，仁是指導各個人在人羣中待人接物的法則。社會是具有組織的人羣關係，人人不能離羣索居，人人要彼此依賴，互相尊重。尊重他人的權益與自由，「己所不欲勿施於人」，體諒別人，考慮他人利益，將他人視爲目的而非手段，社會關係才能融樂而和諧。

國父的民生主義也強調互助合作的法則。　國父說：「社會之所以進化，是由於社會大多數的經濟利益相調和，不是由於社會上大多數經濟利益相衝突。社會大多數的經濟利益相調和，就是爲大多數謀利益。大多數有利益，社會才有進步。社會上大多數的經濟之所以要調和的原因，就是因爲解決人類的生存問題。」❸又說：「階級鬥爭，不是社會進化的原因，階級鬥爭是社會當進化的時候，所發生的一種病症。這種病症的原因，是人類不能生存，因爲人類不能生存，所以這種病症的結果，便起戰爭。馬克思研究社會問題所有的心得，只見到社會進化的毛病，沒有見到社會進化的原理，所以馬克思只可說是一個社會病理家，不能說是一個社會生理家。」❸

人類有了文明之後，卽化除物種遺傳的特性，向以互助爲原則，以求人類進化的目的；達爾文物種進化的原則，不可應用於人類社會

---

❸　同註 30，頁 407～408。
❸　民生主義第一講，國父全集，同註 25，頁壹——131。
❸　同上。

的層次。　國父說：「物種以競爭爲原則，人類以互助爲原則。社會國家者，互助之體也；道德仁義者，互助之用也。人類順此原則則昌，不順此原則則亡，此原則行於人類已數十萬年矣。然而人類今日猶未能盡守此原則者，則以人類本從物種而來，其入於第三期之進化（人類進化之時期），爲時尚淺，而一切物種遺傳之性，尚未能悉行化除也。然而人類自入文明之後，則天性所趨，已莫之爲而爲，莫之致而致，向以互助之原則，以求達人類進化之目的矣。人類進化之目的爲何？即孔子所謂『大道之行也，天下爲公。』耶穌所謂『爾旨得成，在地若天。』此人類希望，化現在之痛苦世界，而爲極樂之天堂世界是也。近代文明進步，與日加速，最後之百年，已勝於以前之千年，而最近之十年，又勝以往之百年，如此遞推，太平之世，當在不遠。乃至達爾文發明物種進化之物競天擇原則後，而學者多以爲仁義道德皆屬虛無，而爭競生存，乃爲實際，幾欲以物種之原則，而施之於人類之進化，而不知此爲人類已過之階段，而人類今日之進化，已超出物種原則之上矣。」❸⑦

　　民生主義與社會主義主要不同之一，便是此一互助合作之精神。一般社會主義，尤其是共產主義，本於假平等的觀點，講無產階級專政，鼓勵階級鬥爭，而民生主義則以互助合作爲中心模式，發揮人生以服務爲目的的高度情感，來謀共同的福利。

　　2.　國父社會政策的政治方案　在政治上，　國父提倡國家社會主義。國家社會主義是自由放任 (Laissez faire) 的相對詞，指重要產業之國有及國營。依　國父的看法：「企業有獨占的性質，或規模過大爲私人之力所不能辦者，如銀行、鐵路、航運之屬，由國家經營

❸⑦　孫文學說，國父全集，頁參——139。

管理之，使私有資本制度，不能操縱國民之生計。」❸　　國父之此一社會主義主張，其目的一方面爲均富舖路，他方面則在於擴張國家干涉經濟之權限，以便探計劃變遷的途徑，發展國家資本，與西方先進國家並駕齊驅。權力未集中，尤其經濟權未能管制，無法挽救中國於貧窮，將永淪西方大國的經濟侵略之下，萬世不能翻身。

個人主義者所主張的放任主義，已成爲時代的陳迹。此一見解，以爲國家因公共利益所行的干涉，勢必減少個人的自由。此種假定，依迦納教授 (James W. Garner) 則認爲在極小的限度內可成立，但將各種法令上的限制，皆當作損害個人自由，殊屬淺見。沒有限制的自由，一人的自由愈大，則別人的自由勢必愈小，幾個人的自由，必包含限制個人的自由。簡言之，完成和保障自由的整個問題，多半是一個設定限制的問題。全體權利的擴大和保障，乃在各人行爲上加以正當的限制❸。

爲了個人的福祉和安全，國家必須深入人民的日常生活，檢查某些階層所遭遇到的危機，並設法消除來自市場功能上的不平或剝削。國家功能的擴張是現時代所必然的，經濟計畫、社會計畫、科層制度、領導關係，以及政府、政黨及輿論的重組，展示此一特徵❹。

國父認爲：「一面國家富強，一面當防資本家壟斷之流弊。此防弊之政策，無外社會主義。本會政綱中，所以採用國家社會主義政策，亦卽此事。現今德國卽用此等政策，國家一切大實業如鐵路、電氣、

---

❸　中國國民黨，第一次全國代表大會宣言，民國 13 年 1 月 31 日，國父全集，第二册，同上，頁肆——48。

❸　James W. Garner, *Political Science and Government*, 1928. 引自王昇三民主義與其他研究之比較研究，臺北，黎明文化事業股份有限公司，民國 66 年，三版，頁 82。

❹　Henry W. Ehrmann (ed.), *Democracy in a Changing Society*. Bombay, India: Vakils, Feffer and Simons, 1963, p. 23.

水道等務，皆歸國有，不使一私人獨享其利。英美初未用此政策，弊害今已大見。美國現時欲收鐵道爲國有，但其價值過巨，收買則無此財力，已成根深不拔之勢。唯德國後起，故能思患預防，全國鐵道皆爲國有。中國當取法於德……使中國行國家社會政策，則地稅一項，可比現在收入加數十倍；至鐵道收入，30 年後，歸國家收回，準美國約得 14 萬萬，鑛山租款約 10 萬萬。卽此三項，共爲國家收入，則歲用必大有餘裕。此時政府所患已不在貧。國家歲用不足，是可憂的；收入有餘而無所用之，亦是可慮的。此時預籌開銷之法，則莫妙於用作敎育費。法定男子五、六歲入小學堂，以後由國家敎之養之，至 20 歲爲止，視爲中國國民之一種權利。學校之中，備各種學問，務令學成以後，可獨立爲一國民，可有參政、自由、平等諸權。20以後，自食其力，幸者爲望人、爲富翁，則不須他人之照顧；設有不幸者，半途蹉跎，則 50 年以後，由國家給與養老金……凡此所云，將來必有達此期望之日，而其事則在思患預防，採用國家社會政策，使社會不受經濟階級壓迫之痛苦，而隨自然必至之趨勢，以爲適宜之進步。所謂國利民福，道不逾此，吾願與我國民共勉之。」❹

政治的目的，在於養民。養民的辦法：一爲治「六府」——「水、火、金、木、土、穀惟修」，就是把這六種資源開發起來；二爲行「三事」——「正德、利用、厚生惟和」，就是把這三件要務做得和協。資源的開發，須預防私人資本的集中，以免人民蒙害。經濟發展之後，則首先要「正德」，變「各親其親，各子其子」，爲「不獨親其親，不獨子其子」；其次是「利用」，變「貨力爲己」，爲「貨惡其棄於地也，不必藏於己，力惡其不出於身也，不必爲己」；最後要做到「厚生」，

---

❹　民生主義與社會革命，國父全集，頁壹——182～183。

「使老有所終，壯有所用，幼有所長，矜、寡、孤、獨、廢、疾者，皆有所養。」這段是孔子答言偃的話，可說是　國父上述社會政策思想的基礎觀念㊷。　國父嘗言：「吾人生於惡濁世界中，欲打破此舊世界，剷除一切煩惱，以求新世界之出現，則必有高尙思想與強毅之能力以爲之先。在吾國數千年前，孔子有言曰：『大道之行也，天下爲公』。如此，則人人不獨親其親，人人不獨子其子，是爲大同世界。大同世界卽所謂天下爲公，要使老有所養，壯有所用，幼者有所敎。孔子之理想世界，眞能實現，然後不見可欲，則民不爭，甲兵亦可以不用矣。」㊸

3.　國父社會政策的經濟原理

民生主義的經濟原理是開發實業與社會均富。開發實業卽製造國家資本，製造國家資本始能充裕國家財力，解決民生問題。　國父於民國 10 年 5 月 5 日就任大總統時，在其宣言上說：「重要經濟事業，則由中央積極擔任，發展實業，保護平民。凡我中華民國之人民，不受生計壓迫之痛苦。」㊹這卽採國家社會主義的方式，行計畫式經濟發展。惟　國父認爲經濟發展之同時，應注意到均富的目標。民國 13 年 4 月 4 日　國父在廣東女子師範學校演講時，指出：「我們革命成功，民國統一之後，要建設一個新國家，一定要開礦、設工廠、謀國家之富足。……我們現在是患貧，是患不均。我們現在沒有大富人，多數人都是窮，要革命成功以後，不受英國美國現在的毛病，多數人都有錢，把全國的財富分得均勻，便要實行民生主義，把全國大礦、

㊷　參閱秦孝儀、文崇一等編　民生史觀論叢，臺北，近代中國雜誌社，民國 68 年，頁 429～430。

㊸　軍人精神敎育，民國 10 年 12 月 10 日在桂林對滇贛粵軍講，國父全集第二冊，同註㉕，頁捌——147。

㊹　就大總統宣言，民國 10 年 5 月 5 日，國父全集，同上，頁肆——28。

大工業、大商業、大交通都由國家經營。國家辦理那些大實業，發了財之後，所得的利益，讓全國人都可以均分。總而言之，我們的民生主義，是做全國大生利的事，要中國像英國美國一樣的富足，所得富足的利益……要使多數人，大家都可以平均受益。」㊺

　　發展實業為均富的前提，但均富卻是發展實業的條件，二者互為表裏。　國父所說的均富不僅包括財富及所得的分配，並且也包含地位、權利、自由及幸福的分配。總統　蔣公解釋民生主義時說：「總理的民生主義，就是要使人人有土地，人人有工作，人人有權利，人人有自由，亦就是人人能自由的生活，人人能自由的生存，人人能享受其康樂幸福。」㊻民生主義下的實業發展，目的在於改善人民生活與活動的環境，促進人民的康樂幸福，亦即保障其潛智潛能及人格的充分發展。

　　國父的實業計畫，首重鐵路、道路之建築，運河、水道之修治，商港、市街之建設。這些基礎工程建設為發展實業的要素。其次是注重移民、墾荒、冶鐵及鍊鋼。　國父認為農礦二業為其他事業之母，農礦一興，則凡百事業由之而興。並且鋼鐵為一切實業之體質，實業愈發達，鋼鐵的產量及消費量愈大。至於上述實業發展所需的資本與技能，　國父認為應借之外國。

　　在開發實業的過程上，須同時實行平均地權及節制資本，以防止財富的集中與壟斷。這即是民生主義均富政策的原理。在平均地權方面，　國父提出照價納稅及土地國有二方面。此二方法互為因果，雙頭併進，可達到地權平均的目的。依　國父解釋：「照價納稅之法，

㊺　女子要明白三民主義，民國 13 年 4 月 4 日在廣東女子師範學校講，國父全集，第一冊，同上，頁壹——239 至 240。
㊻　蔣總統訓詞，土地國有的意義，引自王昇上引書，同註㊴，頁176。

淺而易行，宜令有土地之家，有田畝多少，價值若干，自行呈報，國家卽準是以課其若干分之一，則無以多報少及過抬地價之弊。又土地國有之法，不必要收歸國家也，若修道路，若闢市場，其所必經之田園廬墓或所必需之地畝，卽按照業戶稅契時之價格，國家給價而收用之，惟買賣之定例，賣者必利其價高，買者必利其價廉。業主旣懼國家之收用土地，其呈報之價眞，而國家之土地收入復亦因之而增長，此兩方面不同，而能相需爲用。……地權旣均，資本家必捨土地投機業，以從事工商，則社會前途將有無窮之希望。蓋土地之面積有限，工商之出息無限，由是而製造事業日繁，世界用途日廣，國利民福，莫大於是。」⑰

　　在農業社會，土地爲人類生存之主要憑藉，土地問題能獲得解決，則社會安定，經濟繁榮。若土地問題不能解決，則社會混亂，經濟凋蔽，甚焉者動亂紛起，朝代更迭⑱。惟在工商社會，人口可在土地以外找到更好的維持生活的方法，而不須依賴土地。西歐各國在產業革命以後，工商業的重要性增高，資本乃代替土地成爲最主要的生產工具。由於資本的重要性增高，因此經濟上有關的生產問題與分配問題，也就與資本密切相關，土地的重要性已大爲降低⑲。惟是如此，在工業化過程上，農業用地的合理分配，以及都市平均地權的實施，仍有其重要性。其主要功用，有如　國父在上文中指出，用以刺激資本家捨棄土地投機，轉移資本於工商業。

　　節制資本的目的在防止工業革命所造成的貧富不均，引起社會問題，危害人民生存。惟　國父節制資本的主張，並非反對私人資本，

---

⑰　平均地權，民國元年 5 月 4 日在廣州新聞界歡迎會講，國父全集，第一冊，頁壹——185。
⑱　陸民仁「從經濟發展看民生史觀」，同註 42，頁 106。
⑲　同上，頁 109。

只是反對少數人壟斷社會富源。這點　國父在民國元年，講民生主義時，即已說得明白：「吾人所以持民生主義者，非反對資本，反對資本家耳。反對資本家佔經濟之勢力，壟斷國家之富源耳。……蓋國家之設施，利益所及，乃為國民福利，非如少數人之壟斷，徒增私人之經濟，而貧民之苦日甚也。」❺⓪

　　總統　蔣公對此的解釋為：「傳統的自由主義，是以個人的經濟競賽，為達到福利的手段，實際上個人的經濟競爭，往往造成了貧富分化和階級鬥爭的狀況。民生主義是以經濟計畫，消滅獨占資本，保障多數人的均衡發展，經濟自由固須受國家計畫的限制，但是少數人自由的限制，卻就是多數人自由的保障。」❺① 節制是調節及管制之謂也，使民間私人資本配合國家經濟計畫，發展國富為節制資本的目的。

㈡總統　蔣公的社會政策思想

　　中央政府於民國 38 年播遷來臺以後，在總統　蔣公領導之下，銳意革新，積極建設，在政治經濟方面均有長足進步，在社會安全及福利方面，也多有新猷。在社會政策方面，先於民國 39 年辦理勞工保險，嗣於 40 年辦理公地放領；42 年實施耕者有其田條例；53 年制定民生主義現階段社會政策；翌年修改都市平均地權條例，並指定以增收之地價稅及土地增值稅，設置社會福利基金；58 年制定現階段社會建設綱領；59 年復制定加強國民就業輔導工作綱領及現階段加速農村經濟綱領；61 年制定小康、安康計畫；62 年公布保障勞工利益，改善勞工生活重要措施；同年制定兒童福利法，一連串推行社會福利，由之貧富差距大大縮短，社會均衡發展，人民自立自強，步入安和樂利均富社會佳境，漸具福利社會的外觀與內實。

---

❺⓪　張其昀主編　國父全書，臺北，國防研究院，民國 49 年，頁486～487。
❺①　反共抗俄基本論，蔣總統言論彙編，卷七，頁 65。

　　上述成就大都出之於總統　蔣公的貢獻。　蔣公一方面根據民生主義，訂定各種社會政策，使　國父社會政策思想有其確實達成的內容，他方面並擷取歐美福利思想，補充及發揮　國父的社會政策思想。

　　民生主義的哲學基礎為民本主義及正統的倫理思想，總統　蔣公以為：「　總理既認定了『民生為歷史的中心』，便根據這個思想指出我國固有的『天下為公』的思想，為改造社會的基本法則與實行革命的最高理想。」❷ 在　蔣公所繪製的三民主義之體系及其實行程序表中，民生哲學被列為主義的原理，而加引伸說明：「什麼是三民主義的原理或哲學基礎呢？就是這圖上所示的『民生哲學』。各位同志要知道：無論甚麼主義，都有一個哲學做基礎。三民主義的哲學基礎為『民生哲學』。」❸

　　民生主義所要達成的，有食衣住行育樂各項，內容非常廣泛，這些生活面的滿足，需有社會政策及經濟政策為其手段。總統　蔣公認為：「民生主義的『平均地權、節制資本』的兩句口號，可以簡單的說，就是『均富』兩個字。我們為什麼要提出這『均富』的口號呢？就是要使人人容易知道民生主義的道理。再明白點說，『均富』是要使人人有田種，人人能發財，但是不許有個人在限田額數之外，再壟斷土地成為大地主，亦不許財主集中社會財富，成為托拉斯，而再有社會不平的現象。這就是我們革命要為窮人打不平，而使社會沒有太窮的現象。換言之，要使國內人民貧富相平，而無特殊階級，這就是我所說的『均富』，亦就是民生主義的眞諦。」❹

---

❷　三民主義之體系及其實行程序，收編在三民主義研究重要文獻，同註30，頁 196。

❸　同上，頁 194。

❹　土地國有的要義，民國 41 年 4 月 21 日陽明山莊講，收編在　蔣總統思想言論集編輯委員會編　蔣總統思想言論集，民國 55 年，卷五，頁46。

　　然則均富目的何在？均富的目的在使有個人不虞物質匱乏而進入
精神生活的美滿。精神生活的美滿亦卽自我潛能的肯定，使個人能充
分接受敎育，充實學識技能，進而發揮其潛力，爲社會的進步和民族
的復興而奮鬥。總統　蔣公在民生主義育樂兩篇補述中說：「民生主
義敎育就是有計畫的敎導一般靑少年，從民主的生活中，培養自己的
人格，發展自己的才能，以家庭的子弟，和國家公民的地位，從事生
產事業，努力於社會的進步和民族的復興。」❺❺這卽今日盛行的歐美福
利社會（Welfare Society）的思想。福利社會所關心的是「人」，並
非財富。人的尊嚴及社會的和諧才是最終價值，而均富祇不過是其必
要手段。這一點是　蔣公經常強調的社會政策原理。

　　總統　蔣公對社會福利及安全的指示甚多，但較有系統的則見之
於民生主義育樂兩篇補述一書中。在此專著裏，總統　蔣公劚切指示：
「在這反共抗俄戰爭中，要恢復中國爲獨立自由的民主國家，必須有
計畫、有步驟，重建社會爲自由安全的社會，來做這獨立民主的國家
的基礎。所以，民生主義的社會政策之研究和確立，刻不容緩。」❺❻民
生主義的社會政策，依其構想，包含食衣住行育樂六大問題的解決，
使大多數皆可享最大的幸福。

　　對社會政策的訂定，　蔣公根據三民主義的原理，提示以下四大
原則❺❼：

　1. 調和利益，同富同樂

　　國父曾說：「經濟建設與企業發展之成果，必使爲全體國民所享
有，俾一般同胞，均得有豐衣足食之生活，而敬老、育幼、養生、送

❺❺　民生主義育樂兩篇補述，國父全集，第一册，同註❷❺，頁壹——271。
❺❻　同上，頁壹—— 249。
❺❼　范珍輝著　總統　蔣公論社會福利，廣播稿，敎育部社會司，民國67年。

死，以至文化、娛樂之享受，均能滿足其實際之需求。」總統　蔣公對這種境界提出藍圖說：「我們最後唯一的目的，就是要使天下事事物物，皆安排妥當，各得其所。全體人民，個個都安居樂業，足衣足食……一切政治的設施，無非是要使國家富強，民生樂利。」這是推行社會福利，創造最大幸福、最大快樂的具體理想，亦卽是社會福利的最高境界。須知社會福利不應狹義的停滯於貧民的救濟，鰥寡孤獨無依者的收養等卽算了事，而必須發展為國家財富的創造，以謀全體社會的安和富足。

2. 辦理婦幼老人福利事業，發揚家庭倫理

大同社會的理想要使鰥寡孤獨廢疾者皆有所養，　國父也早就講到「鰥寡孤獨四種無靠人民，國家便有養老費。」總統　蔣公曾經提及：「我們從　總理生平的言論和著作之中，卻可以體會出來……更當注意育字。所謂育包括養育與教育兩種意義而言。養敎的目的，就是要使『老有所終，幼有所長，矜寡廢疾者皆有所養』，換言之，就是要使人民都能够有飯吃，有衣穿，不受流離凍餒之苦。」蔣公並指示改善公私立救濟設施，擴展院外救濟，救助貧苦老弱人民，維持最低生活。社會救助應建立在家庭倫理的基礎之上，始能眞正解決社會問題。蔣公說：「我們要用社會全體的力量，使每一個孤苦無靠的兒童，都能得到扶養，地方自治機關亦可廣為徵求義父母，使熱心服務的國民，收養孤兒，敎導成人。」這都是倫理情感的運用，為中國特有的實施方法。養老、育幼可利用此方法辦理，其他社會福利亦可從此觀點去規劃，如此方能為根本的解決，收到眞正的效果。

3. 加強農民福利，增進勞工福利

總統　蔣公對耕者有其田、健全農民組織及農業資金的調劑等，指示甚多，處處為農民福利着想。早在民國 30 年，　蔣公就注意到

農民福利問題，特強調土地問題爲社會問題的中心，並指示土地政策
的程序與立法。

在勞工權益的保障方面，　蔣公於民國 37 年對總工會會員訓詞
說：「數十年來，國民政府不斷努力，爲解除勞工痛苦，扶植勞工組
織，增進勞工福利而奮鬥。」足以證明　蔣公踐履民生主義勞工政策
的一斑。

4. 輔導國民就業，人盡其才，廣建國民住宅，以樂民居

總統　蔣公在民生主義育樂兩篇補述中說：「在社會政策上……
最有效的根本政策，還是一般國民能夠就業,使其職業收入能夠安定,
而無失業恐慌之患。」這即如　國父所說的，人盡其才爲富強的首綱。
國民就業包括的問題有職業訓練、職業介紹、勞力調查、職業安全及
失業救濟。　蔣公特昭示：「國民就業輔導及勞動力調查兩項工作,
至關重要。實施都市平均地權政策後所增收之土地房屋等稅，除當
用作興辦各項人民福利措施外，對推動此兩項工作所需，亦當適應支
應，俾有助於經濟建設的全面加強。」

住宅是民生六大需要之一，　國父在建國大綱中，明示要「建築
大計畫之各式屋舍，以樂民居。」總統　蔣公也指示:「在民生主義社
會政策實施進程中，目前對衣食住行各問題之解決，惟住的問題尚在
起步階段，故興建國民住宅工作，必須積極展開，尤以興建都市貧民
住宅,最關重要。今後希擬訂切實進度計畫，每年至少應興建一萬戶。
中央與省、市政府，應切實配合，共策其成。同時此項工作爲社會福
利政策之一部份，目的在解決貧民居住的問題，故觀念上應具救助精
神，不可存有利潤思想；如投資不能全數收回，政府當另籌財源，以
補貼方式出之。」

㈢三民主義的社會政策標竿

綜觀　國父及總統　蔣公的社會政策思想，我們可將二人的思想歸納出下列五點標竿。標竿卽衡量的理想尺度或標準。二人的社會政策思想既理想而抽象，惟在社會福利及安全方面，仍可整理出一些重要的判斷標準。

1. 社會政策爲解決或對付民生問題（或社會問題）的基本原則或方針。

民生一詞涵義廣泛，不僅包括人民的經濟生活，且也包括社會的生存、國民的生存、國民的生計、羣眾的生命，換言之，民生乃以處理社會問題，改革社會制度，發展國家經濟，增進人羣幸福爲着眼點，故不僅包括物質面，並且也包括精神倫理及文化各方面。

2. 社會福利的推行基於同胞愛、人道主義，但仍應以全體人民爲對象。

就前者說，社會福利包括公共救助、孤兒的領養、犯罪者的感化、重建，以及殘廢精神病患的收容治療，後一範圍強調社會福利服務爲國民應享的一項權利，用以充分發展智能，克盡社會所賦予的生產角色。此方面的福利服務包括家庭計畫、農民福利、勞工福利、就業服務、職業訓練、國民住宅、兒童福利、婦女福利、老人福利、社區發展等。

3. 社會福利的推行應重視積極的輔導，兼顧各業之利益

在社會福利的推行上，雖應保障貧民及殘障老弱無靠者的生活，但對具有工作能力者，應注重積極性輔導，鼓勵創業自立，減少消極的救濟，造成依賴心理。三民主義兼顧各行各業的利益，不偏重一部份人民的生活而犧牲另一部份人的利益，且也重視個人克盡所能，盡義務而享權利，同時更不宜過分偏重社會福利而影響全體均衡，造成

未蒙利而反受害的局面❽。

　　4. 社會政策的推行應配合經濟制度的改革

　　生產事業之國營，尤其開闢市場、興辦工廠、建築鐵路、修治運河、開闢礦產等大生利的事業，皆應公有❺。同時實施平均地權，課征地價稅及土地增值稅，採行累進稅率，用以充裕稅源，推行社會福利。

　　5. 政府應發揮萬能政府的威力，不斷改訂社會政策，為全國人民謀幸福。

　　三民主義建立在社會連帶及社會干涉的思想之上，為了個人的安全與利益、各階級利益的調和，國家必須深入人民生活各方面，去發見問題並解決問題，以糾正現代工商社會及自由經濟的反功能。民生主義採計畫變遷、社會政策、私有資本的監督與管理等措施，作為政策原理。開發資源、激勵個人發揮全力，以赴事功，以及保障個人的生存權、教育權、工作權等，皆為政府不可推諉的責任❻。

四、我國社會政策之演進

　　我國自建立共和國家體制以來，中國國民黨一直至今都是執政的政黨，社會政策均由國民黨制定，由政府執行。在國民黨的早期文件中，雖然未曾有過社會政策的具體名稱，但從興中會創立以來，每次公布的宣言、政綱、及政策之中，大都包括社會政策在內。例如，香港興中會宣言中，第三條宣示：「志向宜定也。本會擬辦之事，須利國益民者方能行之，如設報館以開風氣，立學校以育人材，興大利以

---

❽　邱創煥著　我國社會政策，同註三，頁80。
❺　三民主義之具體辦法，同註❷，頁壹──219。
❻　范珍輝著「美國社會安全制度之倫理觀」，同註二，頁91。

厚民生，除積弊以培國脈等事，皆當惟力是視，逐漸舉行，以期上匡國家以臻隆治，下維黎庶以絕苛殘……」❻可說在建黨初期，已略有社會政策的構想。下文擬分開國至中央政府遷臺之前及遷臺之後至今兩個時期，分別討論我國社會政策之演進，並述各主要社會政策的特色。

㈠開國至政府遷臺前的社會政策

民國元年國民黨公布的「組黨宣言」中揭櫫：「採用民生政策，將以施行國家社會主義，保育國民生計，以國家權力，使一國經濟之發達均衡而迅速也。」❻這是共和國體建立後的第一個國民黨社會政策，內容雖屬抽象，但已充分顯示社會干涉及推展社會福利的兩點特色。

民國2年國民黨公布的「政見宣言」中所包括的社會政策，則更加具體。該宣言提出國家建設的大綱，其中有關社會政策的主張，主要者有：「以國內貧乏之狀況，則目前最亟之舉，莫若開發產業……厲行衛生，謀人民幸福……振興教育，所亟振興者，一曰法政教育；一曰工商教育；一曰中等教育；一曰小學師範教育；一曰女子教育。」❻開發產業，闢建公共工程，振興教育，改善衛生環境等，以謀人民福利，為此宣言中含蘊的社會政策主旨。

其後袁世凱賣國稱帝，南北交戰，全國混亂，故一直至民國12年，國民黨宣言均以討袁、護法等為主要內容，對社會政策未有進一步宣示。

民國12年元旦，國民黨公布「改進宣言」，其中第三部份為有關社會政策的事項，提出解決貧窮問題，謀求社會經濟發展之主要原則：

❻　民國紀元前17年正月24日訂，國父全集，同註25，第二冊，頁肆——二。
❻　國父全集，第二冊，頁肆——11。
❻　民國二年8月25日公布，國父全集，第二冊，頁肆——17~18。

1. 由國家規定土地法、使用土地法、及地價稅法。在一定時期以後，私人土地所有權，不得超過法定限度。私人所有土地，由地主估報價值於國家，國家就價征稅，並於必要時，得依報價收買之。

2. 鐵路、鑛山、森林、水利及其他大規模之工商業，應屬於全民者，由國家設立機關經營管理之，並得由工人參與一部份之管理權。

3. 清查戶口，整理耕地，調正糧食之產銷，以謀民食之均足。

4. 改良幣制，以實貨為交易之中準；並訂定稅法，整理國債，以保全國經濟之安寧。

5. 制定工人保護法，以改良勞動者之生活狀況，徐謀勞資間地位之平等。

6. 確認婦女與男子地位之平等，並扶助其均等的發展。

7. 改良農村組織，增進農人生活，徐謀地主佃戶間地位之平等[64]。

上述政策內容，主張開發富源，提高國民所得，並謀分配及參與之平等，就當時社會情況言，確是相當進步的社會政策，並強烈顯示民生主義積極性、干涉性、革命性及民主性的社會政策色彩。

民國 13 年元月 31 日，國民黨第一次全國代表大會發表宣言，正式宣布平均地權、節制資本為該黨最要原則，並規定：「農民之缺乏田地淪為佃戶者，國家當給以土地，資其耕作，並為之整頓水利。移殖荒微，以均地方。農民之缺乏資本至於高利借貸，以負債終身者，國家為之籌設調劑機關，如農民銀行等，供其匱乏。」[65]這即耕者有其田、農業金融、墾荒、及農業工程等政策的宣示。在勞工福利方面，該宣言主張：「工人之失業者，國家當為之謀救濟之道。尤當為之制

---

[64] 民國 12 年 1 月 1 日公布，國父全集，第二冊，頁肆——35。
[65] 民國 13 年 1 月 31 日公布，國父全集，第二冊，頁肆——48。

定勞工法，以改良工人之生活。」其他社會福利方面則規定：「養老之制、育兒之制、周恤廢疾者之制，普及教育之制，有相輔而行之性質者，皆當努力以求其實規。凡此皆民生主義所有事也。」[66]工農階層的生活照顧、權益保障、及人力發展，爲該宣言所含社會政策的特色。

民國 13 年 4 月 12 日，國父發表手訂「國民政府建國大綱」，其中直接有關社會福利方面有以下兩條：第二條規定發展實業，充裕食、衣、住、行四大民需；第十一條規定，以土地之稅收、地價之增益、公地之生產、山林川澤之息，礦產水利之利，充作地方政府之財源，辦理地方人民之事業，及育幼、養老、濟貧、救災、醫病及其他各種公共之需[67]。建國大綱的社會政策以全體人民爲對象，強調「裕民」及地方福利財源的籌募方法，與上述一全大會的社會政策有相輔相成之功。

民國 14 年　國父逝世後，國民黨秉承　國父遺教，對社會政策不斷加以增補及修訂，更顯示出民生主義的色彩。民國 15 年 10 月 20 日，國民黨中央執行委員會及各省區聯席會議通過「中國國民黨最近政綱」，其中對教職員工、各機關員工及農工階層的福利，均有詳明的規定[68]。

民國 18 年 6 月間召開的三屆二中全會通過「訓政時期國民政府施政綱領」，其中有關社會福利及安全者，更加具體，主要規定有下列七項[69]：

1. 舉辦救濟事業：包括普設救濟機關，辦理災賑，實施工賑等。
2. 增進農民福利：包括改進農業，發展農民經濟，改善農民生

---

[66]　同上，頁肆——48～49。
[67]　國父全集，第一冊，頁參——369～370。
[68]　參閱邱創煥編著　中國社會福利思想制度概要，同註 33，頁 99～103。
[69]　同上，頁 103～104。

活等。

3. 健全工會組織：包括整理工會、商會；促進工商團體之聯絡等。

4. 調節勞資關係：包括組織勞資爭議處理機關，改善勞資相互關係，提倡勞資協作等。

5. 實施工廠監察：包括工廠建築及設備，監察勞工待遇等。

6. 改善勞工生活：包括指導工人衞生，舉辦職工新村，舉辦勞工儲蓄及保險，增進勞工知識，舉辦消費合作事業等。

7. 救濟失業工人：包括設立職業介紹機關，安插失業工人及移工興辦他種事業等。

上述社會政策主要以農工福利爲範圍，係屬狹義的社會政策，惟包括勞工保險及就業服務在內，可說是我國社會政策的創舉，值得注意。又此一社會政策雖由執政黨所制定，但卻明白宣示爲國民政府的南針，非僅是國民黨的政綱，更具實踐性。事實上，此一綱領通過後，政府卽奉爲建設的南針，次第實施。正當社會福利措施之推展，一日千里，加速進行之際，惜民國 26 年 7 月 7 日日本軍閥發動侵略戰爭，政府爲求自衞，團結人民起而抗戰，以致各項建設，在戰爭優先，軍事第一的前提下，停滯緩進。

民國 29 年 11 月 1 日，國民政府行政院新設社會部，是爲我國社會福利行政之肇始。社會部一方面接辦原有的賑濟工作，他方面開創兒童福利、勞工福利、社會服務、職業介紹、社會保險等，並着手研訂社會政策⓻。民國 34 年 5 月抗戰勝利之際，國民黨爲戰後建設的籌劃，在重慶召開第六屆全國代表大會，社會部長谷正綱氏向大會

⓻　劉脩如著　社會政策與社會立法，同註㉔，頁 298。

提出「四大政策綱領」，其中有關社會福利及安全者，計有民族保育政策綱領十項，二十一條；勞工政策綱領十六條；農民政策綱領十八條；以及戰後社會安全初步設施綱領四項，十二條。主要規定如下⓴：

　　1. 人口政策方面：（1）提倡適當生育，減少災病死亡，以期人口數量之合理增長；（2）鼓勵身心健全男女之蕃殖，推行優生保健，改進衞生環境，以期人口品質之普遍提高；（3）調劑人口密度，力求人口組合之平衡，以期人口分布之適當調整。

　　2. 勞工政策方面：改善勞動條件，增進勞動效率，保護童工及女工，推展勞工教育，加強工會組織，促進勞資合作，以期保障勞工權益及生活，提高其社會經濟地位。

　　3. 農民政策方面：加強農村組織，刷新農村政治，改革農村土地，改善農村經濟，推展農民福利，以保障農民權益，提高農民生活水準。

　　4. 戰後社會安全政策方面：舉辦就業輔導、社會保險、社會救助，以達成社會之安全與進步。

　　本政策綱領係屬我國社會政策史上的創舉。以往有關社會政策的規定，均由執政黨的政綱、宣言列述，未有一套完整之社會政策的頒布。又就其政策構想上言，所列四大社會政策構想週全，思想進步，已具民生主義社會政策的雛型，且確能作為戰後復員、農業生產、工業發展、人口成長的指針，有其高度實用性。奈此四大社會政策公布後不久，共匪叛亂，外患甫除，內憂卽起，未能充分實施，而成為具文，誠是可惜。

　　民國 36 年元月 1 日，國民政府頒布中華民國憲法，其中除宣示

⓴　本綱領全文請閱劉著同上書，頁 298～305。

人民享有自由、平等的基本權利外，另規定生存權、工作權的保障（第十五、十八、一五〇及一五二條）。此外並提示均富與獨占經濟的限制二原則，明白規定國民經濟以民生主義為基本原則，實施平均地權及節制資本，以謀國計民生的均足（第一四二、一四三、一四四及一四五條）。關於勞工及農民福利方面則有耕者保護（第一四三條）、生活照護及技藝訓練（第一五五條）、暨勞資合作（第一五四條）等原則性的規定。最後在一般社會福利政策上，有社會保險（第一五〇條）、公共救助（第一五五條）、婦女福利（第一五六條）、兒童福利（第一六〇條）、公共衞生及公醫制度（第一五七條）等的規定。

憲法上的社會政策充分汲取民生主義的精神，兼顧一般人民及特殊階層（農工及少數民族）的福利，並提出均富及節制資本的具體方針，顯示國家社會干涉的決心，可說思想健全，制度上相當完整，尤其在「基本國策」一章，特別列了「社會安全」一節，更顯示其社會政策的進步性。

㈡政府遷臺後的社會政策

民國 38 年，中央政府播遷來臺，39 年 3 月，總統　蔣公復職視事，同年 8 月 31 日，中央改造委員會第十三次會議通過「現階段政治主張」㉒。在此政治主張第三部份「實行民生主義的經濟措施」中宣示：「我們依據民生主義的原則決定我們國民經濟政策，我們主張配合着國家的建設計畫，使一般民眾不受壟斷投機之操縱，各行各業都有均衡合理發展的機會………我們更主張厲行所得稅、遺產稅、財產稅，以平均社會的財富。」

關於勞動問題，該「政治主張」說：「我們要積極扶植勞工組織，

㉒　同註 ㉝，頁 118〜119。

保障勞工權益，維護勞工擇業轉業的自由，並舉辦社會保險，以安定勞工的生活。要根據勞資共同利益，促進雙方互助合作，增加社會生產。有關工人福利問題的決定，應讓勞工充分參加意見。」

關於土地及農民問題，則提及「我們主張，對城市用地，應抑制土地投機，取締不勞而獲，屬行照價徵稅與漲價歸公的辦法，以實現市地的地權平均。對於農村耕地，應普遍實行減租及限田政策，並切實扶植自耕農，以達到耕者有其田的目的。為求增加農地生產起見，應利用科學方法，改進農業，並鼓勵自耕農從事合作經營。」[73]

上述「政治主張」將社會政策包括在經濟政策之中列出，就社會福利思潮的立場說，可說相當落後。同時對一般福利均略而未提，也可說比之前訂社會政策退步甚多。惟此「政治主張」對勞工的參與及平均地權，作一詳明規定，仍有其特色。

民國 41 年 10 月間及 46 年 12 月間召開的國民黨七全及八全大會所通過的政綱，雖皆列出社會政策，但內容與以往的主張相差不多，無有新穎之處。

民國 52 年 11 月 20 日九全大會通過的政綱，有關臺灣地區的社會建設則指示詳明，尤其第九、十一、十二、十三、十五、十七、十八、十九及二十一各條，皆有具體的內容，茲將上述各條列舉如下[74]：

九、策進國家工業化，制定長期經濟計畫，鼓勵國民儲蓄及投資，增進資源之開發及利用，改善投資環境，培養企業精神，以加速經濟發展，擴充就業機會，提高國民所得及生活水準。

[73]　蕭繼宗主編　革命文獻，中央委員會黨史委員會，民國 65 年，第 70 輯，頁 368。

[74]　同上，頁 382～383。

　　十一、貫徹都市平均地權政策，擴大推行都市計畫，加速與建國民住宅，促進都市建設之現代化。

　　十二、貫徹耕者有其田政策，推廣農地重劃，增進土地之開發及利用，擴展農村副業，改善農業經營及運銷，並促進農業教育、試驗與推廣之配合運用。

　　十三、配合經濟發展，擴大國民保健、社會保險、公共福利、就業輔導等社會安全設施，並對合作事業予以適切之獎助。

　　十四、加強青年升學就業輔導，激勵其蓬勃朝氣與愛國精神，擴大其反共報國機會。

　　十五、扶助農工團體健全發展，保障農工合法權益，提高生產技術及文化水準，並倡導勞工入股及生產獎金制度。

　　十七、加強退除役官兵輔導，並增進榮民及遺族福利。

　　十八、加強民族精神及文武合一教育；擴大建教合作，發展科學教育及職業教育；並建立推廣教育制度，增加國民受教育之機會。

　　十九、充實大專院校師資及設備，獎勵學術研究，發揚中國文化，促進國際文化交流，以提高學術文化水準。

　　二十一、加強動員措施，充分有效運用人力、物力、財力，尤着重戰略物資之儲備及運輸能量之擴充。

　　民國 53 年 11 月間執政黨九屆二中全會通過「民生主義現階段社會政策」。此爲正式以社會政策名稱公布的國民黨社會福利政策。在此之前，修訂「實施都市平均地權條例」之際，遵照總統　蔣公指示，將平均地權實施上所增加的收益，用以創建社會福利事業㊄，於是在該條例三十七條中明定：「依本條例施行漲價歸公之收入，以供育幼、

────────

㊄　同註 ㉝，頁121。

養老、救災、濟貧、衞生等公共福利業事,與建國民住宅、市區道路、上下水道等公共設施之用。」此後乃有社會福利基金之設,社會福利事業得以更進一層推動。

總統　蔣公在「臺灣省光復十九週年紀念告全省同胞書」中, 對實施平均地權之措施有以下說明:「最近繼耕者有其田之後, 又實施都市平均地權, 將由此而增加的收益,用於解決人民需要的各項問題, 一切與民眾的願望相結合,一切以民眾的利益為依歸,以社會的財富, 擴大社會的福利, 這是完成民生主義建設的又一重要步驟, 亦卽民生主義社會政策的理想目標。」⓻

「民生主義現階段社會政策」可說是合乎主義合乎時代潮流的一部完整的社會政策, 其副題為「加強社會福利措施, 增進人民生活實施方針」, 乃以社會福利為主要範圍, 以全體人民為受益對象。內容上則分為社會保險、國民就業、社會救助、國民住宅、福利服務、社會教育、社區發展七大項三十三目。值得注意的是本政策在前言中提及:「建立社會安全制度, 增進人民生活為目標, 以採取社區發展方式, 促進民生建設為重點……」一段。民生主義的社會政策向以消滅貧窮, 增進人民生活為目標, 對此目標的社會行政措施向來採救助及重建為主要方式, 未注意及環境的改善或社會的整體發展。

民國 53 年卽西元 1964 年, 是年美國公布詹森總統的「消滅貧窮戰爭」,通過「經濟機會法案」。此一法案除加強原有的福利措施外, 並注意到社區的發展, 如辦理學齡前教育(Head Start), 設置社區醫療中心, 實施職業訓練及就業服務者, 係用以培養工作能力及興趣的舉措。此一政策上的發展, 雖仍注重「重建(rehabilitation)」, 實際

⓻　蔣總統思想言論集編輯委員會編　蔣總統思想言論集,臺北,中央文物供應社, 民國 55 年, 卷 27, 頁 248。

上則含有改造社區環境，改革社會制度之意義，也卽採納了 1950 年代聯合國所發動的社區發展方案。

1951 年 8 月聯合國通過「促進全世界經濟社會進步的有效方案，卽社區福利服務中心的運用決議案」，其後並訂定一連串社區發展的指導原理，使開發中國家探擇。此一社會發展的要領不僅適用落後國家，且也可應用於先進國家的貧窮消滅戰爭。我國於民國 53 年採用此一政策，在時間上甚早，且能充分與社會福利事業相結合，可說政策上非常正確，且也符合民生主義的精神⑦。

社區發展之配合社會福利，主要有以下四點依據：其一、就過程言，可改變人民的觀念、態度及行為模式，用以適應現代劇變的社會經濟環境；其二、就方法言，社區發展過程可達成人民自動自發互助合作為解決個人及集體共同問題的效果；其三、就方案言，社區發展是一套完整的發展計畫及特殊活動程序，可導致全社區福利事業的健全發展；其四及最後，就運動言，社區發展是一項長程的活動，在摸索中進行，但可造成制度化的結果⑦。

民生主義現階段社會政策，除上述特點外，另有以下三個特點⑦：

第一、政策的目標是在建立社會安全制度，增進人民生活，故以社會保險為首要，國民就業、社會救助等其他六項為次要。此與現代世界各國社會政策的基本目標一致，充分具有時代性。

第二、政策所需的經費，規定除政府寬列預算支應外，並以實行都市平均地權所增收的地價稅，設立福利基金。此一制度，正是民生

---

⑦　參閱松原治郎編「社會開發論」，社會學講座，第 14 卷，東京大學出版社，1976 年，頁 8～11。

⑦　參閱蔡漢賢著　如何以社區發展方式推行社會福利工作，中華民國社區發展研究訓練中心，民國 66 年，頁 8。

⑦　陳國鈞著　社會政策與社會立法，同註❻，頁 72～73。

主義的理想。

　　第三、政策所需人才，規定應儘量任用大學有關社會工作學系的畢業生；對現有工作人員，亦規定舉辦在職訓練，增加其專業知識，改進其工作方法。這卽社會工作專業化的規定，亦確乎重要。

　　民國 58 年 3 月間舉行的國民黨十全大會通過「現階段社會建設綱領」。本綱領包括社會建設的目標、內容及推進三部份，除重申以前頒布社會政策的要點外，並宣示：社會發展與經濟發展平衡推進，社會建設首重科學功能之充分發揮，以及培養企業精神。此外並列出社會建設上民族主義、民權主義及民生主義的具體實踐範圍。

　　民國 59 年 4 月，十屆二中全會通過「現階段加強國民就業輔導工作綱領」。本綱領的內容分為目標及基本措施二部份，而在基本措施方面又分為開創就業機會、增進國民就業技能、激發國民就業意願、加強就業輔導工作四目，計十九條，並訂定進度，督令施行。本綱領雖以就業輔導的實施方針為內容，但思想新穎，且衡量主客觀條件，可說是相當進步的一社會政策。

　　十屆二中全會並通過「現階段農村經濟建設綱領」。本綱領內容分為目標、基本措施及實行程序三部份，其制定主旨為「謀求增進土地利用，提高農民利益，改善農民生活，以促進農業之現代化。」其目標則列有以下三點[80]：

　　1. 改善農業生產結構，擴大農場經營規模，推廣機械作業，提高生產技術，以加速農業現代化。

　　2. 降低農業生產成本，減輕農民負擔，合理調節農業價格，健全農民組織，革新農業運銷制度，改善農業金融，並增加農業經營收

────────────

[80]　邱創煥編著　中國社會福利思想制度概要，同註[33]，頁 139。

益。

　　3. 加強農村社區建設，增進農民福利，以促進鄉村都市化理想之實現。

　　繼加速農業經濟建設之後，行政院於民國 62 年公布「保障勞工利益，改善勞工生活」重要措施，其內容分爲應卽採取之措施，以及應修改法規研訂辦法及調查研究之事項二部份。應卽採取之主要措施有加強勞工安全衞生、工時之限制、童工之保護、加強勞工福利設施、推行勞工保險等。法規及調查方面有基本工資之調查、工廠法中有關女工夜間工作條款之修改、職工福利法執行情形的調查、職業訓練等條例之修訂、勞工退休給付年齡之研究，以及工會組織、入股分紅、及勞工保險機構問題之研究改進等。

　　本勞工政策與上述農業政策，皆以現存在的弊病及問題爲對象，提示具體解決途徑，以求達到妥善保障農工權益，改善農工生活爲目的，內容上儘其詳明具體，爲其特色。

　　民國 68 年 12 月執政黨召開十一屆四中全會，會中通過「復興基地重要建設方針案」。本案中「社會建設」部份爲現行社會政策之主要者，政府並依此釐訂多項長中程社會建設計畫，如加強推行臺灣地區人口政策十年計畫、恢復中央工礦檢查制度、加強對兒童、老人、殘障及低收入者之照顧計畫、職業災害補償保險計畫、十年國民住宅興建計畫、技術人力培訓十年計畫、改進警政工作第二階段方案等㉛。

　　本方針案前言提及：「復興基地的三民主義建設，……三十餘年來已奠定深厚基礎。……今後爲求進一步擴大國家建設之績效，必須切

㉛　行政院研究發展考核委員會編　加強行政計畫（非經濟性計畫）作業推行要點（草案），第 127 次委員會議資料，民國 70 年元月 28 日。

實掌握國內外之情勢，針對未來趨勢及可能變化，研訂具體有前瞻性之施政總目標，並據以制定富有開創性及突破性之重要建設方針，方能爲光復大陸奠定必勝之基礎，爲建立三民主義現代化中國繪出理想之藍圖。」

本此目的，在社會建設上所訂定的目標與策略共有九目如下[82]:

1. 加強推行人口政策，降低人口成長率，提高人口素質，均衡人口分布。

　　積極宣導推動人口政策，貫徹家庭計畫，力求在十年內使人口自然成長率遞減至 1.25%；制訂法令實施優生保健，健全兒童教養制度，改善國民營養，並配合教育與職業訓練，持續提高勞動力之素質；配合綜合開發計畫，誘導北部人口移向東部及中部。

2. 建立普遍之衞生醫療網，擴大醫療服務。

　　建立臺灣地區醫療保健網，期使每鄉鎮均有醫療衞生設施；在中南部地區籌設醫學院，擴大培養醫護人才，獎勵醫事人才下鄉；提高醫學教育及研究水準；加強辦理國民心理衞生工作；強化藥品管理及食品衞生制度。

　　特別加強肝炎及老年病之預防與治療；根絕烏腳病等地方性疾病；並有效預防學生近視患者之增加。

3. 加強環境保護及職業安全衞生。

　　建立完整環境保護行政體系，積極投資建設下水道及防洪排水等工程，防治空氣污染、水污染及噪音，改進廢棄物之處理。加強職業災害之預防研究，積極促進職業安全、職業衞生及公共安全。

---

[82]　行政院臺 69 研管字 0730 號函頒　復興基地重要建設方針案，民國 69 年 3 月 11 日，頁 10～13。

4. 加強對兒童、老人、殘障及低收入者之照顧。

　　增設托兒所及老人之安養與服務機構暨殘障者之收容與服務機構，保障殘障者之就學及就業機會，並發動民間團體興辦社會慈善福利事業。

5. 逐年擴大保險範圍，奠定全民保險之基礎。

　　擴大並改進勞工保險，分期舉辦農民健康保險，辦理公教人員眷屬保險，期能逐漸實施全民健康保險。將現行軍、公、教保險及勞工保險之殘廢、死亡及養老給付，改採年金或公積金制度。

6. 加速興建國民住宅，積極推動農宅改建工作。

　　健全國民住宅興建機關，寬籌資金、放寬土地取得辦法，今後十年中由政府配合社區發展及新市鎮開發興建二十五萬戶。獎勵民間投資興建三十五萬戶。

　　積極推動農宅改建工作，普遍改善農村環境衛生，以改善農民生活條件。

7. 增進勞工福利，改善勞工生活，積極推展職業訓練。

　　改進勞工安全衛生，增進職工福利；配合經濟發展，提高基本工資；專案興建勞工住宅；輔導勞工組織之健全發展。

　　增設職業訓練機構，並督導民間企業自辦職業訓練。逐年提高各類職業訓練名額，達到每年三萬人；建立專業技能證照制度，辦理技能檢定，逐年增加檢定職類，以期達到發證六萬人。嚴密人力調查分析，以調節人力供求，並加強就業輔導，以促進充分就業。

8. 訂定區域及都市計畫，開發偏遠地區，加強基層建設。

　　根據臺灣地區綜合開發計畫，訂定北、中、南及東部區域計畫，切實實施，以促進區域之平衡發展，天然資源之保育利用及

人口與產業活動之合理分佈；完成市鎮、鄉街及特定區計畫，積極執行平均地權，貫徹漲價歸公，開發公共設施，並建立重要都市捷運系統，以促進都市健全發展。

開發觀光資源，充實遊憩設施；加強觀光教育，培養專業人才，以應需要。加強鄉村公共設施及社區發展，普遍進行村里之道路舖裝、電話、電燈、自來水裝設，提高自來水普及率由目前之 60.5% 至 76%，以縮短鄉村與都市之差距。

9. 加強社會組織，維護社會安寧。

切實輔導民眾團體，加強社會組織；充實警力，增加緊急救助設備，促進警政現代化；改進都市公共安全及交通秩序。加強對青少年犯罪、吸毒及經濟犯罪之偵犯工作，以維護社會安寧。

本方針案結語部份又提及，各建設各部門主要目標及努力重點應相互配合，平衡發展，同時並應配合實際情況之推移，訂定年度施政計畫予以切實執行，並納入追蹤管制體系，逐年予以考核評估，以期確切達成計畫目標。

綜觀上述內容，可知此一方針案性質上甚是具體，以實際問題的解決為着眼點，這與早期我國社會政策之僅提出抽象原則者，迥然不同。實際上，本方針案各項建設目標，皆以嚴格的狀況分析為基礎。又此一社會政策不僅提出建設目標，同時也指示具體的努力方向及選定的策略要領，性質上有如社會建設計畫的總綱，也正由於此一性質，本社會政策可供發展長中程社會計畫，故可說具有高度科學性與實用性的一部社會政策。

五、結　　語

我國社會政策向以民生主義為依據。　國父創造的民生主義，指

示社會福利應以個人的充分發展爲着眼點，主張教育、就業及生活機會的平等，一切公共設施供大家平等利用，並視一切福利服務爲個人應得的權利。此類社會權利與政治權利同，具有不可剝奪的性質。爲達此境地，民生主義指示：社會福利的推行，應配合政治、經濟、社會等制度的改革。政權的保障、政治參與的鼓勵、自由民主制度的施行，爲政治方面的配合措施；平均地權、節制資本、國營事業制度的施行、稅制的改革，爲經濟上的配合革新；人口數量的適度成長、品質的改良、道德文化的發揚，爲社會制度上的配合措施。各有關制度的革新爲前提，始能保證公共救助、社會保險、福利服務、社區發展、社會行動等「發展」概念上或「制度上再分配型」社會安全的成功。這就是民生主義的基本觀念。

　　此外，在社會發展的方法上，　國父主張加強政府的功能，採行社會干涉的辦法，積極改革經濟制度，一面推行均富政策，他面激勵經濟發展，以締造安和樂利的社會。在社會政策的訂定及推行上，國父亦主張階層利益的相調和與均衡。上述各點思想就是今日流行的「福利社會」思想，被公認爲社會政策的最高目標。此一思想的形成在西方社會是晚近之事，但　國父早在幾十年前卽已提出，可見其思想的先知性。

　　總統　蔣公對社會政策的指示甚多，尤其在民生主義育樂兩篇補述一書中，具體指示出社會政策的訂定方針及實施要領。　蔣公認爲要建設獨立自由的民主國家，必須確立民生主義的社會政策，並指示政府及黨部針對社會情狀，研究改進社會政策。他對　國父的民生主義加以諸多補充、說明及發揮，賦予時代意義，並提出具體可行切合實際的社會政策內容。

　　依　國父及總統　蔣公所訂定的社會政策標竿，我們可判斷我國

早期的社會政策僅作民生主義原則的指示，未有具體內容的發展，並且主要以農工福利為着眼點，性質上接近德國早期社會政策思想。我國之有較具體內容的社會政策，係以民國 18 年「訓政時期國民政府施政綱領」為肇始。本社會政策雖仍以農工福利為主要範圍，但由於政府採為施政南針，據以施行，故有其實質意義。

抗戰勝利後國民黨六全大會所頒布的「四大政策綱領」是一劃時代的社會政策。本綱領出之於行政部門的作業，集國內許多社會學專家學者的心血寫成，比前訂社會政策更為充實完備，且也頗符戰後需要。本綱領包括的人口政策、農業發展、工業發展、及福利服務方案，成為復興基地社會建設的藍本。憲法上的社會政策充分發揚民生主義的精神，一方面規定人民有生存權、教育權及工作權，對人民社會權作一明確的保障，另一方面則揭示社會安全政策的各個具體目標，可說就社會政策言是相當進步的一部憲法。

政府遷臺後訂定的社會政策，主要者有「民生主義現階段社會政策」、「現階段社會建設綱領」、「現階段加強國民就業輔導工作綱領」、「現階段農村經濟建設綱領」、「保障勞工利益、改善勞工生活重要措施」及「復興基地重要建設方針」。六個社會政策均有詳明具體的內容，亦符合民生主義社會政策的標竿，但性質上皆非獨立完整的社會政策，而是相輔相成，相互為用的社會政策，成為今日復興基地推行社會建設上所應用的社會政策。

就個別社會政策言，「民生主義現階段社會政策」提出完整的社會發展構想，注重社區發展的要領，重視社會保險，惟在社會建設上，社區發展無法涵蓋整個社會建設領域，其適用範圍有限，且也無法達到均富目標，值得檢討之處甚多。近年來推行小康、安康計畫及基層建設，說明僅恃社區發展，仍無法達成民生主義社會安全的總目標，

而必須有其他福利政策或措施的相配合。

　　「現階段社會建設綱領」所列的社會政策，補充民生主義的建設方案，並提出民族主義及民權主義的社會建設方案，有其貢獻，但內容抽象一般，難據以訂定具體的建設計畫。

　　「現階段加強國民就業輔導工作綱領」、「現階段農村經濟建設綱領」、及「保障勞工利益、改善勞工生活重要措施」三個社會政策，均屬特別性社會政策，係以就業、農民及勞工為施行範圍，並非一般觀念上的社會政策，且性質上經濟政策成分為濃，但內容上相當具體，有其實用性。

　　「復興基地重要建設方針」所列的社會政策，不僅提出社會建設的目標，並且對達成目標的主要策略也一一明確指示，且有其嚴格的狀況分析基礎，可說是相當進步的一部社會政策，惟內容僅有九項，且所訂目標皆屬眼前迫需者，缺少遠程目標，是為其主要缺點。

　　我國開國已經七十年，就社會政策言，雖能充分發揮民生主義的精神，訂定社會建設目標，建樹很多，但內容及形式上卻有許多可斟酌的地方。筆者認為今後應該在政府部門或執政黨本部設置永久性社會政策委員會，從事社會政策的研究發展及策進工作，始能恢宏社會政策的功能。

社會發展與經濟發展的比較分析
——以我國的卓越成就爲例

席　汝　楫

一、前　言

　　國家建設的主要目標在增強國家的力量，提高人民生活水準，爲國民創造更多福祉。易言之，致力於政治、經濟及社會三方面之成長與發展，來滿足基本需要是我們共同努力的目標。在經濟發展的過程中，不但在財貨及勞務上有量的增加，使國民所得增加，同時在社會生活的各個層面也要有極快速的轉變，社會參與的機會增多。經濟、政治及社會三者之間關係密切。經濟發展方面常常用人類生產力 (Human Productivity) 之增進來加以衡量，編製經濟指標表明成長、增加、進展、進步、落後或遲緩等定量的變化，並指出方向與速度。在社會及政治發展及基本需要之滿足方面，卻往往只用變遷一詞概括說明。如果進一步用量化的方法，顯示發展的方向與速度時則較困難，但也並不是完全不可能的事。我國在經濟方面快速成長，所得之平均分配，及社會福利之增進，極有成就；經濟指標之編製，亦稱完備。生活水準之提高是生活素質提升之先決條件，在生活水準到達相當程度之時，接着也就重視到生活素質之衡量，社會發展程度之估評。所以除經濟指標早已受到重視外，社會指標近年來也逐漸受到重視。社會科學家正在不斷努力加強研究生活素質與社會指標的有關問題，這是令人欣

〔 75 〕

慰的事。生活素質與生活水準兩個名詞不但不同，卻又常常使人混淆，因而在二者的量度方法上，也就更需要清楚地分開來。生活素質包含了人類生活的各個層面，有物質的以及精神的。人總是先求活著而後要求活得更好。首先，第一個層面是求生存，求活命，生命有保障而且能夠溫飽，滿足生理需求；次則求生活上不虞匱乏，財產有保障；再則希求生活滿足舒適。第二個層面，即是屬於精神方面的，求生活之充實、進取、美滿、健康，個人能力之充分發展，而後自由、榮譽、參與、快樂與幸福等等。第一個層面涉及所得、消費與均富、指生活水準之追求，第二個層面則擴而大之在物質之外，廣裹了精神方面，涉及生活素質之提升。前者係指人類基本需要獲得滿足的程度，後者則指出人類在生活環境中對所有事物滿意的程度；二者之間存有一種複雜的關聯。不過在追求較高物質的生活水準之時，卻在精神方面付出了相當大的代價，例如人際關係的疏隔，社會犯罪的增加，秩序與安全的損害，環境的污染，自然生態的破壞等等。在量度技術上，物質方面的生活水準，比較具有客觀性，也容易利用定量的方法，加以測度。生活素質不僅有物質方面的成分，也包含了精神方面的成分。由於出之於主觀的認定，應用定量的方法去衡量時，就比較困難。目前已經有些學者在努力逐步克服這些困難，編製不同的社會指標，用來衡量生活品質。社會指標之編製端視應用者之需要而定。有地區性者，以衡量地方社區之生活品質，並可進行國內不同地區社會發展情況之比較。又有全國性者，以及國際性者，可作不同國家之間的比較，亦可就時間序列上加以比較。更有用多項目指標，進一步編製成綜合性的社會指標，再配合經濟指標或其他變項（例如，政治方面的）進行更複雜的分析，以便瞭解經濟發展與政治自由以及社會發展三者之間的關係。

本文目的，首先簡介實質生活品質指數編製方法，用以瞭解臺灣地區近卅年來社會發展趨勢。第二、以此指標，就世界一百卅二國之社會發展進行國際間的比較。第三、以經濟發展、社會發展、政治發展三者的指標混合編成一種綜合性指標，就一百卅二個國家加以比較。第四、比較分析不同經濟制度的國家，經濟發展、社會發展及政治發展三者之間的關聯，彼此之間如何發生影響？可否找出一個因果的模型，說明通有的發展趨勢。

二、廿八年來臺灣地區實質生活品質指數之增長

經濟發展成果歷來多用國民生產毛額（GNP）來衡量。但是多數人認為這種指標並不完美，所以不能令人滿意。因為經濟發展的目標在於生活品質的改善，國民生產毛額並不能顯示經濟成長對人民生活方面的直接影響，及人民生活上的改善狀況與實質的福祉。國民生產毛額只說明了經濟發展的一項事實，未能顯示所得分配的情況。而且經濟發展落後的地區，以農為主，自給自足，生產活動不能全部用貨幣加以表示。卽使可以克服這種困難，卻仍不能顯示出政府在經濟發展的過程中，照顧一般大眾努力到什麼程度。或者說，一般人民所獲得之實質福利無法由國民生產毛額上觀察得知。

多年以來，許多人一直從事研擬一種更具敏感性的指標，用以衡量生活品質及人類基本需要滿足的程度，作為比較不同國家或國際發展的客觀標準。一九七〇年代，這種工作普遍的受到重視。到一九七六年間，美國的海外開發協會設計了一種實質生活品質指數（Physical Quality of Life Index, PQLI），用來確定地衡量一般大眾的實質福利，這種指數已逐漸廣為採用。

一般所謂人類基本需要包括足夠的糧食、住宅、衣着、家庭用具、

清潔的飲水、衞生設施、公共運輸、健康及教育設施。但各國或各地區對以上基本需要的要求並不一致。與其用政府「投入」的數量來衡量，不如由人民所「獲得」之成果來觀察，這就是所謂實質福利的概念。衡量實質福利的指標稱之為實質生活品質指數。實質福利指標可顯示預期壽年之延長，嬰兒死亡率之降低，及識字率之提高。預期壽年及嬰兒死亡率反映社會全體大眾在營養水準、衞生保健、所得分配及環境之改善。嬰兒死亡率還受到家庭環境、婦嬰健康、公共衞生之影響。預期壽年也反映了營養衞生、工作條件、社會環境之改進。識字率則又表示個人能力之發展。

識字率，嬰兒死亡率及預期壽年三者反應生活品質，合併計算稱之為實質生活品質指數。計算時先分別求得各個統計量之量表值（Scale Score），以相等之權數，求得一個綜合性的指數。識字率量表值之計算公式如下

$$X_1 = \frac{X_1 - X_0}{X_m - X_0} \times 100$$

X_1 該國（或地區）之識字率

X_0 識字率最低國家（或地區）之數值

X_m 識字率最高國家（或地區）之數值

預期壽年之量表值計算公式相同。公式是：

$$Z_1 = \frac{z_1 - z_0}{z_m - z_0} \times 100$$

嬰兒死亡率減低，實質生活品質指數增高，所以嬰兒死亡率之量表值計算公式稍有不同。計算公式如下：

$$Y_1 = \frac{y_1 - y_m}{y_0 - y_m} \times 100$$

實質生活品質指數＝$(X_1+Y_1+Z_1)\div 3$。這是一個綜合性指數，指數之值最小爲 0，最大爲 1。其優點在於材料容易取得，計算簡單，客觀，與主觀判斷有別，而且容易了解。對於政策制定者及一般人都很方便。且未牽涉到各國貨幣單位，便於進行國際比較。與政治結構亦無牽扯，雖然是不同文化背景之國家或地區皆可比較。卽使是同一地區，也可基於時間先後，進行比較，用來瞭解生活品質之發展趨勢。不過這種指數也有缺點。各國的材料品質，信度無由得知，這是應用第二手材料時不可避免的困擾。計算時，有人懷疑三種數值何以用相同的權數。不過經過廻歸分析，大致可以確定X，Y及Z的廻歸係數，相差不大。用相同的權數並無不宜。用這種指數比較時，說明和解釋有一些困難。假如實質生活品質指數在時間上，逐年增高或降低了，原因何在？很不容易回答出來。再則生活品質之衡量有若干因素係屬於社會及心理方面的，所以這個指數還不能充分包含與生活品質有關的其他方面的因素。

　　現在我們利用上述方法，以臺灣地區將近卅年以來的資料，計算實質生活品質指數，以明瞭我國實行三民主義，推行經濟建設，在社會發展方面之成果。請看表一各欄。二、三、四各欄分別爲識字率、嬰兒死亡率、及預期壽年，轉錄自行政院經濟建設委員會編印之六十九年社會福利指標一書。經依公式計算得各項量表值，三項量表值之和，計算加權（三個權數相等）平均數，卽爲歷年之實質生活品質指標。（見表一第五欄）。以民國41年爲基期，該年指數爲零，逐年增加，至 68 年爲 99.5，其間除 62 年稍見減低外，歷年陸續增加。表中第七欄爲個人平均所得，41 年時爲新臺幣 1 萬元，其後逐年遞增，至 68 年時增至 4 萬 9 千元。其間 63 年時亦形降低，其後又見回升。由於 64 年及 65 年之嬰兒死亡率較 68 年爲低，尤以 65 年之23.1‰

為最低。一時還未能揆知其原因。也是由於這種情況，68年之指數未能達於一百個百分點。表中第七欄個人平均所得與第五欄實質生活品質指標，二者之相關係數為零點八五，相關程度頗高。

表一：臺灣地區實質生活品質指數

民國 41 年至 68 年

年別 (1)	識 字 率 (X) (2)	嬰兒死亡率 (Y) (3)	預期壽年 (Z) (4)	以民68 年為準 PQLI (5)	以民89 年為準 PQLI (6)	平均所得 (65年幣值 千元) (7)
41	57.9	91.2	58.6	0.00	0.00	10
42	58.5	78.0	60.4	12.06	8.96	11
43	60.3	64.5	62.1	25.26	18.81	11
44	62.1	60.6	62.5	30.18	22.51	12
45	62.9	54.2	62.6	34.44	25.85	12
46	67.7	57.6	62.5	37.59	28.13	13
47	69.1	46.8	64.3	49.33	36.77	13
48	71.1	46.5	64.3	51.60	38.47	13
49	72.9	42.2	64.5	56.16	41.96	14
50	74.1	42.3	65.0	58.76	43.78	14
51	75.2	40.4	65.3	61.69	45.94	15
52	76.4	38.5	65.8	65.27	48.55	16
53	77.6	31.9	66.5	71.70	53.38	18
54	76.9	30.7	67.3	73.75	54.75	19
55	76.9	32.3	66.9	71.87	53.40	20
56	80.6	34.1	66.9	74.91	55.61	21
57	83.6	30.9	66.9	79.67	59.26	23
58	84.7	28.7	67.9	84.66	62.81	24
59	85.3	26.5	68.7	88.58	65.60	27
60	86.0	26.3	68.9	89.97	66.60	29
61	86.7	24.4	69.4	93.02	68.81	33
62	86.2	24.1	69.5	92.91	68.72	36

續　表　一

年別 (1)	識 字 率 X (2)	嬰兒死亡率 Y (3)	預期壽年 Z (4)	以 民 國 68年爲準 PQLI (5)	以民國89 年爲準 PQLI (6)	平 均 所 得 (65年幣值 千元) (7)
63	86.7	24.6	69.5	93.20	68.92	34
64	87.1	23.8	70.1	95.67	70.64	35
65	87.9	23.1	70.5	97.96	72.27	39
66	88.3	24.6	70.5	97.66	71.99	42
67	88.8	24.1	70.7	98.98	72.95	46
68	89.3	24.1	70.7	99.51	73.34	49
⋮	⋮	⋮	⋮		⋮	
89	100.00	7.0‰	77.0		100.00	

資料來源：(2) 69 年社會福利指標 21 頁
　　　　　(3) 前書，27 頁
　　　　　(4) 同 (3)

　　由於有人以公元二千年（卽民國 89 年）時，實質生活品質指數
可能達到最高水準爲一百。也就是說，屆時依分項標準而言，識字率
爲百分之百，嬰兒死亡率爲 7‰，預期壽年爲 77 歲。如依此爲最高
標準，再計算臺灣地區自民國 41 年以來的實質生活品質指數，結果
請見表一第六欄各數。自民國 41 年以來，歷年的生活品質逐漸提升，
雖然民國 62 年及民國 66 年稍有頓挫，至民國 68 年達於 73 個百
分點。與民國 89 年之最高點一百，仍有 27 個百分點之差距。這也就
是在今後 19 年間，有待努力的目標。識字率 28 年以來提高了31%。
由於敎育普及，就學率高，且老年人逐年死亡，未來廿年間，識字率
提高到 100 %，甚是可能。嬰兒死亡率由民國41 年之91‰遞減至民
國 65 年之 23 ‰，民國66 年時卻又增高至 24.6 ‰。民國 68 年仍爲
24 ‰，至民國 89 年時之 7 ‰，仍有 17 ‰ 的差距，需待努力。預
期壽年則自民國 41 年之 59 歲，逐年提高，至民國 68 年時將近 71

歲。28 年之間，預期壽年增高了 12 年之多。如無其他變動，今後 19 年，預期壽年提高為 77 歲，當可預卜。

實質生活品質指數與平均國民生產毛額二者，如果就世界上不同經濟制度的國家之間進行比較，也是極有意義的事情。筆者就 132 個國家，1977 年的資料，經列成表二。資料取自 1978 年 3 月 13 日時代週刊所刊載者。

時代雜誌原把世界各國依不同經濟制度分為五類，援用原列之名詞：卽是資本主義國家，包括北美之美、加，中美之巴拿馬、宏都拉斯、瓜地馬拉、海地等，南美之阿根廷、巴拉圭、智利等地，歐洲之西、葡、瑞士、希臘等，亞洲之中華民國、日、韓、泰、菲、澳大利亞、紐西蘭等及中東之黎嫩、約旦等共廿四國；混合型經濟國家有中南美之墨西哥、多明尼加、哥倫比亞、秘魯、巴西等，亞洲之伊朗、沙烏地阿拉伯、印度、巴基斯坦、孟加拉、尼泊爾、斯里蘭卡、新加坡、印尼、馬來西亞等，非洲之坦尚尼亞、多哥、查德、蘇丹、突尼西亞、尼日、烏干達、肯亞、加納等，中東之科威特、卡達等，以及歐洲之法、義、土、瑞典等 48 個國家；三為社會民主制度，這類國家包括了歐洲之英、德、荷、比、挪威、丹麥、芬蘭，中美之哥斯大黎加、委內瑞拉、牙買加及非洲之中非、喀麥隆等十五個國家；共產國家，包括蘇俄、匈牙利、捷克、南斯拉夫、羅馬尼亞、保加利亞、阿爾巴尼亞、東德及中共、外蒙、寮國、高棉、北韓及古巴等十五國；第三世界社會主義國家，包括埃及、利比亞、阿爾及利亞、剛果、安哥拉、馬利、尚比亞、索馬利亞及中東之伊拉克、敍利亞及南葉門等 22 國；為了更清晰起見，我們把原列為資本主義國家中的非洲分出來，增列為第三世界資本主義國家，包括非洲之羅德西亞、馬拉威、史瓦濟蘭、甘比亞、利比亞、象牙海岸、加彭、及賴索托共八

國。

　　中華民國列入資本主義國家，當時之平均生產毛額爲 1070 美元，實質生活品質指數爲 86 個百分點。中國大陸列爲共產主義國家，平均生產毛額爲 410 美元，實質生活品質指數爲 57 點。就不同經濟制度之國家比較來說，共產主義國家之中，實質生活品質指數最高者爲蘇俄，也只有 93 點。除亞非之第三世界諸國外，其他經濟制度之國家，實質生活品質指標達到 95 點至 97 點。而平均生產毛額也都更高。不過就全部一百卅二個國家來看，大致可以說: 平均生產毛額增高，實質生活品質指數亦隨之增高。表示國民生活素質隨所得之增加，而快速增加。雖然也有人以爲，平均生產毛額達一定階段後， (有人以爲在 1000 至 1500 美元，又有人以爲在 2700 至 5000 美元之間)，生活素質不但不能隨生產毛額增高，反而會有降低的趨勢。從表二所列之材料還看不出有這種傾向。不過有些產油國家，由於經濟快速成長，而社會發展方面卻無法與之配合，所以實質生活品質指標仍是相當低。從這裏也可知道，經濟成長，所得水準提高，並不是國家經濟建設的最終目標，如何從事社會、文化及精神方面之建設，提高生活素質，達到富強和樂才是必要之途。

表二: 不同經濟制度國家的平均國民生產毛額與實質生活品質指數 1977

平均國民生產毛額（美元）	共產主義國家		社會主義國家		社會主義（第三世界）		混合型經濟國家		資本主義國家		資本主義（第三世界）		全部 132 國	
	n	PQLI	n	PQLI	n	PQLI	n	PQLI	n	PQLI	n	PQLI	n	PQLI
250	2	30	1	18	10	23	17	32	1	32	3	34	34	29
251-500	2	57	1	25	6	30	8	31	4	64	2	31	23	38
501-750	1	72			2	54	4	52	4	63	2	36	13	55

續　表　二

平均國民生產毛額（美元）	共產主義國家		社會主義國家		社會主義(第三世界)		混合型經濟國家		資本主義國家		資本主義(第三世界)		全132部國	
	n	PQLI	n	PQLI	n	PQLI	n	PQLI	n	PQLI	n	PQLI	n	PQLI
751–1000	2	82			2	48	5	58	1	53			10	60
1001–1500	1	90	3	84	1	39	3	76	4	80			12	77
1501–2000	1	84	1	78			1	44	2	82			5	74
2001–2500	2	91											2	91
2501–3000	2	91	1	79			2	88	2	90	④1	21	8	80
3001–3500					①1	44	1	92					2	68
3501–4000	1	93					1	89					2	91
4001–4500	1	93	1	94			②1	28	1	94			4	77
4501–5000									1	96			1	96
5001–5500			1	93									1	93
5501–6000			1	94									1	94
6001–6500			1	96			1	96	1	93			3	95
6501–7000			1	93			1	94					2	94
7001–7500			3	95									3	95
7501–8000									2	95			2	95
8001–8500														
8501–9000							1	97	1	95			2	96
9001–9500														
9501–10000							③2	53					2	53

①利比亞
②沙烏地阿拉伯
③科威特及卡達
④加彭

三、綜合性的生活素質指標

　　由於時代週刊刊載了世界各國三種不同的指數。一為平均生產毛額，二為實質生活品質指數，三為政治自由指數。筆者應用這些材料，對於不同經濟制度的 132 個國家，作進一步的比較分析。筆者以平均國民生產毛額作為經濟發展的指標，實質生活品質指數作為社會發展指標，政治自由指標作為政治方面的指標，進而嘗試編製一種綜合性指標，以便比較並作進一步分析。由於這三種材料之編製機構不同，來源不同，效度及信度無法得知，這是利用第二手材料有不得已的苦衷。實質生活品質指標是美國海外發展協會所編，指標介於一到一百之間，包含了三個項目，將其平均後，作為總指標，一是識字率，二是嬰兒死亡率，三是預期壽命，如上節所介紹者。政治自由指標是紐約的 Freedom House 的材料，指標是由零到一百。不過，我們揣知，其中是以八作為基數，由八的零倍到十二倍，分別再加四、加三、加二、加一或者不加任何常數，這樣分為五等十三級，每級的分數相差八分或九分不等。

　　政治指標的等級及一百卅二國的分佈情形如下：

政治自由分數：	0	8	17	25	33	42	50	58	67	75	83	92	100
國　家　數：	19	15	12	16	18	7	5	2	3	5	10	3	17

　　平均國民生產毛額原為美金數額，分析時，即以原數額進行，不過為了便於比較起見，我們也曾把這個經濟指標化為百分位數，從零到一百，這種作法有時很牽強，不過用來作比較時，卻更簡便。

　　首先，先對世界六種不同經濟制度的國家，就三種指標分別在數量上加以比較。在經濟發展方面，以生產毛額高低作為指標，何種經濟制度的均值較高？何種較低？在政治方面，就政治的指標為準，何

種經濟制度的均值較高？何種較低？這些問題的答案，請見下表：表中數字說明不同經濟制度國家的三種指標之均值，括號中為標準差。

	國　家　數	經濟發展（每人平均國民生產毛額）百分位數	社會發展（實質生活品質指標）	政治發展（政治指標）	三者合計
(1) 資本主義國家	24	64(24)	76(18)	55(33)	65(23)
(2) 資本主義（第三世界）	8	36(22)	32(9)	33(23)	34(8)
(3) 混合型經濟	48	44(30)	49(26)	44(29)	46(24)
(4) 社會民主經濟	15	78(26)	80(25)	83(30)	80(26)
(5) 社會主義（第三世界）	22	28(22)	30(17)	13(18)	24(15)
(6) 共產國家	15	57(26)	77(23)	8(10)	48(18)
(7) 全部國家	132	49(30)	56(28)	41(34)	49(23)

就表中各欄之均值觀察，以社會民主經濟制度的十五個國家，各項均值皆佔第一位，資本主義及共產主義經濟制度諸國分別佔第二位、第三位，混合型經濟及資本主義第三世界諸國次之，社會主義（第三世界）諸國則在最末位。不過要特別重視的事是，共產經濟的 15 個國家在經濟及社會發展方面，均值雖然不低，但是政治方面的指標，均值低於所有的國家。雖然生產毛額高，實質生活品質不差，但是失去了政治權利，這是值得令人特別警惕的事。

　　筆者曾就表中材料進行 Two-Way AOV 分析，不同指標之均值無統計顯著性差異，但不同經濟制度國家之間，F＝6.71 自由度分別為 5 及 10，在百分之一顯著水準上，其均值有顯著差異。

　　以上係不同經濟制度的國家，就三種指標之均值單獨比較。如果再進一步，每兩種指標互相配合起來，依不同的經濟制度，比較其分佈情形，也會有更深一層的瞭解。根據不同指標的累積百分比，就不

同的經濟制度作下面兩件事，一是繪製羅倫斯曲線圖，二是計算集中比率（Concentration Ratio）。不同經濟制度國家的集中比率列表如下：

	平均每人生產毛額與實質生活品質	實質生活指標與政治指標	每人生產毛額與政治指標
(1) 資本主義國家	.30	.32	.19
(2) 資本主義（第三世界）	.06	.11	.16
(3) 混合型經濟	.12	.12	.01
(4) 社會民主經濟	.10	.32	.16
(5) 社會主義（第三世界）	.19	.64	.48
(6) 共產國家	.57	.97	.80
(7) 全部國家	.09	.28	.21

羅倫斯曲線圖中有一條對角線，稱均等分佈線，另外之弧線稱爲不均等分佈線，直線與弧線之間所包括之面積大小，可以觀察到兩個變項分佈不均等的程度，以集中比率表示之。如果不均等分佈線與均等分佈線重疊，則表示兩個變項之分佈均等，集中比率爲零。如果弧線愈遠離對角線，包括之面積愈大，則集中比率之值也愈大，表示兩個變項分佈愈不均等。現在就不同經濟制度之集中比率，請比較資本主義國家及共產國家三種指標之分佈及集中比率之大小，便可得知三種指標之間的分佈均等的程度。在共產國家實質生活指標與政治指標之集中比率爲97％，表示了極度的不均分佈，這是值得令人注意的事。

　　爲了瞭解不同國家發展的程度或者落後的程度，筆者就個別的國家的三種指標再用另一種方法進行比較。現在用平均國民生產毛額的指標作爲Ｘ軸，實質生活品質指標作爲Ｙ軸，政治指標作Ｚ軸，形成

了一個正方體，每條軸的尺度都是從零到一百，然後依每個國家的三種指標，分別在這個正立方體中，標出每個國家位置。例如：美國在 X 軸上係一百，Y 軸上係九十四，Z 軸上係一百，她的位置在圖中的右上方，馬利的位置則分別爲四，十四，及零，在圖中的左下方。如果，三種指標之材料不缺，任何國家都可在圖中定位，指出一點，作爲與別的國家比較的相對位置。位於圖中上右方位置的國家，屬於經濟、社會及政治都發展的國家，位於圖中左下方位置的國家，則是屬於經濟、社會、政治皆落後的國家。又如蘇俄，其經濟指標約八十，社會指標約九十一，但政治指標僅僅是八,三個指標參差不齊，不易比較。所以，不同國家在這樣一個空間的位置不同，在不同的量度上，都有參差不齊的情形，進行比較時，容或有其困難之處。現在，假定從圖中的右上角到左下角，在概念上扯起一條直線，把這些國家的定點都懸掛在這條直線上，這樣對不同的國家加以比較，就容易多了。

這件事，先從計算兩個國家之間的直線距離作起。計算公式是：

$$D_{ij} = \sqrt{\sum d_{ij}^2} = \sqrt{(x_i - x_j)^2 + (y_i - y_j)^2 + (z_i - z_j)^2}$$

先就六種不同經濟制度的國家各視爲一體，計算彼此間的距離（D 値），計算結果列表於下：

	(1)	(2)	3)	(4)	(5)	(6)
(1) 資本主義國家	0	31	35	48	56	72
(2) 社會民主國家	31	0	60	78	81	100
(3) 混合型國家	35	60	0	47	22	40
(4) 共產國家	48	78	47	0	55	55
(5) 資本主義（第三世界）	56	81	22	55	0	22
(6) 社會主義（第三世界）	72	100	40	55	22	0

表 三：廿二個國家之 D 值

	(1)	(2)	(3)	(4)	(5)	(6)	(7)	(8)	(9)	(10)	(11)	(12)	(13)	(14)	(15)	(16)	(17)	(18)	(19)	(20)	(21)	(22)
1. 西德	0	3	1	1	0	16	16	28	69	65	84	89	94	95	101	102	103	103	111	137	139	161
2. 荷蘭	3	0	2	2	3	16	15	30	69	66	85	89	94	96	101	102	104	104	112	138	140	161
3. 美國	1	2	0	0	1	16	15	29	69	65	84	89	94	95	101	102	103	103	111	138	140	160
4. 法國	1	2	0	0	1	16	15	29	69	65	84	89	94	95	101	102	103	103	111	138	140	160
5. 澳洲	0	3	1	1	0	16	16	28	69	65	84	89	94	95	101	102	103	103	111	137	139	160
6. 英國	16	16	16	16	16	0	9	18	62	58	76	85	92	86	100	96	90	94	103	128	132	151
7. 日本	16	15	15	15	16	9	0	20	56	53	71	78	84	82	92	90	92	90	99	134	128	144
8. 委內瑞拉	28	30	29	29	28	18	20	0	52	44	65	76	85	72	93	86	75	80	88	113	116	134
9. 中華民國	69	69	69	69	69	62	56	52	0	15	17	26	38	33	47	35	79	39	47	78	78	103
10. 墨西哥	65	66	65	65	65	58	53	44	15	0	24	35	40	48	49	44	59	39	46	74	76	98
11. 韓國	84	85	84	84	84	76	71	65	17	24	0	25	40	33	47	26	74	23	33	59	64	89
12. 阿根廷	89	89	89	89	89	85	78	76	26	35	25	0	15	18	24	15	97	40	43	71	71	98
13. 蘇俄	94	94	94	94	94	92	84	85	38	40	40	15	0	39	54	24	117	54	56	83	81	108
14. 菲律賓	95	96	95	95	95	86	82	72	33	48	33	18	39	0	9	35	62	59	21	43	51	73
15. 東德	101	101	101	101	101	100	92	93	47	49	47	24	54	9	0	30	121	61	62	88	85	112
16. 古巴	102	102	102	102	102	96	90	86	35	44	26	15	24	35	30	0	97	33	35	60	61	88
17. 印度	103	104	103	103	103	90	92	75	79	59	74	97	117	62	121	97	0	67	72	76	80	88
18. 泰國	103	104	103	103	103	94	90	80	39	39	23	40	54	59	61	33	67	0	14	36	44	67
19. 中國大陸	111	112	111	111	111	103	99	88	47	46	33	43	56	21	62	35	72	14	0	31	31	56
20. 緬甸	137	138	138	138	137	128	134	113	78	74	59	71	83	43	88	60	76	36	31	0	25	28
21. 烏干達	139	140	140	140	139	132	128	116	78	76	64	71	81	51	85	61	80	44	31	25	0	28
22. 馬里	161	161	160	160	160	151	144	134	103	98	89	98	108	73	112	88	88	67	56	28	28	0

摘自席汝楫：67 年 (二) 二四○頁

圖一　經濟與社會發展不同國家的比較

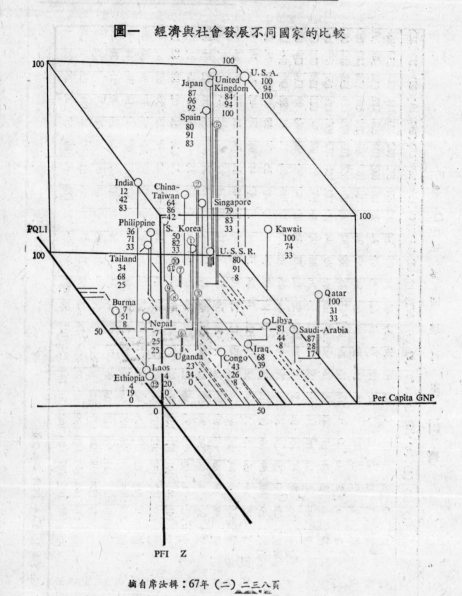

摘自席汝楫：67年（二）二三八頁

就數據來看，表示D值愈接近者，在經濟、社會及政治方面之發展程度也相近。所以就發展的程度來看，高者爲資本主義及社會民主國家，最低者爲第三世界資本主義及社會主義國家。介於二者之中者爲混合型國家及共產國家。另外，也曾選擇了廿二個國家，分別計算D值，用以比較不同國家之發展程度。各國之D值請見表三。從表中所列之數字，可知國與國間D值之差別愈小者，發展程度也愈接近。D值之差別愈大，則發展之程度也大有差別。在槪念上，我們可把發展較高的國家，諸如西德、美、荷、法、澳諸國，首先排列在直線的上端，其餘各國視其D值之大小，依次排列，直線之低端卽爲馬利諸國。而韓國與阿根廷等國約居於直線之中點處。其次蘇俄、東德、古巴與印度、泰國、菲律賓的發展程度相差不多。

　　如果把　132　個國家的D值都計算出來，再用因子分析法加以處理，所得結果，想來當能與原來之分類大致相似，與上述各項比較結果，也可加以印證。

　　筆者再以馬利（三種指標之值皆爲最低者）爲準，分別計算與其他 132 個國家之D值，列爲表四。分別以X，Y，Z代表平均生產毛額之百分點，實質生活品質指標及政治自由指標，根據D值之大小，依次先後排列，再定其等第，D值最大者排第一位，D值相等者則其等第列爲相等，其餘依D值之大小，等而下之，由第一排到第一卅二。這樣依次排列，瑞典第一，最末爲馬利。我國與馬利之D值爲一百零三，與保加利亞、卡達在一百卅二個國家中同列爲第卅七位。蘇俄爲第三十二位。中國大陸列於第八十位。寮國踽乎其後，爲一百廿九。

　　如果以X，Y，及 Z 之最高值一百爲標準，計算之 D 值爲一百七十三。又以各個國家三種指標平方和之平方根　($\sqrt{X^2+Y^2+Z^2}=$

表四：各國之 D 值及綜合指標

國　　　　名 (1)	GNP (2)	PQLI (3)	PFI (4)	D　值 (5)	等級名次 (6)	D　值 (7)	綜合指標 (8)
	100	100	100			173	100
瑞　　　　典	100	97	100	162	1.0	171	99
丹　　　　麥	100	96	100	161	3.5	171	99
氷　　　　島	100	96	100	161	3.5	171	99
挪　　　　威	100	96	100	161	3.5	171	99
荷　　　　蘭	100	96	100	161	3.5	171	99
瑞　　　　士	100	95	100	160	9.5	170	98
加　　拿　　大	100	95	100	160	9.5	170	98
美　　　　國	100	94	100	160	9.5	170	98
法　　　　國	100	94	100	160	9.5	170	98
比　　利　　時	100	93	100	160	9.5	169	98
西　　　　德	100	93	100	160	9.5	169	98
奧　　地　　利	100	93	100	160	9.5	169	98
澳　大　利　亞	100	93	100	160	9.5	169	98
紐　　西　　蘭	85	94	100	152	14.0	161	93
英　　　　國	84	94	100	151	15.0	161	93
芬　　　　蘭	100	94	83	150	16.0	160	92
日　　　　本	87	96	92	148	17.0	159	92
愛　　爾　　蘭	76	93	100	146	18.0	156	90
義　　大　　利	80	92	92	142	19.0	153	88
西　　班　　牙	80	91	83	136	20.5	147	85
哥　斯　大　黎　加	62	85	100	136	20.5	145	84
希　　　　臘	78	88	83	134	22.5	144	83
委　內　瑞　拉	77	79	92	134	22.5	144	83
以　　色　　列	83	89	75	132	24.0	143	83
蘇　　利　　南	67	83	83	125	25.0	135	78
葡　　萄　　牙	71	78	83	124	26.0	134	77
牙　　買　　加	64	84	75	119	27.0	130	75

續　表　四

國　　　　　名 (1)	GNP (2)	PQLI (3)	PFI (4)	D　值 (5)	等級名次 (6)	D　值 (7)	綜合指標 (8)
科　威　　特	100	74	33	118	28.0	129	75
東　　　德	84	93	0	112	29.0	125	72
捷　　克	82	93	8	111	30.0	124	72
波　　蘭	76	91	25	108	31.5	121	70
蘇　　俄	80	91	8	108	31.5	121	70
斯　里　蘭　卡	20	82	83	108	31.5	118	68
新　加　坡	79	83	33	107	33.0	119	69
匈　牙　利	73	91	25	106	34.0	119	69
圭　亞　那	44	82	67	104	35.0	115	66
中　華　民　國	64	86	42	103	37.0	115	66
保　加　利　亞	73	91	0	103	37.0	117	68
卡　　達	100	31	33	103	37.0	110	64
黎　巴　嫩	64	79	50	102	40.0	113	65
哥　倫　比　亞	48	68	75	102	40.0	112	65
土　耳　其	60	55	75	102	40.0	111	64
南　斯　拉　夫	72	84	25	101	42.0	113	65
羅　馬　尼　亞	68	90	8	100	43.0	113	65
墨　西　哥	64	73	50	98	45.0	109	63
烏　拉　圭	68	87	17	98	45.0	112	65
阿　根　廷	69	85	17	98	45.0	111	64
多　明　尼　加	54	64	67	97	47.0	107	62
巴布亞紐幾內亞	41	35	83	93	48.5	99	57
巴　拿　馬	65	80	25	93	48.5	105	61
馬　來　西　亞	57	62	58	92	50.0	102	59
聖　薩　爾　瓦　多	41	64	67	91	51.5	101	58
巴　西	65	67	42	91	51.5	102	59
印　度	12	43	83	88	54.0	94	54
古　巴	57	84	8	88	54.0	102	59

續　表　四

國　　　　　名 (1)	GNP (2)	PQLI (3)	PFI (4)	D　值 (5)	等級名次 (6)	D　值 (7)	綜合指標 (8)
南　　　　　韓	50	82	33	88	54.0	102	59
波　扎　那	36	45	75	87	56.5	94	54
智　　　利	62	77	17	87	56.5	100	58
沙烏地阿拉伯	87	28	17	86	58.0	93	54
甘　比　亞	17	25	83	85	59.0	88	51
利　比　亞	81	44	8	83	60.0	92	53
巴　拉　圭	48	73	25	78	61.5	91	53
伊　　　朗	72	44	25	78	61.5	88	51
厄　瓜　多　爾	48	67	33	76	65.0	89	51
秘　　　魯	55	59	33	76	65.0	87	50
瓜　地　馬　拉	48	51	50	76	65.0	86	50
加　　　彭	78	21	17	76	65.0	82	47
摩　洛　哥	44	40	58	75	68.0	83	48
菲　律　賓	36	71	33	73	69.0	86	50
尼　加　拉　瓜	54	53	33	71	70.0	82	47
阿　爾　巴　尼　亞	44	72	0	70	71.0	84	49
敍　利　亞	54	54	25	69	72.5	80	46
伊　拉　克	68	39	0	69	72.5	78	45
泰　　　國	34	68	25	67	74.0	80	46
突　尼　西　亞	56	47	25	66	75.0	77	45
阿　爾　及　利　亞	60	41	17	64	76.5	75	43
宏　都　拉　斯	34	51	42	64	76.5	74	43
塞　內　加　爾	34	24	50	59	78.0	65	38
約　　　旦	47	47	17	57	79.0	69	40
中　國　大　陸	36	57	17	56	80.0	70	40
賴　索　托	15	48	42	55	82.5	66	38
埃　　　及	26	42	42	55	82.5	65	38
羅　德　西　亞	44	43	25	55	82.5	66	38

續　表　四

國　　　　名	GNP	PQLI	PFI	D　值	等級名次	D　值	綜合指標
(1)	(2)	(3)	(4)	(5)	(6)	(7)	(8)
外　　蒙　　古	57	0	0	55	82.5	57	33
奈　及　利　亞	34	25	42	53	86.0	60	35
玻　利　維　亞	34	43	33	53	86.0	64	37
史　瓦　濟　蘭	40	35	33	53	86.0	62	36
加　　　　納	45	34	25	52	89.0	62	36
象　牙　海　岸	47	28	25	52	89.0	60	35
不　　　　丹	4	0	50	52	89.0	50	29
印　　　　尼	23	48	33	51	92.0	63	36
尚　比　　亞	38	30	33	50	93.5	58	34
賴　比　瑞　亞	38	26	33	49	93.5	56	32
肯　　　　亞	23	39	33	46	95.5	56	32
馬　達　加　斯　加	20	41	33	46	95.5	56	32
上　伏　　塔	6	16	42	42	98.0	45	26
巴　基　斯　坦	15	38	33	42	98.0	52	30
剛　　　　果	43	26	8	42	98.0	51	29
蘇　　　　丹	27	35	25	40	100.0	51	29
獅　子　山　國	20	27	33	39	102.0	47	27
北　　　　韓	40	0	0	39	102.0	40	23
孟　加　拉	6	35	33	39	102.0	48	28
緬　　　　甸	7	51	8	38	104.0	52	30
喀　麥　隆	27	25	25	36	105.0	44	25
北　葉　　門	24	27	25	34	106.0	44	25
茅　利　塔　尼　亞	31	14	17	32	107.0	38	22
赤　道　幾　內　亞	30	28	0	30	108.0	41	24
烏　干　達	23	34	0	28	109.0	41	24
尼　泊　爾	7	25	25	27	110.0	36	21
南　葉　門	26	27	0	26	112.0	37	21
安　哥　拉	30	15	0	26	112.0	34	20

續　表　四

國　　　　名 (1)	GNP (2)	PQLI (3)	PFI (4)	D 值 (5)	等級名次 (6)	D 值 (7)	綜合指標 (8)
高　　　　棉	4	40	0	26	112.0	40	23
海　　　　地	20	32	8	25	115.0	38	22
坦　尙　尼　亞	17	27	17	25	115.0	36	21
多　　　　哥	25	25	8	25	115.0	36	21
盧　　安　　達	6	25	17	20	117.0	31	18
馬　拉　　威	10	30	8	19	118.0	33	19
幾內亞比騷	10	11	17	18	119.5	22	13
中　　　　非	22	18	0	18	119.5	28	16
薩　　　　伊	10	28	8	17	121.0	31	18
莫　三　鼻　給	15	24	0	15	122.0	28	16
阿　　富　　汗	14	18	8	14	123.5	24	14
尼　　　　日	14	13	8	13	123.5	21	12
蒲　　隆　　地	7	22	8	12	125.0	24	14
比　　　　寧	9	23	0	10	126.5	25	14
幾　　內　　亞	12	20	0	10	126.5	23	13
查　　　　德	7	18	8	9	128.0	21	12
寮　　　　國	4	20	0	6	129.0	20	12
依　索　比　亞	4	20	0	5	130.5	19	11
索　馬　利　亞	6	19	0	5	130.5	20	12
馬　　　　利	4	14	0	0	132.0	14	8

D) 作爲三種指標之綜合指標。以一百七十三最高值作爲一百時，分別計算各國之百分點，暫名之爲綜合生活素質指標。如十八頁表四第八欄所示。這種指標進行國際之間的比較也頗方便。例如，瑞典爲99，西德爲98，美國爲98，日本爲92，東德72，新加坡69，中華民國66，蘇俄 32，中國大陸 40，印尼 36，北韓23，阿富汗14，查德12，馬利最低爲 8。

　　這種指標包含了經濟方面的平均生產毛額，社會方面的實質生活品質指標，以及政治自由方面的指標，計算方法亦稱簡便。不過政治自由的指標頗感主觀，由誰來判定，亦是一個問題。

四、經濟、社會與政治之間

　　以上所作的分析，是用經濟、社會及政治的三種指標編爲綜合性指標來衡量不同經濟制度的國家的發展的程度。發展程度高者爲資本主義國家及社會民主經濟國家，再次爲混合型經濟國家，最後者大多爲非洲諸國，共產國家則僅較非洲國家稍優。但在政治方面，反而比非洲諸國更爲落後。根據這種事實，我們不禁要問：經濟發展、社會發展與政治發展三者之間之關聯如何？在時間的順序上，應孰先孰後？彼此之間互相影響的程度各有多大？筆者還是以六種不同的經濟制度的國家分別進行分析，希望獲得預期的答案。首先就三種指標，畫出迴歸直線圖，列出迴歸方程式，就迴歸係數進行 F 考驗，計算相關係數，及偏相關係數，並分別進行 T 檢定及偏 F 檢定。不同經濟制度的國家，三個變項間的相關程度各異。其間之相關如下列之表。表中第一個變項是平均國民生產毛額，第二個變項是實質生活品質指標，第三個變項是政治指標。

	n	r_{12}	$r_{12 \cdot 3}$	r_{13}	$r_{13 \cdot 2}$	r_{23}	$r_{23 \cdot 1}$
(1) 資本主義	24	.691**	.515*	.818**	.731**	.540**	−.061
(2) 資本主義（第三世界）	8	.051	−.064	−.352	−.354	−.024	−.007
(3) 混合型經濟	48	.435**	.367*	.258	−.062	.686**	.660**
(4) 社會民主經濟	15	.691**	.336	.647**	−.115	.967**	.943**
(5) 社會主義（第三世界）	22	.348	.436*	.021	.667**	.642**	.282
(6) 共產主義	15	.764**	.749**	.231	−.047	.340	.260
(7) 全部國家	132	.547**	.549**	.398**	.396**	.129	−.119

　　(*p＜.05, **p＜.01)

根據上列各項數據，繼續進行跋躓分析(Path Analysis)。這種技術是要在上列三個變項之中作因果關係的分析。所根據的是迴歸分析，再確定變項之間合理的因果順序，並以數學模型表示之。這種技術主要的假定是: 相關是直線的, 而且沒有回授的因果關係(Reciprocal Causations)。控制第三變項後，第一及第二級變項間之相關也並不因之而消失。當然量度之信度也是重要的條件之一。再者，變項之在時間上之發生先後順序，亦須先加確定。

　　假定上述三個變項之因果模型如下圖:

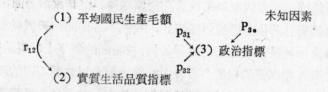

在這個模型中，各項期望值依下式計算得之。

$$r_{31} = p_{31} + p_{32}r_{12} \cdots\cdots\cdots\cdots\cdots\cdots\cdots\cdots\cdots (1)$$

$$r_{32} = p_{32} + p_{31}r_{12} \cdots\cdots\cdots\cdots\cdots\cdots\cdots\cdots\cdots (2)$$

$$r_{12} = 觀察值 \cdots\cdots\cdots\cdots\cdots\cdots\cdots\cdots\cdots\cdots (3)$$

$$r_{33} = 1 = p_{31}r_{31} + p_{32}r_{32} + p_{23} \cdots\cdots\cdots\cdots\cdots (4)$$

根據以上模型，除資本主義（第三世界）因其間相關皆不顯著，未進行分析外，對其餘的不同經濟制度進行了六次分析工作。現在把公式(4)之計算結果列舉如下： （見下頁）

　　計算結果大致與原設之模型一致。平均生產毛額與實質生活品質彼此互相影響，然後從實質生活品質這一方面再影響到政治指標。實行社會民主經濟制度的國家尤其如此。只不過資本主義國家與此模型不同，國民生產毛額直接影響到政治指標。何以如此，值得再進一步

研究。

	(1) 國民生產毛額對 (3) 政治指標之影響	(2) 實質生活品質指標對 (3) 政治指標之影響	未知因素之影響
(1) 資本主義國家	.70	−.03	.33
(3) 混合型經濟	−.01	.48	.53
(4) 社會民主經濟	−.02	.96	.06
(5) 社會主義（第三世界）	.00	.46	.54
(6) 共產國家	−.02	.13	.88
(7) 全部國家	.06	.32	.62

五、結　語

本文首先介紹實質生活品質指數之計算方法，以臺灣地區之資料，計算近卅年來之實質生活品質指數，用以明瞭社會發展及生活品質之增長趨勢。再依世界一百卅二國之材料進行國際間之比較。

筆者又以平均國民生產毛額，實質生活品質指數及政治自由指標三者，編製綜合指標，進行國際間經濟、社會及政治發展之比較。此一綜合指標，簡明易得，應用起來也甚便利。

為了進行國際間，經濟、社會及政治發展之相關分析，分別計算相關係數，併進行跋躞分析，確立三者之間的因果模型。

以上對世界不同經濟制度國家所做的都是以 1977 年的材料進行靜態的比較。如能用不同年份的材料，進行動態的比較，則各種指標的應用就更格外有其意義。這也是目前社會學家研究社會變遷的重要方法之一。如以平均生產毛額為例，以 1970 到 1977 年間，各國增加

的比率不同，增加三倍以上的國家有七個，都是產油國家。次為我國二點五七倍，西班牙二點五六倍，日本二點四倍，韓國二點二倍。多數的國家增加率在二倍以下，約有六十餘國。美國為點八六，印度為點三六，都不到一倍，如能配合社會指標，進行動態的比較，就全世界觀察，何種經濟制度變動最烈，這件工作是更有重要意義的事。

再者，社會指標的編製方法與包含的內容也需進一步的注意，社會指標不但衡量社會發展的程度，更要表示出生活的品質。個人幸福與社會正義二者兼顧，或有取捨？另外環境品質是否也應考慮在內，經濟指標固然重要，社會指標同樣重要。如何編製社會指標仍待大家共同努力。

參 考 文 獻

經濟建設委員會

　　民國69年　　　社會福利指標

　　　　　　　　　臺北：行政院經濟建設委員會人力規劃小組編印

　　民國68年　　　都市及區域發展統計彙編

　　　　　　　　　臺北：行政院經濟建設委員會住宅及都市發展處編印

席汝楫

　　民國67年㈠　　社會發展與生活品質之衡量

　　　　　　　　　臺北：新生報

　　　　　　　　　　　民國67年5月1日、8日第二版

　　民國67年㈡　　"經濟發展與社會發展：不同經濟制度之比較"

　　　　　　　　　現代人與其工業環境研討會報告，pp. 234-243

　　　　　　　　　臺中：東海大學編印

徐　震

　　民國69年　　臺灣地區經設發展與生活品質改善關聯性之研究

　　　　　　　　臺北: 中華民國社區發展研究訓練中心

葛永光

　　民國69年　　經濟發展與政治穩定——從杭廷頓的理論探討我

　　　　　　　　國的政治發展

　　　　　　　　臺北: 中央日報

　　　　　　　　　　民國69年 5 月11日第二版

李國鼎

　　民國68年　　開發中國家對貧窮的消除——介紹實質生活品質指數與差距

　　　　　　　　縮短率, 並述我國的卓越成就

　　　　　　　　臺北: 聯合報

　　　　　　　　　　民國68年 8 月13日第二版

陸　光

　　民國69年　　社會指標之介紹、製作與評估

　　　　　　　　臺北: 中央研究院三民主義研究所社會指標討論會（初稿）

邊裕淵

　　民國69年　　生活水準與生活素質

　　　　　　　　臺北: 中央日報

　　　　　　　　　　民國69年11月10日第二版

施敏雄、蕭新煌

　　民國70年　　我國社會指標之回顧與檢討

　　　　　　　　臺北: 明德基金會生活素質研究中心

余玉賢

　　民國66年　　經濟發展與生活品質改善

　　　　　　　　臺北: 聯合報

　　　　　　　　　　民國66年 4 月25日第二版

Adelman, Irma and Cynthia Taft Morris

　　1973　*Economic Growth and Social Equity in Developing Countries.* Stanford: Stanford University Press

Annals: (AAPSS)

　　1978　*America in the Seventies: Some Social Indicators.* AAPSS Vol. 435

Bauer, R. A. (ed.)

　　1966　*Social Indicators.* Cambridge, Mass.: The M. I. T. Press

Chirot, Daniel

　　1977　*Social Change in the Twentieth Century.* New York: Harcourt Brace Jovanovich

Eisenstadt, S. N. (ed.)

　　1970　*Readings in Social Evolution and Development* London: Pergamon Press

Mukherjee, M. A. K. Ray and C. Rajyalakshmi

　　1979　"Physical Quality of Life Index: Some International and Indian Applications."

　　　　　Social Indicators Reserch 6(3): 283-292.

Taylor, Charles Lewis. and Michael C. Hudon

　　1972　*World Handbook of Political and Social Indicators* (Second Edition)

　　　　　New Haven: Yale University Press

Time News Magazine

　　1978　"Socialism: Trials and Errors---An Ideology That Promisis More Than Deliver" pp. 8-19 in Vol. 111, No. 11. N. Y.: Time Inc.

三十年來臺灣地區中國文化發展的檢討

葉 啓 政

一、前 言

自從工業革命以降，人類卽大幅度的利用科技來從事生產方式的改進。自此以後，生產的目的與以往農業社會的型態不同，它已不是限於爲了自給自足，而是從事牟利的市場交換。這種生產的方式無疑的帶來了財富，也提高了物質生活水準。因此，在近代，更新科技，大幅度利用資源和能源，來從事這種以交換爲目的的市場經濟模式成爲普遍的現象，我們常冠以「經濟發展」的稱呼。

從歷史心理學的眼光來看，經濟發展成爲人類共同追求的目標是有道理的。人與其他動物一樣，尋求生理需求的滿足是最原始的動機。如何運用自己的稟賦，有效地控制環境，一方面以來保證基本的飽暖條件，另一方面以謀求更舒適的物質生活品質，也因此一直就是人類歷史中最主要的問題。尤其，對基本生存長期受到威脅，貧窮始終相伴著日子而來的亞非社會來說，這種考慮更是迫切。爲了謀求物質生活的改善，爲了安定民生，更爲了自立自存，近代的亞非國家莫不竭力效法歐美工業先進國家，致力於改變傳統的農業生產模式，引進並發展科學技術，建立並強化工業生產結構，以鞏國民生計和國本，經濟的成長遂因此成爲發展中最爲優先的考慮。

我國也不例外，從民國34年光復以來，在執政的國民黨政府刻意

經營下，臺灣在短短三十餘年間，經濟有了相當顯著的成長，謀求經濟的再成長也一直是政府執政的一貫目標。倘若我們拿經濟學家慣用的「個人經濟福利」（individual economic well-being）指標來看，以民國65年之幣值爲基值， 民國 41 年平均每人所得爲新臺幣 10,222元，到民國 68 年， 則增爲 48,957 元， 增加約近五倍。就平均每人可支配所得而言， 民國 41 年爲 7,998 元， 民國 68 年已增爲33,924元，增加四倍有餘。又就平均每人消費支出來看，民國41年爲7,704元，民國 68 年則爲26,921元，增加有三倍之多。再就平均每人儲蓄來看，則由民國 41 年的 294 元增至民國 68 年的 7,003 元，增加幾近24倍（經濟建設委員會，民 69）。就以上所列的數字來看，臺灣經濟成長之快速可見一斑，國民經濟消費力增加之幅度也頗爲驚人。

　　在如此迅速的經濟成長之同時，我們的社會也相伴地產生了無數新的問題。這些新問題，有的已相當明顯地爲社會大眾所察覺；有的則還是潛伏著，充其量只爲極少數有識之士所體認到。不管問題是明顯、還是潛伏，這些問題嚴格來說未必全是屬於一般人所謂的（狹義的）「文化」的問題。譬如，舉凡如犯罪的猖獗、人口過份密集、能源短缺、污染的嚴重、交通擁擠等，均不是「文化」的問題。因此，在未來的發展中，如何一方面繼續保持經濟的成長，而又能突破既有產業結構的瓶頸，另一方面克服這些非「文化」性的問題，是今後的一大挑戰。但是，這些問題縱然解決了，終究只是提供我們一個更舒適的物質生活環境，我們的生活還可能相當空虛的。因此，如何積極地締造一個更合理、具高品質而又能發揮中國性格的生活內涵，才是往後生活在臺灣之中國人應多加努力的目標。

　　別的不說，單就文化的消費品質的角度來看，在短時間內國民經濟消費力突增未必是可喜的現象。一般人財富來得太快速而且太容易

的話，若無適合的條件（如教育水準的提高、使用精緻文化❶的意願
與能力不足）與之搭配，則人們常會把多餘的金錢花費在購置不必要
的奢侈品上，以誇示自己的財富、增強自己的地位感；或追求聲色犬
馬的物慾享受，以求腔臟感官的滿足。在這種情形下，社會中產生了
一般人所謂的「拜金主義」和「暴發戶心態」。社會中看到的是平庸、
甚至粗俗文化產品的充斥，代表「腔臟文化」❷的歌廳、餐廳、咖啡
廳、舞廳、變相之理療院、按摩院、和理髮院到處林立。再者，從社
會的價值與態度的角度來看，經濟的快速成長很容易使得社會大眾逐
漸凝聚出著重功利的心態和強調實用的價值觀。這兩種心理叢結的形
成，再加上教育體制中缺乏培養和鼓勵藝術欣賞的意願，因此很容易
導致創造和使用精緻文化意願的萎縮，也致使一般人之文化欣賞水準
滯停不前，其結果往往使社會中普遍充滿庸俗的氣息。

　　這些年來，有感於上述庸俗文化的氾濫，更鑒於重建中華文化一
直是執政者一貫的目標，政府對於文化問題已漸表關心。說來，這是
相當可喜的徵兆。行政院孫運璿院長，在民國 68 年 7 月間舉行的國
家建設會中，卽曾以開創發展高超精緻的文化，為政府未來努力的重
點。孫院長這一段話見報之後，立刻引起各界一致的讚揚和共鳴。在
各方的敦促之下，政府也採取積極的行動，肯定從事文化建設的決心。
先是撥下巨額預算，於各縣市鄉鎮成立文化中心，保護古蹟和文化遺
產，鼓勵藝文活動。晚近，更籌劃成立「文化建設委員會」來統籌文
化發展的事宜，且於 71 年之國家總預算中，大幅度增加教育與文化
預算。凡此種種措施，姑且不論是否真能有助於締造高超精緻文化，

---

❶ 關於精緻文化的定義，參看 Shils（1966）葉啓政（民66）。
❷ 此一名辭乃臺灣大學心理學系楊國樞教授於民國 69 年間一次公開演講中
　提出，由聯合報刊登，在此借用。

和提高人民的文化水準，但是至少顯示，於強調經濟建設和貫徹民主憲政之餘，政府最高決策中心顯然已逐漸明瞭到文化發展的必要性。無疑的，這是可喜而且值得喝釆的。

　　總歸來說，不論就社會發展的客觀條件或社會中已產生的主觀認知和需求來看，在此時此地的臺灣，推動文化發展，以提高國民之文化品質，是相當迫切的問題。為了使努力能夠獲得成果，於推動文化發展之前，讓學者先對這三十多年來臺灣文化的問題做鳥瞰式的分析，是絕對有價值的，這可以說是本文的寫作動機。在進行本題的討論之前，為了讓讀者對文化在社會發展中所具的地位有所瞭解，更為了讓讀者與作者之間建立較佳的溝通條件，讓我們對下列三個問題，先作些簡單扼要的敍述。第一、本文中所將指涉的「文化」內涵到底為何？第二、選擇文化來做為檢討社會發展的對象，有何社會學上的意義？第三、本研究的方法論為何？研究重點何在？

二、本文中有關「文化」的討論內容

　　在現代的社會科學中，文化是一個最常掛在人們口中，但也是用得最為鬆弛而混亂的概念。學者之間有著不同的指涉，因此常常引起思考和討論上的爭執。美國人類學者 Kroeber 和 Kluckhohn 於 1952 年合著了一本「文化：概念和定義的評論」(Culture: A Critical Review of Concepts and Definitions) 的書，羅列了從 1871 年至 1951 年間關於文化的定義，其不同者多達 164 種。殷海光（民 54）曾就這些定義加以分類，也分成六組之多。從 1952 年至今又已過了近三十年，這三十年之中，對文化的定義更不知增加了多少。環觀這些眾說紛紜的定義，不免令人眼花撩亂，不知所從。要於其中尋得一條脈絡出來，能獲得學者們共同的同意，再怎麼說是難上加難的。在

此節中，作者也不敢存此雄心，試圖對「文化」做通盤性的界定和詮解；所將做而且可能做的，將只不過是，就本文討論上的需要，對此一複雜的概念略做點界範的工作。為的只是不讓底下的討論流於空泛或引起誤解而已。

文化的內涵

大體而言，Tylor 在 1871 年首次界定文化的定義：「人因身為社會的成員所獲得的複合整體，它包含知識、信仰、藝術、法律、風俗等等，以及其他能力和習慣」❸，已涵蓋了文化的基本內蘊。它乃是在歷史演化過程中，一個社羣中的成員所創造出的設計，「包含外顯和潛隱的，也包含理性、不理性、和非理性的一切」（Kluckhohn and Kelly，1945）。因此，文化一詞常用來包含兩個層面的概念。其一是屬於行為（of behavior）的模式，另一是指引行為（for behavior）的模式❹。就前者而言，文化乃指涉「一個社羣內的生活模式，也就是該社羣具規則性一再發生的活動，以及物質的和社會的安置」（Goodenough, 1961: 521）。換句話說，此處所指的是可觀察的事件或事物，具體的行為表現是其中最為明顯的內容。再就後者而言，文化則指涉具體系而且有組織性質的知識、信仰、價值或態度，乃社羣中之成員藉以形成其認知經驗，規範其行為模式，而終於孕育決定選擇的依憑。因此，就此而言，文化是一套共享的意義結構（Geertz, 1973）。

綜合以上兩個層面來看，文化可以說是一個複合體，既指涉具體的行為模式和種種的生活設計（包含器用和制度），又涵蓋了指導具

---

❸　引自于嘉雲與張恭啓合譯 Keesing 著「當代文化人類學」上冊，頁202，民70年。

❹　類似的見解，參見 Kroeber 和 Kluckhohn, (1952)。

體生活設計和行爲模式的一套意義體系。因此，如 Geesing（于嘉雲和張恭啟譯，民 70:209-210）所說的，它是個通則，又是抽象的概念。從這樣的角度來看文化，固然大體上是已週全地涵蓋了整個概念所可能指涉的範疇，但是尚有兩個問題有待澄清。第一、文化複合體絕不是指涉到一個個個體的習得物，而是爲一個社羣中之成員們所共享。若如此，則共享到何程度，才夠得上當成是有意義的文化來看待。又，產生共享的社會基礎和過程爲何？其間是否有階層分殊化的情形發生，其特質又爲何？第二，對這麼一個抽象的複合概念，在本文中將如何具體地來討論？

文化的「共享」含義

第一個問題固然是相當根本，但卻難以簡單的回答。在此地，我們自無法以有限的篇幅來做圓滿的解說，但因此一問題關涉到底下之分析的基本理論和論證脈絡的推展，因此不得不做選擇性的說明，否則將難以理解和聯貫整個討論。

一向，學者們都認爲，文化是人們「共享」的社會產品。譬如Linton（1940）即謂文化乃爲：某特定社會之成員所共享並且可互相傳遞的知識、態度、習慣性行爲模式等的總和。沒錯，文化是一種共享的社會產物，但是，「共享」不是一個絕對的概念，而僅是一種概然性的陳述。這也就是說，對任何社羣而言，都不可能使得（或要求）其每個成員均習得或接受某種特定的文化內容。由於個人必然有獨特性存在、每個人的學習也未能夠完整，加以個人旨趣不一、社羣內常有次社羣之分隔情形發生、社會控制也常未能週全，因此成員們對於某文化內容往往未必同樣的接納。即使是接納了，也常有不同的理解和詮釋。因此，雖然社會中的優勢份子（如父母、教師、法官、政權擁有者等等）常藉著種種社會控制的方式，企圖合法化某些文化

內容，要求劣勢份子來接受，但人們始終是難以達到十全十美的社會化。基於這種事實是一直存在著的緣故，完全的共享只有在理想和規範層次上是可能的，但是在實踐層次上，共享卻僅具概然性，始終是有例外的。Merton (1968) 在討論脫序 (anomie) 現象時，已很明顯地指出了，人類在適應外在環境過程中，一開始即有了不同模型的適應方式，順從 (conformity) 只是適應的一種而已，人們尚可能產生儀式化、反叛、或創新等等不同的適應方式。

　　上面所敍述文化共享的概然性事實上乃指明了一個重要的社會現象，即：文化的傳遞，不管是由外對內的濡化作用 (acculturation) 或內部本身的同化 (assimilation)，本質上是具階層分殊化的。雖然階層分殊化的產生並未必完全是取決於階級 (class)，也未必完全是受制於地位 (status)，但是，人類對某種文化內容的學習和接納，的確往往因種種理由而有不同的效果。在這種不完全的傳遞過程中，共享與否變成是一種主觀認知的界定問題。大體而言，它是社羣中優勢成員接承「傳統」時，所具規範性的態度與價值的形成結果。在社會化的過程中，優勢成員對「傳統」並不完全是照單全收，而是重新加以組合和詮釋，他們再把組合和詮釋的成品，要求劣勢成員順納。因此，文化的傳遞乃是反映特定社會意識的實踐過程。基於這個理由，研究文化現象時，競爭 (competition) 是一個必然要考慮的過程，這也是何以 Mannheim (1971) 把競爭當成是文化現象的緣故。

文化之具形與意義結構

　　對於第二個問題——如何具體化文化這麼一個複合概念，我們的考慮是這樣的。首先，我們認為，若不對文化的指涉稍加限制，則將難以在有限的篇幅中牢牢地掌握到討論的重點。再說，縱然沒有篇幅的限制，若不對所將討論的「文化」內涵略加圍限，則也必很容易使

討論流於浮泛。基於這些考慮，並且兼顧到本研究的旨趣，我們將所欲討論的「文化」做如下的界定。

雖然討論文化時，必須包含具體行為模式和生活設計，也應當涵蓋指導行為模式和生活設計的意義體系，但是，毫無疑問的，我們無法對體現在社會中種種具體可見的行為模式來加以討論。如此則將流於瑣細，而且事實上也不可能把目前可見的種種生活設計創新都一一來檢討。然而，從行為模式和生活設計的層次來討論文化，卻是絕對必要的，因為在日常生活中，此一層次的文化終究是最為具體，而且是直接經驗的內容。它是人類日常社會生活中最基本的成份，乃文化的「具形結構」。同時，社會的具形產物絕大多數是人類的意識產物；容或是潛意識的意外成果，人們也都會加以詮釋。因此，具形的文化品都會具有意義；也就是說，在任何社會中，文化的「具形結構」都會與一套「解釋結構」相對應。雖然如何的對應乃隨著社群之種種條件的不同而有所差異，但也惟有透過對文化之意義體系（或稱「解釋結構」）的解析，瞭解文化之「具形結構」才有可能。

四種文化的分類

基於以上的觀點，在本文中，我們將就社會學理論及現象實存二雙重的角度[5]，釐定一些意義來做為「具形結構」分類的依據，然後，再根據這些類型來分析卅多年來臺灣的文化現象。在此，我們考

---

[5] 在此分成「社會學理論」及「現象實存」二層面來看，純然是為了分析上的方便。二者之間實難以區分得清楚的。所謂「社會學理論」的，乃指社會學家觀察社會中種種現象後建構出來的一種解釋體系。所謂「現象實存」者，則指社會中的成員對其所處之社會的種種體現的行動反應和解釋體系的結果。若用 Schutz (1973)之語，前者用之適當乃屬「二度解釋」（即解釋人們如何解釋其日常社會生活），後者則為「一度解釋」。事實上，此二者相互依賴而影響，甚難區分。因篇幅所限不及詳論，參看 Berger & Luckman (1966)

慮到四個不同相度的意義，並以此做二分的方式來進行討論。第一相度是文化的來源，我們分成「外來」和「本土」的二類。第二個相度是大眾對文化的口味 (taste)，我們分成「生趣」及「乏味」的二類。第三相度是文化創造的精緻度，我們分成「精緻」和「平凡」的二類。最後，第四個相度是文化的社會功能，我們分成「技術實用性」和「人文藝術性」的二類。現就此四個相度，做個簡單的說明。

我們特別選擇「文化來源」來做爲分類的依據乃基於歷史的考慮。自從清中葉以來，中國文化所面臨的最大困境卽是：如何保有傳統文化，而又能兼容外來的文化（尤指歐美文化）。這一百多年來，「外來」與「本土」文化之間一直是處在相當嚴重的緊張狀態中，競爭也始終是存在著。面對具相當優勢地位之外來西方文化的壓勢，我國本土文化一再處於劣勢，顯得欲振乏力，文化傳統隨著時代的邁進而漸式微，社會中也屢現文化失調的現象，獨立的文化性格更是日漸褪色。在此現狀下，從文化之來源來看「文化」現象，確實是深具「現象實存」的意義。

美國社會學者 Gans (1974) 曾認爲，一向社會學家依其品質，把文化分成「高級」與「大眾」文化乃是偏見，因爲品質標準的釐定往往只是代表某階層的觀點，實難以有一公平可信的共同標準。他認爲，與其從文化創造的角度來看文化,無寧從文化消費的立場來探討。尤其在今天這樣的大眾社會中，大眾傳播普及，廣告充斥，加以科技一再地更新，文化成爲商品，大量的「文化」成品在市面上流行，「大眾文化」相應產生❻。因此，除了像以往一般，從創造的立場來談

❻　關於大眾社會與大眾文化的討論，參閱 Rosenberg & White (1957), Shils (1966), Gans (1974)

文化之外，從消費者的角度來看文化的問題，對瞭解人們的日常生活，應當是具有實質上的意義。假若這個前題可以接受的話，則大眾對文化成品的口味是一個值得重視的問題。在此，我們可以根據大眾對文化成品的口味，分成「生趣」與「乏味」二類。所謂「生趣」者乃指文化成品對大眾具有吸引力，能够普遍的引起興趣，而且更重要的是大眾有意願和能力經常去使用它。反之，「乏味」的文化成品則引不起大眾的興趣，而且人們也可能缺乏欣賞和使用的能力。

　　第三相度是就文化創造與其品質的角度來看。正如在前所述，文化品質的評鑑必然是帶有濃厚的特殊意識型態，若站在普羅主義（po-pulism）的立場來看，文化品質的評鑑往往是反映優勢精英階層的意識與價值。但是，不論我們接受其標準與否，這種評價的存在是社會事實，其存在於所有的社會中，是難以否定的。再者，從文化的創造歷程來看，有些文化成品的內容的確是比較嚴肅，所表達的感受也較豐富，描述的也較具滲透與敏銳力，而且其表現的形式有一套明顯的傳統。對這種文化內容，若缺乏長時期的訓練與學習，往往無法領略其中的意義，而且也難以培養出欣賞和使用的意願。這類的文化成品，我們通常稱之「精緻」文化❼。否則的話，我們可以稱之「平凡」文化❽。總之，儘管就品質來分類文化可能冒有偏見之險，但站在文化創造的歷程與日常生活中對文化品質的評價特質的立場來看，文化成品的確是有「精緻」程度上的差異。撇開價值標準不談，精緻程度不

---

❼　以品質來分類文化乃社會學研究「文化」的傳統，有關這類的討論，參看Brooks (1958), Lynes (1954), Shils (1966)

❽　讀者或許會發現，此處之分類與筆者以往的分類（葉啓政，民66）不同。以前筆者分成三類，在此文中分成兩類，所以如此做，理由有二：(1)為了簡化討論，(2)在現實生活中分成三類，似乎過於牽強，未能貼切地的與現實相吻合。

同的文化，在社會中，具有不同的社會意義 (Shils, 1966; 葉啟政，民66)。因此，根據精緻度來分類文化，從而討論文化，是絕對有價值的。

最後，若把文化看成是生活方式的一種複合體現，它所包含的不但是藝術、哲學、音樂、科學、宗教等等精緻成份，也應當包含日常生活中所使用的種種工具。尤其，在科技昌明的今天，科技成品成爲主宰日常生活的主要東西，影響人類甚鉅。如近代社會學家 (Weber 乃其中之主要代表人物)所說的，在工具理性(instrumental rationality)抬頭的時代，科技實用性的知識成爲主流。有鑒於此，實有從其所具之社會意義，把文化分成技術實用性及人文藝術性二類的必要 (Bell, 1973)。大體而言，前者乃指所有科技產品，乃用來強化和充實人類社會之生存條件者；後者則指創造出來的文化是基於闡揚人類的理念和道德，表達人類的美感或認知者，其功能不是「條件性」，而是「極終性」(Pansons, 1966)。換句話說，其原意並不直接用來提供更有利的生存條件，而是用來使人類的生活更有理想，更爲充實豐富。這類文化成品可包含文學、藝術、音樂、宗教、道德、哲學，及其他時下所謂的人文科學。

三、何以選擇「文化」做爲討論的主題

在錯綜複雜的問題當中，從事抽絲引線的尋源工作是相當困難，但無疑的是絕對的必要。一向，社會學家在探討社會現象，從事抽絲引線的分析工作時，在方法論上，常秉持著一個基本的認知習慣。首先，我們在複雜多端的問題之中，選擇一根「問題」的線出來。然後再從這根線逐步地抽出理路來，把原本一團亂混的線團，安排出一個序列來。然而，這根「問題」的線如何抽呢？它絕不是武斷隨機、憑

一時之興而抽選的。它的抽選往往是有條理依據的。

　　大家都明白，人們對世界的瞭解，都會因其學習環境、天資稟賦、和經驗背景等等之不同，而有一般人所謂之「角度」上的差異。經濟學家偏重經濟的因素，政治學家著重政治的角度，心理學家強調心理的重要，社會學家則可能從人際關係的結構特徵來看問題。如此從不同的角度來看同一個問題，固有互補集思廣益之好處，但是往往帶來了很大的認知分歧，引起爭論，而最後可能以「見仁見智」的結論來結束問題的爭執。不管如何，由於個人的知識有所專限，對同一個社會實體因此可能有許多不同的「現象」，也產生眾多不同意義的詮釋。因此，任何「問題」的抽線工作是難以完全避免因個人專精所引起的認知侷限。

　　雖然，在「問題」的抽線過程中，因個人專精之限而可能引起的偏見是難以完全免除的，但是，若能在抽線過程中，兼顧到兩個考慮，則多少可以緩和偏見的加深，甚至可以有助於盲點的澄清。此二考慮，一為重視歷史階段性的意義問題，另一則為應有理論的指引。現把二者合併來討論。

從社會結構的特質看文化的社會學意義

　　社會結構並不是恆定不變的狀態，它是一個結構瓦解 (destructuration) 和結構重組 (restructuration) 交替產生的動態過程 (Gurvitch, 1962)。或如 Giddens (1979: 49-95) 所說的，它是一種建構化 (stucturation) 的過程。因此，社會結構乃「活在某一特定時空內活生生之人們對社會的製造和再製造 (production and reproduction of society)」(Bottomore, 1975: 160)。在如此的建構化過程中，有三個因素是極為重要的，它們是時間性 (temporality)，空間性 (spatiality)，和典範性 (paradigmaticality) (Giddens, 1979: 54)。這也就

是說: 一個社會中的人們如何的建構其社會,乃隨著不同的時代背景、不同的文化區位環境、和不同的認知典範而有所差異。大體而言，人們乃針對社會已體現而且最具實顯的「準結構」(quasi-structure)❾來做反省和批判，從而產生集體性的意識❿，凝聚出一股社會力量，來重締或更新一個新的結構出來。

這樣子的更新結構所以可能產生，基本上是因為有三個恆定常見的社會條件存在的緣故。尤其是在現代的社會中，這三個條件是特別的明顯。它們分別是: (1) 社會中的成員不斷地產生循環，(2) 知識的不斷成長，和(3) 社會分化 (differentiation) 的一再發展 (Bottomore, 1975: 161-162)。雖然人們的平均壽命因醫藥之昌盛而普遍的延長，但由於生理上的極限，人終究會死亡，因此社會的成員一直是不斷的替代，一代又一代的延續下去。在以往相當靜態的農牧社會中，社會結構的分化有限而定型，應付日常生活的知識也停留在常識直覺的經驗，歷久未見有太多的變化。在此情形下，成員的迭替則未必會引起太劇烈的意識變遷，或產生現代社會學者所謂的「代溝」，因此，整個社會的變遷也不至於非常明顯。但是，當社會中的知識一直在成長之中，尤其所謂理論知識 (theoretical knowledge)⓫ 一再膨脹與擴充之下，人們的意識易變而且產生了分化的現象。再者，社會

---

❾ 既然社會結構乃是一種「破壞一重建」的迭替過程，某一特定之結構的存在往往只是一時間內的反應模式，因此我們稱此存在於一時一地之特定暫時性結構為「準結構」，它能維持多久，端賴情況而定。

❿ 此一概念乃源於 Durkheim(1933)。不同於 Durkheim 者，乃此一意識未必為社羣之全體成員的共享，它可能因階級、階層、區位、心向等等不同而有分化的情形。Marx 之階級意識是其中之一例。

⓫ 此一概念乃採自 Bell (1973)。Bell 認為，現代後工業社會有一特色，即基礎性，不具實用意義的理論知識逐漸被看重，此乃源於現代之生產結構甚為依賴科技之更新，而科技之更新又必須依賴「知識」之故。

分工加劇，人們由於有了不同的社會處境，其對社會產生的詮釋意義，也因利益、旨趣、信仰、學習環境等等的不同，會產生分歧的情形。職是之故，成員的迭替很容易帶來明顯的意識更新的現象[12]。

　　總而言之，在現代社會裏，導致社會產生分化的因子頗多，社會中反省與批判的潛力也加大。一向依附在「傳統」之下潛意識[13]性的行動，已不再被視爲是天經地義的必然行爲模式。社會中往往形成了制度化的檢驗體系[14]，把一向潛伏在意識外之習慣性行爲模式挑勾到意識層面來，不時地加以檢討和批判。社會中因此產生了「行動的反省警示作用」(reflexive monitoring of action)(Giddens, 1979)，不時的把各種理念、信仰、和行動作比較與詮釋。

　　無疑的，社會中種種檢驗機構所具之「行動的反省警示作用」有不同程度的效果。姑且不論其效果如何和爲何分化，它們的存在是使社會產生快速變遷的主因之一。基於這個理由，一個社羣中產生的某種顯著變遷，必然是其中某部份成員，對前一個階段已具之某種現象有了反應，這也正是爲何我們在前面提到，社會建構化過程中具時間性、空間性、和典範性的緣故。這種「行動的反省警示作用」如何運作，深受社羣中之成員（尤其掌握優勢權力之成員）的時代背景、文化傳統、區位環境、和既有之優勢認知典範的影響。因此，我們在從事問題的「抽線」工作時，一定要掌握著社羣之過去與當時的意識潮流，更應當關照到可能產生的意識發展方向，重視歷史階段性的意義

---

[12]　這種現象乃說明何以現代社會容易產生「代溝」的主要癥結。

[13]　此處所謂之潛意識非 Freud 之原義，乃指一套源於「傳統」的行爲，往往是長期習得的習慣結果，如中國人吃飯用筷子一般。因此，此處所謂之「潛意識」乃指習慣的行爲結果，未曾爲人們體認其源由或必然性者，而未必是源於本能。

[14]　如現代民主社會中常見到的議會，大衆輿論制度，或學術界，均屬制度化的檢驗體系。

問題是絕對必要的。

　　回顧十九世紀以來亞非社會的發展，幾乎莫不從政治民主化和生產工業化下手。這種發展的方向很明顯的是亞非社會優異分子對歐美社會發展的歷史所做的詮釋結果。他們企圖以此爲基點來更新自己的社會及建設未來 (Shils, 1974)。由於在此意識主導下的發展具有濃厚模倣歐美的性格，更由於在模倣過程中，缺乏經驗的指導和反省檢驗的能力基礎，亞非社會在發展過程中，往往重蹈了歐美社會所具有的種種現象（如污染，人口過度集中等等）⑮。同時，由於亞非社會有其特殊的文化傳統，因而在變遷的過程中，也帶來了一些歐美社會所沒有或較不明顯的特殊現象（如家族企業的產生、對傳統的強烈眷念情緒，嚴重的信仰迷失危機）⑯。就拿臺灣爲例，在類似如此的多重因素交織之下，以「經濟發展和政治革新」爲主導的計劃變遷，所帶來的問題已非單純地體現在經濟或政治的層面上了，而是帶來了社會整體的調適問題。或用 Ogburn (1950) 的觀點來說，這是「文化步調不一」(cultural lag) 的問題了，問題已逐漸擴散到家庭制度、教育結構、倫理道德觀、人際關係、行爲模式、人生宇宙觀等等方面。用句較具概括性的概念來說，乃是整個「文化」的調適與重建的問題，本質上乃 Mann-heim (1971) 所謂的宇宙觀 (Weltanschuung) 的重建問題。基於這些理由，我們在此把問題的重心擺在「文化」上面，及期冀對變遷的問題做概括整體性的討論。

---

⑮　一向，西方社會學家，尤其美國的結構功能學派 (structural-functional school)，把現代社會的問題視爲是內含於社會結構本身所引起的必然現象，而不知事實上這只是因爲亞非國家由於缺乏反省，而延續了歐美之歷史觀所導致的結果。這種把歷史潮流的擴展誤當成是結構內含的必然結果，乃當今西方（尤指美國）社會思想中的最大誤失，本質上這是一種歐美學術界中種族中心觀 (ethnocentrism) 所產生的偏見。

⑯　參見 Lin (1979)，葉啓政（民69）。

從社會體系的層次看文化的社會學意義

另外，尚有一個社會理論上的理由來說明何以在本文中我們選擇「文化」做為討論的中心，這是有關文化在整個社會體系中地位的問題。在此，我們必須再對所謂「文化」另外加以界定；我們所指的是相當的狹義，乃前節中所謂具抽象理念性的意義體系而已。

Parsons (1951, 1966) 在討論社會及行動體系時，曾依社會及行動體系中諸次體系之功能分成四個部份。這四部份分別為: (1) 司調適的次體系 (subsystem of adaptation)，(2) 司達致目標的次體系 (subsysem of goal-attainment)，(3)司整合的次體系 (subsystem of integration)，和(4) 司維持模式的次體系(subsystem of pattern-maintenance)。

就整個社會而言，任何的社會都有一個基本的問題，即如何與外在的環境調適，這是關涉到個體與社會獨立生存的根本問題。每個社會都會有一套特定的方式來應付和控制外在的環境。大體而言，生產與經濟體系即屬此類，它乃社會中成員們設計出來，用以控制外在環境，以維持基本生存的方式。同時，人是有動機的，社會也一樣，成員也會形成集體意識，產生共同動機。因此，為了實現不時產生的動機，社會中就得有一套特定的體系以來達成預期的目標，政治體系即司此功能。這也就是司達致目標的次體系。但是，由於任何社會都有相當程度的分化，尤其在現代社會更是如此。分化的結果，使得成員們之間可能在利益、信仰、態度、價值、認知等等方面產生分歧。然而，我們觀察到，雖然分歧似乎是難以避免，社會的成員尚能維持某個程度的共處狀態。推其因素，說來很多，但 Parsons 認為，其中有一個現象可說是主要的歸因，那就是: 任何社會體系中，都有「社區」(community) 型態的存在。Parsons 此一社區的概念必須做最廣

義的解釋。用 Nisbet（1966: 47）的話來為此一廣義的社區概念做註解，恐怕是最恰當不過了。他說：「說到社區，我乃指超乎單純地域性社區外的東西。正如我們在十九和二十世紀思想中所發現到，此字乃概括具高度個人親密性、情緒投入、道德認同、社會凝聚，而且在時間上有延續性的所有關係形式。」因此，此一廣義的社區可泛括政府、教會、商會、革命運動、專業團體、企業組織、自願團體等等由人組成的羣體，只要具有 Nisbet 所列的條件。在此定義下，我們不難看出，一個人在社會中都可能同時參與並且歸屬於一些不同的團體。這種團體的多屬性，固然可能帶來角色上價值及規範的矛盾和衝突，但倘若安排妥當的話，卻也有助於成員之間產生相互牽制而和平共存，甚至相當程度的和諧狀態。基於這個理由，Parsons 認為，社會之所以有整合的可能，即因社會中有這種「社區」型態存在的緣故。

　　然而，不管是應付外在環境、或為了獲致目標，或達成整合，基本上都是人類的意識活動結果，也都是人類的創造品。它們都必須是人類賦予以特定意義，而以特定的形式來表現。因此，不管是生產模式、經濟建制、政治制度、或社區型態，終其最後，都必須接受人類意識的指導，也都是反映人類的某種理念、信仰、和價值體系。換句話說，在人類的社會中，往往可以看見有一套的制度來界範、修飾、和發展理念、信仰、和價值，並且不時地加以詮釋。這種制度往往自成一個體系，Parsons 稱之「文化體系」，它乃具有使一個社會維持其自成性格的作用。譬如，中國社會之所以呈現成為中國式的樣子，即因中國人有其獨特的文化傳統體系。

　　從以上很簡要的敍述，我們明白了上述特別界定的「文化」在社會中所扮演角色的特質。它賦予人類社會中各次體系特定的形式，而且給予形式特定的意義，使得社會維持一定的模式。就此角度來看，

「文化」乃體現在社會中種種制度、人際關係、和行為模式的內容，而且也包含了形式。探討此等社會實體的內容與形式，尤其是其所具的意義，自然是一項相當值得重視的研究工作。這樣的研究有助於我們瞭解一個時代的基本精神，更可藉此提供人們一些可行的有利途徑，以使人類的生活更為充實和豐富。

方法論上的問題

　　說明了何以選擇文化做為研究的主題之後，我們留有一個問題，有待加以闡明的必要。這個問題即本研究之方法論的基礎。

　　既然本文乃有關近卅餘年來之臺灣文化發展的問題，本質上即是經驗性研究。既是經驗性的研究，自然要涉及到經驗資料的收集。因此，寫作也應當以實際資料為依據。但是，在本文中，我們並不打算把重點擺在事實的描述，而是現象之內涵意義以及其發生之條件的解析。

　　Mannheim (1971: 8-58) 認為，一般研究現象時，人們不外乎尋找現象的意義。他提出三種意義，分別為：客觀的意義 (objective meaning)、表現的意義 (expressive meaning)、與資料的意義(documentary meaning)。所謂「客觀的意義」乃指涉有關事項本身之結構法則的理論命題，如畫理或樂理。這類的意義所以被稱為「客觀」，乃因有關該事項之因素的意義考慮，不涉及促使該事項產生之行動者的意識。因此，我們可以不必分析非洲人所欲表現為何，即可完全瞭解非洲原始藝術在視覺上所具的內容(Mannheim, 1971: 25)。這是根據研究者所建立起之一套認知經驗規則來解析現象之結構形式的意義。其意義之評判乃取決於研究預設理論的效度了。理論典範一更改，整個客觀意義也就隨之變動。

　　儘管從研究者預設的理論典範來捕捉現象的因果關係和其意義是

有其研究旨趣上的價值，但是，人的現象終究是意識的行動結果，乃具意向的 (intentional)。因此，從人類之動機來探討現象所具之意義是有其必要之價值。既然探討的是具意識的意向，對人所欲表現之意義爲何的問題，自然也就成爲研究的重點，此即表現的意義。對一個社會學家而言，固然個人的動機是研究意向必然要關照到的，但是他所關心的卻不是一個個人的個別意向，而是體現在一個特定時空下一羣人的意向傾向與其歷史變遷 (Weber, 1947)。欲對一羣人之意向傾向有所瞭解，則不能不從其歷史背景分析起。譬如，Weber 研究資本主義爲何會興起時，他把其成因歸諸於基督新教的倫理。換言之，他認爲歐洲資本主義之所以興起，乃因爲歐洲人具有一種相當特殊的成就動機。這種動機則內涵在歐洲歷史之中，基督新教的倫理即是促發這種動機的歷史原動力。總而言之，如此靠擬情 (empathy) 的方式，從歷史的考察之中來捕捉人們的意向，可以使我們相當貼切地來推演前人創作及其社會行動結果背後所可能依附的動機，從而可以探討人類行動所表現之意義的歷史變遷。Mannheim 認爲這是理解人類社會絕對必要的步驟。

　　至於資料的意義，它不同於表現的意義，並不關照到行動者本身的心理發展歷程所具之時間序列意義，它所關照的是一序列現象所具之本質的意義，譬如畫風。換句話說，資料的意義指涉的是現象所內涵的深層意義，乃研究者從現象之中抽解出來，用來代表一個時代的意義。Mannherim 稱之「時代精神」(spirit of the age) 或「時期風格」(ethos of the period)。這也就是說，社會學家把序列的現象當成原始資料，從其間的脈絡關係，抽離出足以用來代表的概念來。譬如工具理性即爲許多社會學家認爲最足代表時代的風格，又如在本文中，我們將提到，張之洞「中學爲體、西學爲用」的論調一直是近代中國

人的反應模式，此一論調可以說是此段歷史中的時代風格❼。

　　在本文中，對於資料的收集與舖陳是相當重要的一環，否則信度與效度無法確立。但是，由於許多的文化現象已爲學者一再地以史料加以佐證，實無在此再加詳述之必要。再者，由於本文的旨趣乃在於文化現象之內涵意義及其產生之社會條件的分析，若用 Mannheim 所舉三個不同意義來看，整個問題的重點應當是在於表現的與資料的意義。既然我們探討的重點是屬表現的意義與資料的意義二層面，經驗素材的描述與舖砌雖是必要的基礎，但由於篇幅之限，勢必無法詳細地照顧到。基於這個考慮，本文首重的應當是在於理論體系的周圓與方法策略上的得體二大問題，而不是資料的堆砌。

　　理論的周圓與否很難在此加以詳述，讓讀者自行去判定。但是，在方法策略上，我們基本上乃循 Weber(1947, 1958)之理想型 (ideal type) 的歷史研究策略，於歷史之中，造取一些特定的表徵，加以誇張理想化（如張之洞論調之提出）。而後，再以此理想型做爲基線來論證其形成與發展的條件。對於條件的因果分析，本質上，我們乃秉持 Weber 一貫之因果論的論點做爲基本的策略。簡單地來說，我們所探討的因果條件 (causal condition) 往往只是充分 (sufficient)，但並非一定是「必需」(necessary)條件。同時，當我們選擇「條件」時，我們也秉承Weber (1958)之「選定式的依歸」(elective affinity) 的概念，儘可能地以擬情的方式來推論實際行動者之意向，來做爲解析現象的基礎。不管如何，本文的解析只是初步的嘗試，許多的命

---

❼　Mannheim此三意義的含義與後來德國學者Habermas (1971)所提知識構成之三類興趣，頗相對應。Habermas 之三類興趣：技術的興趣 (technical interest)，實用的興趣 (practical interest) 及解放的興趣 (emancipatory interest) 似乎分別可與客觀，表現及資料的意義相呼應。

題應當僅具概率性的意義，而且保守地來說，也只可看成是假設性的陳述，尚待經驗事實加以佐證。由於研究具有這些特性，本文之探討是否有可取之處，應當取決於作者提出之詮釋是否具有洞識，而能够適切地捕捉到時代的精神，而不是資料本身的堆砌是否完備。

四、近代亞非社會的變遷的基本特性[18]

前面的討論，乃就概念、學理與方法論，做一般性的舖陳工夫，提供讀者們瞭解作者的基本認知架構和研究方法的基礎，用以貫穿底下的分析。但是，正如在第三節中所提到的，要認清一個社會現象，必須兼顧三個考慮：時間性、空間性、和典範性。第二及三節的扼要討論，大體而言，是屬於典範性質。在本節中，我們所將關照的則屬時間和空間性質的問題。說得更平白些，要瞭解這三十多年來的臺灣文化現象，我們必須先對發生在這段「時間」內之臺灣「空間」的一些基本特徵有個交代，否則很難在瞭解上有所連貫。

討論三十多年來臺灣社會發展的基本性格，不能只就臺灣甚至中國來談，而必須從近百餘年來亞非國家所面臨的共同問題說起。晚自十九世紀中葉開始，亞非國家所面對的外來文化，已非往昔片面式的影響。相反的，外來的文化如排山倒海地，一波又一波的傾入。軍事夾著政治和經濟，西方國家以統治者的姿勢出現在亞非世界。亞非本土文化受到嚴重的致命威脅，結果使得往昔相當獨立的文化體系，如中國、印度、埃及，逐漸萎縮變形，難以保持其原貌，取而代之的是

---

[18]　自本節起的討論，實際上是作者另文「近代中國文化面臨的困境」（葉啓政，民69）的延續。為求明白作者對此問題之看法的脈絡，讀者可參看是文。下面討論中，許多論點是引用該文，不另再做詳細申論了。

一個以西歐科技工業文化為主體而逐漸擴展成的世界文化。

從文化傳散的觀點來看，一旦文化由獨立分離的狀態走向相互影響而可能乃至統整的情況時，文化之間極易產生競爭的現象。根據近百餘年來的歷史，我們發現具高度「生機控制性」的文化[19]往往居優勢地位，成為「中心」，把它的文化品向居劣勢地位之「邊陲」地區傳散，經邊陲地區者的採納之後，終形成具世界傾向的文化體系[20]。總之，文化中心與邊陲的分化，使得邊陲地區的本土文化傳統蒙受嚴重的威脅，往往終至於支離破碎。籠統地來看，在中心社會的文化壓勢下，邊陲社會的變遷普遍地具有四個特性。

變遷動力是外來的

第一個特性是，變遷的來源本質上是外來的，是一種由外向內打擊所帶動起的變遷。這種外來性，在一開始接受西方優勢文化之衝擊時，特別地明顯。到了今天，由於亞非社會接受西化少的也有五、六十年以上，加以國際交通與傳播的便利，如今亞非社會已內化了不少西方的文化，而成為其文化的一部份，社會結構也因此漸趨向西方社會的發展方向改變，因此變遷之動力已不少是來自內部。但是，終究絕大部份之亞非社會發展至今，在科技器用、制度、思想等等上，均一直無法與西方社會相抗拮，其變遷的主要動力歸根到底還是來自西方。譬如，西方人發明了電腦、錄影機……等，立刻也就傳到臺灣，並且產生了影響。總之，這種變遷動力的外來性往往使得亞非社會的變遷，與西方社會的發展亦步亦趨，似乎總循著他們的軌跡，步著他

---

[19]　此處之「生機控制性」乃指一個社羣之文化對社羣或成員有效掌握獨立生存與發展的有利程度，科技創新卽屬此性質的文化產品。詳細的討論，參看葉啓政（民69：尤其頁 21-25）。

[20]　「中心與邊陲」的論調乃源於 Shils（1975），並請參閱 Eisenstadt（1973）

們的後塵而走。遂使西方人常冠以「已開發」、「開發中」、或「未開發」之階段來區分。

文化的異質性──外來與本土的對立

雖然外來的文化未必即與本土文化具明顯的異質性。但是，近代西方文化與亞非之本土文化，就其性質來看，的確是有相當顯著的不同。就拿中國以儒家為主導的文化傳統與西方以希臘與希伯來為主幹的文化傳統來比較，二者之間是有頗多不同、甚至是對立之處。譬如，就道德哲學而論，西方是以物倫學與神倫學重平權之個性和羣性的倫理觀為基礎，宗教與法律成為規範制度的基本形式；而中國則是以人倫學重差序之偶性的倫理觀為主體，五倫成為規範制度的核心（謝扶雅，民 45）。誠如劉述先（民62）說的。中國人之生命價值在於它本身，而西方則在於上帝及物質世界。中國人眼中的人乃受命於天，往裏面發掘無盡的泉源，這就是中國人所常說的「內聖之學」。在此中國人所彰顯的既非宗教、也非科學，而是牟宗三所謂道德的形而上學。因此，中國人強調的是天人合一，契合自然，而非西方之人定勝天或勘天役物的信念。在這樣的不同宇宙觀下，雖然中西均具有人文主義的風格，但是西方之人文主義乃偏向於以自然主義、理性主義、和超自然主義為中心，而中國之人文主義則是以重禮儀之倫理主義為主幹。唐君毅（民 63: 89）曾說過：「至今西方人文主義思想，不是依傍宗教，就是依傍科學、自然，中國儒家則不然，其注重心性，非指人之感覺情欲，也非純粹認識理型作推論之純理智的理性，更非人之技藝才性表現，此心性乃指人之仁心仁性，即內在於個體人之自身，又以積極的成己成物，參贊天地化育為事之實踐的理性，或自作主宰心。」凡此種種的差異，遂使西方文化深具強調平權團體格局的「創新移動」觀，而中國傳統文化則具強調上下差序格局的「傳統定位」

觀㉑。

　　總歸一句話，外來的西方文化與亞非的本土文化乃處於兩種不同生態環境的不同產物（許倬雲，民 67）。一旦接觸了，立刻使得對立的競爭狀態產生。固然這種對立因優劣勢相當明顯，使得亞非本土的文化傳統逐漸式微，而且也因西化日深，使得對立的尖銳性雖然日消，但對立的緊張狀態卻依舊是存在著。卽使是在今天的臺灣社會裏，對立的情形仍然是相當的明顯。大至整個社會，小至兩個人之間，這種價值、信仰、和理念上的對立一直是見跡的。

　　西方外來文化之異質性除了使外來與本土文化產生對立之外，尚帶來一現象： 本土文化處於劣勢而外來文化處於優勢。 大體而言，亞非本土文化所以一再地處於劣勢，而西方文化所以始終基於優勢地位，乃因西方文化深具「生機控制」性格的緣故。這個性格已在前面略加敍述，在此不再贅言㉒。 毫無疑問的，文化勢力競爭的結果使得亞非文化淪爲邊陲，而西方文化成爲中心，因而也註定了亞非社會在變遷中，必然產生了一些調適上的問題。

「質」的變遷，非「量」的變遷

　　第三個特性是： 現代亞非社會的變遷本質上是「質」的改變，而非單純「量」的改變。事實上，這個特性可以說是第一個特性的延伸。既然變遷的來源主要來自極具異質性的外來文化體，很自然的，所改變的將不可能只是數量上的添增或減少， 而是性質上根本的改變。 最爲明顯的例子可以說是社會生產結構的改變。 我們所常看到的，不僅是由農業轉入工業，而且不管農業或工業，技術也由粗糙的

㉑　參看葉啓政（民 69）。
㉒　見註⑱，同時關於此一性格的詳細討論，尤其是此性格所帶來文化優勢的擴散作用，可參看葉啓政（民69）。

手工轉入機器生產。另外，從上述第二個特性中，我們所概述的中西文化的根本差異，也隱約可以看出來，在西化的過程中，中國人所面臨的，不單祇是「器用技術」上的模倣，也不是「制度」上的學習而已，而是「意識」的轉變。這種轉變首先必然是對舊有的某些意識的破壞，而後才是意識的重建。因此，最起碼對中國人而言，這百年來的社會變遷本質上是意識和信仰的重建過程，其中包含了「破」與「立」的雙重運作㉓。正由於現代亞非社會（尤其向有悠久文化傳統的中國）的變遷本質上具有質變的意義，勢必帶來傳統與外來文化間某種程度的衝突，而且也常常因舊傳統被破壞，而使得四種現象同時雜陳於社會之中。此四種現象為：（1）盲目的崇外，（2）理念的迷失與紛亂，（3）行為與觀念的間隔化（compartmentalization）和（4）本土運動的產生。關於此四種現象，筆者於另外的文章中曾約略討論過（葉啟政，民66），並且也將在本文中再略加分析，因為它們正是體現在今日臺灣社會中的基本文化問題。

變遷乃西方歷史的延續

最後一個特性是：現代亞非社會的社會變遷，從某個角度來看，是反映西方形形色色之不同意識型態競爭的另外場地。當然，其中最為明顯的競爭意識型態是資本主義與共產主義、或自由民主與極權專制的對立。在中國這百年的近代史中，我們可以很清楚的看到這個現象是存在著。打從中國知識份子企圖藉西化來強國以來，在西方社會中可見到的形形色色的思想，舉凡自由主義、實用主義、虛無主義、社會主義、資本主義、存在主義、實證主義……等等，莫不也在中國知識界中被提到、認真的被討論過，並且深深的影響到近代中國

㉓ 關於此一過程的分析，參看葉啟政（民69）。同時，在下文，將做詳細的討論。

政治、社會和經濟制度的發展[24]。有個歷史事實最能說明這個西方意識競爭的擴散作用，那就是：在二次大戰後，曾經或正因政治意識型態而正式被分割爲兩部份的國家共有中國、韓國、越南、和德國，其中除德國外，其他三個均在亞洲。從國際政治的角度來看，這些國家被分割成爲兩個不同部份，可以說是國際強權勢力鬥爭結果產生的悲劇。但是，除了由於國際上兩大集團的勢力瓜分之外，這些國家所以會被分裂，長期來意識型態的對立是另外主要因素。十九世紀以來存在於西方社會的兩大政治經濟思想（卽資本與共產）的鬥爭，無疑的也分化了亞非社會的知識份子。中國、韓國、和以前之越南所以被分成兩個部份，知識份子與統治精英因持不同的政治意識型態而分裂，不能不說是重要的因素。卽使對那些有幸未被分裂的亞非國家而言，其內部也一直存在有以「資本主義」與「共產主義」爲中心而產生的對立陣營。或者，當是採取某一特定的制度（如共產）時，另一種意識型態（如資本主義）也常常是一股潛在的反對力量，如阿根廷、菲律賓、古巴等比比皆是[25]。總之，雖然今天的亞非社會在思想意識上會有如此的分歧，自有其本身內在的因素，但追其根源，則莫不是源於西方。因此，這也正是在第三個特性中提到的，近代亞非社會莫不產生意識的危機，也莫不有意識的重建問題。固然，因爲文化傳統與旣有社會結構的不同，不同社會的問題也有所差異，其應對策略也不同，但是，社會中產生意識的危機卻是共同的。

綜觀以上四個特性，我們似乎可以說，雖然今天亞非社會都已傳承了不少西方的文化，甚至融納成爲其文化傳統的一部份，但是終究

[24] 關於西方思潮對中國知識界的影響可參看 Lin（1979）

[25] 何以在二十世紀的亞非社會中，共產（或社會）主義會那麼流行，西方學者討論甚多，隨手想及的就有 Shils（1974: 386-423, 445-456）。另外，關於近代西方知識傳統，可參看 Shils（1974: 71-96）

由於變遷的歷史動力乃是具高度異質性的外來文化，更由於此一外來文化又具高度生機控制的優勢性，因此，今天的亞非文化尚處於相當尷尬的狀態中，在在有調適上的問題。

五、三十多年來臺灣社會變遷的主導性格

從第四節的討論，我們很明白地可以看出，支配臺灣這卅多年的社會變遷的因素，固然有一部份是來自臺灣特殊的歷史背景（關於這些特殊歷史因素，我們將緊接著分述），但是事實上主要還是反應整個世界的潮流，或者，更恰確地說，乃反應西方社會變遷的步調。別的不說，單看日據時代的臺灣民族運動[26]，即可支持這樣的論點。因此三十多年來臺灣社會的變遷，絕不可以當成是區域性的問題來看待。

臺灣社會變遷的基本意義

就臺灣的地區意義來看，日據時代臺籍同胞的民族運動，乃是對日本殖民地主的抗議運動，本質上是被統治者爭取平等對待與中國民族意識交融作用上的舉動。但是，事實上，若往深處一看，我們發現，在這個運動之中，臺灣同胞所爭取並不是單純的政治參予與平等地位的區域性問題，而更進一步地乃涉及到政治思想路線上的問題。尤其是治警事件之後，民族運動已很明顯地呈現了思想路線的問題。如黃樹仁（民 69: 117）所說的:「治警事件後民族運動最重要的發展，是社會主義思想之傳播於臺灣。」此時，臺灣民族運動者逐漸分裂成兩大派系。一派是以蔡培火與林獻堂等以地主與醫師為中心之中上階層知識份子，主張嚴守合法之民族運動；另一派是以蔣渭水與溫連卿等為主，主張民族運動不單是對日本統治階層的抗議，而且是對於資本主義制度挑戰的無產階級的社會主義運動（黃樹仁，民69）。回顧這

---

[26]　參看葉榮鐘（民60），黃樹仁（民69）。

段歷史，就其近因來看，這是呼應當時發生於中國大陸的思潮，可以說是臺灣同胞延續中國近代思想變遷的證明，也是臺灣歷史與中國歷史始終保持命脈相承的密切關係的舉證，但是，就其長遠背景來看，則又是秉承十九世紀以來亞非社會的一貫性格，乃是西方對立思想的東方式呼應。這種呼應一直是持續至今。事實上，從第四節中的探討看來，在臺灣這麼一個特定的邊陲地區，始終與世界的潮流保持息息相關的關係，是可以理解的。就過去的歷史來看，臺灣一直是呼應著三個不同「中心」文化的運動。第一是中國大陸的「次中心」，第二是日本的「次中心」，第三是以西方為主的「大中心」。這種情形，乃至在民國 34 年光復以後，還是繼續存在著，只是日本這一個「次中心」的影響日漸衰退，中國此一「次中心」的影響逐漸加重，而西方「大中心」的影響則似乎一直保持不衰的地位。

臺灣次文化產生的背景

　　其次，我們尚應再往前追溯更遠的歷史來看臺灣的社會變遷背景。雖說臺灣一直是以閩南與客家為主的漢人所組成的中國式的社會，但是，基本上它是一個移民的社會，它具有移民社會常具有的邊際性格。一方面，它乃保有母社會的文化傳統，與母文化產生濃郁的情感；另一方面，卻因有了隔離，而又保留一些特有的地方次文化色彩。這種次文化的產生，不但是因與大陸有一海之隔的緣故，更重要的是因有下列三個因素而使之增強。第一、在中國歷史中，臺灣原為化外之邊區，乃「冒險家拓展的邊區。在這天地裏，人們可以較不必受傳統文化的束縛而較為獨立。」（陳紹馨，民 68: 516）是故，如清領時代的地方志曾這麼地記載：「臺人雖貧，男不為奴，女不為婢，臧獲之輩，俱從內地來，此亦風之不多覯者。」（錄自陳紹馨，民 68: 516）第二、臺灣歷經荷蘭、西班牙、日本等外族統治。雖有一段時間是由

中國所領有，但其中又歷經鄭明與滿清之迭變，再加以山胞原有的文化，臺灣成爲諸文化的輻輳地區。雖說漢人文化尚一直保持主導地位，但陸續面對如此多元文化的衝擊，原文化體系中難免滲加進入新的元素。第三、日據前後一段時間，臺灣與大陸之間來往頻繁，但在日據半世紀內，日人嚴格限制臺灣與大陸的交流，在臺的中國人成爲「封閉性人口」（陳紹馨，民 68:6）。在日人有意的區分在臺中國人與大陸中國人的殖民政策下，毫無疑問，的確使得一些臺灣同胞多少減弱了對大陸中國認同的情感，而自認爲是一個獨立文化體。尤其，經過五十年的日本殖民教育，臺灣的漢人文化中已溶化了不少日本文化風味在內，與原先的大陸閩粵漢人文化，是有了至少些微的不同。這可從光復之後，本省同胞尚使用日語，並且不少人尚保持日本人的生活方式來加以佐證。時至今天，於五、六十歲以上的臺省同胞中，尚可見有對日本仍懷特別情感者（如說日語、唱日本歌、喜愛日本口味的食物等等）。

　　總而言之，在上述諸多歷史因素交錯的影響之下，臺灣的中國人產生了次文化體系是可以理解的。再加以有了客家與閩南，外加山胞的不同，使得在光復前的臺灣文化已呈多元的性格。在民國 38 年國民政府播遷臺灣以後，全中國各省人口薈集臺灣，不但中國各種口音雜陳，而且不同風俗習慣也均出現在臺灣，遂使臺灣成爲一個中國各種次文化的展現所。在此種多變豐富的歷史背景下，臺灣成爲一個很理想的多種文化的「實驗室」（陳紹馨，民 68: 1-6），而且也可能成爲締造新中國文化的理想地方。

次文化產生的意義

　　要談論這三十多年來臺灣的文化發展，對上述的歷史背景，先有個簡要的說明，是絕對必要的。但是，對民國 34 年光復，尤其民國

38年國民政府播遷臺灣以後，政府的施政方針，做扼要的探索，更是不可或缺的。終究在時間上這是最爲接近，在實質上也是最爲直接的因素。在此，我們無法，而且事實上也無能力，對這三十多年來政府的種種努力，做詳細的描述。我們所準備而且可以做的，只是相當簡要的來分析一下，這三十多年來，國民政府在臺種種施政的基本背景和其性格。如此概要性的鳥瞰，相信已足以提供瞭解文化發展的必需背景知識了。

首先，我們必須對國民政府遷臺前後的中國（包含臺灣）現狀，先做個分析。我們在前面已提過，在民國 34 年光復前，臺灣已爲日本統治 50 年，在這之前，雖早已納入中國版圖，但國人始終把臺灣當成化外之地看待，移民於此，幾與國人移民南洋，持相近的態度。況且，臺灣歷經荷蘭、西班牙、及日本人之統治，在如此多元而又具邊陲的政治地位下，雖然臺灣重回祖國，但在一般百姓的心中尚難免對政府和大陸來的同胞，存有陌生，甚至不信任的心理。尤其，方言上的隔閡和生活方式上的略有不同，更使得在光復初期的本省與外省人間，存有相當程度的緊張和衝突關係。在這樣的歷史背景下，緊張和衝突現象的存在原是可以預期的。正像在抗戰期間，四川人對外省人稱爲「下江人」一般，當時的臺省人就稱外省人爲「阿山」。容或這種稱呼多少帶來輕蔑的意味，但卻是不容否認的歷史事實。換句話說，雖然在情感上絕大部份臺灣同胞可能一直是認同中國，臺灣光復對臺省同胞的確是一大喜訊，老百姓也以十二萬分地誠意來迎接祖國，但是，方言、生活習慣、和認知態度上等等的差異，卻老老實實地是帶來往後一些衝突和誤解的根源，更別說尚有某個程度上的利益衝突了。譬如，二二八事件雖說是共產黨從中煽動而產生，但上述的隔閡不能不說是其中最爲值得注意的心理因素。

危機意識的存在

除了這個特殊的地區因素影響之外，34年以後的臺灣尚存在有一個相當明顯的危機意識，即共產黨的威脅。廣義的來說，這種危機意識是世界性的問題，乃二十世紀以來亞非社會共有的現象，但狹義的來說，它是延續在中國大陸的政治意識和政治利益上的衝突。因此，當國民政府接管臺灣之後，立刻面對著兩大問題。一方面，面對着來自臺灣過去歷史背景而產生的心理隔閡，另一方面，又面對着潛在的政治意識的分裂危機。在此雙重壓力之下，再加上大陸的淪陷，國民政府治臺，一開始即以穩定政局為首要之務，如何獲致有效的政治控制，自然成為最為迫切關心的問題。更由於三十多年來國共之對立一直存在着，緊張的狀態也就始終保持。為了應付這樣的緊張狀態，國民政府治臺也就不得不一直保持戰戰兢兢的態度，保守穩健遂成為三十多年來施政的一貫指導原則。

除了上述的特殊歷史因素之外，政府所以採取保守穩健的步調，尚有更為根本的文化背景因素。從中國的文化傳統來看，中國人一向就沒有把民主當成生活方式的習慣。在傳統的中國社會裏，人與人之間講求的是上下尊卑的差序格局❷。社會秩序向賴「君臣、父子、夫婦、兄弟、與朋友」的五倫來維繫。基本上，中國人的社會秩序是建立在以「父子」為主軸的倫理上。縱然是「朋友」也必要序長幼，更不用談君臣、父子、夫婦、與兄弟了。這種以血緣與地緣為中心而擴展出來的社會關係，基本上是具濃厚的權威性格❷，強調的是特殊主義（particularism）式的上下服從。因此，人際間重上下尊卑的差序格局，整個政治運作乃建立在「君尊臣卑」的權威系統中（余英時，

---

❷　引自費孝通（民 37）。
❷　關於中國人權威性格與其問題的討論，參看楊國樞與李亦園（民63）。

民65：47-76)，君權駕凌仕權，遂有「君要臣死，臣不敢不死」的情形。在如此長期的長老統治❷之下，統治者養成驕縱放肆的權威性格，而被統治者則頗具謙卑順從的順民習慣。這兩種對立的性格，經過長期以來政治上的運作，已成爲中國政治文化的基本性格，深植於中國人的潛意識❸中。 尤其是在面臨危機時，統治階層的權威性格更往往就不自主的流露出來，成爲中國人應付危機的習慣反應，而且也最易看到合理化❹的情形。職是之故， 在向具權威性格之長老式的政治文化傳統❺下， 雖然引進西方的民主觀念和制度已達數十年，中國人的政治運作還是一直難以產生相同的軌跡，西方民主制度在中國運作也因此一直深具「西學爲體，中學爲用」的特性。這個根深柢固的政治文化性格，可以說是何以遷臺以後的國民政府作爲一直保持穩健保守的根本動力，而且也是所以矜持其政治正統意識爲指導一切發展之最終原則的心理基礎。

　　由於以上種種因素的交互作用，尤其， 在有很明顯之「 存在危機」意識力的壓力下，這三十多年來國民政府在臺灣所做的努力，始終具有強烈的「政治掛帥」的性格。此處所謂的「政治掛帥」乃意指：在謀求社會發展過程中， 如何穩定社會秩序，以維持既有政治權威與權力分配結構，乃被列爲最主要的考慮。因此，只要是在意識之內，任何的計劃與作爲，均以穩定既有政治權力秩序爲前題。

　　就人類的社會而言，任何政權要維持繼續存在，都得獲有合法的

---

❷　引自費孝通（民37）。
❸　此處「潛意識」之意，參看註❸。
❹　所謂「合理化」乃指建立一套自圓其說的解釋體系，以求在認知上保持和諧，至少提供「合法」的基礎。 關於這種合理化的討論，Pareto (1935) 在其派生 (derivation) 理論中， 討論得最爲傳神。
❺　關於中國政治文化及其現代適應之討論，參看 Pye (1968), Levenson (1972)

基礎，也因此都需要一套理論來說服大眾，以獲取信任和支持。當一個社會處於無明顯外來或內在壓力時，往往即是社會權威的合法性可以獲得肯定，此時理論就不必特別地加以彰顯，甚至逐漸的沉潛。但是，當一個社會處於有壓力或衝突時，則發現社會權威的合法性往往受到某程度的挑戰，理論也就受到批判。此時，政治統治精英勢必以種種不同方式來維護其合法性。利用知識份子[33]，透過種種傳播媒體，來強化鞏固其理論，肯定其正統性[34]，即是最常用的方式。不管是用什麼方式，竭力維護、肯定、並且宣揚一套正統的政治理念，是一個處於有「存在危機」壓力下之政治實體常有的行為反應。

　　總之，不管是基於上述的實際歷史因素或理論上的理由，這三十多年來，政府是不遺餘力的維護、宣揚、並且強化其政治意識。姑且不論政府所欲揭櫫的政治理念與所欲肯定的政統，是否具有穩固的理論基礎、或合乎時代潮流、或甚至說順乎人性（因為這涉及到政治哲學、歷史、社會學、與心理學之理論的實質內容問題，而這些問題與本文之主旨無直接關係），至少，在此，我們要指出的是，這種強烈矜持政治正統的意識，在政治實體的權力建制的支持下，很容易形成為指導一切社會發展的最終原則。其實，若是政治精英能夠不時自我反省而修改和充實其意識型態的內容，以順應時代潮流和外在環境，並且讓意識型態保持彈性度，也還不至於僵化了社會的適應力，還是

---

[33]　知識份子在任何社會中都是分化的。有一部份必然要與政治精英結合，詳細的討論，參看葉啓政（民 68）。

[34]　在傳統社會中，正統性的肯定乃建立在神的意旨的假定上。在今天的社會裏，正統性則往往最終依附在對民主理念的肯定。基本上，正統性必須利用種種方式來塑造神才形像（charisinatic figure），以使大家產生敬畏崇拜的心理。所不同的是有的神才形像是指向制度本身（如民主憲政體制），而有的則指向個人（或超越人的神），但絕大多數情形，則融合二者而形成一套複雜的信仰體系。

可以保持相當的活潑性。但是，倘若政治精英未能順應外在環境之變遷而對其政治意識型態做修正，則很容易僵化了社會中所有其他的層面。若無外在的壓力而處於絕對的隔離獨立環境中，這種僵化還可能成為穩定社會秩序的基礎，但若是必須適應一個多變的外在環境，才能獲取生存，則正統意識一旦流於獨斷與僵化之後，社會能否維持穩定，則很成問題。

經濟化的發展意識

除了具有相當濃厚的政治掛帥傾向之外，這三十多年來的臺灣社會變遷尚有另外一個性格，卽經濟掛帥。在此，所謂「經濟掛帥」乃意指，在計劃社會的發展過程中，以謀求經濟上的成長為最主要、甚至是惟一的考慮。或用 Bell (1973) 的用語，卽經濟化 (economizing) 的社會發展。在此意識下，改進技術、強化生產組織和行銷體系、刺激消費與生產、鼓勵創新、健全貨幣金融制度……等等有關財經、企業管理、和科技制度的發展，是施政時考慮的最重要課題。

借重科技來經濟化社會發展是廿世紀人類的普存意識型態[35]。 對於長期以來受西方帝國主義侵略的亞非社會，謀求獨立自主，一直是最迫切的國家目標。強化具生機控制意義的科技與經濟結構，很自然地在發展過程中是首要之務。再者，從個體生存的角度來看，謀求基本生理需求的滿足，原本就是每個人生存的最根本動機。因此，對一個政府來說，保障並改善人民的物質生活條件，一向就被視為是最基本的責任，事實上，這也是鞏固政權必要的條件。沒有一個政權，可以在民不聊生的情形下，安穩地繼續存在著。職是之故，基於時代流行的意識型態與具生機控制的意義，經濟發展很自然地成為遷臺後國民

[35]　西方學者論及此現象的頗多，可參看 Bell (1973, 1976), Gouldner(1976) 及 Habermas (1970: 81-122)

政府的施政重點。　尤其，　當時臺灣百廢待興，　民生困瘁，　謀求發展
經濟以改善民生，不但是政府應盡的職責，更是穩定政治不可或缺的
必要手段。有鑒於此，政府一到臺灣之後，即採種種措施，如土地改
革，引進外資……等，發展經濟。

　　經過三十多年的努力，臺灣的經濟成長是相當迅速，國民所得一
再地提高，物質生活水準也改善了許多。這一切的成就，使得三十年
前與三十年後的臺灣宛若兩個不同的世界。無疑的，生活水準的迅速
改善，　使一般人肯定了經濟成長的社會價值。社會裏普遍地接受了
經濟化社會發展的意識型態。政府更是以此為鵠的，年年求成長率提
高。除了國防與政治之外，經濟幾乎成為發展臺灣的最主要重點。平
實的來看，經濟發展既已成為世界上普遍共持的理念，是相當難以加
以否定的，況且，它具有掌握生機控制的優先性，任何社會實已無法
否定其必要性。但是，我們的問題是：除了提供更「多」更「好」的
物質生活條件外，它為我們帶來些什麼其他的後果？尤其是對文化有
何影響。更重要的，由於三十多年來經濟成長相當迅速,財富累積快,
它對文化又有了什麼影響？同樣的，我們也問：在政府強烈地矜持某
種特定意識之政治建制下，政治對文化的發展有了怎樣的影響？這些
均是在下節中所將討論的。

六、文化的社會體系

　　在以下節次中，討論的重點將擺在於：在上述以鞏固政統意識與
經濟化發展的雙重發展意識指導下，這三十多年來臺灣社會所體現的
文化現象，具有那些比較明顯的特徵。

　　社會學者在討論文化時，常把文化當成一個社會體系，也是一個

社會過程來看待，Linton 早在 1936 年即持有此看法。他認為，若把文化當成是一個具體系性質的社會過程來看，至少有三個現象是不可不包含的。它們是：(1) 發明與發現 (invention and discovery)，(2) 傳散 (diffusion)，和 (3) 整合 (integration)。後來研究創新之傳散的學者，則加入另一個重要的過程——採納 (adoption) 進去（如 Rogers, 1962; Rogers and Shoemaker, 1970）。

在人類的社會裏，包含了上述四個過程的文化體系往往具有制度化的特徵。尤其，在現代社會裏，知識是社會賴以生存和發展的根本，制度化文化的創新與傳散，更是迫切需要的。根據以往學者（如 Havelock, 1968; Coughenour, 1968）的研究，他們把創新的傳散體系分成三個次體系。它們分別為：創新次體系（即司發明與發現之功能）、傳散次體系、和採納次體系。但是，有鑒於我們社會中文化制度的特色，應當再加一個次體系。此一體系即管制體系（或稱詮釋體系），即司 Linton 所謂之整合功能。

制度化現象的產生，尤其是管制體系的存在，Parsons 及 Smelser (1956) 認為，主要是使創新得以與既有社會秩序產生整合的作用。換句話說，雖然任何創新，說穿了，只有舊有文化元素的重新組合，但創新終究具有新的成份，對既有社會秩序多少是可能產生威脅的，因此需要有特殊的機構加以詮釋，賦予意義，才可能在社會秩序中加以定位。這個論點很明顯的是把創新和詮釋功能分開，認為創新與詮釋體系是分化的。這種制度化的分化的確是存在，但是並不等於說，在創新過程中，毫無詮釋的可能性。相反地，在創新過程中，事實上即已有了詮釋的運作。這種創新和詮釋在結構上並生共存，並不是一種巧妙的偶然安排，而是必然的結構關係。在今天這麼一個重功利意

義之工具理性的社會裏❸，這種必然的結構關係是特別的明顯。在今天的社會裏，大多數的創新均是在功利的動機下，在特定組織中所引發的，因此創新具有實用性格。在此情形下，從事創新時，詮釋本質上不是後來附加的，而是事先預定的。譬如，一種新式汽缸的發明，並不是一個發明家的偶然創新，而是發現舊式汽缸效能太低。為了提高效能，利用已有的物理知識來求改良。因此，新式汽缸的發明顯然的乃在追求效能的動機下，早已先定義好了。職是之故，在創新過程中，詮解是絕對必要的。這種特性事實上早已內含在「任何創新只是舊有文化元素的重組」的前題中了。

基於以上的論證，在人類社會中常見到創新、傳散、與詮釋的分化，固然是具有整合的功能，但是我們必須對這種整合的社會基礎的意義有所釐清。簡單的說，在制度上，我們所以仍然看到「創新」體系和「詮釋」體系（如在前所提到的「整合」或此處討論的「管制」體系）分化，乃是基於社會中認知、權力、與利益分化的緣故。

大體來說，具管制（或 Parsons 所謂「整合」）意義的詮釋體系之所以存在，乃社會權力結構為維持其秩序基礎必要的安排。這是社會優勢羣體企圖統整社會中可能產生之種種不同（甚至是對立）認知，以穩定某種特定的權力和利益分配結構，而產生的人為設施。透過這種體系，優勢份子可以對一個原已具意義的創新再加詮釋，並且理論化，藉以調整因創新之產生而在權力、利益、與認知上可能引起的種種衝突和矛盾。這個觀點與 Parsons 的看法，在出發點上是不同的。Parsons多少是肯定既有社會秩序基礎的正統與合法地位，含蘊著有必

---

❸　工具理性 (instrumental rationality) 或稱程序理性或功能理性，乃指行動的引發是為了以最大「效率」來「控制」他人或外物，以達到「擴展」自己或我羣之「效用」。這是近代西方科技文明中的最突顯性格。參看 Habermas (1970), Gouldner (1976)。

須向之順從認同的規範要求，而在此，我們的看法則是以爲，獨立之詮釋體系對創新之詮釋行動，往往只不過是反映某一特定羣體（尤指優勢羣體）的認知與利益興趣。但是，由於優勢份子一直是掌握著社會化其他人的優越地位，絕大多數的社會成員也就因此內化了優勢份子的理論，接受了他們所界定的認知體系，在行爲上產生順從，社會秩序也就賴此得以繼續維繫。

但是，在今天的社會裏，這種客觀化優勢份子的認知與利益興趣的現象，有了不同的意義。在前面的描述中，我們似乎假定了優勢份子是相當同質的，他們一定有相同的認知與利益旨趣。這個假設，在今天的社會，是不正確的。一方面，由於思想的多元、理性主義的抬頭、和人道精神的宏揚，優勢份子在認知立場與價值取向上一直就是有了分歧。另一方面，由於社羣分化的加劇、社會產生多元的利益關係，優勢份子在利益上也因而有了不同的關照。在此情形下，社會中產生了不同的詮釋體系，彼此之間相互對立而抗衡。這種多元的詮釋體系很明顯的有了不同的理論架構，而往往爲不同的政治團體所採用，成爲肯定其合法性、從而吸引羣眾的基礎。

由於現代社會對創新的詮釋有呈多元化的可能，而且詮釋往往與政治團體的權力運作有了密切關係，因此政治制度的型態直接會影響到詮釋體系（或管制體系）的運作。在極權傾向的社會中，當權羣體所持有的詮釋體系，無疑的就具有相當的優勢地位，而往往被視爲是正統的詮釋路線，文化的發展因此必須以此路線爲歸依。相反地，在民主傾向的社會中，理論上來說，當權羣體所持有的詮釋體系就不若極權社會者那麼具有絕對的權威性，經常地會受挑戰，因而不時會加以修正。在此環境下，文化的發展就比較多元具有彈性。而且，政府所

具管制的功能也不是偏向文化內容的限制和界範，而是偏向自由表達的保障和確保對最具優勢的民意做反應等消極性的功能了。

其次，我們對於文化的創新體系，也需要加點說明。本研究的重點在於這卅餘年來體現在臺灣之文化現象性格的分析和詮釋，因此先讓我們對「創新」體系的一些社會特徵，作個簡單的說明，是有必要的。

在此文中，我們所謂的「創新」體系，其最廣義的意義乃指，由從事文化創造的人們所構成的網絡結構。但是，每個人都可以說是文化的使用者，也是文化的創造者。因此，若未對此定義再稍加界定，則創新體系將無所不包，而等於指涉到全社會。有鑒於此，我們在此所謂的「創新」體系乃指：主導社會之主流文化創新的人際網絡體系。凡是一個人在社會中被認定對整個社會之文化創新有所貢獻，或是他的職業角色是屬於文化之創新者（如大學教授、專業音樂家、畫家等）都是其成員。因此成員可以是專業的，也可以是非專業的。在現代社會中，這些人往往是有組織，並且依附在具制度化的機構中（如大學、研究機構），因此，我們的討論焦點擺在具制度的體系，大學和研究機構是兩個主要的對象。另外，籠統的藝文界（包含文學、美術、音樂、舞蹈等等）也是考慮的對象。再者，為了避免討論的「文化」過於廣泛而無法掌握，此處所討論的「文化」創新乃祇指涉那些在社會中已引起相當廣泛注意和興趣的文化內容。它可以是外來的，也可以是本有的；可以是精緻的，也可以是平凡的；可以是具生趣的，也可以是乏味的；可以是人文藝術性的，也可以是技術實用性的。不管是那一類，它具有一個基本特徵，即：在社會中，文化創

造者企圖使之「精緻化」的文化❸，均可包含在討論之內。因此，它可以是儒家思想，也可以是流行於常民社會中的流行歌謠、或民間的剪紙藝術。

　　有了上面的界定之後，我們再來探討一下，文化創新體系的最主要社會意義。簡單來說，一個社會的文化創新體系最主要的功能是，轉化一個原屬個人的文化產品，成爲屬於社會的文化產品。因此，其社會意義是使一個原先具「個性」的創新轉化成爲具「羣性」的創新，並且使之合法化，爲社會中的成員普遍地接受，而用來代表該社會的意義典範。讓我們舉個例子來說明，也許會清楚些。譬如，雖然孔子的思想有其傳承的傳統，乃受他以前和同時代之思想家的影響，但是，它終究是反映孔子一個人對當時社會的看法，以及對道德倫理的見解❸。只是一旦這些思想是以某種形式（如寫成書）保存下來，而且經由傳播，終爲中國人所採行，則它已不再是私屬於孔子一個人的思想，而成爲中國人的了。尤其經過歷代的詮釋、補充、和修飾，孔子的思想已成爲代表中國人的主導理念，我們也因之稱爲儒家思想，並且視之爲中華文化的精髓。

　　從以上的說明，我們很清楚的看到，一個社會的典範文化本質上

---

❸　讀者在此可以發現，此一界定下的文化乃與一向社會學者所謂之「精緻文化」，在概念上是不一定一致的。精緻文化乃指一個文化成品已獲社會中文化精英公認具精緻品質者。精緻品質之評斷標準爲何，參看葉啓政（民66）和 Shils(1966)。「精緻化」的文化則指：雖然一個文化成品可能是來自常民社會中的日常生活體驗，其創造水準未必合乎精緻品質標準，但社會中之文化精英卻有加以重新詮釋、修飾、並且努力將之轉化成爲文化精英之創作內容的成品者。易言之，舉凡在一特定時間及空間內，一社會之文化創造精英所關心並且企圖把它轉化成爲主導之文化內容的文化品均可屬此一定義之內。

❸　雖說代表孔子之思想一書「論語」乃其弟子根據孔子日常之言論編纂成，其中極難免已加入其弟子之詮解，但是基本上還是一些特殊人們的見解，因此情形縱然如此，也還是沒有違背我們所說的命題。

是一個特殊人物或一羣人的經驗產品，只不過經由傳散與廣泛採行，而終成爲該社會成員的共屬品，並且可能代代相傳而爲傳統。職是之故，當我們欲瞭解文化及其創新現象時，我們似乎必須對這麼一些具原創力且居領導地位之創新人羣的基本認知與理念，以及其所處之社會背景㊴與時代之主導精神㊵，做詳細的分析。這些考慮卽成爲下節中討論的基本脈絡。

七、三十餘年來在臺灣之中國文化的基本問題

首先，讓我們從文化體現的性格來看這三十多年來的文化創造問題。我們在第五節中已提到過，就過去的歷史來看，臺灣是以漢人文化爲主調的文化系統。但是，由於方言與來源地區的不同，漢人之中又有閩南與客家之分，外加原已住臺之不同種屬的山胞，在這麼一個小島上，雜陳著多種的本土次文化。這種多元文化的並陳，原是移民地區常有的文化現象，但是，臺灣卻有一個特色，是一般移民地區向所未有的。這個特色是，臺灣歷經數次不同的外來人統治（荷蘭、西班牙、和日本），因此，於原已相當多元的文化中，又加注入外來統治者的文化。尤其是經過日本人五十年的統治，臺灣的漢人文化已與中國大陸的中原文化傳統有了些微的不同了。

臺灣光復，尤其是民國三十八年國民政府遷臺，使經過長期外來文化浸蝕下的臺灣漢人文化，再度納入中國中原文化的主流中。這三十多年來，經過政府積極地倡導儒家文化傳統，臺灣的文化，至少表面上，又染上了新的色彩。同時，原本已見到西方中心文化和本土

㊴　包含過去與當時的種種條件。
㊵　何以必須討論時代精神，已在第三節中略加提及了，此處不再申述，詳細的討論，參看 Mannheim (1971)

邊陲文化的交薈，也並不因國民政府遷臺和竭力倡導復興文化傳統，而有所改變。相反的，這種文化間的交薈，卻伴隨國民政府之遷臺，而使調適的問題加劇。其所以如此，原因有三：(1) 在日據時代，這種文化交薈的問題已存在，(2) 這個文化問題早已是中國的問題❹，和 (3) 政府在臺加速經濟發展和政治革新，大力引進外來科技，外來文化（尤其美國文化）傾銷而入，外來與本土文化間的調適問題自然更爲加劇。關於第一點，因已非本文主題，不加敍述；第二點，則已在前文中論及，也不加評述；第三點將於下文中論及。

　　總之，多元而具異質的不同文化在一個地方同時運作和推動，一則是喜，因爲文化來源豐盛，刺激眾多，若能運用得體，則頗有助更豐富的新文化的孕育，二則是憂，因爲倘若社會的客觀條件不足，則易產生價值紊亂，社會失序，文化認同危機，或盲目傚效的現象。根據這三十多年來的體說情形來看，情形的發展似乎是偏向後者，可憂的成份似乎是居多。

　　經過三十多年來國民政府的種種努力，一方面積極地透過教育來推動國語，並且強化以儒家道統爲主幹的大傳統；另一方面以種種消極的方式不鼓勵具地方色彩的文化做過度的發展。其結果，似乎在臺灣可看到一個具完整性的文化隱約地浮現著，但是，無容諱言的，我們尚可看到兩種文化競爭的情形存在。第一個是中心大傳統與邊陲小傳統間的競爭；第二個是外來優勢文化和本土劣勢文化間的競爭。同時，雖然其影響力愈來愈式微，但是，在某一年齡層的本省籍同胞中，則又可看到從殖民時代遺留下來之日本文化的影響。現在，撇開此一殖民遺風下的文化影響不談，讓我們看看此二組對立的文化競爭現象。

❹　參看葉啓政（民 69）。

大傳統與小傳統間的關係

先從中心大傳統和邊陲小傳統間的關係談起。此處所謂中心大傳統乃指，以儒家思想為主幹而形成的一套思想、價值、信仰、制度、和行為體系。它主宰着中國社會結構的運轉，也是一向代表中國統治階層的精緻文化傳統；而所謂邊陲小傳統乃指，具有地方色彩，以民間信仰為中心，所建立的一套用諸於常民日常生活中的習慣看法與行為模式。大體而言，它乃維繫中國人，尤其中下階層之社會秩序的文化基礎，本身具有維持地區社羣之內聚團結的功能，乃代表地域性之常民文化。在臺灣，也像在中國大陸一般，這兩種文化一直是有着相當明顯的分隔現象。雖然知識精英階層也因其歸屬之地區次文化的不同（如屬閩南或客家人），在日常生活中深受地方小傳統的影響，而有了不同的風俗與儀式行為，但是基本上其主導意識乃屬中心大傳統，其文化的創造還是指向大傳統，尤其是反映在有閒階層悠閒式的仕人文化。所謂讀書人即：對四書五經做詮釋、吟詩填詞、玩弄金石古董、撫琴作樂、修習山水仕女花卉的仕人畫等等。即使是在日據時的臺灣，這種文化的分隔現象已很明顯的呈現着。知識階層的文化內容與常民階層的文化內容，有了相當大的距離。

基於上述如此的文化分隔，中國知識階層的文化創造內容，尤其是在已具制度化的創造體系（如大學）中，一直是以中心大傳統為重點，地方小傳統始終只居游離的邊陲地位，甚至完全被忽視。小傳統的創造大多得力於在社會中不具明顯權力和地位的一般常民（如民間藝匠）。就二者間的關係而言，雖然大傳統的創新甚少受到小傳統的影響，但是小傳統的創新卻是無法擺脫大傳統的陰影。就拿臺灣之閩南人文化來說，此一地方小傳統所具之內涵精神，仍然是反映中心大傳統的基本理念，脫離不了儒家思想的框架。譬如，閩南人的民間信

仰與儀式行為，正是以儒家忠孝節義爲骨幹發展出來，卽使是民謠、地方戲、或繪畫內容亦均如此。因此，小傳統只是中心大傳統的轉型，乃是在特定環境下的一種調適性的轉化實現。換句話說，它是在常民世界裏，一些較具創造力的常民精英，把大傳統的理念，以另外一種語言或象徵形式，或具體形象，來加以詮釋，並且表達出來。中國文化大傳統卽賴此種轉型，而得以滲透到社會各階層，產生根深柢固的影響，傳統中國社會的秩序也因此種文化的階層轉化而得以維繫。

上述文化分隔現象暗示着，傳統中國社會階層的分化，不應當只從經濟（如分成地主與佃農）或政治（如分成統治與被統治階層）的角度來看。體現在生活方式上的文化內涵，是另外一個不可或缺的分化基礎。尤其是就文化締造與更新的過程來看，雖然我們並不完全排除邊陲小傳統影響中心大傳統的可能性，但大體而言，中心大傳統影響邊陲小傳統是比較明顯，我們不妨稱之「文化內在流動的半滲透性」，有如細胞壁所具之半滲透性質一般。說來，這種文化內在流動的半滲透性，一方面是使中國文化主幹傳統得以滲透至社會各階層，貫穿扣聯社會中的成員，而有一整體文化精神；另一方面卻使中國高級知識份子的文化內涵保持相當程度的獨立與免疫性格[42]，終使高級知識階層與常民階層，在文化的創新與使用上，產生脫節現象。這種脫節不單是反映在地位與權力的分配、或生活方式上，而是在於「溝通」上。溝通鴻溝的存在，一則使知識階層的文化具有魅力，常民因未能理解，而對此種屬於權力擁有階層的文化品，產生敬畏崇拜心理；二則也使知識階層在社會中具有特殊的影響地位。總之，這種溝通的鴻溝使得高級知識份子與常民分屬兩個不同的認知世界，而且也因此有了不同

---

[42] 乃指免於受小傳統之滲透影響，而不是免於受外來精緻文化的影響，關於此一問題，在底下將做進一步的分析。

的生活方式。當然，也因此使得社會中的權力與地位分配規則，和由此規則所建立之體系，得以維持下去。更重要的是，在這樣的文化傳統下，整個中國的精緻文化創造深具貴族氣息，主流精緻文化的創造，乃環繞着仕人的生活方式和思維體系來運轉。以道德倫理爲主幹的儒家思想和知識體系遂成爲帶動的主力。卽使是爲了經世濟用的目的，也不例外的以道德倫理爲建構基礎。屬於科技性的文化創造活動，雖未施加壓制，但起碼得不到社會積極的鼓勵 [43]，也得不到地位的認定。這類文化充其量只是常民文化中的一部分，難以被納入居廟堂地位的精緻文化之內。

　　其實，把常民之邊陲小傳統排拒於代表社會之主流文化的創新體系之外，是人類以往社會中常見的現象。在以往的貴族專制社會裏，這種文化分隔的現象很顯然地是與知識的傳散制度有關。在那種社會裏，知識向爲有閒統治階層所界定，很自然的，這是因爲他們有了較佳的社會條件。再進一步看，這種定義知識的特權與學習機會的不均，又與政治權力的分配基礎有關係。在權力擁有權乃取決於具歸屬性（ascribed）的條件（如世襲、種族等）與依附在Weber (19)所謂的傳統權威 (traditional authority)下，教育的機會很自然地成爲少數人的特權。文化分隔現象因此也就很容易產生。在今日的民主社會中情形則不同了，社會流動彈性度大，教育普及，政治權力的獲取乃取決於民主式的競賽法則（如選舉）與成就性（achieved）的社會條件（如個人之才幹），加以傳播體系發達，訊息傳散迅速，人際溝通也方便，因此，理論上，文化分隔的情形應當是逐漸消失，而事實上也是有此趨勢的。

[43]　意思是說，在傳統中國社會中，這類的文化創造難以得到社會的賞識。在傳統的科舉制度下，社會地位與聲望的認定乃在於是否通經文，當然，更重要的是中了舉沒有，中了什麼。在這樣的社會中，精工藝的發明家被看成是匠，絕難與讀書的仕人相比擬。

　　就臺灣這三十多年來的發展趨勢來看，大小文化傳統的分隔情形似乎是有減弱的趨勢。至少，在最近這些年來，社會中已可以看到一股力量，努力於推動融合大小傳統。這股力量即時下包含在「鄉土」名下的種種運動。暫且撇開鄉土運動本身不談，這三十多年來臺灣社會的變遷，的確也提供了相當有利的條件，有助於化解大小文化傳統的分隔。首先，在民主自由理念的推動下，教育普及和品質的提高，大大地縮短了人們間溝通的障礙。尤其，長期來推動國語的結果，已使在臺灣的中國人之間已無語言上的溝通困難。加上職業結構的改變，促進了社會流動，也使城鄉人口的移動加大，使原屬不同次文化的人口，有更多相互接觸的機會。凡此種種也使精英與大眾的文化水平拉近。尤其，大眾傳播的發達，平凡文化充斥，致使大眾文化形成，更拉近了不同階層的文化欣賞。再者，經過卅多年來的共處，本省與外省之間的隔閡日減，次文化的藩籬已日漸削弱。政府也於教育體制中加強灌輸一套希望大家共循的正統文化，雖說不是毫無瑕疵，也不是毫無負作用，但無疑的對一般大眾是產生相當程度的同化作用，有助於化解次文化，整合成一個單一的大傳統。但是，話說回來，由於種種特殊條件的交互作用，中心大文化傳統與邊陲小文化傳統之間尚存在有一些問題，而此轉而為整個臺灣的文化前途，帶來一些新的現象。這些現象為何？何以如此？我們留待談完外來優勢文化與本土劣勢文化之間的競爭之後，再一併來談。

外來與本土文化的關係

　　首先，我們先為外來優勢文化與本土劣勢文化下註腳。在此，外來優勢文化乃指十九世紀以來以科技為主導的歐美文化，因其具生機控制的優勢性，我們因此稱之「外來優勢文化」。本土劣勢文化乃指中國本土傳統以儒家道德倫理為主導的文化，即上文中所指之中心大

傳統。因其少具生機控制的優勢性，而目前處於劣勢地位，故稱之「本土劣勢文化」**④**。關於此二文化間的關係，筆者已於另外文章中（葉啟政，民 69）討論過了，在此只很扼要的擇些重點來談。

在第四節討論近代亞非社會變遷的基本特性時，已對此一外來與本土文化的優劣關係，有了簡單的分析和說明。由於二者之間的優劣勢態相當明顯**⑤**，遂產生了「文化優勢的擴散作用」。本來是懾於西方器用科技的威力，亞非國家開始倣效西方，但是，器用科技的優勢產生擴散作用。譬如，發現欲有效發揮器用之功能，則不得不採用西方的制度，而欲使制度發揮作用，則又勢必肯定存在於其背後的思想、價值、信仰、和行爲模式。如此，優勢文化的成份逐漸擴展，甚至至音樂、藝術、文學、彫塑、舞蹈等等，而終至產生全面性的優勢差距感來。這種因文化競爭結果而產生的優勢擴散作用，是使近代中國人逐漸產生文化認同危機的重要社會歷程。總之，

面對著外來優勢意識和信仰的挑戰，中國人所經歷的不單是在量上程度不同的文化適應，而且是在質上根本差異的文化蛻化。質的蛻化是要求脫胎換骨的改變，也要求極高創意的超越。但是，對已有長久文化傳統，且對此文化傳統深具內化情感的中國而言，要求改變，甚至只是要求某部份的調適，都難免在心理上產生類似斷奶時的依戀情結，因此耗費在「外來與傳統」的爭執上的精力與時間也自然多些。正因爲如此，儘管中國接受西方文化的挑戰已有一百餘年的歷史，但是依然掙扎在「外來與傳統」的對立選擇之中，社會中到處仍然可見到一些外來的形象緊緊地

---

④　有關此二文化之對立關係，以及「生機控制」的含義的詳細討論，參看葉啟政（民 69），及註**⑱**。

⑤　此一優劣勢態雖是客觀的體現，但本質上乃是在某種意識支配下，根據一套理論體系而產生的主觀認知結果。參看葉啟政（民69，頁22，註 6 ）

依附在古老傳統痕迹之上。因此，嚴格地說，我們雖已「破」了不少，但是卻談不上有原創的「立」（葉啓政，民 69:32-33）。

很怪異的，儘管本土與外來是對立，但二者卻又不得不互相依附。這是清季以來中國人面對西方文化的一種奇特反應。張之洞之「中學爲體，西學爲用」的主張，卽在這種情況下，因運而生。這種論調一直是有意或無意的存在於中國人的腦海中，幾乎成爲國人應對西方文化和重建中國的指導原則。雖然經過了數十、乃至百年西方文化的濡化（acculturation），這種論調畢竟是減弱不少，但是它終究還是深植在中國人腦中，尤其是年長一輩的知識份子。每當面對危機時，這種論調和行徑總會不自主地浮現出來。

張之洞論調的內涵分析

義大利社會學者 Pareto（1935: 卷二和卷三）曾謂，存在人類社會中的種種解說和理論，往往並不是建立在對歷史經驗事件的客觀理性分析和採證結論之上。因此人類的社會行爲絕大多數不是邏輯行動，而是非邏輯性的行動（nonlogical conduct），很難使用邏輯形式來照應的。其原動力乃來自本能和情操以種種不同形式體現的基礎上，Pareto 稱此心理基礎爲基素（residues）。因此，人類在日常生活中對外在事象加以理論化，以求得到解釋時，其所依據的往往不是經過理性，實徵的科學分析，而是由基素所帶動出來的解說形式，Pareto 稱此爲派生（derivation）。在許多種不同的派生形式中，有一種（Pareto 1935: 卷三，§§ 1420-33）稱爲「論斷」（assertion）。所謂論斷乃指，對一種客存事實，以專斷公設（axiomatic）的方式加以描述，並且給予一種名稱。人們往往並不對其所提出之論斷加以分析，並尋找經驗事實的佐證，而是靠一再重複的方式，來加以肯定，長期肯定下來，就成爲共同接受的理解基礎，而把之當成理所當然了。

　　一般來說,科學理論的判準乃建立在於（1）、內在的邏輯一致性、（2）概念的清晰與適宜度、和（3）經驗證據的探擷是否客觀（Schutz, 1973）。就這三準則來看，張之洞論調很難說得上是一種科學的論證，而只是特殊的心理反應模式。討論這個問題必然要涉及上述三準則的內涵，我們實無法在此詳述，現只就知識社會學的角度，來略加論證此一論調形成的社會與心理歷程，用此來說明它具「派生」的性質❹。

　　若用 Pareto 之理論來看,張之洞論調乃建立在第二類型基素——羣體的持續（group-persistences or persistence of aggregates）上（1935: §§991-1088）。此一基素說明，人類對已具有之認知羣叢,尤其是一些抽象理念，如中國人對儒家之思想與價值體系，往往本能地要求繼續矜持❹。一旦，一個人面對龐大複雜而又難於抗拒的外力時，他很容易分化其認知，而嘗試在本有和外來之間尋找一個協調的平衡點。其結果，卽產生張之洞之「甲應是本有、乙應是外來」截長補短式的調適反應模式。

　　當然，我們並不是說，凡是這種認知的方式都是派生，而不可能是科學性的結論。換句話說，兩種異質文化並非無互補融通的可能，而是應當如何來互補才恰當，才不會引起有如「馬嘴對在牛頭」上的尷尬困境。就張之洞論調產生的背景來看，就實在很難說得上它是科學性的結論。相反地，它具有很明顯的「派生」性格。我們的理由是這樣的: 就其本質來看，張之洞論調內涵著文化基素具有可分隔的假定。它乃企圖對外來文化的可行範圍加以界範定位，不讓它過度的膨脹。此一論調若要可行，必須假定，甲鞋套在乙腳上是可行而不相悖的。

---

❹　筆者已於別的地方（葉啓政，民 69），對此論調的形成過程已加論述，此處只是再加延伸而已。

❹　卽 Pareto 第二類型基素中所列 II-δ「對抽象的持續」（persistence of abstractions（見 1935: §§1065~67）

我們有些理由來說明，雖說不是絕對不可行的，但是相當困難的。

　　首先，從第四節中對近代亞非社會變遷的基本性格的討論，即可看出，硬要把兩個原屬不同性質之宇宙人生觀的文化基素拼湊在一齊，若不先對其基本哲學基礎有深入的探索，也未改變外在的社會條件，則終難免陷入「牛頭對馬嘴」的尷尬情境，再怎麼努力去拼湊，縱然拼上了，也十分怪異，而會格格不入。

　　再說，就其發生的背景來看，張之洞論調乃是兩個異質文化接觸後，處於劣勢狀態者，面對著危機，所產生具心理防衛性質的調適反應。當西方文化叩開中國之大門，中國人一開始就感受到強烈的文化震撼。面對這麼大的震撼，一方面懾於西方器用科技文化之威力，感到不得不採納的壓力；另一方面中國向有一套相當周圓自足的文化體系，深具「天朝型模的世界觀」❹，對於傳統理念、甚至制度，相當地矜持。因此，面對抉擇的兩難情境，中國人在心理上難免因挫折產生猶豫、困惑、及焦慮的複雜反應。情感上，中國人無法忍受完全屈服的命運，但在認知上，卻又無法完全認清外來文化的本質，因此在調適過程中，遂不免產生截長補短的反應模式，認為：中國文化長於倫理精神，西方文化則優於科技物質。最佳的解決途徑很自然地就是：融合西方之物質文化與中國之精神文化於一身。以西方之科技為用，再注入中國的倫理精神為體，可以創造出一個完美的文化，使中西文化兼容並蓄，把雙方的優點都發揮出來❹。

　　大體來說，張之洞論調失之過於一廂情願，其盲點在於忽視一個文化的整體性，而企圖以一個文化的某種突顯性來切割文化的內涵，

---

❹　借自殷海光（民 55，上冊）
❹　在近代中國中，持此看法者頗多，如李璜（民 62）。這種論點常可在報章雜誌上看到。

因而易生簡化的化約看法。西方文化的確是長於科技，但是，我們不
要忘了，在科技之後，西方人有其淵源流長的哲學理論基礎、社會
制度、價值信仰、和行爲模式，與之搭配。嘗試斬斷這個根源，而企
圖把西方的科技文化產品與孕育於農業鄉土社會的倫理道德、思想體
系、社會制度、價值信仰、和行爲模式相銜接，產生失調的結果，自
是可預期的。

　　以今日的眼光來看，張之洞論調的形成，無疑的是對於西方文化
的整體性缺乏認識的結果。照理來說，經過這一百多年的西化結果，
中國人對西方文化的認識應當逐漸增多、而且加深。尤其長期來文化
廣泛的交流、大批學生出外留學，許多原是陌生的西方文化已成爲中
國人意識的一部份、甚至也成爲新一代中國人的傳統。但是，張之
洞論調還是可以在社會中清楚地看到，體現在社會精英身上者尤爲明
顯。這又是什麼緣故呢？現在讓我們就這三十多年來在臺灣之各類文
化的創作體現，來分析此種論調之所以根深柢固的背景。

張之洞論調形成的背景

　　首先，我們必須先瞭解一下，自清中葉以來，國人對西方文化的
態度。在康熙、雍正、乃至乾隆時代，中國人對西方文化，雖表興趣
與好奇，但一直尙存輕視的眼光以「化外之民」來看西方人。譬如
把英國人叫做「英夷」，把辦理外交稱爲「夷務」。就拿乾隆五十八
年，英使馬戞爾尼來中國覲見，清政府官員就把他當成是以蠻夷來「
進貢」「祝釐」一般。譬如，在回覆英王中，即曾有這麼一段話：「
咨爾國王，遠在重洋，傾心嚮化，特遣使恭賚表章，航海來庭，叩祝
萬壽，並備進方物，用將忱悃。朕披閱表文，詞意肫懇，具見爾國王
恭順之誠，深爲嘉許。」（郭廷以，民 55:243）當時，中國官員以
爲中國物產富饒，實無求於西方，而西方卻有求於中國之絲瓷。此一

心態可從乾隆覆英王文中看到：「天朝撫有四海，惟厲精圖治，辦理政務，奇珍異寶，並不貴重。爾國王此次齎進各物，念其誠心遠獻，特諭該管衙門收納。其實天朝德威遠波，萬國來王，種種貴重之物，梯航畢集，無所不有，爾之正使所親見；然從不貴奇巧，並無更需爾國製辦物件。」（郭廷以，民 55：245）。

中國的天朝型模觀，隨著以後一連戰爭的失利，是逐漸的破滅。姑且不論當時之論點是否正確，但有識之士已看出，西洋人是有優於中國之處。如奕訢卽以爲「以中國一切皆勝西人，所不如者兵而已。」（蕭一山，民 50，卷三：843）。又如曾國藩亦言：「輪船之速，洋砲之遠，在英法則誇其所獨有，在中華則震於所罕見。若能陸續購買，據爲己有，在中華則見慣而不驚，在英法亦漸失其所恃。」（蕭一山，民 50，卷三：845）。凡此言論在在顯示，當中國人一開始承受到西方文化之優勢壓力時，對西方文化的採納卽帶有很濃厚的實用意義。對中國人來說，採納西方的文化爲的是達到救中國、圖富強的羣體目標，乃是「國家主義」驅迫下的一種應變活動（張灝，民 69；Levenson，1972）。採納的對象也因此以西方科技爲主體，這種看法也一直成爲主導中國人西化的意識。因此，中國人對西方文化的採納，始終是帶有「問題」取向的意味，是因爲有了問題，爲了解決問題，而向西方尋找藥方。

隨著大批學生到國外留學，中國知識份子逐漸認清，中國之不如於西方人者，不僅只是富國強兵的科技，而是制度，因此遂有康梁之變法、立憲運動，乃至孫中山之革命。之後，中國人又體味到，除了制度之外，更重要的是觀念、價值、和行爲模式的根本改變，而遂有五四以來的全盤西化主張。總之，這一連串的反省，使中國人的傳統意識面臨挑戰，而顯出危機。在此壓力之下，固然有一部份人產生強

烈的排外心態，但是相反地，隨著西化的加深，留學生的增多，社會中也逐漸產生盲目的崇洋心態。對西方的創新不免產生如同接納流行與時尚時的態度，凡是洋人的東西都不自主地應該採納，甚至社會中以尚洋為地位的指標。用句術語，這是「非理性創新」取向的採納態度。

雖然社會中不乏有識之士採取相當慎重的批判態度來看待西方文化，但是，在國際政治上長期的頹勢下，情緒壓過理性，加以對西方文化缺乏整體性的認識，中國人遂生分隔式的接納態度，認為：某方面應當西化，而另外方面則可以保留傳統。

近代中國人文化採納的分隔所以產生尚有其他的背景。最根本的條件可以說是由於中西文化傳統具高度異質性的緣故。更由於西方文化具優勢性，是故，中國人不得不採納西方文化，但卻又無法安全放棄根深柢固的傳統。這個現象在前面已一再提到，在此不再敍述。說來，依據 Darwin 適者生存的定律來看，中西文化之優劣相對地位似乎已註定了中國傳統文化式微的命運。因此照理，經過長期的競爭結果，應當不會有文化分隔的現象，然而，何以卻一直是存在著呢？其中必有其緣由，現試着對這些緣由做分析。

首先，中國人之仿效西方始於科技。雖然今天，中國人都明白、也都承認，西方文化之優並不止於科技，而可擴至制度和理念的層面，況且事實上中國人之西化也已不再只停留在科技，而延及觀念、價值、制度、和行為的層面了，但是，在整個學習西方的過程中，仍然是以科技為主體。撇開科技具生機控制性不談，在西化過程中，科技的採納所以往往順利，而當成優先，尚有原因，其中之一可以從科技之知識本質來看。我們都知道，科技本身是屬策略性質的知識，乃用來改善應付環境的條件。它有一套相當自足而又普遍的溝通語言和理論體系。其內涵的理念若有爭執，也不是源於利益、嗜好，或如 Pareto

所謂之基素，而是來自於理論典範和概念的不同。職是之故，建構科技所需要的知識體系常具國際性，可以超越文化界限的。但是，一旦所涉及的問題不是科技本身，而是科技的制度與其社會意義、政治建制、道德倫理、或藝文發展方向等層面，則其知識基礎就不同了。這些知識脫離不了規範性的價值判準。其之所以爲人們接受，　往往並不是而且不只是在於它的客觀性，而是有賴共識溝通(consensual comm-unication)的運作和共同同意之規範的存在(Habermas, 1971)。因此，此範疇內之知識的認定最易受其文化傳統所影響，也因此最會有外來與本土之爭，產生採納的兩難困境。

　　總之，只要有足夠的背景知識，科技本身的學習較不受特定文化傳統的干擾，因爲它有一套自足，超越文化限囿的創造傳統體系。但是，當涉及的是科技的社會意義以及應用，則必然要牽涉到詮釋的問題。尤其，在貫聯科技與政治和經濟秩序、或確立其倫理基礎時，則詮釋的基礎爲何，就成爲是很重要的問題了。

　　毫無疑問的，對於社會中各種創新的詮釋工作往往是落在知識份子身上，而執行詮釋後的理想目標則是在權的政治精英。因此，前者是文化的創新及詮釋者，而後者是文化實踐的合法者(葉啟政，民68)。中國近百年來（包含這卅多年來的臺灣）之文化所以產生分隔，這種文化創新傳散過程的制度化分工乃其主因。我們可以稱之是結構上的因素。

　　在近代知識專業化的制度下，中國人到外國留學爲的是學習一技之長。因此，整個高等教育制度，也如西方一般，分科別系的。然而，由於社會背景不同，這種分科別系的教育制度，在西方社會所體現的現象與其意義，與在中國，是不一樣的。

　　在西方，專業化的知識創新制度乃應科技發展與產業結構改變而

生的。當然，更重要的，這種制度會產生，也必須有一套相當周圓的
宇宙人生哲學爲其先導基礎。大體來說，理性主義和實用主義的抬頭
是這種知識創新制度的理論基礎。總歸一句話，對西方人來說，社會
變遷動力的主要來源乃衍自於內部的創新，因此本質上是一種內在結
構的相互調整。這種內衍性的社會變遷有一個特色，即在變遷調整過
程中，往往已有相當良好的社會條件與之搭配了，轉變也自然會順利
些。換句話說，分科別系的知識創新體系能够產生，除了可能是出自
於少數精英的有意努力外，基本上是由於社會已具有使之產生的有利
條件，而且也很容易形成調整的機制(mechanism of adjustment)，使
此一創新體系與社會中其他部門相聯在一齊。在這樣的社會變遷過程
中，儘管創新必然地多少會對舊有社會秩序基礎有所破壞，但終究因
變遷來源來自內部，在創新之同時，社會已有理解、使用、與調整新
與舊的契機了。

　　反觀我們的社會，儘管變遷的動力有一大部份是來自於應付內部
的緊張而來，但歸根來看，其來源直接或間接地還是外來異質文化的
挑戰。至少，變遷的方向是循著西方社會發展的模式而進行，而且帶
動變遷的策略往往也是引至西方。在這種情形下，變遷像是用人力來
強拉彎了竹子一般。要拉彎，必須費很大的氣力，而且拉力不能立刻
消失，一旦消失，竹子就會反彈回來。因此，在竹子的彎性未定型前，
拉力一直要保持住。無疑的，這是相當辛苦的工作。任何不愼，不是
把竹子弄斷了，就是強反彈回去，帶來震撼。

　　從我們的發展過程來看，由精英提出改革策略，透過政治力量，
以制度化的方式來改變社會，一直是帶動變遷的主力。這種變遷的方
式本質上是少數人的意識的實踐過程，而不是內部自引自發的潛意識
運轉。毫無疑問的，由於指導變遷之方向的主力是外來而且是異質的，

社會往往缺乏有利的既有條件與之配合，要使探納後運作順利，勢必努力創造有利條件。在此過程中，任何計畫性的變遷必然多多少少要與舊有秩序產生摩擦，社會緊張和衝突自然隨之產生。但是，話說回來，對一個處於劣勢狀態的社會，引進優勢社會之文化以圖自立自強，恐怕是絕難避免的必要手段。職是之故，靠社會精英來從事計劃變遷，而且釐定變遷的始點，是必要的策略。社會因此產生失調也是難以避免。因此，我們的問題不在於沒有失調，而是如何能於事先週詳設計，並且在進行之中保持高度的彈性反省與批判契機，以把失調帶來之緊張與衝突減低到最小的地步。這就得看精英份子的知識與智慧了。總之，就這個角度來看，我們是無法完全免除文化分隔的產生，然而至少是可以使分隔的程度儘可能的減低。現就從我們引進西方之分科別系的知識創新體系的過程來看文化分隔產生和張之洞論調所以繼續存在的另外原因。

簡單地來說，中國人移植了西方式分科別系的知識創新體系後，所產生最嚴重的偏失是：過度膨脹了策略性科技專業知識的重要性，而弄不清策略性知識與共識性知識之間的不同，更不明白此二種知識間應有的關係。

我們在前面說過，中國之西化乃始於強烈救國意識，實用是最重要的考慮，而實用不但是為了救國，更是「進步」的實際化身。這是我們在第五節中所提到「經濟掛帥」的發展意識延伸出來的意識型態。尤其是執政者以為強化經濟結構、推展科技，一則可以安定民生，二則可以提高成長率以確保國民所得的一再增高，三則表示社會在「進步」之中。總之，救國意識配合著經濟至上的發展意識，使中國之執政者在計劃人材培育及發展社會的過程中，無形中偏重策略性科技人材的培養和以策略性知識為主體之文化發展。從第三節中討論具經濟

意義之科技在社會中所具的功能來看，這類人材的作育事實上也是絕對必要的。不過，倘若一個社會過於偏重策略性知識人材和建制的強化，而忽略或甚至抑制共識性知識體系的建設，則社會中自主原創的詮釋能力會萎縮，面對著外來優勢文化的侵凌時，會在文化優勢的擴散作用下，使得批判與反省能力萎縮，終將使原有文化傳統日益式微，社會也逐漸喪失獨立的文化性格，而染上濃厚的移植色彩。

再者，由於救國意識與經濟化之發展意識的交互作用，這三十多年來，我國的高等教育不但如上述的過份強調策略性之科技知識，更嚴重的是過份重視專業知識的學習，忽略了不同性質之知識均衡發展的意義。因此，大學課程的安排均以專業課程為核心，譬如，訓練工程人材，以為只要修習與工程有關的課程就行了。結果，或許訓練出來的工程人材是具有相當不錯的工程學養基礎，但卻往往是不折不扣的單相度的人(one-dimensional man)，他對自己與周遭的文化與社會的理解，還是停留在「常識」的階段，毫無起碼水準的知識，更罔談有欣賞藝術與哲學精緻文化的素養。在這樣的教育制度下培養出來的策略性知識人材，縱然是對其專業有豐富的知識，但對其專業在整個社會中所居的地位、與其他部門的配合、整個發展的策略等問題，卻往往一無所知。一旦，他們由策略的領域而轉入共識的領域，也就是說，由從事對科技本身的設計創新工作轉至負責管理，策劃與發展的工作，則往往就只憑長期累積的常識性經驗來處理。對我們這麼一個變遷動力來自外部的社會而言，這樣子憑常識來企劃發展，很自然的往往無法恰切地捕捉整個文化的全貌，更嚴重的，由於缺乏有關科技與社會之間的整體認識，即使是就科技發展問題來看，其應對也往往無法超越傳統的價值觀念和行為模式。如此使用傳統農業社會的觀念與行為模式來處理移植自外的工業文化產品，自然難以有圓滿的應付，

而走上偏窄的文化發展模式的路子上。臺灣三十多年來走上經濟科技至上的發展路子上去，與此一背景多少是有關係的。

話又說回來，在今天的教育體制下，原就難以要求策略性知識份子具有詮釋文化產品的能力，這份詮釋，乃至批判的工作本就應當交給具共識性質的人文社會科學家與藝術家。但是，很可惜的，由於有了下列的原因，也使得共識性知識份子，不是喪失了詮釋與批判能力和意識，就是其批判與詮釋無法在社會中形成氣候。這些原因大致有六：(1)長期來的西化，使得西方式的詮釋也伴隨其科技與人文社會的知識而進來。國人一直疲於學習西方層出疊現的新知識，整個理解的理論架構也因此逐漸為西方的模式所籌限。(2)如前述及的，中西文化的基本內涵頗為迥異，要在具「天人合一」之內歛性格的本土文化與具「人定勝天」之外延性格的外來文化間尋找平衡點，原就不是短期間可以做到的。(3)卅年來的社會變遷相當迅速，不論是政府或私人機構面對著許多問題待解。要解決問題，首先就必須瞭解問題，因此，實務性的研究需要量日增。實務機關重視研究是可喜的現象，但是問題在於實務機關本身缺乏够水準的研究人材，研究工作很自然地就求助於學術界。如此一來，學者們（尤其一些有潛力的學者們）往往耗費很多的時間與精力替公私實務機構從事實用性的研究，而捨有系統嚴肅的學術研究於其次。在這種情形下，知識商品化，以其所具之經濟或政治效益來評估，使原本應具批判性質的知識塗上很濃厚的策略與工具性格，共識性知識份子很不容易有充分時間透過對話與辯論來深入檢討文化深層的問題。(4) 縱然共識性的知識份子不為實用研究所困，也常因社會中行動體系（如政府及私人機構）急需一大批專業人材投入實際的行動參與行列。這種實踐行動，對共識性之知識份子來說，是使其理想與理論得以檢證的最好機會。況且，實際行動除了可以肯定其理想之外，

尚可以獲得權力、地位或財富，因此是一個相當大的引誘。在此情形下，知識份子往往挾帶著半生不熟又未完全消化的外來理論，做起實際行動的工作來了。結果，對文化從事批判、詮解、及重整的工作也就被擱置一旁了。(5)儘管這些年來西化已深，傳統理念與價值仍然深植於中國人之心靈。社會中不少精英份子乃具矜持維護文化傳統的強烈情緒。更重要的是，有些意識被視爲是維持社會穩定的基石，因此被政制奉爲正統，成爲政治秩序的理論基礎。在此政治精英深具有「正統」的意識之下，批判的幅度無疑地深受限制，而無法自由地發揮。其影響最鉅的莫過於是：使中西兩個不同體系的文化在社會中平行地存在，而嘗試斬斷某種外來文化產品（如管理制度）的臍帶（如基本哲學理念），而套上某種本土的框框。這一套，因不是基於長期理性的反省與批判悟出的道理，更不是基於種種客觀社會條件已有了有利的改變，自然套出問題來。張之洞論調也就因此一直存在著。(6)在前面提過，共識性知識乃建立在價值的認同與共同規範的基礎上。人們在其日常生活中，憑其經驗，每個人都形成有一套自認是正確的社會和人生觀，用來解釋社會現象的因果關係，並從而指導應對。簡言之，策略性知識具有自圓而具權威性的理論體系，在人們的日常生活經驗中，是難以獲得的。共識性知識則不同，我們常可看到，人們的日常常識經驗會與之相競爭，因此共識性知識往往難具絕對的指導權威意義。尤其，當負責行動功能的政治精英與負責詮釋功能之文化精英在結構上是分開時，共識性知識更是難以發揮最大的功能，因爲基於利益或已形成了的認知模式的緣故，政治精英自有一套詮釋的體系，他們未必樂意接受文化精英所提的。如此一來，共識性知識往往甚難確立其權威地位，幾乎任何人都可以有自己一套的詮釋體系。因此，雖然人們都可能擁有相同的科技器用文化，但卻有了不同的理解和詮釋。尤其

重要的是，由於政治精英乃社會中掌握權力的合法者，他們可以利用種種有利的「合法」方式來肯定和宣揚其詮釋的理論體系。因此，縱然其理論未必具有周圓的邏輯體系，也未具說服力，但卻因具有正統的含意而成為主導的解釋依據。張之洞論調也因此可以產生，並且延續下去。

　　總而言之，嚴格地說，我們並沒有絕對穩當的理由來否定說張之洞論調是行不通的。在此，我們所要指出的是，倘若此種論調一直只是基於民族情感而生的救急式「派生」反應，而未能注入理性的反省和批判，也未積極培養有利的社會條件，則對整個文化的發展，就很難說只有利而無弊了。最起碼，中西文化不能融通的部份會一直存在著，社會中體現出緊張、理念的迷失與混亂、行為與觀念的分離、盲目排外或崇外等等現象，也就可以預期。在此情形下，嶄新而且具有適應的文化實很難產生。

八、文化之平凡化與商品化──政治危機意識和經濟快速成長的後遺症

　　經過長期來西方文化的優勢擴散作用下，尤其是卅餘年來經濟的快速成長與國際交通的流暢，中國人體現在物質生活上已是十足的西化了。就日常生活中的器用與衣著來看，社會中不乏有習外者。在此，我們不願立刻論斷，這種習外是一種有意識的行為做效，但是說它是劣勢社會對優勢社會之文化所產生一種幾近接納流行與時尚的潛意識反應，應當是不為過的。這種體現在器用使用行為[50]上的西化，並不

---

[50]　乃泛指人們表現在衣著佩飾、家庭用具以及日常生活中種種器用之使用的行為模式上。在人類的日常生活中，這一層面的行為最為無所不在，也與人們最為密切。幾乎無時無刻不發生關係。小至一枝原子筆，一套衣服，大至一部汽車，一幢房子，均具有此種行為的內涵。

只在年輕人身上看得到，而是以不同的方式表現在不同年齡層的人，
只是在年輕人身上特別的明顯突出而已。

器用文化的商品化

　　器用使用行爲的習外，表現在年輕人身上是最爲突顯。這可能與他
們所最常表現的情境與方式具相當明顯的「公眾」性有關吧！ 這話怎
麼說的，前一陣子電視上有一句話說得很好，其大意是說：要知道臺
灣將流行什麼款式的衣飾，只要到臺北市西門町一轉，注意那些看來
不太一樣的青年少男與少女穿些什麼就可以了。這一句話可以說是這
種習外的最佳寫照 。 一般來說， 年輕人的時代性格表現在他們的衣
飾、髮式、語言、和其他具體外顯的行爲上。由於這種行爲泰半乃表
諸於公眾場合，而且往往最快反映優勢文化之流行時髦潮流，因此最
易被感受到。不同於年輕人，年長的成年，除了服裝飾物外，對外來
的時髦文化產品的使用採納，有一大部份不是體現於個人行爲的表現
形式上（如用語、動作、髮式等），而是羣體性的行爲表現形式上，
如家庭的用品、擺設與裝飾。況且，隨著年紀的成長，保留傳統成份
愈多，原就是常見的社會定律。因此，習外的跡象往往也就不是那麼
容易的被察覺出來了。

　　當然，器用使用行爲的習外，乃至崇外現象，很難完全歸諸於個
人因素。其所以會使國人產生潛意識的採納習慣，另有社會性的理由。
其中最爲明顯的莫過於是來自於大眾傳播的大力傾銷與消 費 的 商 品
化。三十多年來經濟的快速成長，使我們的社會走上商品化的路子上
去，刺激消費是帶動生產，以促進經濟成長的基本策略。刺激消費，
自然必須提高購買慾，提高購買慾，則又必須帶動及迎合大眾口味。
長期來西化的結果，已使國人對自己的物質產品的品質不具信心，而

產生崇洋的心理❺❶。尤其，國民的一般消費力提高，在物質上的購買力強，購買洋貨成為時尚，而且是炫耀地位與認定品質的指標。在此心理驅使下，不但洋貨充斥市場，而且即使國內產品也一味的做外，使我們的物質產品喪失了文化性格。就拿一個最簡單的例子來說，運動衫上幾乎清一色的印上洋文、日用品如牙膏、香皂等等，不是全用洋文，就是洋文喧賓奪主比中文大而顯目。這些當然都是小地方，但是，從這麼小的地方，即可以看出一個社會的基本心態。在今天重商的發展模式下，一般商人為了迎合大眾崇洋的心理，甚至本身潛意識即已有崇洋的傾向，在物質文化產品上一味地加以洋化，自己的文化傳統性格自然在其中逐漸消失掉。

平凡商品文化的充斥

再說，快速的經濟成長所帶來消費力的激增也在文化消費上產生一些特殊現象，其中最為明顯的是平凡文化的充斥。對這個問題，必須從經濟的角度來看。由於產業結構的改變，不但使許多農業人口轉入工業人口，也使城市人口迅速膨脹。城市人口膨脹與工商業發達帶動了都市土地價值的驟增，單就此而言，在這三十多年中，我們的社會裏平添了為數不少的暴發戶。我們必須明白，一個人財富來得太快，對社會來說，並不是絕對可喜的現象。當然，以中國人尚節儉的傳統來說，財富的迅速累積可以提供很好的再投資機會。但是，我們更看到，在商業化氣息日漸明顯的今天，財富迅速累積，若缺乏提供善加使用金錢的消費習慣，則很容易使人們把財富用於生理感官的直接

❺❶　國產物品品質是否可與歐美日產品品質相比是另外的問題。容或我們有些物質產品品質是比外國差。但目前問題似乎不在此。長期來文化（尤其科技）處於劣勢之下，已使國人對自己的產品喪失信心。總以為洋貨比國貨好。這可從①冒充洋貨（如化粧品，衣料等）充斥市面與②國人出外旅遊幾乎成為採購團（大量採購日本的電器用品即是一例）看出來。

滿足上去。很明顯的，正由於三十多年來政府把發展的重點擺在經濟上，而未克於經發展濟的同時，於教育過程中培養提高國民文化使用品質的心向，來得過快而又過多的財富很自然地就會被使用在滿足腔臟的文化產品上了。終究吃、喝與性幾乎是人人皆會的能力，也是人人喜愛的，一旦人們沒有使用精緻文化的能力、習慣、與興趣，社會中普遍的文化消費水準也自然地就會降低。這正說明了，何以有關色情與吃喝的行業件隨着經濟的快速成長，也在我們的社會中迅速的擴展出去，而且講究豪華奢侈被看成是生活品質的提高。

　　總歸來說，在今天的臺灣社會裏，就一般大眾的文化消費型態來看，大體上來說，是平凡文化充斥，暴發戶的市儈氣息甚為濃厚。固然這些年來，精緻文化，尤指藝文方面，是逐漸地蓬勃，但是卻帶有濃厚的商業氣息。精緻文化的創造與使用之所以日漸蓬勃的因素很多。暫時撇開其他因素不談，文化商品化是其中重要理由之一。沒錯，突來的財富是使平凡文化，尤其腔臟意義的文化消費充斥的重要條件。但是，終究人類並不只是追求生理需求的滿足，而且也追求社會需求（尤其地位）的滿足。過度膨脹了生理需求的滿足，使人們追求具生趣性質的感官粗俗文化；為了提高自我的地位，附庸風騷與高雅卻是常被採取的途徑。當然，我們不是說，今天之精緻文化所以逐漸蓬勃，均源於這種暴發戶似的動機。但是，毫無疑問的，在今天文化商品化的社會裏，精緻文化很難不具備商品的性格，尤其藝文類的精緻文化更是如此。在文化商人的推動之下，許多有錢人士不免以家中掛張名人的畫、擺部百科全書之類的書籍、弄些藝術音樂唱片或錄音帶、收集些古董、或買架鋼琴之類為基本的家庭設備。以這樣方式來刺激精緻文化的發展終究不是妥當之途。其中最大的隱憂是：腐蝕了精緻文化的內蘊精神，精緻文化成為裝飾品，是一種形式，其精神

內容往往被抹殺掉，而且品質非但不能提高，甚至被扭曲了。譬如，這些年來，不少出版社因牟利甚易，競出大部頭書，其中不乏盜印抄襲，毫無品質管制可言。姑且不論對精緻文化之帶動有何作用，這很明顯的是文化商品化的最佳實例。

文化商品化基本上是消費者取向，文化的創造乃是求迎合大眾的口味。容或具有帶動大眾文化消費品質的提高，也往往只是偶然的。把文化當成牟利的工具，自然就不能不顧及消費市場的特質了。說來，這是重視成長之市場社會體現在文化上的特殊現象，也就是一向社會學者所謂「大眾文化」的特性了[52]。在這樣的文化商品化的情況下，文化的創造最主要的作用是娛樂大眾，而創造者於其中獲取利潤。因此，其所創造的文化本質上是必須要具「生趣」的，而且相當講求表現的形式與技巧。在此情形之下，發展出來的文化，就其表現技巧與形式的品質來說，或許是卓越的，但就內容而言，則向乏創意與批判的意味。

精緻文化的區間化[53]

在今天的臺灣，精緻文化的使用萎縮原不足爲奇。固然，如上述的，財富累積與文化欣賞水準未能適當搭配發展是使精緻文化萎縮的可能主因，但是最主要的原因還是在於近代社會的特質上。對我們來說，即應考慮到在上面幾節中討論的中西文化的關係。

自從人類有歷史以來，精緻文化原本就屬於少數人的。其所以如此,事實上乃內涵在精緻文化的形成過程之中。我們在第二節中已提及過,精緻文化乃指需要長期訓練與學習才可能創造及欣賞之文化產品。

---

[52] 有關大眾社會與大眾文化的討論，參看 Giner (1976)
[53] 本小節中所討論的問題，參看葉啓政 (民66)。

既然如此，則有機會而且有能力接受學習訓練的人就終究是少數了，因此其使用人口原本就不會太大。也許，有人會說：「這種說法對已往的社會是成立的，但在教育普及的現代社會，則未必是正確的。」沒錯，教育的普及、欣賞水準的提高、與傳播媒體的多元發展，在在有利於欣賞精緻文化人口的增加。但是，這個命題只有在一個條件下才成立的，這個條件是：策略性知識與共識性知識的教育是並重的。別的國家不談，就臺灣這三十多年的教育方向來看，這個條件顯然的是不具備。

我們在前一節提到過，在經濟至上的發展模式下，分科別系的專業教育在我國即等於是策略性知識膨脹的教育。在現行強調專業知識之教育型態下，使用精緻文化的可能主社羣(大學教育程度者)就已不具備使用的有利條件了。由於我們的高等教育中缺乏人文與藝術的薰陶教育，受過高等教育者往往是不折不扣的單相度專業人材。若說他們具有使用精緻文化的能力與興趣，其所使用者往往侷限在其專業範圍內者。這種精緻文化之使用的區間化無疑的是使具人文與藝術意味之精緻文化萎靡不振的主因之一。再往前推著，重經濟實用知識之發展的教育政策，似乎是扼殺了人文及藝術精緻文化發展的制度因素。

總之，除了(1)專業教育過度膨脹、(2)側重策略性知識、與(3)文化商品大眾化等三因素外，今天在臺灣，精緻文化（尤指人文藝術性質者）所以會區間化和萎縮，尚有他因。其中最主要的可以說是源自於張之洞論調的延伸，也是西方優勢文化壓勢下的產物。

事實上，上述重經濟實用之策略性知識的專業教育，即是張之洞論調下的文化發展意識產物。然而，張之洞論調影響的意義遠超於此。我們在第七節中已指出，張之洞論調的內涵即在欲圖拼湊西方科技器用文化與中國倫理道德文化於一體。於是，其中最具意義的即是隔離

西方與中國的人文藝術性文化，而在技術實用性的文化上，則大體上是以西方來取代中國的。因此，體現在中西文化競爭與衝突最劇烈的，很明顯的是在於人文藝術性的文化層面上。別的不說，單看這三十多年來在臺灣的文化發展，我們看到有西洋哲學，也就有中國哲學；有西畫，也就有中畫；有西樂，也就有國樂；有西劇，也就有國劇。這種中西人文藝術文化的對立，固然是締造新文化的淵泉，但卻也因此使中國知識份子耗費了無數的心思與時間，在於尋求其間之異同和爭論孰優孰劣的問題上。這種學術上的爭論與對話說來是締造新中國文化的必要過程，但是在中國的現實環境中，卻是使某些精緻文化（至少社會科學之精緻文化）萎縮的主因之一。

　　何以中西人文藝術文化之對立是導致某些人文藝術性精緻文化萎縮的主因呢？我們還得再回到中國人之張之洞論調背後的意識根源。我們一再提及，張之洞論調本質上不是一種理性的認知反省結論，而是情緒性的「派生」反應。一向，這個論調之所以會一再產生，有兩個基礎。一方面，這是基於民族感情之救國意識的發揮；另一方面，它是鞏固政治實體的意識利器。由於它具有此雙重的意義，這一百多年來，中國人卽因基於政治利益及意識型態的不同歸依，在同樣的愛國情操支持下，對精緻文化的發展，產生不同的取捨。大體來說，在這五、六年來所孕育之本土運動發生之前，年紀愈大、愈具傳統教育的知識份子，愈傾向於維護、矜持、與經常使用中國傳統的精緻文化。相反地，年紀愈輕、愈多受西方教育者，愈傾向於使用西方之精緻文化。這遂在知識份子之中造成了另外一種型態的精緻文化的使用區間化情形。

　　同時，由於中國的政治向具長老性格，中心的政治精英絕大多數是年歲在60歲以上，因此，就其教育背景來看，均深受中國傳統文化的薰陶，意識型態上傾向於接受中國傳統的人文精緻文化。再者，如

在第五節中已論及的,由於政治危機意識一直存在,政治秩序一向建立在於傳統長老式的統治認知意識和行為習慣上, 肯定正統意識與思想被認為是維持社會秩序必備的條件。這種正統意識, 經由政治建制竭力的加以合法化後, 無疑的是決定文化發展的主流思想主幹。在此情形之下,政治多少是駕凌學術,對極需有自由對話之機會才能發展之人文藝術性的精緻文化而言, 此種正統意識的存在, 已不只是使區間化產生而已, 而是使之萎縮不振。況且, 由於社會朝著市場經濟型態的方向發展, 工具理性駕凌實質理性, 策略性知識成為獲取生存機會與社會流動的最佳利器, 社會中的優秀人材集向於具經濟實用的專業, 人文藝術的從業者難以獲得適當的社會報酬, 創造人材萎縮, 加以消費使用市場不大, 這類的精緻文化很自然地難以有顯著的發展了。

九、結論 —— 人文藝術精緻文化的開展

從以上的討論,我們可以看出,這三十餘年來,由於政治危機意識一直浮現、經濟發展成為主導的發展原則,和中西傳統文化之本質頗具對立性,終使三十多年來之文化發展呈現了下列五個特性: (1)、策略性的實用科技知識的發展駕凌共識性的人文藝術知識的發展。(2)、外來文化的移植色彩甚為濃厚,本土傳統文化備受威脅,而且日漸式微。(3)、文化之創造與使用, 因階層之不同,呈現區間隔離化。(4)平凡商品化文化充斥,大眾生趣文化猖獗,人文藝術性之精緻文化萎縮。(5)社會中正統意識甚為明顯,成為主導文化創造之最終指導,因而窒息了人文藝術精緻文化的創造。

雖然,上述的文化體現看來均屬不良性的結果,但是,我們也不應抹殺這三十多年來文化創造上的成就。經過三十多年來社會中不同階層與社羣的努力,尤其強調人權與自由精神的教育、不同利益社羣

的產生、民主法治制度的推展、和經濟條件的改善等等，在在使我們的社會具有比以往更好的文化創新條件。經濟條件的改善，固然是帶來了平凡商品文化的猖獗，但是卻也在教育水準的提高與普及搭配之下，使社會中對高品質之文化的需求量逐漸提高。容或在現階段，這種對精緻文化的需求帶有濃厚的附庸風雅意味，但終究提供藝文從業者有了從事專業創作的更有利環境。這可以從這些年來專業畫家、彫塑家、舞蹈家、陶瓷家、作家等等日漸蓬勃的跡象看出。無疑的，社會中有了更多專業的文化創作者是一個喜訊。假以時日與更有利條件，將有助於新文化的締造。

再者，民主法治制度逐漸在這個社會中推展開，社會大眾也逐漸對人權尊重（尤其是言論自由）有所認識。這種意識的開展，加上多元利益社羣的存在，將大大有力於發揮學術自由之精神的契機。我們在前面提到過，共識性之人文知識能否有轉機與創新，端看社會中是否有自由對話與辯論的機會。因此，學術自由若能得到保障，將大大有利於人文藝術性之文化的更新。更爲重要的是，政治建制所強調的正統意識，應當力求降低其適用範疇，以俾讓社會中之文化精英有更良好的對話與辯論條件。況且，我們必須明白，企圖以政治上之權力運作來貫徹和肯定思想意識，往往只能達到行爲表面的順從（compliance）。這種順從本質上乃是在政制權力壓力下的勉強認同，外力一出，反抗力就會浮現出來。在今天講求理性的社會裏，思想意識必須靠內化（internalization）作用以化爲由衷信服的價值，才可能根植人心的。因此，企圖靠政制的權力來解決思想意識的分歧，基本上是忽略了思想意識產生共識之心理過程的本質，這種理解上的越位窒息了人文藝術性文化的發展，也阻礙社會締造更高理想的機會。

再者，不論是屬實用技術性或人文藝術性的，文化要有轉機，要

精緻化,社會中必須要有相當健全而自主的學術社區; 或更具體地說, 要有健康的大學與研究機構。今天的大學與研究機構已成為商業經濟及政治建制的附庸品, 學術圈本身喪失吸引力, 而且也缺乏可信公正的學術評價體系, 學術工作人員更興趣索然, 缺乏敬業奉獻的專業精神。對學者而言, 研究與教學只是謀生進身之手段, 而不是奉獻生命的目的。 一個社會的學術若不能獨立, 學界若缺乏自足的報酬、制約、和評價體系, 則文化的更新絕難以完成。 就社會分工的角度來看, 學者是文化的創新與詮釋精英。他們負責批判、修飾、詮釋、並且創造理想和意義。因此, 倘若學者素質粗劣、士氣低落, 則締造具原創生機性之文化將無異只是空談。

最後, 我們必須強調的是, 人文藝術性文化的社會價值必須再加以肯定。我們一再地指出, 實用技術性之策略知識只是提供我們更佳的生機控制機會, 因而充其量只是保障並提高獨立生存的機會。 但是, 人類生存之可貴還在於締造更高的理想和更豐富的生命感受。因而,在物質生活已是相當富裕的情境下, 具創造理想意義的人文藝術性文化的締造, 是有其社會意義的。文化的精緻化也許是奢侈, 但卻是人類文明的內涵。對向為文化大國的中國來說, 這更是具有特殊的歷史意義。這些年來,在我們的社會裏, 已可察覺出, 這種社會需求是在提升之中。除了政府官方已開始注意到, 而有文化建設之舉外, 民間的文化活動已日趨頻繁。其中最值得注意的是表現在文學、美術、音樂、舞蹈、戲劇等等上面的本土運動。此一運動已逐漸擴及學術界, 而遂有科學中國化的運動。這些年來, 在我們社會中看到的鄉土文學、校園民歌、雲門舞集、雅音小集、新象藝術活動、子弟戲, 鄉土藝術家如洪通、陳達、與林淵的發掘、藝術季與音樂季的推動、以及各種民俗活動的推動等等均顯示, 我們的社會中有一種追求新的文化認同

的渴望。暫且不論在此運動之旗幟下可能產生的問題爲何，也不論其未來發展前途爲何，這種企圖肯定地區小傳統，並且期冀以此小傳統來重建新文化的基礎，基本上是一種基於民族感情的文化自覺運動，也是一種長期來文化性格喪失後，尤其是大傳統備受摧殘後的一種尋求文化自我認定的努力。不管能否成功，這種運動具有追求新的社會神聖膜拜的意義。好歹，若發展得體，這是一個善意且是有潛力的新文化造型的起點。當然，企圖以地區性的小傳統當起點來重建新文化，是否可行，尙令人置疑，但終究這些年來，體現在人文藝術上各方面追尋新造型的運動是一個複雜的現象，不但值得加以密切注意，更值得從事系統的社會學分析。但是，基於時間與篇幅之限，讓我們把它當成今後在臺灣的另外一個階段的文化問題來看待，留待以後再加以分析吧！

參 考 文 獻

余英時
　民65　　　「君尊臣卑下的君權與相權」，見氏著歷史與思想，聯經出版社：
　　　　　　47-76。

李　璜
　民62　　　「中華文化的奠基及其取向——和平堅靱的民族性」，見　論中國
　　　　　　文化問題。臺北：新文化事業供應公司。

殷海光
　民55　　　中國文化的展望。臺北：文星書局。

陳紹馨
　民68　　　臺灣的人口變遷與社會變遷。臺北：聯經出版社。

許倬雲
　民67　　　「雜誌文化調適過程中的態度」，中國論壇，71期：8-10。

郭廷以
　民55　　　中國近代史。臺北：商務書局。

張灝
　　民69　　「晚清思想發展試論——幾個基本論點的提出與檢討」。見張灝等
　　　　　　著　晚清思想。台北: 時報出版公司。

黃樹仁
　　民69　　日據時期臺灣知識份子的意識形態與角色之研究: 1920-1927.
　　　　　　國立政治大學政治研究所碩士論文。

費孝通
　　民37　　鄉土中國。上海。

楊國樞與李亦園
　　民63　　中國人的性格。臺北: 中央研究院民族學研究所。

葉榮鐘
　　民60　　臺灣民族運動史。臺北: 自立晚報。

葉啓政
　　民64　　「從『社會體系』的架構看『社會發展』」，人與社會，第二卷第
　　　　　　六期，6-10.。
　　民66　　「中國的精緻文化——一個社會學的反省」，仙人掌雜誌，第一卷
　　　　　　第二期，193-206.
　　民68　　「現代工業社會中的知識份子」，社會學刊，第十三期，61-82.
　　民69　　「近代中國文化面臨的困境」，見中國論壇社編　挑戰的時代，聯
　　　　　　經出版社: 17-44.

經濟建設委員會
　　民69　　社會福利指標。臺北。

劉述先
　　民62　　「談海外中華知識份子的文化認同與再造」，見論中國文化問題。
　　　　　　臺北: 新文化事業供應公司: 60-76。

唐君毅
　　民63　　中國人文精神之發展。臺北: 學生書局。

蕭一山

民50　　清代通史。臺北：商務

謝扶雅

民45　　當代道德哲學。香港：亞洲出版社。

Bell, D.

　　1973　*The Coming of Post-industrial Society.* New York: Basic Book.

Berger, P & T. Luckmann

　　1966　*The Social Construction of Reality.* Garden City, N. Y.: Doubleday.

Bottomore, T.

　　1975　"Structure and History," in P. M. Blau (ed.)*Approaches_to the Study of Social Structure.* New York: Free Press.

Brooks, Van Wyck

　　1958　*America's Coming of Age.* Garden City, N. Y.: Doubleday.

Durkheim, E

　　1933　*The Division of Labor in Society.* Free Press.

Eisenstadt, S. N.

　　1973　*Tradition, Change and Modernity.* New York: John Wiley

Gans, H. J.

　　1974　*Popular Culture and High Culture.* Basic Book.

Geertz, C.

　　1973　*The Interpretation of Cultures.* Basic Book.

Giddens, A.

　　1979　*Central Problems in Social Theory.* University of California Press.

Giner, S.

    1976　*Mass Society*. London: Martin Robertson

Goodenough, W. H.

    1961　"Comment on cultural evolution," *Daedalus*, 90: 521-528.

Gurvitch, I. G.

    1962　*Traite' de Sociolegie*. Paris.

Habermas, J.

    1970　"Technology and Science as 'ideology'" in *Toward a Rational Society*. Boston: Beacon Press; 81-122.

    1971　*Knowledge and Human Interest*. Boston: Beacon Press.

Keesing, R.

    1981　Cultural Anthropology. 于嘉雲與張恭啓合譯「當代文化人類學」臺北：巨流圖書公司。

Kluckhohn, C. & W. Kelly.

    1945　*The Concept of Culture*. in R. Linton (ed) *The Science of Man in the World Crisis*. New York: Columbia University Press.

Kroeber, A. L. & C. Kluckhohn.

    1952　*Culture: A Critical Review of Concepts and Definitions*. Papers of the Peabody Museum of American Archaeology and Ethnology, Harvard University, Vol. 47.

Levenson, J.

    1972　*Confucian China and its Modern Fate: a Trilogy*. University of California Press.

Lin, Y. S.

    1977　*The Crisis of Chinese Consciousness*. The University of Wisconsin Press.

Linton, R.

　1936　*The Study of Man*. New York: Appelton-Century.

Lynes, R.

　1954　*Highbrow, Middlebrow, Lowbrow in the Tastemakers*. New
　　　　York: Harper & Brothes.

Mannheim, K.

　1971　*From Karl Mannheim*. ed. by K. H. Wolff New York:
　　　　Oxford University Press.

Merton, R.

　1968　*Social Theory and Social Structure*, Free Press.

Nisbet, R.

　1966　*Sociological Tradition* 臺北: 虹橋。

Ogburn, W.

　1950　*Social Change*.

Pareto, V.

　1935　*The Mind and Society*. translated by A. Livingston. Harcourt,
　　　　Brace & Co.

Parsons, T.

　1951　*The Social System*, Free Press.

　1966　*Societies*; Prentice-Hall.

Parsons, T. & N. Smelser

　1956　*Economy and Society*. New York: Oxford University Press.

Rosenberg, B. & D. M. White.

　1957　*Mass Culture: The Popular Arts in America*. Glencoe, Ill:
　　　　The Free Press.

Pye, L.

　1968　*The Spirit of Chinese Politics*. Cambridge, Mass: MIT Press.

Rogers, E. M.

　　1962　*Diffusion of Innovations.* New York: The Free Press.

Rogers, E. M. & F. F. Shoemaker.

　　1971　*Communication of Innovations: A Crors-Cultural Approach.*
　　　　　New York: The Free Press.

Schutz. A.

　　1973　Collected Papers, Vo 1. I. The Hague: Martinus Nijhoff.

Shils, E.

　　1966　"Mass society and its culture," in B. Berelson and M. Jano-
　　　　　witz (ed.) *Reader in Public Opinions and Communication.*
　　　　　New York: Free Press..

　　1974　*The Intellectuals and The Powers and Other Essays.* Uni-
　　　　　versity of Chicago Press

　　1975　*Center and Periphery.* University of Chicago Press.

Weber, M.

　　1947　*The Theory of Social and Economic Organization.* Oxford
　　　　　University Press.

　　1958　*The Pretestant Ethic and the Spirit of Capitalism.* Charles
　　　　　Scriber's Sons.

我國倫理思想的演進與發展

吳　自　甦

一、五倫爲我國倫理思想的核心

中華以農立國，社會以倫理爲本位，古代中國的倫理思想，由先民已發掘之遺物可以推證，諸如仰韶文化期已表現：形成家族、男女有別、尊重婦女、孝親敬老、互助合羣。再如龍山文化期所表現：家族團結、崇拜祖先、羣生擴大、孝道益著等。再據殷代甲骨文所顯示，當時倫理文化諸如：尊祖敬宗、重視家族、政治與倫理合一，乃以此奠定我國社會發展的礎石。

據古代中國的史籍，尙書堯典所載：「克明俊德、以親九族，九族旣睦，平章百姓，百姓昭明，協和萬邦，黎民於變時雍。」最能體現中國的倫理思想：克明俊德在顯示出倫理乃以道德作爲基礎，由明德、修身以親九族。此九族乃家族和宗族，亦卽由家庭而社會、國家，百姓安居樂業、講信修睦、則協和萬邦，換言之，政治與倫理相結合而天下太平，黎民：指國人或人類，於變：在革新進步中，時雍：得以求獲安和樂利，繁榮幸福，乃至構成一幅大同社會的景象。

我國家族農業社會的形成，當在堯舜命禹治水之後。洪水爲古代中華一大問題，幸而疏導成功完滿解決，此外並無較大的外患和長期戰爭，所以古代社會雖有貴族，但無奴隸階級，乃能使倫理關係立於人各平等的觀念之上，亦很少涉及上帝、天神。五倫在古代原本是相

互對待的；倫字從人從侖、凡從侖的字，都含有「有條理、有秩序」的觀念，倫亦儕輩伯仲之意，所謂「行同倫」，卽同一倫理。而其相互關係是對待的、平等的。我國傳統的大家族制度除西周宗法外，並無嚴密的組織，家族的家長、族長甚至家天下的帝王，均不得將子民和族人視爲工具、奴隸或牛馬。古代中國的倫理思想着重在「名分」之上，正名而定分，無須有賴於神靈、宗教，而天倫——骨肉天性——亦卽人倫。「孝莫大於嚴父，嚴父莫大於配天。」人人皆涵濡於家族之中，敬老慈幼，相習成風，家族成爲一倫理社會，中國倫理思想的演進盆使華夏民族得有輝皇的發展。

尙書舜典：「帝曰：『契，百姓不親，五品不遜，汝作司徒，敬敷五敎，在寬。』」帝舜命契爲司徒敎導人民，並謂人民不能相親相愛，不能順行五種倫常之道，汝作司徒之官，敬謹布行五倫之敎，以寬和的態度，切實開導百姓。此爲我國五倫之典出，而往後孟子解釋：「使契爲司徒，敎以人倫：父子有親、君臣有義、夫婦有別、長幼有序、朋友有信。」乃使五倫成爲我國倫理思想之核心，我國文化特質乃以五倫爲重點，而羣經大義，亦以闡明倫理爲旨歸。諸如：

易經：「父父、子子、兄兄、弟弟、夫夫、婦婦，而家道正，正家而天下定矣。」（見家人卦）

書經：（已見前引「尙書」堯典及舜典）

詩經：「『妻子好合，如鼓瑟琴，兄弟旣翕，和樂且湛、宜爾室家，樂爾妻帑。』子曰：『父母其順矣乎！』」（孔子贊美「常棣」之詩）

上皆以說明齊家、治國、平天下，以及家庭和樂爲王化之基的道理。

禮經：「冠以明成人，昏以合男女，喪以仁父子，祭以嚴鬼神，鄉飲以合鄉禮，燕射以成賓主，聘合以睦邦交，朝覲以辨上下。天下

之人，盡於此矣；天下之事，亦盡於此矣。」（見「讀禮通考」）人倫為五，事類約八，各有分際、各有禮節、合禮方克盡倫。

春秋：乃藉東周二百四十二年之大事，以申尊王攘夷之義，以誅亂臣賊子之心，以明褒善貶惡之志。然春秋之所治，亦人我的關係，不外仁與義而已；以仁安人，以義正我。人倫之道固細分為五，但五倫之要亦不外人、己關係而已，春秋之事，即在修己與治人。易經有謂：「立人之道，曰仁與義。」仁、義不外事親與從兄，故又可言：「堯舜之道、孝弟而已。」

孝經：「夫孝德之本也，教之所由生也。」「夫孝天之經也，地之義也，民之行也。」論語曰：「君子務本，本立而道生，孝弟也者，其為仁之本歟！」我國儒家的倫理思想以孝弟──仁為本，乃成為中華文化的正統。

二、孔子倫理思想的焦點在「仁」

「儒」從人從需，乃一會意字，「需」含平和寬舒，無過無不及的「中道」之意，此種為人之道，亦即儒家所秉持者。先秦儒家以孔孟荀為代表，孔子倫理思想的焦點在「仁」，亦為「中道」的發揚。中的原始觀念乃悟及人與禽獸有別，不應雜交混亂，乃約定一夫一婦的倫理關係，而為文化道德生活的「造端」，由此男女基本倫理而推至父子、兄弟、朋友、君臣，此五倫「中道」之兩端，一由家而擴延至國、天下；一由反求諸己，內質向天，乃「清明在躬、志氣如神」，亦即人倫乃為天倫之意。

孔子集古代文化之大成，其倫理思想承先啟後，承先乃集古代倫理思想之大成，啟後即將古代倫理文化的結晶，有教無類的普及於民間社會，使中華倫理確立千古不拔之基。古代族制基於血緣，人與人

的關係得據親等之遠近以別親疏。再因姓氏之演變，行族外婚制，同姓者血緣不必親，異姓者血緣或轉相接近，而同姓者復因人口眾多血緣漸疏，但仍多因利害相共，聚族而居，則有宗法制度爲之聯結，益使族人尊祖敬宗、敦親睦族。蓋周代宗法：「別子爲祖，繼別爲宗，繼禰者爲小宗，有五世則遷之宗，有百世不遷之宗。」「五世而遷之宗，其繼高祖者也，故祖遷於上，宗易於下，尊祖故敬宗，敬宗所以尊祖也。」

周代所行封建與宗法相關連，封建就是分族，亦卽殖民，乃又是家族政治的擴張，使古代倫理與政治相結合者，封建制度實爲樞紐。因封建與宗法確立嫡長子繼承制，乃至父系、父權，一脈相承，使我國倫理社會更形穩定，此亦爲我國家族制度特別穩固之由來。古代倫理非但與政治相結合，且因聚族而居，生活相共，倫理道德與經濟結合爲一體。而羣體生活所共同遵守的倫理既在宗法，尊祖敬宗當講求祭禮；行封建尤重禮制，故以德爲敎，以敎爲政，以禮爲德。禮記曲禮曰：「道德仁義，非禮不成；敎訓正俗，非禮不備；分爭辯訟，非禮不決；君臣上下父子兄弟，非禮不定；宦學事師，非禮不親；班朝治軍，涖官行法，非禮威嚴不行；禱祠祭祀，供給鬼神，非禮不誠不莊。」無不顯示倫理在其中矣。

周道既衰，禮法崩潰，孔子蒿目時艱，乃提倡「仁」、「孝」作爲行爲的標準，孔子述而不作，影響後世較大者「論語」一書，重點在論仁。論語有云：「人而不仁，如禮何？人而不仁，如樂何？」「仁者，人也。」「仁遠乎哉？我欲仁，斯仁至矣。」「爲仁由己」、「己所不欲，勿施於人」；而「仁者愛人」也，故孔子的仁道，乃以愛爲動力，其目的則在利羣，曰「克己復禮爲仁」，克己在以理性抑制私欲，復禮乃在維護社會秩序。「己欲立而立人，己欲達而達人」，「修己以安

人」。春秋「正名」的思想，「君不君、臣不臣、父不父、子不子」亦
為針對當時世衰道微，所提道德倫理的判斷；尤為倫理、政治與教育
合一的原則。「政者正也」，「為政以德」，「道之以德、齊之以禮」。
「君子之德風，小人之德草，草上之風必偃」。「子率以正，孰敢不正?」
「苟正其身矣，於從政乎何有? 不能正其身，如正人何?」而「君子
務本，本立而道生。孝弟也者，其為仁之本歟! 」孝弟為倫理之本，
仁自亦為倫理之本。孔子於孝分為三個階段：即「生事之以禮，死葬
之以禮，祭之以禮。」又曰：「今之孝者是謂能養，至於犬馬，皆能有
養，不敬何以別乎?」蓋禮重內誠而外敬，不敬無禮，無禮則不成為
孝，故「道之以德、齊之以禮」實為孔子倫理思想要點之所在。「不
學禮無以立」，「興於詩、立於禮、成於樂。」「殷因於夏禮，所損益可
知也。周因於殷禮，所損益可知也，其或繼周者，雖百世可知也。」
此亦足說明，孔子倫理思想之所以為儒家傳統文化之根原所在!

三、孟子確立五倫觀念，功不可沒

　孟子言性善，在公孫丑上篇有謂：「人皆有不忍人之心」，「惻隱之
心，人皆有之；羞惡之心，人皆有之；辭讓之心，人皆有之；是非之
心，人皆有之。惻隱之心，仁之端也；羞惡之心，義之端也；辭讓之
心，禮之端也；是非之心，智之端也。」在告子篇繼謂：「仁義禮智非
由外鑠我也，我固有之也。」又曰：「人性之善也，猶水之就下也，人
無有不善，水無有不下。」善是自然，惡是不自然，此亦孔子的仁與
不仁的引伸，孟子乃以述仲尼而紹承道統自任。並屢提仁義：「仁，
人心也，義，人路也」、「居仁由義，大人之事備矣! 」進而作義利之
辨，由於「君子喻於義，小人喻於利。」（論語）於是孟子警告「上下
交征利，而國危矣! 」故其初見梁惠王時強調：「王何必曰利，亦有

仁義而已矣!」。

孟子倫理思想涉及五倫者以父子爲倫理之本，而孝尤爲實現父子之道的關鍵，孝能通上通下，完全實現父子之道，慈父卻未必有孝子。孟子曰：「大孝終身慕父母」，人不得因夫婦、君臣的關係而減少對父母之愛。蓋「事親爲大」，事親乃孝之本也。孟子言五不孝：不顧父母之養有三。至於父子責善，被認爲是賊恩之大者。對於兄弟之道，孟子則曰：「父母俱存，兄弟無故，一樂也。」兄弟一倫由父子衍生，近乎父子之道，故兄弟之間亦當以親愛爲主。但在宗法社會中，須有長幼之分：「人之所不學而能者，其良能也。所不慮而知者，其良知也。孩提之童，無不知愛其親也。及其長，無不知敬其兄也。親親，仁也。敬長，義也。」孟子言夫婦則曰，「男女居室，人之大倫也」，蓋不孝有三，無後爲大。「良人者，所仰望而終身也。」蓋古代中國，乃以男性爲中心的社會，孟子於夫婦一倫仍從俗。論君臣之道，孟子以人不可無君，並藉此以闢楊、墨，「楊氏爲我，是無君也。墨氏兼愛，是無父也。無父無君，是禽獸也。」蓋禽獸多僅知其有母不知有父；人而無父，則倫理無由建立，將何以別於禽獸? 此亦爲「人異於禽獸者，幾希? 仁義而已」。更何況「聖人者人倫之至也」（離婁上）君爲倫理之頂端，而領導人倫，尊君亦在維護倫理。至於君臣的關係在孟子的心目中是相對待的。「君之視臣如手足，則臣視君如腹心。君之視臣如犬馬，則臣視君如國人；君之視臣如土芥，則臣視君如寇讎。」（離婁下）再如「君有過則諫，反覆之而不能則去。」（萬章下）君臣的關係固然可變，惟君臣之義卻不變的。「禮貌未衰，言弗行也，則去之。」（告子下）「無罪而殺士，則大夫可以去，無罪而戮民，則士可以去。」（離婁下）君臣之間必重禮義，其倫理關係方得維持。再論朋友之道，「不挾長，不挾貴，不挾兄弟而友。友也者，友其德也。不可以有挾

也。」朋友之分合在於信，但仍以德爲貴。而擇友在責善，「以友天下之善士爲未足，又尙論古之人。頌其詩，讀其書，不知其人可乎？是以論其世也，是尙友也。」（萬章下）朋友一倫尙可兼及師道。「人之患在好爲人師」（離婁上）孟子於師之要求，嚴過孔子之「三人行，必有我師焉。」對師道之尊嚴，亦極肯定，孟子奮力衞道，闢楊、墨，亦可視之爲護衞師道，以上所述，益可見孟子對五倫觀念之確立、闡釋和發揚，於古代中國實功不可沒。

四、荀子依然闡發儒家人倫至理

荀子言性惡，「人之性惡，其善者僞也。」性爲天生，凡可學而能，可事而成之在人者全屬人爲的。換言之，善在於人之努力琢磨。人的天生惡性，諸如懶惰、放任、隨便，人在先天旣有從此惡的傾向，則必須加以糾正。荀子有謂：「故人之性，生而有好利焉，順是，故爭奪生而辭讓亡焉；生而有疾惡焉，順是，故殘賊生而忠信亡焉；生而有耳目之欲，有好聲色焉，順是，故淫亂生，而禮義文理亡焉。然則從人之性，順人之情，必出於爭奪，合於犯分亂理而歸於暴。故必將有師法之化、禮義之道，然後出於辭讓，合於文理而歸於治。」（性惡篇）荀子言性惡表面上與孟子性善論相反，但他強調師法、禮義、欲人歸於善——合於文理而歸於治，則與孟子言性善、講仁義，殊途而同歸，所以孟、荀同屬儒家。只不過荀子主張道德要在後天從社會人羣中一點一滴的經驗習練而成，善非孟子所謂先天的良知良能，要視行爲結果如何以爲斷；而據以判斷的標準，荀子所強調者卽爲隆禮。

「故人道莫不有辨，辨莫大於分，分莫大於禮。」人之所以爲人與禽獸不同者，禽獸有父子而無父子之親，有牝牡而無男女之別，而人必崇禮。「故人無禮則不生，事無禮則不成，國家無禮則不寧」

（修身篇）荀子以禮來制亂止惡，維護人羣和倫理關係，蓋「人之生不能無羣，羣而無分則爭，爭則亂，亂則窮矣。故無分者，人之大害也；有分者，天下之本利也。」（富國篇）但是尊禮守分，荀子認爲其目的並非在於抑制人的欲望，拘束人的行爲。反之，在於「養人之欲，給人之求」，故於「禮論」中有曰：「禮起於何也？曰人生而有欲，欲而不得則不能無求，求而無度量分界，則不能不爭，爭則亂，亂則窮。先王惡其亂也，故制禮義以分之；以養人之欲，給人之求，使欲必不窮乎物，物必不屈於欲，兩者相持而長，是禮之所起也。」

　　再則荀子倫理思想表現於禮者，諸如：「禮者人道之極也。」「禮有三本，天地者生之本；先祖者類之本；君師者治之本。……故禮上事天、下事地，尊祖先而隆君師。」再如禮有差等，長幼亦有差（秩），「故禮者養也，君子既得其養，又好其別，曷謂別？曰貴賤有等，長幼有差，貧富輕重皆有稱也。」荀子復強調人不能離羣，人爲社會的動物，羣居乃自然現象，故曰：「人生而不能無羣」。荀子又以爲人羣之能合作互助，有別於禽獸，故曰：「禽獸有知而無義，人有氣有知而有義……人能羣，彼不能羣也。」其「富國篇」明君臣之義：「無君以制臣，無上以制下，天下害生縱欲」，先王制禮創義，規範的目的亦即在此。惟聖人君子宜積善，故曰「積禮義而爲君子。」其實儒家認爲「人皆可以爲堯舜」，所以荀子在儒效篇中亦承認人人皆可積善，由於「塗之人百姓積善而全盡，謂之聖人。」荀子處於戰國末期，爭奪強暴，無日或已，故其倫理思想有人性惡之說，惟其「化性而曰起僞，僞起而生禮義」，依然是爲闡發儒家「父父、子子、兄兄、弟弟、君君、臣臣」的人倫至理。

五、道家並未眞正遠離倫常理則

　　道家思想在古代中國是被視爲反倫理、反社會的、反正統的；由於道家的倫理思想較孟子更重視個人，古代中國墨、法兩家則較荀子更重社羣。惟諸子皆屬中華文化，亦並未眞正遠離中國民族的倫常理則。而道墨法三家異於儒家傳統的倫理思想，乃在於道家特重朋友一倫，墨法兩家則較重君臣關係，以致父子、兄弟、夫婦屬於家庭的三項倫理，道墨法三家皆未予重視。道家老、莊，身處亂世，對社會現象、倫理關係無不從反面觀之。老子曰：「反者，道之動」，又曰：「大道廢，有仁義，智慧出，有大僞；六親不和，有孝慈；國家昏亂有忠臣。」再如：「故失道而後德，失德而後仁，失仁而後義，失義而後禮。夫禮者，忠信之薄，而亂之首也。」可見老子對仁義道德是由負面、消極的刺激所發生、形成，此種倫理思想顯然的反動的，反倫理、反社會的。惟其當春秋衰世，正統的禮義道德已不足維繫倫常秩序，故反而動之，來講道德。蓋老子並未眞正否定道德，並且尊道而貴德。諸如道德經中有曰：「道生之、物形之、勢成之。是以萬物莫不尊道而貴德。」又曰：「我有三寶，持而保之：一曰慈，二曰儉，三曰：『不敢爲天下先』。慈故能勇，儉故能廣，不敢爲天下先，故能成器長。」進而老子主張先修德於身而後及天下。故曰：「修之於身。其德乃眞；修之於家，其德乃餘；修之於鄉，其德乃長；修之於國，其德乃豐；修之於天下，其德乃普。」

　　老子的人際關係強調「知足常樂」、「無爲」、「不爭」、「以德報怨」。蓋「知足不辱，知止不殆，可以長之」，「以其不爭、故天下莫能與之爭」，「無爲而無不爲」，「爲無爲、事無事、味無味。大小多少，報怨以德」。並且「既以爲人，己愈有；既以與人，己愈多。天

之道，利而不害，聖人之道，爲而不爭」（皆見「道德經」）惟其如此
恬淡自得，不逐物慾，僅見個己，難免使人惰怠苟安，不求進取，甚
至自私自利，所謂「明哲保身」。故道家的莊子妻死，竟鼓盆而歌；於
倫常親情，幾無動於衷。老莊視君臣關係則應如朋友，交淡如水，持
以距離，蓋一則反對共同生活、羣體組織；再則欣賞「日出而作，日
入而息，鑿井而飲，耕田而食，帝力何有於我哉?」離羣自在的生活；
以致父子、夫婦的關係也應疏離。正因如此，老子絕聖棄智，絕仁棄
義，「小國寡民」的理想社會，於亂世，才被人心嚮往之，於是老子
的倫理思想對反常的社會，頗能發生清涼、樸素、撥亂返治的作用。

　　莊子和老子對社會倫理和現實人生，皆以消極、顛倒而反觀的。
「自虞氏招仁義以撓天下也，天下莫不奔命於仁義，是非以仁義易其
性與? 故嘗試論之，自三代以下者，天下莫不以物易其性矣。小人則
以身殉利，士則以身殉名，大夫則以身殉家，聖人則以身殉天下。」
（駢拇）繼謂：「天下盡殉也，彼其所殉仁義也，則俗謂之君子，其所
殉貨財也，則俗謂之小人，其殉一也，則有君子焉，有小人焉，若殘
生損性，則盜跖亦伯夷已，又惡取君子小人於其間哉!」此種貴己樂
生，不顧羣體，自然是反倫理、逆社會的。但莊子對禮義法度應時而
變之；仁義爲末，至德爲本。「大仁不仁」（齊物論）所指之「大仁」乃
爲「至德」，不仁之仁僅仁義之「德目」，亦或未能應變之禮義法度，
故曰：「仁義，先王之蘧廬也，止可以一宿，而不可久處，覯而多責。」
（天運）「及至聖人，屈折禮樂以匡天下之形，縣跂仁義以慰天下之心，
而民乃始踶跂好知，爭歸於利，不可止也，此亦聖人之過也。」（馬蹄）
於此，亦可見莊子雖評仁義，但並未廢棄仁義，僅言人如不從內心下
工夫，仁義則反成一桎梏，故有「毀道德以爲仁義」。（馬蹄）以及「
仁義又奚連連如膠漆纆索」（駢拇）之說。莊子心目中「不知說生，

不知惡死，其出不訴，其入不距，翛然而往，翛然而來」的「眞人」，必然是「獨來獨往」、「獨與天地精神往來」的。（天下篇）所以莊子的倫理思想，人與人之間必然保持相當的距離，或曰不卽不離，如是才能「逍遙自在」。

　　道家重個己，尙有楊朱的倫理學說，被孔子評爲「欲潔其身而亂大倫」（論語微子），孟子闢作禽獸者，「楊氏爲我，是無君也」（滕文公），「楊子取爲我，拔一毛而利天下，不爲也。」（盡心篇），蓋斯時「聖王不作，諸侯放恣，處士橫議」，以倡仁義自任的孟子，對楊朱之評擊乃不遺餘力，但楊朱主張「智之所貴，存我爲貴，力之所賤，侵物爲賤」，所以他反對有損於人的利己，蓋「古之人，損一毫，利天下，不爲也；悉天下，奉一身，不取也。人人不損一毫，不利天下，天下治矣。」苟如是楊朱的倫理思想，亦不無可取之處。

六、墨家主「同天下之義」，法家特重君臣關係

　　墨子重集體生活，主兼愛，一反儒家由親及疏之仁愛，認爲人間彼我之愛應無差等，亦卽彼此不分，混然集體。當兵革不休，人各圖己的戰國時期，墨子摩頂放踵而利天下，並將古代中國固有的五倫以及人際關係概以「君臣」爲之規範，以求「同天下之義」，故亦能產生重大之影響。「若使天下兼相愛，愛人若愛其身，猶有不孝者乎？視父兄與君若其身，惡施不孝。猶有不慈者乎？視子弟與臣若其身，惡施不慈。故不孝不慈亡有，猶有盜賊乎？故視人之室若其室，誰竊？視人身若其身，誰賊？故盜賊亡有，猶有大夫之相亂家，諸侯之相攻國者乎？視人家若其家，誰亂？視人國若其國，誰攻？故大夫之相亂家，諸侯之相攻國者亡有。若使天下相兼愛，國與國不相攻，家與家不相亂，盜賊無有，君臣父子皆能孝慈，若此，則天下治。」（兼愛上篇）如此倫理關係，自亦爲人生之一理想境界。惟其人性自利尙有所難免，

故兼愛實不易行之，亦正如墨子倡利他，主張義與利合一，進而言尚同：「察同之所以活者何也，國君唯能一同國之義，是以國治」，否則「人是其義而非人之義，故交相非也。」（尚同）此亦為求「同天下之義」，墨子所以被推為「鉅子」，其作用即在此。

　　墨子並主張節用、節葬、非樂，皆與其實踐苦行相關聯；主張早婚則為人口眾多，可增加生產。「禮與其奢也，寧儉」。「丈夫年二十，毋敢不處家，女子年十五，毋敢不事人，此聖王之法也。」惟墨子所處的時代，連年征戰，男女久不相見，以致人口銳減，其欲改革社會，提供勞力，仍然符合中華倫理的需求。

　　法家在古代中國以管仲、商、韓為代表，法家的倫理思想亦如墨子特重君臣關係，認為儒家所主張的人治、德治、禮治，全不合用於社會大變動的春秋戰國時期，法家所主者為「嚴刑峻法」，以懲刁頑，而正風紀，與儒家仁政思想大有出入，惟孔子仍稱贊管仲曰:「微管仲，吾其披髮左衽矣!」足見法家尊君謀國的思想，具有時代的價值。管子提倡禮義廉恥，為其倫理與政治思想的大綱；由於古代中國政治與倫理合而為一，原本有其歷史與文化的原因。牧民篇曰:「國有四維。一維絕則傾，二維絕則危，三維絕則覆，四維絕則滅。傾可正也，危可安也，覆可起也，滅不可復錯也。」繼曰:「何謂四維? 一曰禮、二曰義、三曰廉、四曰恥。禮不逾節，義不自進，廉不蔽惡，恥不從枉。故不逾節，則上位安;不自進，則民無巧詐;不蔽惡，則行自全;不從枉，則邪事不生」。四維與倫理的關係，管子的解釋:「上服度則六親固，四維張則君令行。」而四維不張，管子肯定:「國乃滅亡」。管子霸齊，張四維，乃九合諸侯，一匡天下，既富國又強兵，使中華文化因而放一異彩。管子治國細節，見五輔篇，富有濃厚的倫理格調:「義有七體，七體者何? 曰孝悌慈惠以養親戚，恭敬

忠信以事君上，中正比宜以行禮節，整齊撙詘以辟刑僇，纖嗇省用以備飢饉，敦懞純固以備禍亂，和協輯睦以備寇戎。」又謂禮有八經「曰：上下有義，貴賤有分，長幼有等，貧富有度。」皆足以明管子的倫理思想重點在禮，惟法家認爲三代以降禮敎的倫理標準，未能符合亂世的需要，必須換以政法取代，樹立公德，蓋春秋周禮式微，人民道德欠缺。「倉廩實而知禮節，衣食足而知榮辱」，這與孔子「不患寡而患不均，不患貧而患不安」的均富觀念，以及與孟子「富歲子弟多賴，凶歲子弟多暴」的指陳含義是相通的。法家重君臣關係，對道家讚美的伯夷、叔齊，視爲「彼不事天子，不友諸侯，不從人之求，是不可賞罰勸禁者也；如無益之馬，驅之不前，卻之不止，左之不左，右之不右；如此者，不令之民也。」所以法家的倫理思想與道家格格不入者，一重君道、一喜朋友，極其明顯；而管子兼儒道法三家思想，故孔子稱之曰：「微管仲，吾其披髮左衽矣!」是含有深意的!

　　秦孝公用商鞅變法圖強，而捐棄仁義倫理，商君之書則極端反對倫理道德，去疆篇有謂：「國有禮、有樂、有詩、有書、有善、有修、有孝、有弟、有廉、有辯，國有十者，上無使戰，必削至亡，國無十者，上有使戰，必興至王，國以善民治姦民者，必治至疆。國用詩、書、禮、樂、孝、弟、善、修治者，敵至必削國，不至必貧國。不用八者治，敵不敢至，雖至必卻，興兵而伐必取，取必能有之。………」儒家所重的孝、弟、善、修之倫理，商君一概否定，其主張用法以制民，雖用重刑，用殺亦在所不惜，故曰：「父子兄弟之禮，夫婦妃匹之合；內行刀鋸，外用甲兵，故時變也。……民本，法也。故善治者，塞民以法。」（盡策篇）商鞅廢棄倫理而行法治，固能使國家富強於一時，然終因招致社會之紊亂，不堪收拾。而儒家之治欲使國家迅致富強則不及法家，因此法治倫理化，換言之政治與社會、倫理與

政治相結合，則必能昌明巍巍中華。

　　韓非與李斯同學於荀子之門，列於法家，反對傳統倫理思想，認為人性利己，言行無不以利己、私己為目的。古代生活簡樸，可以德化教民，而後世生活複雜，非任法不足以圖治，故立法在求廢私，「道利者亂，道法者治。」因此韓非強調公私必須分明：「禁主之道，必明於公私之分；明法制，去私恩。夫令必行，禁必止，人主之公義也。必行其私，信於朋友，不可為賞勸，不可為罰沮，人臣之私義也，私義行則亂，公義行則治，故公私有分。人臣有私心，有公義。修身潔白，而行公行正，居官無私；人臣公義也。污行從欲，安身利家；人臣之私心也。明主在上，則人臣去私心、行公義。亂主在上，則人臣去公義，行私心，故君臣異心，故曰：公私不可不明，法禁不可不審。」（飾邪篇）此亦可見法家特重君臣一倫，而政治亦在去私不及朋友，更不可因私害公，或假公而濟私。至於韓非反對仁愛，賊義寡恩，法家思想不為國人所喜者，實在於反倫理之一面，蓋其「六反篇」曰：「明主知之，故不養恩愛之心，而增威嚴之勢。故母厚愛處，子多敗，推愛也；父薄愛教笞，子多善，用嚴也。」「今家人之治產也，相忍以飢寒，相強以勞苦，雖犯軍旅之難，饑饉之患，溫衣美食者，必是家也；故法之為道，前苦而長利；仁之為道，偷樂而後窮。……聖人權其輕重，出其大利；故用法之相忍而棄仁人之相憐也。」韓非由「任法去私」而「慘礉少恩」，戕賊人性，背棄倫常，其己身終「亡於非命」。

七、漢代儒學環繞五倫而演進

　　諸子百家理論學說，為中華古代思想的黃金時代，其中尤以儒家、道家、墨家、法家為代表，漢唐以降至宋明，允為我國文化中古時期，倫理思想間或有放異彩者，亦未曾逾越前述諸家之範疇，亦即環繞五

倫而演進，惟其重點有所不同耳。

漢初經學六藝內容擴充，「易著天地陰陽四時五行……禮經紀人倫……書記先王之事……詩記山川谿谷禽獸草木牝牡雌雄……樂樂所以立……春秋辯是非…」（史記司馬遷自序）其中綱紀人倫者為周禮、儀禮、禮記；禮記尤涵更豐富的倫理思想，以禮運篇大同章為其代表：「大道之行也，天下為公，選賢與能，講信修睦。故人不獨親其親，不獨子其子；使老有所終，壯有所有用，幼有所長，鰥寡孤獨廢疾者皆有所養。男有分、女有歸。貨惡其棄於地也，不必藏於己；力惡其不出於身也，不必為己。故謀閉而不興，盜竊亂賊而不作，故外戶不閉，是謂之大同。」禮記大學篇有云：「……欲治其國者，先齊其家；欲齊其家者，先修其身，欲修其身者先正其心；……意誠而後心正，心正而後身修，身修而後家齊，家齊而後國治，國治而後天下平。」此皆顯示家、國倫理以及個人與政治的關係。

漢初儒家地位並未穩固，而流行刑名法家之言，兼富黃老道家思想繼承先秦，學派計分陰陽、儒、墨、名、法、道德諸家，惟儒者「列君臣父子之禮，序夫婦長幼之別，雖有百家弗能易也。」（司馬談「六家要旨」）亦卽漢初歷經秦亂而求休養生息，「崇道輕儒」，以圖無為而治。惟由文景之治，至武帝則終於罷黜百家而「尊經崇儒」，使儒家的倫理思想取得中華文化正統的地位。

此際要以董仲舒為關鍵人物，其所著「春秋繁露」論天、人與倫理關係：「人本於天，天亦人之曾祖父也；此人之所以上類天也……人之德行，化天理而義；人之好惡、化天之暖晴；人之喜怒，化天之寒暑；人之受命，化天之日時；…故曰，受由天之號也。為人主也，道莫明，省身之天，如天出之也，使之出也。」（為人者天）是故「行有倫理，副天地也」。這種「天人合一」，將人道天道化，天體人體化，

再使倫理與政治相結合，政治以倫理爲基礎，倫理賴政治以推行。較具體的措施則有設五經博士，產生教育的功能，使其成爲倫理思想的傳布者；於社會則舉孝廉，藉以移風易俗，使人崇孝，培養民德。蓋「性者天質之樸也，善者王教之化也，無其質，則王教不能化，無王教，則質樸不能化。」（春秋繁露實性第卅六）

倫理和政治既與天道合，則王道之三綱，亦可求之於天，演成三綱五常之說，此亦爲董仲舒的思想之推演。而天之運行靠陰陽，陰陽相對又相合，故曰：「陰者陽之合，妻者夫之合，子者父之合，臣者君之合，物莫無合，而合各有陰陽。陽兼於陰，陰兼於陽，夫兼於妻，妻兼於夫。父兼於子，子兼於父，君兼於臣，臣兼於君。君臣父子夫婦之義，取諸陰陽之道，君爲陽、臣爲陰。父爲陽、子爲陰，夫爲陽、妻爲陰。陰道無所獨行，其始也不得專功，其終也不得分功。有所兼之義，是故臣兼功於君，子兼功於父，妻兼功於夫，陰兼功於陽，地兼功於天。」（春秋繁露基義五十三）由於陰道不能獨行，須以陽爲綱，於是君、父、夫乃爲三綱，換言之，強調倫理中之君權、父權、夫權，這在古代儒家倫理思想中未曾特別加重者；而五常之說，則受五行之影響，「夫仁義禮知信，五常之道，王者所當修飭也，王者修飭，故受天之祐，而享鬼神之靈，施德於外，延及羣生也。」（前漢書董仲舒傳）五常與五行配合，蓋以義爲金、仁爲木、禮爲水、知爲火、信爲土，以致倫理與政治帶有宗教神秘的色彩，與儒家正統的思想並不相符。

賈誼主張重德尚禮，其倫理思想認爲非天之所爲，乃人之所設，尤重管子禮義廉恥四維之論，乃云：「夫立君臣，等上下，使父子有禮，六親有紀，此非天之所爲，人之所設也。……秦滅，四維而不張，故君臣乖亂，六親殃戮，姦人並起，萬民離叛，凡十三歲而社稷爲虛。今四維猶未備也，故姦人幾幸，而眾心疑惑。豈如今定經制，令君君

臣臣，上下有差，父子六親各得其宜，姦人亡所幾幸，而羣臣衆信，上不疑惑，此業壹定，世世常安，而後有所持循矣。」（前漢書賈誼傳）賈誼論禮謂：「禮者自行之義，養民之道也。」「夫禮者禁於將然之前，而法者禁於已然之後，是故法之所用易見，而禮之所爲者難知也。」故法不如禮有益於社會人羣，而德教倫理則優於法令刑罰。「世主欲民之善同，而所以使民善者或異。或道之以德教，或歐之以法令。道之以德教者，德教洽而民氣樂，歐之以法令者，法令極而民風衰；哀樂之感，禍福之應也。」

　　再如劉安以仁義禮樂爲救世之本。「夫仁者所以救爭也，義者所以救失也，禮者所以救淫也，樂者所以救憂也。……是故德衰然後仁生，行沮然後義立，和失然後聲調，禮淫然後容飾。是故知神明，然後知道德之不足爲也，知道德，然後知仁義之不足行也；知仁義，然後知禮樂之不足儕也。」（淮南子本經訓）固承老子思想，惟其人間訓有云：「性情恬愉，人之性也。儀表規矩事之制也。知人之性，其自養不勃；知事之制，其舉錯不惑。」則讚美以禮制事，又與老子以禮爲亂之首，大相異趣。劉安又主張法與時變，禮與俗化，故其倫理思想似近法家。此後揚雄著法言，而尊道統崇孝，以堯舜文王爲正道，強調孝爲至德。「孝至矣乎，一言而賅，聖人不加焉。父母、子之天地與，無天何生，無地何形。天地裕於萬物乎？萬物裕於天地乎？裕父母之裕不裕矣。事父母自知不足者，其舜乎。不得而久者，事親之謂也。」（法言孝至篇）

　　賈誼先於董仲舒，其倫理思想與劉安、揚雄等的影響皆不及仲舒。此下魏晉南北朝政治盒形混亂，文化敗蔑不已，思想眞空，清談成風，佛教乘虛而入，乃至儒道釋三家並立，自中華倫理文化的發展觀之，此爲最低沈的黑暗時期。

八、魏晉南北朝，中華倫理仍維繫於不墜

　　清談之風由王弼、何晏開端，竹林七賢繼後，宗老莊而不受禮法的拘束，或佯狂圖避亂世之災禍，彼輩蔑棄禮法、企求自由，但卻未曾非孝；諸如阮籍、嵇康皆以孝行見稱，蓋孝爲中華倫理文化之本。「……思報德兮邈已絕，感鞠育兮情剝裂。嗟母兄兮永潛藏，想形容兮內摧傷。感陽春兮思慈親，欲一見兮路無因。望南山兮發哀歎，感机杖兮涕汜瀾。念疇昔兮母兄在，心逸豫兮壽四海。……慈母沒兮誰予驕，顧自憐兮心忉忉。訴蒼天兮天不聞，淚如雨兮歎靑雲。……」（嵇康思親詩）此亦見在黑暗的社會中，所流露的人性光明之一面。此外與道家思想略有淵源之道敎起於後漢，如晉葛洪鑽研神仙之說，認「道者儒之本，儒者道之本」；復以唯有實踐儒家倫理思想，方克入道成仙，故神仙亦信奉忠、孝、和、順之倫理。道敎雖不及佛敎思想對中華倫理文化衝擊之大，但道敎於民間流傳滋長，並不視爲道家之一別派，甚而與佛敎相抗衡。

　　印土佛敎於漢明帝時輸入，至晉末始盛，佛主慈悲與儒家倡仁相近似，惟其破壞倫理，則遭受排斥，蓋因出家爲僧，必然「下棄妻孥，上絕宗祀」，此爲儒家之大忌。佛敎「入家而家破，使父子殊事，兄弟異法，遺棄二親，孝道頓絕。憂娛各異，歌哭不同，骨肉生讎，服屬永棄，悖仁犯順，無昊天之報。」（張融三破論）更何況「入國而國破」、「入身而身破」。儘管僧者慧遠解說佛徒雖變服遯世，如一人得道，六親受益，天下被澤而無妨忠孝，但並不爲國人所鑒諒；惟其佛敎中國化，諸如允許居士信仰，無須出家變服，復可維持倫理生活，方爲國人普遍接納，而成爲博大莊嚴的倫理和人文。漢儒以「王者配天」，復因人能「內聖外王」，故人人皆可成爲「王者」，以致人人皆可「配

天」。佛教理論明示人皆有佛性，人人皆可成佛，惟配天或成佛，決非先天而然，卻有賴於個己之修身修行，或明經通經、或博學宏道、或明心見性、或自性菩提。迨至南北朝中華倫理仍得維繫不墜者，世家大族貢獻尤多。顏之推所著「家訓」，重視親族倫理，闡明對待關係。「夫風化者自上而行於下者也，自先而施於後者也。是以父不慈則子不孝，兄不友則弟不恭，夫不義則婦不順矣。父慈而子逆，兄友而弟傲，夫義而婦陵，則天之凶民，乃刑戮之所攝，非訓導之所移也。」（顏氏家訓治家第五）之推復言「禮爲教本」，師保則在明孝仁禮義之導習。儘管南北朝社會紊亂，民不聊生，惟其孝弟之本仍能在民間固守堅持，中華倫理亦得面對外來宗教和異族橫逆之考驗。至隋唐統一，中古時代我國倫理思想經過這段綜合化成的發展，憑藉南北文化的交流融通，而開啟唐宋兩代的新氣象。

九、韓愈衞道，宋儒使儒家倫理薪火相傳

隋朝輕視教化，當政者亦不知倫理爲政治與文化的安定力，於倫理思想無甚建樹。唐代科舉，以明經取士，五經乃中華倫理思想之淵源，韓愈以衞道者自命。「曰：『斯道也，何道也？』曰：『斯吾所謂道也，非向所謂老與佛之道也。』堯以是傳之舜，舜以是傳之禹，禹以是傳之湯，湯以是傳之文武周公，周公傳之孔子，孔子傳之孟軻，軻之死，不得其傳焉！」（原道）「周道衰，孔子沒，火於秦，黃老於漢，佛於晉魏梁隋之間。其言道德仁義者，不入於楊則入於墨，不入於老，則入於佛，入於彼必出於此，入者主之，出者奴之，入者附之，出者汚之……」韓愈「原道」解釋仁義道德：「博愛之謂仁，行而宜之之謂義，由是而之焉之謂道，足乎己無待於外之謂德。仁與義爲定名，道與德爲虛位，故道有君子小人，而德有凶有吉。……凡吾所謂

道德云者，合仁與義言之也，天下之公言也。老子之所謂道德云者，去仁與義言之也，一人之私言也。」韓愈闢佛因其反倫理毀家庭，「夫佛本夷狄之人，與中國言語不通，衣服殊製，口不言先王之法言，身不服先王之法服。不知君臣之義，父子之情……」（論佛骨表）爲求免於傷風敗俗，韓愈乃闡揚道德，繼承道統，其對倫理道德的維護，意義重大。韓愈原性篇論性情，立意爲調和孟、荀、楊三家的歧見。「性也者與生俱生也，情也者接於物而生也。……性之品有上中下三，上焉者善焉而已，中焉者可導而上下也，下焉者惡焉而已矣。其所以爲性者五，曰仁、曰禮、曰信、曰義、曰知。……情之品有上中下三，其所以爲情者七，曰喜、曰怒、曰哀、曰懼、曰愛、曰惡、曰欲。」亦卽演釋孔子上智與下愚不移之旨，韓愈尤推崇大學、孟子，使儒家的倫理思想得薪火相傳，光大不已。

宋代新儒學乃以中華傳統經學爲父，佛學中國化爲母，所產生的理學，含有恢復先秦諸子眞面目所謂復古之意，又有繼承韓愈原道之說而繼孟子之正統，並採納道家、佛家的理論而融納之、創新之。再者亦承唐末五代之亂，社會墜落，人心敗壞，天地閉、賢人隱，君不君、臣不臣、父不父、子不子、天理泯滅，倫常乖戾的歷史教訓，而自覺肯定理性、人倫，「去人欲、立人極」，求安身立命，開萬世太平。宋初理學創始於邵、周、張諸子，確立於程氏兄弟，至南宋朱子集其大成。

邵雍（康節）著觀物內外篇，認萬物爲一物之物，人爲兆物之物，而聖人爲兆人之人。聖人「能以一心觀萬心，一身觀萬身，一物觀萬物，一世觀萬世者也。」又曰：「以物觀物，性也；以我觀物，情也。性公而明，情偏而晦」，以奠立程朱「存天理，去人欲」理論之初基。其倫理思想一本「天地之道備於人」，並以天人合一之境爲至善。而

修爲之功則偏重內向，「人心重內，內重則外輕，苟內輕必外重，好
利好名，無所不至。」（觀物外篇）。周敦頤（濂溪）人極之說乃相當於
邵子所謂兆人之人的聖人，「聖可學乎？曰，可……」「無欲則靜虛
動直。靜虛則明，明則通；動直則公，公則溥。」（通書聖學篇）周子太
極圖說，含其哲學思想與倫理思想。「無極而太極，太極動而生陽，
動極而靜；靜而生陰。靜極復動；一動一靜，互爲其根，分陰分陽，
兩儀立焉。……五行，一陰陽也；陰陽一太極也；太極，本無極也。
……聖人定之以中正仁義，而主靜，立人極焉。故聖人與天地合其德，
日月合其明，四時合其序，鬼神合其吉凶。君子修之吉；小人悖之凶。
故曰立天之道曰陰與陽，立地之道曰柔與剛，立人之道曰仁與義。…
…」（太極圖說）仁義爲濂溪倫理思想之核心，顯依孟子，另加中正二
字，以立人極，於其通書又云：「聖人之道，仁義中正而已矣。守之
貴，行之利，廓之配天地，豈不易簡耶，豈爲難知，不守、不行、不廓
耳。」聖人之所以主靜，蓋人性本善，人之本性爲誠，誠乃五常之本，
百行之源，　而當感於外物則分善惡，　主靜則求保人之本性，亦復可
「明通」盡倫也。

　　張載（橫渠）主張天地萬物爲一體，其倫理思想見諸「西銘」一
文。「乾稱父、坤稱母，予茲藐焉，乃混然中處。故天地之塞吾其體，
天地之帥吾其性。民吾同胞，物吾與也。大君者吾父母宗子，　其大
臣，宗子之家相也。尊高年所以長其長，慈孤弱所以幼吾幼，聖其合
德，賢其秀也。凡天下疲癃殘疾，惸獨鰥寡，皆吾兄弟之顚連而無告者
也，于時保之，子之翼也，樂且不憂，純乎孝者也。……」天地宇宙
旣爲我之父母，我應以事父母之孝道以事之。同時天下之人皆如兄弟，
天下之物皆如同類，則我應以待兄弟、待同類之友善待之。惟此種一
視同仁之孝友，仍有別於墨家所主張的兼愛，蓋人物之生，血脈之屬，

各親其親、各子其子，若謂愛無差等，顯然是有違人性和倫理的。

十、程朱陸王的倫理學說，殊途而同歸

二程（顥、頤）學說見諸二程遺書，大程（明道）溫厚，小程（伊川）嚴正。明道認天理或理乃一種自然趨勢，不離事物而獨存。伊川之「理」則與「氣」相對立。明道主張內外兩忘，似中國化的佛教禪宗，伊川特重「窮理」，認窮理與盡性、致命無殊；人生道德之目的亦在此。明道以為「學者必先識仁，仁者渾然與物同體，義禮智信皆仁也。」又謂：「仁者以天地萬物為一體。」其「識仁篇」視仁與性亦為一體，並認為天地之大德曰生，人性稟於天，故生之謂性，順此生理為仁，符合自然的趨勢；反之卽為惡，惡卽違反自然。明道復據中庸致中和之說，以中為天下之大本，無過不及是中，亦是善。「天下善惡皆天理，謂之惡者本非惡，但或過或不及便如此，如楊墨之類。」楊墨有偏差、反自然；儒家主中道，中道為中華倫理思想的正統，明道為宋儒之重鎮，其理在此。

朱熹（晦庵）本伊川「涵養須用敬，進德在致知」之教，以居敬窮理為修養的最要工夫，而窮理在格物致知。朱熹重視五倫，其白鹿洞書院學規所示：「父子有親、君臣有義、夫婦有別、長幼有序、朋友有信。……右五教之目，……學者學此而已。」倫理之實踐仍在修身齊家，「修諸身者，其色莊，其言厲，其行舒而恭，其坐端而直。其閒居也，未明而起，深衣幅巾方履，拜於家廟以及先聖。……威儀容止之則，自少至老，祁寒盛暑，造次顛沛，未嘗須臾離之也。」「行於家者，奉親極其孝，撫下極其慈，閨庭之閒，內外斬斬，恩義之篤，怡怡如也。其祭祀也，事無纖鉅，必誠必敬，小不如儀，則終日不樂。已祭無違禮，則油然而喜。死喪之禮，哀戚備至，飲食衰絰，各稱其

情。賓客往來，無不延遇，稱家有無，常盡其歡。於親故雖疏遠，必
致其愛。於鄉閭雖微賤，必致其恭。吉凶慶弔，禮無所遺。睏邮問遺，
思無所闕。其自奉則衣取蔽體、食取充腹，居止取足以障風雨，人不
能堪，而處之裕如也。」此爲「宋元學案」中所記述朱子修身齊家的實
況，在我國傳統社會的家庭，則每以此作爲爲人處世的規範，亦卽爲
中華倫理思想最佳之表徵。朱子所處的時代，內而奸黨充斥，外而暴
寇猖獗，自不能不深感於人心之惟危、人欲之橫決，故視克己復禮與
爲仁由己相並重。晦翁之四書集註，使四書成爲儒家倫理思想之精華，
亦爲士子國人所必讀之書。我國中古時代倫理思想的發展，至此堪稱
登峰而造極；蓋四書與朱子家禮等書且傳播於海外，影響亦久遠也。

　陸王與程朱，殊途而同歸；陸九淵（象山）認爲「心卽理也」，天
理與人心並非二事，無所謂「道心」與「人心」之對立。其全集強
調：「收拾精神自作主宰，萬物皆備於我，有何欠缺？」而仁卽此心
此理。天地之理卽全賦於人心，故曰「心卽理」。故曰：「宇宙內事，
乃己分內事。己分內事，乃宇宙內事。」（雜著）而此由天地賦予人心
之理，乃爲實理，亦卽倫理；蓋倫理以身心家國天下之所當然者爲內
容，所以理之本身，卽涵有身心家國天下之實事，「此理苟明，自有
實行，自有實事，德則實德，行則實行」，此德所行亦卽辨義利之倫理
道德，象山更有名言，「吾雖一字不識，也當堂堂正正地做個人」，此
人乃係實踐倫理而心安理得，「爲人自當盡人道」之人也。

十一、明代王學使中華倫理放一異彩

　南宋祚亡，蒙古入主華夏，元代社會分爲十色，而「九儒十丐」，
儒者介於娼、丐之間，其地位之低落，人格之受誣衊，亦代表傳統文
化與倫理道德之遭受摧殘。惟當蒙古欲鞏固政權，乃恢復科舉取士，

則終臣服於中華文化，四書五經得以流傳，民間書院、私塾課徒傳道，倫理文化在艱危中委曲求伸，而維繫不絕。明代倫理思想恪守正軌，其淵源乃四書五經和宋代理學。王守仁（陽明）承象山之說，倡知行合一，致良知、化理學爲心學，而使中華倫理放一異彩奇葩，亦爲開啟近代倫理思想之一關鍵。

　　陽明解釋格物致知爲「知善知惡是良知，爲善去惡是格物」。於傳習錄有謂：「心之所發便是意，……意之所在便是物。意在於事親，事親便是一物；……意在於仁民愛物，仁民愛物便是一物；意在於視聽言動，卽視聽言動便是一物。」但「凡意會之發，吾心之良知無有不自知者。其善歟，惟吾心之良知自知之；其不善歟，吾心之良知亦自知之。」故陽明認爲「良知乃吾師」，又謂「良知卽是易，其爲道也屢遷，變動不居，周流六虛，上下無常，剛柔相易，不可爲典要，惟變所適，此如何捉摸得，見得透時，便是聖人。」因此良知則較道、佛之虛，尤爲玄妙，但卻近似中庸解說的「誠明」，蓋「良知是天理之昭明靈覺處，故良知卽是天理」，因此我人果能「於良知之善惡者，無不誠好而誠惡之，則不自欺其良知，而意可誠也已。」（大學問）正因如此，「良知只是個是非之心，是非只是個好惡，只好惡就盡了是非，只是非就盡了萬事萬變。」傳習餘中尤明解如何克致良知，良知之致，卽在去蔽，復體。「七情順其自然之流行，皆是良知之用，不可分別善惡。但不可有所著，七情有著，俱謂之欲，俱爲良知之蔽。然纔有著時，良知亦自會覺，覺卽蔽去，復其體矣。」因而致良知的關鍵亦在自覺也。

　　陽明知行合一的學說亦見之於傳習錄，「天下之大亂，由虛文盛，而實行衰也。」知行的關係在陽明心目中：「知是行的主意，行是知的

功夫；知是行之始，行是知之成。若會得時，只說一個知，已有行在，只說一個行，已自有知在。」傳習錄答問「知行合一」曰：「今人學問，只因知行分作兩件，故有一念發動，雖是不善，然都未便行，便不去禁止。」陽明之知行合一卻在「正要人曉得一念發動處，便是行了，發動處如有不善，就將這不善的念克倒了，須要徹根徹底，不使那一念不善潛伏在胸中。」

　　陽明之倫理觀尤在「心安理得」，「怕父子累，卻逃了父子；怕君臣累，卻逃了君臣；怕夫婦累，卻逃了夫婦；都是為個君臣父子夫婦著相，便須逃避。如吾儒有個父子，還它以仁；有個君臣，還它以義；有個夫婦，還它以別；何曾著父子君臣夫婦的相。」由於墨家兼愛，反不得謂之仁；佛家平等，反不得謂之義；儒家但求心安理得在，既還它以仁、以義、以別，則倫理無須著相，即存之於君臣、父子、夫婦之間矣。惟其「人生大病只是一傲字。為子而傲必不孝，為臣而傲必不忠，為父而傲必不慈。為友而傲必不信……人心本是天然之理，精精明明，無纖介染著，只是一無我而已，胸中切不可有我，有即傲也。……無我故能謙，謙者眾善之長，傲者眾惡之魁。」故謙謙君子乃能捨己利羣、博施濟眾，此亦為中華文化的高超境界。總之，宋明理學對近代倫理思想的開展，其影響是既深且劇的。

十二、滿清漢化，儒家倫理思想深入民間

　　清朝滿人當政，較元蒙更為漢化，由於清廷推行中國文化，儒家倫理思想亦普遍深入民間社會。清初諸大儒如黃宗羲（梨洲）、顧炎武（亭林）、朱之瑜（舜水）王夫之（船山）等皆以肩負傳統文化為己任，義不事清，志在匡復。炎武之倫理思想注重己有恥，孝弟忠信。舜水則亡命海外，將陽明之學傳播至日本。再如顏元（習齋）提倡六府

三事三物四教，以期實用益世。「六府卽水火金木土穀；三事指正德利用厚生；三物指六德、六行、六藝。六德爲知仁聖義忠和；六行是孝友睦婣任郵；六藝爲禮樂射御書數。四教是文行忠信。」(存治篇) 由此足以顯示儒家傳統的倫理思想，習齋與其門人李塨（恕谷）同倡實踐力行，反對宋儒「養心必養爲無用之心，修身必修爲無用之身」，而強調「正其誼以謀其利，明其道而計其功。」言雖稍嫌偏激，但乃係對宋儒視情欲皆爲罪惡，所作的補偏救蔽之一「反應」。

　　清代的倫理思想，尚有「朱子家訓」值得一提者，朱純（柏盧）著「治家格言」，明修齊之道。由「黎明卽起，灑掃庭除要內外整潔」開端，至「守分安命，順時聽天，爲人若此庶乎近焉」爲止，通篇指點如何將五倫之實踐，落實在己身、家庭和處世之上，雖非高深理論，但卻通俗平實，其中以「倫常乖舛，立見消亡」最足警世醒人。蓋人間大不祥之事，莫甚於倫常之乖舛。凡水火盜賊訟獄諸端，足以破壞家庭者，皆可防避，惟獨至一家骨肉自相仇讎，便如病入膏肓，則不可救藥，而此「家訓」流傳今日，諸如：「自奉必須儉約，宴客切勿流連。」「奴僕勿用俊美、妻妾切忌艷妝。」「祖宗雖遠，祭祀不可不誠，子孫雖愚，經書不可不讀。」「居身務期質樸，教子要有義方。」「與肩挑貿易，毋佔便宜；見貧苦親鄰，須多溫郵。」「兄弟叔姪，須分多潤寡；長幼內外，宜法肅辭嚴。」「嫁女擇佳婿，毋索重聘；娶媳求淑女，勿計厚奩。」「施惠無念，受恩莫忘。」「見色而起淫心，報在妻女；匿怨而用暗箭，禍延子孫。」「家門和順，雖饔餐不繼，亦有餘歡；國課早完，雖囊橐無餘，自得至樂。」等格言，民間正人君子，無不樂於接受而奉作爲人處世之圭臬；卽使進入民國，農村社會的鄉人士子，仍多頌法而用爲社會人際關係的主要規範，亦卽人生價值的判斷標準，和倫理思想的發展模式。

十三、五四新文化運動得不償失

　　中華倫理思想表現於堯典與契作五倫之教，迄今四千一百餘年。「克明俊德，以親九族，九族既睦，平章百姓，百姓昭明，協和萬邦」，乃闡明團結家族為治理百姓、維護邦國的基礎；五倫之教則闡明倫常為教化的基礎。此種觀念逐漸演進至孔子乃集其倫理思想之大成。隨着儒家思想的發展，五倫成為二千餘年來我國社會的傳統觀念，作為維繫人際關係的主要準繩。而我國以農立國，由秦漢至清代的農業社會，及其以家族為中心的生活方式，其間雖有政治上的「治亂興衰」循環不已，但社會的本質始終未變，家族組織和倫理觀念實有其安定社會的力量。西方文化對我國之衝擊於清末更形劇烈，太平天國所假藉的西方宗教，用來摧殘傳統的倫理道德，曾國藩率湘軍子弟兵平亂，乃代表中華文化之勝利。然清廷復既知應付以鴉片戰爭開其端之西方帝國主義者的堅甲利兵，非變法不足以圖存。康梁之君主立憲（維新）失敗，國父孫中山先生之民主立憲，國民革命運動成功；鼎革以還，我國政治社會文化益受西方文化之影響，（五四）新文化運動以英美式之科學、民主為口號，批判中華傳統文化，提倡婦女「解放」、自由戀愛，乃致反抗家庭；而傳統倫理道德規範一旦大受衝擊而瀕於瓦解，流風所及，社會文化思想則一面鄙棄儒家學術文化精神，一面崇拜西方新思想、新思潮和物質文明。至於馬列主義共產黨則自命為西方近代資本主義之文化的批判與否定者，卅年代的中國知識分子誤認共產主義為西方最新的思想，並適合於我國近百年來對西方帝國主義侵略與資本主義文化衝擊之反應，復與中華傳統文化中均富大同的意識可能相應。西化乎？俄化乎？當茲赤流汜濫、神州陸沈，整個大陸為中共所竊據，中華文化和社會竟受俄式馬列主義所控制，毛共由否定家

庭以消滅民族；行「新婚姻法」來廢棄倫理，並以階級鬥爭，廢除私有財產作偏激手段。因此共黨始終指認家庭、婚姻制度、父子關係，乃至國家民族，無一不是由私有財產所形成的社會制度，必須一律摧毀，才可能實現其由社會主義到共產主義之路。卅年來中共竭力消滅家庭、父子關係；否定倫常、滅絕人性，由「人民公社」暴政，到「文化大革命」，顛倒乾坤、暗無天日，幾陷民族於萬刼不復的困境。

十四、中共利用知識分子，造成時代悲劇

回溯民國初年倡導全盤西化或力求西化者，未甚明瞭科學、民主在西方社會的正、負價值，亦不太明白社會變遷的基本原理❶，致使一些知識份子行為失却原則，生活漫無準繩；先賢以淫慾過度為破壞倫理道德的罪魁，所謂「萬惡淫為首」之說，彼輩則故唱反調；先聖以孝慈為齊家之道、忠義為治國之本的格言，原為傳統文化精神所寄，彼等則狂呼「打倒孔家店」，妄肆詆毀，以為要西化就非須破壞傳統倫理不可。於是數年之間，此種「新潮」所趨，幾於風靡全國。接着就是這些自命進步的知識分子所提倡的仇孝、反封建、反家庭及非宗教思想，乃暗合共黨造亂之策略，渠等甚而甘心作共黨叛國之前鋒。卅年代的知識分子凡被共黨所利用者，卅二年來陷身大陸，已飽嘗其自造之惡果，亦屬時代之悲劇。

中央政府播遷臺灣復興基地，痛定思痛，檢討反省，覺悟「有道德始有國家」。因為　國父中山先生講演三民主義，卽曾告知國人：「凡一個國家所以能够強盛，繼之以種種文化的發揚，便能成功。但是要維持民族和國家的長久地位，還有道德問題，有了很好的道德，

---

❶　關於「社會變遷」，請參閱業師孫本文先生著「社會學原理」第五編「社會變遷與社會進步」。（商務）

國家才能長治久安。」　國父勉勵國人恢復固有的道德,要講求「忠孝仁愛信義和平」,指責「一般醉心新文化的人,排斥舊道德」,他們「以爲有了新文化,便可以不要舊道德,不知道我們固有的東西,如果是好的,當然要保存,不好的纔可以放棄。」　國父又曾指陳國人只知有家族主義和宗族主義,而沒有國族主義。因此他提倡由家族主義擴充到國族主義。蓋民國初年的知識分子每每對家族觀念和鄉土觀念,認爲是封建的、落伍的,　國父則認爲這兩個觀念實在可作爲恢復民族主義的基礎,亦爲擴大倫理的一種高超思想,非常適合國家民族的需要。換言之,　國父對中華傳統的倫理道德是肯定的,確認是應該恢復的。

先總統蔣公闡釋倫理曰:「倫就是類,理就是文理,引伸爲一切有條貫,有脈絡可尋的條理,是說明人對人的關係。這中間包括分子對羣體的關係,分子與分子間相互的關係,亦卽是個人對於家庭、鄰里、社會、國家和世界人類應該怎麼樣,闡明他各種關係上正當的態度,訴之理性而定出的行爲標準。倫理與法制不同,就是倫理是從人類本性上啟發人的自覺的。」(政治的道理)在復興基地的臺灣,中華文化復興運動於紀念　國父百年誕辰時所發起,旣針對中共之「文化大革命」,復強調三民主義的本質在倫理、民主、科學。蓋自清末維新運動、自強運動,以及入民國後之新文化運動、中國本位文化運動、新生活運動、民族復興運動等,惜乎俱未能使國家民族步入正軌,反而受到赤色帝國主義侵略,退守寶島,保存國脈一線。而今欲復興民族、挽救大陸沉淪,唯有復興中華文化、實踐固有道德,貫澈三民主義,掃除共產邪惡,庶幾有多。

在「三民主義的本質」講詞中,　蔣公認爲倫理爲民族主義的立足點,民族主義乃是倫理高度發揚的結果。由此,「我們就可以了解我

們的民族精神和倫理道德的可貴，因爲他是以仁愛爲基礎的。雖然忠孝仁愛信義和平的八德，都是倫理道德的準繩，而禮義廉恥的四維，亦皆是倫理道德所表現的具體行爲。」蔣公又認爲四維八德包括在仁愛的範疇之內，所以「一個人只要能夠行仁，能夠汎愛，就一定懂得忠孝，懂得信義與和平爲可貴的，所謂『未有仁而遺其親者也』，就是這個道理。」正因具有如此深厚的倫理思想，所以　蔣公才確信民族主義乃以倫理爲立足點，而仁愛則爲我們民族倫理所發揮的極致，行仁的最高理想，亦卽在於以建民國，以進大同。

　　「中山樓中華文化堂落成紀念文」乃爲中華文化發展史上的重要文獻，亦爲　蔣公倡導倫理與科學、民主相結合的當代新倫理思想的契機。　蔣公昭示：「國父發明三民主義，以繼承我中華民族之道統爲己任；乃使我五千年民族文化歷久而彌新。蓋我中華文化之精華，盡擷於此也。是以　國父謂『有道德始有國家，有道德始成世界』，此卽民族倫理道德『壹是皆以修身爲本』之秉彝也。又謂『余之民權主義，第一決定者爲民族』，此則民爲邦本思想之發皇也。又謂『凡事皆要憑科學道理，纔可以解決，纔可以達到圓滿目的』，此乃『建設之首要在民生』——而民生日用必需，不可或缺者，莫過於食、衣、住、行、育、樂六者，故　國父特以此六者科學化之建設，爲使民富且壽之張本也！且以語於中華文化『盡己之性』之義，非倫理與道德歟？以語於『盡人之性』之義，非民主與自由歟？以語於『盡物之性』之義，非科學與建設歟？故余篤信倫理、民主、科學，乃三民主義思想之本質，亦卽中華民族傳統文化之基石也。蓋　國父建國之道，乃以倫理爲誠正修齊之本；以民主爲福國淑世之則；以科學爲正德、利用、厚生之實；是以三民主義之思想，乃以天地萬物一體之仁爲中心，卽所謂性之德也，合外內之道也，故時措之宜也。」

十五、蔣公領導復興中華文化運動

　　潘重規教授爲人文學社講述四書時，曾比喻孔子思想乃如恒星太陽，無論白晝或黑夜、風雨或陰晴，太陽依舊是太陽。孔子仁愛思想所代表者爲人性，凡欲打倒孔子者即已先打倒其自己。因此中共「文化大革命」批孔，事實證明已徹底失敗，蓋「天不生仲尼，萬古如長夜」。中共頭目鄧某亦曾引用論語「聽其言而觀其行」，足見孔子思想是深入其心的。陳立夫先生更指明毛共不但打不倒孔子，反而弄巧成拙，促使大陸同胞對孔孟思想重新認定。陳氏所著「四書道貫」、「人理學」等皆爲闡明孔孟之道，於修身、齊家與倫理思想皆有精闢的發揮。渠以爲「故復興文化，必先重視倫理。世界上任何組織，必須定於一，惟家庭非得以夫婦二人組織不成，故夫婦在精神上應互視爲一體。夫婦原是平等，故曰齊，在家則分工而合作，男主外、女主內，其對子女之敎，亦以己身正爲先，父嚴而母慈，有如禮與樂之『節』與『和』，使子女既具有理智又富有情感，而成爲有健全人格之人也……」

　　錢穆先生論我國倫理思想，以爲言人倫即猶言人道人義，凡盡倫者乃盡其人羣間各種分別次序等第之相處，而無不合於道與義，故人倫亦稱人事。「然人之相處，不僅爲個人之處大羣，尤要於在大羣中各有其配偶搭擋，以相與共成其道義。人倫之倫字又有匹配義，有相伍爲耦義。人貴能各有其配偶搭擋以處羣。」「五倫之道，乃在於人類大羣相處之道之內而有此五倫，非於人類大羣相處之道之外而別有此五倫。簡言之，五倫在人道中，亦不能謂五倫即盡了人道。……而在此目標下，每一倫之雙方，又分別各有其應盡之道……個人處羣，貴各就自己分上，各就五倫所處而會通到達於此一理上。故五倫只是

一理，而又貴能會通和合於此五倫以外之其他一切人事而共成一理。」
換言之：親、義、別、序、信於五倫關係中，不能單獨表現而不及其
他四倫；因五倫必須會通和合，方有意義。以朋友有信爲例，非謂處
夫婦、君臣其他四倫，只要親義別序而可以無信；此五倫一貫之人道，
「清代承續此風，直至最近七八十年以來，俗尙始大變，惟夫婦一倫
變，則父子一倫亦必隨之。中國文化，以家庭爲重要一單位，家庭制
度破壞，文化傳統亦必隨之。如何善闡性情、復興禮敎，通其變而不
失宗，則有待於後起。」（中國倫理思想）

十六、無論傳統與現代均須要倫理

　　倫理之敎亦可視爲禮敎，禮尙往來，無論老子「報怨以德」，或
孔子「以直報怨，以德報德」，其中回報之精神存焉；而中華文化表
現於國人者之報恩精神，尤能突現於五倫之中。吾師唐君毅先生昔日
曾有深論：「中國人文中之報恩精神最基本之表現，是報父母之恩，
報於世有功德之人之恩，由此而有禮中之報本復始之祭祖宗、祭有功
烈之人及聖賢之禮，以及社稷天地之神的生物成物之功之祭禮。」「中
國人文中之報恩精神，除表現於盡孝以外，亦表現於夫婦之倫，在中
國人文中於夫婦，不只言愛，而兼言恩愛、恩義、恩情。」君臣師友
之間的報恩基於相知，而人之相知，是父母生後的最大之事。「一切
家庭以外之人倫關係與社會國家之團體組織，實無不根源於某一種人
與人之『相知』，其中之凸出者，初爲師友、君臣之相知。人能知我，
此『知』卽已是對我之一『施與』、一『恩德』。中國師友之道，立
於孔子…」由此而論，中國人所重視的孔孟之道亦可謂之報恩之道。
而報恩精神之受曲解，則謂夫婦關係只是男女情欲，父母生育子女，
對子女無恩，不過只是生物本能；又將君恩與君權混淆，並指歷史上

聖賢豪傑皆封建餘孽或奴隸主義；此亦凡此種種邪說，皆近代個人主義、重工商主義社會過份重利輕義，以至忘恩負義；尤以百餘年來馬、恩共產唯物論及其階級鬥爭思想，推演而成的反常謬論。

關於民主科學與現代工業對家庭倫理的影響，以及臺灣當前倫理及社會問題，作者另有拙文分別討論❷。茲僅就民主政治而言，民主政治之推行與孝治並無矛盾與衝突。因為民主政治必不能亦不應反對親親、敬長、報本、感恩之義，而此四者悉為孝之精華。早年謝幼偉先生卽曾主張我人應有「孝的哲學」，與西方有識之士提倡「忠的哲學」相媲美。至於「那些說我們今日的社會是工商業與都市社會，不再是農業與鄉村社會；」「我們的社會要儘快成為現代化，不要停留在傳統情況中，因此我們的家庭不再是傳統式的家庭。家庭既不是傳統式的，就不能仍在其中培育、發揚、實踐那些傳統的倫理。這種說法很浮淺，似是而實非。倫理是些關於家人關係的道理。無論在甚麼樣的家庭內，家中人一定要有關係。既然必須有關係，就必須尋求建立關係、維持關係、使關係中人藉以享受幸福的道理。豈可不謀求並實踐倫理？故無論傳統或現代，均須有倫理。」這是楊懋春先生「中國家庭與倫理」一文的結論，對倫理與傳統的見解平實而高明。

漢代「三綱」之說本非儒家正統五倫之道，演變至宋朝「君要臣死不得不死，父要子亡不得不亡」，則又一轉折，這種社會控制，當然不能適用於今日民主時代。芮逸夫先生認為「但將孟子的五倫說，只是把君臣一倫改為政府與人民，父子一倫改為父母與子女，便可適用於現代生活而無不合。」（五倫的社會控制觀）五倫次序的排列是：「父

---

❷　請參閱拙著「文化與家庭」（大林）暨拙文「社會學與治家」「社會建設」（季刊第二十號）、「現代工業對家庭影響的問題」（「人與羣」第四期）

母、子女有親；夫、婦有別；長、幼有序；朋友有信；政府、人民有義」，第一、二兩倫屬於家庭倫理； 第三倫當包括兄弟姊妹， 兼屬家庭和社會倫理； 第四倫純屬社會倫理； 第五倫則屬國家與社會倫理。如此則親、別、序、信、義之倫常規範，由家庭而社會而國家的五類人際關係的行為標準，便成為家庭、社會、國家之間倫理關係的新體系，此種整合亦可謂新時代的五倫。陳大齊先生論「夫婦之道」及「如何做父親」、「如何做子女」；孔德成先生論「如何做兄弟」等篇，俱深入淺出，足以代表當代新五倫學說的典範❸。而「國民生活須知」、「國民禮儀範例」， 由中華文化復興運動委員會所頒行者， 尤可作為現代倫理生活實踐之依據。

十七、攝宗教於人文，更具時代意義

佛教中國化，儒釋交融而產生新理學。代表西方文化的基督教，舊約聖經「十誡」亦有「尊敬父母」的規律；新約聖經保祿有謂：「你們作兒女的要聽從父母，這是我們的天職。經上說：『孝敬父母，你就事事亨通，得享長壽。』你們作父母的， 不要苛責子女， 令他們怨怒，要用主的教導；養育培植，使他們成立。」再如提摩太全書：「你們做兒女的要在主裏聽從父母，這理所當然的，要孝敬父母，使你得福，在世長壽。這是第一條應許的誡命。」因此，如為接受西方文化，而連中國家庭的孝道亦必加排斥者，其錯誤則無須再加贅詞矣。是故基督教中國化，或中國本色教會而使「中華歸主」，乃至近年來中華天主教徒每逢年節倡導祭祖，則亦為尊重中華倫理的明證。惟其孝道在我國家庭中主敬，在西方家庭中主愛，羅光總主教在「新的孝道觀」

---

❸　參閱陳大齊等著「倫理哲學講話」（中央月刊叢書）及彭震球著「回家」一書（水牛）

中析論:「目前中國社會已進入很深的西化程序,可是家庭中和社會中的敬字,仍要在適當的程度裏予以保存。家庭有相適程度的敬,家庭中更能享有安寧,而且子女的教育也更能收效。不過,今日的敬已經不能是以往的敬。父母不能要求以盲目聽命爲敬。」又謂:「近年所謂代溝,大部份是在父子的關係上,父母的心頭放着儒家傳統的孝道,要求子女去實踐;兒女的心頭藏有歐美的思想,事事爭取自由,我們要把這兩種思想予以溝通。」。

　　「代溝」在西方尤其是美國,由於工商業高度發達,男女各就其業,子女與父母相聚機會甚少,自難免有疏離之感,加之西方國家中如美國的離婚率與日俱增,旣使家庭破裂,影響父子親情,亦使子女懷恨離婚的父母,乃至「代溝」問題愈形嚴重。劉眞先生論「中國文化的前途」敍及「我國數千年來,家庭和社會之所以能保持一片祥和之氣,就是因爲一般人都崇尚儒家所提倡的忠恕之道,而我們所實施的以倫理爲中心的教育,也可以說發生了很大的作用。……所以凡爲父母者倘能對子女善盡教養的責任,他們的家庭中便很少會有所謂『代溝』的現象。」換言之,眞正踐履「父慈子孝」,「代溝」是無從形成,而中西文化如善予溝通,子女果能了解自由之眞義,所謂「代溝」亦能消解於無形。論及孝道之弘揚,乃當今教育工作者人人應盡之責任。劉氏近曾於「敎孝月」強調:「惟道德教育之實施,實遠較知識技術之傳授爲困難,因道德教育之目的,在使受教者對各種德目由價值的認識,進而達到行爲的實踐。若受教者知而不行,或僞善欺世,則必將使道德教育流於形式,無法收到預期的效果。」因此,有關道德的知識教學,仍然具有相當的價值,此項教學方法,則應以啟發受教者的興趣爲主,盡量避免採用注入式或照本宣科的說教方式。劉先生還希望「這種孝道教育能與齊家運動配合推行,使我們的國家能成爲

一個具有高度道德水準的現代化國家。」原本西方社會的倫理道德靠宗
教教育推動，我國倫理道德主要的在儒家人文思想，牟宗三先生於人文
學社講學時，則以「攝宗教於人文」，或名之曰「人文教」，較當年胡適
之先生擴大「三不朽」為「社會的不朽」（胡適文存），尤足代替宗教的
功能；惟其如此，我國倫理思想之發展，將更有其時代的意義❹。

十八、庸行中道的倫理思想，必能促進世界大同

「大學」篇在明明德是內聖；在親民是外王，兩者做到恰到好處
為至善。親民並不限於文治武功，只要是軍經建設、或著書立說等，
凡有益於民生社會者，皆卽　蔣公所言「生活的目的在增進人類全體
之生活，生命的意義在創造宇宙繼起之生命。」蔣總統經國先生繼承
國父、　蔣公遺訓，「人生以服務為目的」，以「復興中華文化、堅
守民主陣容、實行三民主義、光復大陸國土」為職志。今（七十）年
春節除夕對國人廣播，親切的說道：「一個國家就是一個大家庭，所
有的民眾都是一家人，政府一切措施，都是在為同胞着想，要使這個
大家庭一年比一年興旺，現在中華民國復興基地民眾的生活，一般都
已過得相當好，顯得這個家庭很有朝氣。」謹就前述新時代的倫理思
想而言，每一國民皆須對四面八方而來的五種倫理關係，各負其相待
之義務；同時，由四面八方滙集與其有倫理關係之人，亦應對其負有
義務，如是這個大家庭，才會更落實、興旺，現代國家的新形象也就
更易形成。總統經國先生念茲在茲：「今天大陸的苦難同胞，在共產
暴政的壓迫之下，妻離子散，生活困苦，失去了幸福，失去了自由，
更無法歡度春節，我們除了寄予無限的同情外，尤須在復興基地繼續

❹　參閱牟宗三著「道德的理想主義」（東海大學）暨拙著「人文學社與文化
　　復興」（商務）、「課外集」（霧峯）

努力奮鬥，加強各項建設，做好一切重光大陸的準備，以求早日解救大陸同胞於水火之中，同享三民主義建設的成果，完成我們所負的歷史責任。」誠然，傳統中國的君主，雖有無上的權威，但君主仍生活在中華文化體系或倫理道德的架構之中，因此歷代君王於文化的傳接，負有無限的義務；此與今日大陸共黨假藉古代專制君王的片面權威，而作其極權暴政統治的依據，西方學者每受共黨之矇蔽，是渠等對中華文化和歷史並未深解。卅餘年來中共反傳統、反文化、反倫理，故意曲解中華文化中家長權威的一面，來打擊民族文化中的倫理精神。近年來中共反而利用倫理親情，對臺灣同胞進行統戰，凡是有良知的中華兒女，有血性的炎黃子孫，亟應洞悉共黨之陰謀詭計，而繼續加強推行文化復興運動，努力實踐倫理道德，溫故而知新，使國家社會益臻安和樂利。歷史顯示國人，任何頑劣的挑戰，我們都能經得起考驗❺。惟有努力奮鬥，相信必能重光大陸。倫理道德表現於日常生活為庸行、中道，庸行中道之倫理道德的最高境界則為氣節，　蔣公提示「千秋氣節久彌著，萬古精神又日新」；因此，演進和發展中的中華文化和倫理思想，既是庸行中道，又是促進世界大同的瓌寶和動力!

　　附　識: 拙稿係為紀念中華民國建國七十年而作，承社會學前輩謝康先生指教，芳鄰馮書耕、周卓家教授，暨文友林繼平、王徹兄為之校正，謹誌謝忱。再者，拙稿付排後，李國鼎先生應我「中國社會學社」之邀於第十四屆年會講演，渠有感於我國現今經濟雖然進步，但是國民品格反而低落，守法精神淪喪，公然侵犯他人權益而不以為恥，

❺　「挑戰與反應」乃英儒湯恩比的文化理論，與我國孟子「天將降大任與斯人也，必先苦其心志，勞其筋骨……」的「生於憂患，死於安樂」學說不謀而合。今（七十）年三月十七日「中國時報」社論「推行第二次新生活運動，紀念先總統蔣公」，乃針對現在我們已經是一個高度工業化的社會，因此要建立一套新的規範，跨越當年「新生活運動」和「國民生活須知」的範圍，以展開第二次新生活運動，來接受挑戰和適應當前的社會生活，此與作者的拙見可相互印證。

乃建議於五倫之後，增加「第六倫」，以改善社會成員與陌生大眾的關係，亦即「羣己關係」，涉及我國倫理思想的演進與發展，作者乃再撰「現代我國倫理思想發展的方向」一文，刊於五月卅一日臺灣新生報專欄，拙見指明「建立第六倫的基礎仍在於實踐五倫」，以免有人誤解李先生欲將五倫增加爲「六倫」的善意。

參考書舉要（凡引述及附註所舉，不再重複）

蔡元培著：中國倫理學史（中央文物）

三浦藤作著：中國倫理學史（商務）

黃建中著：比較倫理學（正中）

張東蓀著：道德哲學（盧山）

龔寶善著：現代倫理學（中華），倫理民主科學的契合與建樹（中華文復會）

朱岑樓著：婚姻研究（霧峯）

余精一著：中國農業社會史論（古亭）

唐君毅著：中華人文與當今世界（學生）

楊景邁著：中華倫理思想史（商務）

陳致平著：中華通史（黎明）

張其昀著：春秋史——孔學今義（華岡）

劉　眞著：儒家倫理思想述要（正中），文教叢談（商務）

張起鈞著：智慧的老子（新天地）

南懷瑾等著：佛教與中國思想及社會（大乘）

謝扶雅著：基督教與中國思想（金陵）

呂實強著：中國官紳反敎的原因（中國學術獎助會）

龍冠海著：社會思想史（三民）

段昌國等著：中國思想與制度論集（聯經）

謝　康著：中國社會制度研究（成文），中國社會研究（自印）

錢穆等著：五四運動論叢（陽明山莊）

羅　剛著：「中共」企圖滅華鐵證（正中）

徐復觀著：論中共（時報）

程兆熊著：世運之轉——美國及臺灣之兩岸（大林）

吳自甦著：中國家庭制度（商務）

中國人性格與行爲的形成及蛻變

楊　國　樞

一、前　言

幾千年來，中國一直是一個以農業爲主的社會。但在最近一百多年來，受到西方科技與思想的影響，中國的社會與人民發生了顯著的變遷。在外來的種種刺激之下，爲了順應世界潮流以求自保與自強，乃發動了全面性的現代化運動。在種種社會文化因素的限制下，現代化運動的進行並不順利，社會與人民雖有相當的改變，但卻並未達到預期的成效。卽使對於現代化旣有的有限成就，中國也已付出了重大的代價，其中之一卽是中共所發動的內戰及其佔據大陸後的種種逆政，使廣大的中國人民受到史無前例的痛苦。但在不幸中卻有大幸，此卽國府退處臺灣後，勵精圖治，終因經濟發展成功而帶動了快速的現代化歷程，在社會進步與生活素質兩方面，締造了令人驚異的佳績，爲中國問題的未來解決，提供了一項可供推廣的「臺灣模式」。

三十多年來，臺灣地區所發生的快速現代化，導致了急驟的社會變遷，使整個社會逐漸從傳統農業社會轉變成現代工業社會 (Council for Economic Planning and Development, 1980; Wei, 1976)。最能表現出此種轉變的是農業就業人口的逐年遞減與非農業就業人口的逐年遞增。在民國四十一年，農業就業人口仍佔61%，非農業就業人口只佔 37 %；到了民國五十六年，兩種就業人口已平分秋色，各佔約 50%；此後，非農業就業人口卽逐漸超過農業就業人口，及至最近，農業就業人口已僅佔 30% 左右，而非農業就業人口則高達 70%。農

業就業人口所佔比率雖仍高於先進工業化國家如英國 (2.2%)、美國 (2.4%)、比利時 (3.4%)、 西德 (4.6%)、 加拿大 (5.6%)、法國 (9.5%) 及日本 (12.2%)，但卻已具備初級工業化國家的雛形。

在自農業社會朝向工業社會變遷的歷程中，經濟型態與活動的改變佔有主導的地位，從而引起了社會結構與生活的改變，最後乃產生觀念、性格及行為方式的蛻變。本文的目的，即在描述與討論臺灣地區卅年來社會變遷在觀念與行為上所產生的種種改變，並為此等改變提出一套可能的解釋。 為了敍述上的方便， 下文將先行指出傳統中國農業社會的經濟型態及其特徵，並與現代工業社會的經濟型態作一比較；其次指出有效維持傳統中國農業經濟型態與活動所需要的社會結構，並與有效維持現代工業經濟型態與活動所需要的社會結構相比較；復次指出傳統中國農業社會採用何種社會化 (socialization) 的手段，以形成在其特定經濟型態與社會結構下順利適應所需要的性格與行為，並與現代工業社會所採用的社會化方法相比較；最後則指出傳統中國人的性格與行為特質，並敍述其蛻變的方向，亦即逐漸獲得現代人的特質。

二、宜農與宜工的生態環境

本文的基本觀點是以文化生態學 (cultural ecology) 與生態心理學 (ecological psychology) 為基礎。就此一觀點而言，性格與行為可以視為文化因素 (如社會結構與社會化方式) 的函數，而文化因素則是人類適應生態環境所形成的結果。過去，從事文化比較研究(cross-cultural research) 的學者，採用此種觀點者頗多 (例如 Barry, Child, & Bacon, 1959; Berry, 1976; Edgerton, 1971; Whiting, 1973; Whiting & Child, 1953)。根據此一觀點，生態類型可以影響文化類

型（經濟類型、社會結構及社會化方式），文化類型又可進而影響性格行爲。更確切的說，生態特徵可以影響經濟類型，經濟類型又可影響社會結構，社會結構又可影響社會化方式，社會化方式又可影響性格行爲。臺灣地區三十年來從傳統農業社會朝向現代工業社會的變遷，主要卽是自生態特徵與經濟類型的改變開始，從而導致社會結構與社會化方式的改變，並進而形成性格行爲的蛻變。因此，要想瞭解現代化過程中中國人性格行爲的改變，必須先行把握生態與經濟類型的轉變。本節的目的卽在探討傳統中國農業社會的生態與經濟特徵，並與現代工業社會的生態與經濟特徵相比較。

　　幾千年來，傳統中國社會的生態類型主要是適合於營農業的經濟生活。中國的文明最早是發源於仰韶文化的核心地區（包括陝西、山西南部及河南西部的渭水盆地）。此一地區的自然環境是氣候多變、降雨量低、植物稀少，但其土壤則皆爲肥沃的黃土；此種土壤不需另加肥料，卽可長久耕種而仍豐收 (Rumpelly, 1908)。在此種生態環境中，靠耕種謀生似乎是一種最爲適宜的辦法。事實上，考古及其他資料顯示，早在公元五千年以前的新石器時代，此一地區卽已出現自足自續的農業系統。此後，農業經營的範圍逐漸擴展，及至最近兩千多年，淮河以南的地區也形成了多產而有效的農業系統 (Ho, 1976)。總而言之，自古以來，傳統的中國社會的生計經濟 (subsistence economy) 主要是農業。農業的經濟型態有其特徵，而此等特徵則會形成特殊的生活方式:

　　㈠農業是以土地爲生產工具，而土地的面積是有限的，一旦獲得卽會長期持有。但土地的保護與耕種及作物的照料與收穫，均爲個人能力所不逮，因此必須以持久而穩定的小團體作爲運作的單位。最能持久而穩定的小團體當然是以血統爲基礎的家族，於是家族的維護、

和諧及團結乃成為最重要的事情，進而自易形成以個人為輕而家族為重的集體主義 (collectivism)。而且， 由於家族是經濟及社會生活的核心，因而易於將其他團體也以家族視之，將其內的人際關係加以家庭化，此即形成所謂家族主義 (familism)。

㈡土地不能移動，人要利用土地栽種作物，便必須在固定的土地旁邊長久廝守，長久居住。亦即，營農業生活者必須定居，而不能到處遊蕩。為了使人們能在土地之旁守成，農業社會在價值觀念上必會強調「安土重遷」，強調「在家千日好，出門一日難」。為了將子孫栓在土地上，農業社會強調祖先崇拜，鼓勵承繼祖先的土地與照顧祖傳土地上的祖墳。

㈢土地上的農作物成長緩慢，而且易為雜草或野草掩沒。作物的豐收有賴於除草、播種、施肥、灌溉、照顧、防護及收穫，其間不僅曠日持久，而且工作辛勞。要想有效營此務農生活，農業社會的成員必須養成無比的耐心與耐力，而且要養成服從與盡責的習慣 (Barry et al., 1959)。

㈣農作物秉性脆弱而成長緩慢，耕作者必須小心遵守以前的耕作方法，而不敢輕作技術上的改進，否則便可能因嘗試的錯誤，而受到長久的饑饉。主動的改革嘗試是令人焦慮的，因為無法確定改變所帶來的究竟是更多的收成，還是失敗的災難。在此種生活方式下，勢必養成謹慎、畏縮及保守的心態與行為， 從而並會形成「過去取向」 (Kluckhoin & Strodtbeck, 1961)，凡事厚古而薄今。

㈤土地的生產力是有其上限的，如不採用輪耕的方法，同一塊土地連續種植數次後，其生產力便會遞減。同時，呆守同一土地的農業生活單調而安全，由於缺乏其他娛樂，夫妻間性的行為不免頻繁，再加上多子多孫的人力需要與價值觀念，生育的子女乃易加多，而且耕

作生活的危險性遠低於漁獵生活， 意外死亡的機會較少； 生多而死少，人口自易增殖。以土地有限的生產力應付眾多的人口，自易產生匱乏不足的狀態。 在此生活條件下， 必然養成勤儉節約的觀念與行爲。

㈥有限的土地生產力與浩繁的食指相配合，還會產生分配上的特殊問題。任何的分配都是不易公平的，如果物資富裕，家族或社會成員間分配上的不公不平，也許不致引起太多太大的爭端。在農業生產力有限而人口眾多的情形下， 由於物質資源的匱乏，分配上的不公不平便特別容易引起爭端。面臨此種困境，爲了維護家族及其他重要團體的和諧與團結，農業社會乃不得不強調階層關係與宿命觀念。在階層關係中，係將與己有關的人排成上下關係；此種階層關係一旦經由社會化的手段予以合理化與習慣化以後， 在分配時在上者多得乃成理所當然的事，在下者自不會再因自己少得而生憤懟。經由社會化而形成宿命觀念後，便覺一切都已命中註定，即使自己處於分配上的不利地位，也會逆來順受，不再怨尤。

以上所述，僅只舉出農業經濟類型的幾項特徵，以說明其對生活方式、社會結構及性格行爲的影響。爲了對比起見，以下將舉出工業經濟類型的幾項對應特徵，以說明其對生活方式、社會結構及性格行爲的影響：

㈠工業不以土地爲生產工具，而以機器爲生產工具。土地的面積是有限的，而機器的數量則是無限的。不像土地，機器易於用舊或轉讓。土地的耕作主要靠勞力而非技術，機器的操作則靠技術而非勞力。機器與工廠的運作與管理需要具有不同知識與技術的個人所組成的非血緣性團體，此種團體內的工作職位雖較穩定，但佔據各職位的成員卻可變更。在此種工業社會中，受僱與運作的單位是個人，每人自身

的知識、技能及性格（如合作性、創造性、領導力），決定其所受的待遇與未來的前途。此乃形成以個人爲重的個人主義（individualism）。

㈡土地不能移動，但機器卻可移動。人一旦不靠土地營生，其與土地之堅靭臍帶卽行切斷，其與土地之厮守關係卽行消失。人不再是土地的擁有者，而是知識與技能的擁有者，經濟活動以就業就職爲主，而爲了就業就職，個人自不得不常常遷居，「安土重遷」的觀念乃形消失。在個人主義的影響下，一旦離開土地與故鄉以後，對祖先的崇拜乃行削弱。而且，因爲職業變換的容易與事業成敗的變更，工業社會中的社會流動（social mobility）特別快速。

㈢土地上的作物成長緩慢，但機器的生產歷程不受自然生長歷程的限制，主要利用物理與化學作用，故能生產快速而產量龐大；由於不同程度的自動化，人力的依賴降至最低限度，操作的辛勞也大幅減少。因此，要想有效營此工業生活，工業社會的成員所應養成的既不是耐力，也不是服從，而是知識技術與反應速度。只有知能與速度才能適應重視效率的現代生活。

㈣機器的生產與成品的運銷不僅重視效率，並且強調控制與計劃，而事實上後兩者也是爲了增進效率。爲了不斷的改進效率與增加控制，必須經常做技術上的改進。而且由於脫離了僅足維持起碼生活的農業生計經濟，工業社會的生產者常有足够的財富與資源，來從事技術改進的嘗試；卽使嘗試錯誤，也不會因爲別無憑藉而受到饑餓或其他災難。事實證明，知識與技術的改進常會帶來更大的利益。在此情形下，畏縮、保守及過份謹慎的性格與行爲既無用處，厚古薄今的「過去取向」也被視爲落伍的價值觀念。

㈤土地的生產力有其上限，機器的生產力則永無止境，結果是農業社會的生活資源有限，工業社會的生活資源激增。同時，在工業社

會中，人們遷移容易，外界刺激眾多，娛樂方式也多元化，夫妻間性的行爲可能相對減少；而且，個人主義盛行，人們重視自己生活的自由與發揮，大都不願多生子女或根本不生子女，每家人口乃形減少。以機器無限的生產力應付有限的人口，自不會產生如農業經濟般的匱乏狀態，而是形成一種「富裕社會」（affluent society）。在一個富裕的社會中，所需要的不是勤儉節約的觀念與行爲，而是消費享受的想法與活動。簡單的說，農業社會所形成的是「節儉性格」，工業社會所形成的則是「消費性格」。後者不僅可以耗用大量生產的成果，而且有助於刺激更大數量的生產。

㈥在普遍富裕的工業社會中，由於生活資源的激增，以及國民所得的普遍提高，在分配上的不公不平未必導致立卽的爭端。卽使產生憤懣與爭端，由於生活資源與價值的富裕，社會會鼓勵大家以合法的方式互相競爭，以儘量各自取得最大的權益；而以個人爲主要運作單位的個人主義，更助長了人際間的競爭。在各種生活情境中，每個人旣然都會將別人視爲競爭的對象，人際關係中的上下關係乃形減少，平等或平行的關係乃受重視。而且，人們一旦進入競爭狀態，各人都想努力自求多福，宿命的觀念自受淘汰，取而代之的是「操之在我」的信念。

三、農業與工業的社會結構

在上節中，我們簡單的說明了生態類型會影響經濟型態，而經濟型態又會影響社會結構與性格行爲等。我們特別以農業經濟型態與工業經濟型態作對比，列舉數端，以顯示兩種經濟型態對社會結構與性格行爲所產生的不同影響。但在上節中，對於農業與工業兩種經濟型態所形成的社會結構，僅作舉例式的零星說明，本節中則將對兩種經

濟型態所形成的社會結構，從事比較有系統的陳述。正如上節一樣，本節與以後各節所說的農業經濟型態主要是指中國的農業經濟型態，所說的工業經濟型態則指一般工業化社會的共同經濟型態。

在討論農業與工業兩種經濟型態所形成的社會結構以前，應該先對「社會結構」稍作解釋。在本文中，「社會結構」一詞的涵義與 Gerth 及 Mills (1953) 二人所採用的定義頗為近似，意指一組由不同角色所形成的社會機構 (institution)，以及各機構以內的角色關係與以外的運作原則。在討論農業與工業兩種經濟型態所造成的不同社會結構時，我們的重點不是放在社會機構體系的比較，而是放在機構內角色關係的比較與機構間運作原則的比較。

以下我們將就五方面來比較農業與工業兩種經濟型態所形成之社會結構的不同：

㈠集體主義與個人主義：在中國傳統的農業經濟生活中，為了有效的長期照顧生長緩慢的農作物，必須以家族為單位，才能勝任需要龐大勞力的耕作與生產，而個人的力量則是微不足道，難以單獨務農為生。在此種經濟型態下，以家族為主的團體，其重要性乃超過個人，成為維持個人生存的主要工具，於是便形成中國式的集體主義。中國式的集體主義是以家族為最重要的團體，個人必須忠於家族，努力達成家庭的要求，必要時甚至可以犧牲自己，以成全家族。個人附屬於家庭，依賴於家庭，要竭力維護自己的家族，團結自己的家庭，榮耀自己的家庭（文崇一，民國 61 年；Ho，1978）。

與此不同，在現代的工業經濟型態下，是以機器作為主要的生產工具，而機器的操作及其他有關活動的從事，不是以家族為運作的單位，而是以個人為運作的單位。個人不再依附於家族，而是以個人的身份受僱與工作；家庭背景已經不再重視，所強調的是個人的知識、

技能及性格，於是乃易形成個人主義。在個人主義的社會中，個人的重要性高於團體，團體的價值在其能為個人謀求福利。在團體或機構以內的角色內涵與關係中，常將角色扮演者的個人價值與尊嚴置於重要地位；因此，在個人主義的社會中，團體或機構內部的運作常不同於集體主義的社會。

㈡家族主義與制度主義：在中國傳統的農業經濟型態下，因為家族在維持生存與生計上的重要性太大，成為個人各方面生活的活動範圍，而且經過嚴厲的社會化歷程使個人徹底的在家庭中合模，於是家族中的角色關係與組織型態，乃成為中國人所深刻熟悉的唯一模式。因而，當傳統的中國人進入家族以外的團體時，他們也會將這些團體中的角色關係予以家族化，或是比照家族內的角色關係加以看待。這種泛家族化的社會組織原則，便是家族主義。在家族主義的結構原則下，農業經濟型態下的中國人常將其他團體視為一個「大家族」，團體的首長便是「大家長」。例如，傳統的中國人見了並無血緣關係的人，也是稱兄道弟；他們將自己的縣視為一個大家族，而縣官乃成為「父母官」；他們將全國視為一個大家族，而自己則是皇帝的「子」民；他們將全世界都當作一個大家族，而視為四海之內皆「兄弟」也；他們甚至將整個宇宙看作一個大家族，而自己的皇帝便是天「子」。

在現代的工業經濟型態下，運作的單位是個人，家族乃失去其原有的重要性。同時，在工業社會中，不但講求個人效率，而且講求團體效率；各種團體為了提高效率，便必然各就其功能而具有不同的組織型態與角色關係，自不會產生家族化的現象。家族是一種高度感情化的社會團體，其他機構（尤其是工作性的機構）則應是一種高度理性化與制度化的社會團體，才有效率可言。總之，在現代工業化的社會中，為了講求效率，家庭以外的社會機構或團體大都是強調制度主

義。

　　㈢上下排比與平行關聯：在農業的經濟型態下，為了營以家族為單位的耕作生活，家長必須擁有最高的權力，才能有效的分排工作與約束家人，因而形成專制式的家庭結構；其他團體或機構也會在家族主義的影響下，形成同樣的專制式的組織。同時，在上節中已經指出，在匱乏的經濟生活中，不可避免之分配上的不公不平，易於引起足以破壞家族和諧與團結的糾紛；為了預防這種不利於農業經濟生活的情形發生，必須將家族中的不同角色排成上下或高低，賦予不同的地位與權力，並透過社會化的歷程，使人們心悅誠服的予以接受。也就是說，為了有效的營農耕生活，著重上下關係的高度階式結構 (hierarchical structure)，乃成為各種團體或機構的主要組織原則。不但家族的結構如此，其他的社會團體也莫不如此。

　　著重上下關係的階式結構不僅行之於家族或其他機構內部的角色組織，而且也行之於整個國家內部的社會階層。自唐以後，傳統中國社會的人民卽是分為皇帝、貴族、官吏、士、農、工、商等自上而下的階層，各有截然不同的社會地位。不管是在家族中，或是在社會內，每人都在直立的社會階梯上努力向上爬升，爬得越高，就表示成就愈大（文崇一，民國 61）。

　　與此不同，在工業的經濟型態下，主要的運作單位是個人，而工作的分配與約束不是出之以命令，而是依據明定權利與義務的契約規定，因此不一定需要強調上下排比的專制式組織。而且，在上節中已經指出，在富裕的工業社會中，分配上的不公不平不易引起憤懣與爭端，卽使有之，社會也會鼓勵大家以合法的方式爭取自己的權益。在此情形下，自然難以用社會化的上下角色地位來加以限制。在人人自求多福的原則下，彼此都將別人當作競爭的對象，所形成的當然是一

種平等或平行的關係。

在現代工業社會中，不僅在團體或機構以內比較重視平行的關係，便是整個社會中也無嚴格的社會階層。不同行業間雖有社會聲望的不同，但社會地位的差異卻非巨大，而且也未經制度化。社會中既無制度化的階層所代表的地位階梯，人們便不會老以所在階層的高低作爲成就的指標。各人多在自己的本行中精益求精，以實際業績的多少與專業知能的高低作爲成就的標準。

㈣一元同質與多元異質：在農業經濟型態下，大部份的人口都是務農的，因此在行業上的分化程度很低，社會中的職業種類甚少。同時，由於農耕工作的技術性頗低，所需的勞力雖多，工作角色的分化則較少。而且，傳統農業社會既是一種集體主義的社會，在日常生活中便會特別強調順服、從眾及一致，因而在思想與價值觀念方面往往會「定於一尊」，即只能有一種正統的思想（如儒家思想），或一種主要的價值（如「萬般皆下品，唯有讀書高」中的讀書）。總而言之，傳統的農業社會是一種求同的社會，在生活的各個方面都強調一元化與同質化。

在工業的經濟型態下，大部份人口都從事工商與服務工作，而工業、商業及服務等大類中，經由高度的分化歷程，又分別包含了數目龐大的不同職業。同時，由於工商與服務工作的技術性很高，同一行業的工作角色甚多。而且，現代工業社會是一種個人主義的社會，在日常生活中常會特別強調自主、獨立及特異，因而在思想與價值觀念方面，往往不易定於一尊，而是分殊歧異與多元競勝。總而言之，現代的工業社會是一種求異的社會，在生活的各個方面都強調多元化與異質化（楊國樞，民國 70）。

㈤結構緊固與結構鬆活：傳統農業經濟型態所形成的社會結構，

不僅所包含的社會角色數目較少，而且角色間的關係也比較堅固難變，也就是其社會僵固性 (social rigidity)(Young & Bacdayan, 1965) 或結構緊固性 (structural tightness)(Boldt, 1978; Pelto, 1968; Witkin & Berry, 1975) 很高。傳統農業社會的角色關係之所以堅固難變，主要是因為在這種社會中，決定角色關係的角色期望與角色行為都是強加性的 (imposed)，其內容皆已詳加規定，角色扮演者既不能「討價還價」，也不能任意變更，而只有照單接受。角色關係的內涵皆經預先確定，乃具有高度的強制性，而不必作任何使其合理化的解釋。緊固的社會角色關係，可以增加家族及其他社會機構的穩固性與連續性，這對耕作生活的維持會有很大的助益。

現代工業經濟型態所形成的社會結構，不僅所包含的社會角色數目大增，而且角色間的關係也比較鬆活易變，也就是其社會僵固性或結構緊固性較低。這主要是因為角色期望與角色行為常是建議性的 (proposed)，其內容只是定出一個大概範圍，角色扮演者可以斟酌情形而有所調節。角色關係的內涵並非預先即已完全確定，也不具有高度的強制性，為了使角色扮演者同意，常需對角色內涵作合理的解釋。鬆活的社會角色關係不但有助於工業社會中個人尊嚴的維護與行動意願的激發，而且也有助於社會變遷與角色變遷的適應。

四、傳統與現代的社會化方式

中國的農業經濟型態形成了農業社會結構，其特徵迥然不同於工業經濟型態所形成的工業社會結構。在這兩類經濟型態與社會結構下，人們要能順利而有效的生活，必須具有迥然不同的觀念、思想及行為。為了自小培養各自所需的心理與行為，這兩種社會便會形成與設計使兒童及青少年社會化的不同方式；也就是說，在使兒童及青少年社會

化的過程中，這兩種社會會採用非常不同的敎養方式。更清楚的說，在使自然人變成社會人的過程中，這兩種社會在敎養方式上所強調的內容大不相同。在中國的農業經濟型態與社會結構下，敎養方式所強調的是依賴、趨同、自抑、謙讓及安分；在工業經濟型態與社會結構下，敎養方式所強調的則是獨立、尙異、自表、競爭及成就。特在此分別作對比式的敍述。

㈠依賴訓練與獨立訓練：在集體主義與家族主義的農業社會結構下，人們必須養成依賴家族及代表家族之家長的習慣，才能滑潤而順利的運作與適應。爲了培育這種性格，傳統的中國家庭在敎養子女時，乃特別強調依賴訓練。同時，在著重上下關係的階式社會結構中，維繫垂直結構於不墜的主要是下對上的服從。服從旣是凝固階式社會結構的水門汀，在敎養子女時，成人自必強調服從訓練。

與此不同，在個人主義的工業社會結構下，工作與生活的主要活動都是以個人爲單位，個人旣不必也不能依賴家族或家長，而只能獨立自主，凡事依靠自己。爲了使子女將來具有個人生存發展的能力，爲人父母者乃不得不強調獨立訓練。

㈡順同訓練與尙異訓練：在一元同質的農業社會結構下，在思想上著重正統，在行爲上求其齊一，因而特別強調順同他人的從眾反應。在這種求同的社會中，兒童與青少年必然會接受順同訓練，好養成順同他人的習慣，以便長大成人後，能在思想與行爲上遵循社會習俗，而不致有引起社會不安的特立獨行。

在多元異質的工業社會結構中，職業、社團、思想及價值都有多元化與異質化的現象，個人卽欲順同他人，也不知以何者爲順同的對象。在此種求異的社會中，獨特新異才能引起注意，才能受到重視。爲了使子女將來能適應此種求新求變的社會，父母並不重視順同訓練，

而是強調尚異訓練，以便培養子女的創造力與獨特性。順同訓練在壓抑個性，助長羣性；尚異訓練則在壓抑羣性，助長個性。

㈢自抑訓練與自表訓練：在集體主義與家族主義的農業社會結構下，人際間和諧關係的維持是極其重要的。爲了達到此一目的，傳統的中國家族一向注重子女的自抑訓練。這種訓練的特點是強調兒童與青少年的自我抑制，對他人的冒犯、批評、爭吵及攻擊行爲，要受到嚴厲的懲罰。

在個人主義的工業社會結構下，人際間和諧關係的維持退爲次要，更重要的是個人特點的表現與個人利益的維護。在此情形下，父母在訓練子女時，對於冒犯、批評、爭吵及攻擊他人的行爲，常能比較容忍。他們所強調的往往不是自我抑制，而是自我表現。在這種自表訓練下，父母會教導子女如何去表達自己的意見與思想，如何去表現自己的情緒與行爲。

㈣謙讓訓練與競爭訓練：在集體主義與家族主義的農業社會結構下，爲了維持人際間的和諧關係，爲人父母者不僅要培養消極之自我抑制的能力，而且還要培養積極之謙虛忍讓的性格。也就是說，在教養子女的時候，傳統中國的父母不僅要強調自抑訓練，而且還要強調謙讓訓練。在這種訓練下，不管自己有理無理，都應學會以謙讓的態度對人。

在個人主義的工業社會結構下，個人的表現與利益既居首要，人們自不免互相競爭與衝突，以期獲得最多的表現與最大的利益。爲了使子女具有適應此種生活情境的能力，父母常會放棄謙讓訓練，而代之以競爭訓練。這種訓練的目的，在增加子女將來在社會上的競爭能力。經過這種訓練後，便會習於以他人爲競爭的對象，而非忍讓的對象。

㈤安分訓練與成就訓練：在結構緊固的農業社會結構下，個人所扮演的社會角色都是強制性的，角色期望與角色行為也是強加的，各人只能依照社會規範所預定的「腳本」生活，既不可逾越，也不可突出。為了在階式的社會結構下維持和諧的人際關係，每個人都應各安其分，照角色規矩行事。為求使子女將來能安分守己，平安而順利的適應社會生活，父母便必須在教養方面強調安分訓練。

與此不同，在結構鬆活的工業社會結構下，個人所扮演的角色常乏強制性，甚至可以轉換或「退演」角色；角色期望與角色行為不是強加性的，而是建議性的，各人可依個人的性格與能力，以不同的方式扮演同一角色。社會角色的限制既小，人際關係的維持也漸成次要，人們不再需要安分守己，而是努力追求個人成就，以求自我表現。在此種社會環境下，父母乃不得不強調子女的成就訓練，以使其養成凡事追求優越的心理需要（成就動機）及做事獲得成功的技巧能力。

除了以上五項教養重點的不同以外，中國傳統農業社會與現代工業社會之間，在教養的形式上也有其重要的差異。教養形式的主要不同之一是對懲罰或獎勵的偏重。一般而言，傳統的中國社會比較著重懲罰，子女的行為良好或表現優秀是應該的，認為不必加以獎勵，甚且顧慮獎勵會慣壞了孩子；子女行為不良或犯了錯誤，父母便特別敏感，常是嚴予懲罰，不假寬貸。這種吝於獎勵、輕於懲罰的管教策略，可以稱為懲罰取向。在農業社會的結構下，懲罰取向是必要的，因為只有經由嚴厲的社會化歷程，才能養成循規蹈矩、謹慎小心的性格或習慣，以防止在農業經濟生活中因魯莽犯錯而導致嚴重後果。在現代工業社會中，則無此種顧慮，加以人本的思想濃厚，父母在教養子女時，常認為子女犯錯是正常的，雖應加以改正，但卻不必輕易懲罰，以防對子女身心留下不良的影響。他們認為最有效的教養方法不是懲

罰錯誤或不良的行為，而是獎勵正當或良好的行為。這種吝於懲罰、輕於獎勵的管教策略，可以稱為獎勵取向。

　　傳統中國農業社會與現代工業社會之間，在教養形式上另一項重要的不同是父母或兒童的偏重。在前一社會中，為人父母者代表社會的立場，先入為主的持有一套要將子女教養成何等樣人的觀念，而不顧子女自身的本質與個別差異；而且，也不認為兒童時期本身有何價值，更不認為有尊重子女的感受與意見的必要，因此父母最明智的做法是儘量縮短兒童或少年期，使其及早變成大人或小大人。這種遷就父母的教養形式，可以稱為父母中心。在農業社會中，此種偏向有其必要，因為這可使兒童或青少年及早習於集體主義與家族主義的階式社會結構，並及早在行為上成為有效參與農耕家務的家族成員。現代工業社會中的父母則有所不同，他們比較能站在兒童的立場，根據個別差異及子女本質而因材施教；他們往往承認兒童時期本身即有其價值，而且也願意尊重子女的感受與意見，因此並不急於使其子女儘快變成大人或小大人，而是努力使子女能有美好的童年及青少年生活。這種遷就子女的教養形式，可以稱為兒童（及青少年）中心。

　　在傳統的農業社會中，親子的教養關係是相當持久而穩定的，甚至一直延續到子女長大成人以後。這也就是說，上述種種教養重點與形式，不僅行之於兒童期與少年期，而且繼續行之於青年期與成年期。尤有進者，在家族主義的影響下，即使在家族以外的其他社會化的場合（如私塾）。在上者也會採用同樣的重點與形式來教導在下者。因此，前述的訓練重點與教養形式，可以說是傳統中國農業社會中社會化的主要內涵與方法。

五、傳統與現代的性格及行為

　　中國傳統的農業社會所採用的敎養重點與形式既有其特徵，經由長久的社會化歷程所形成的成人性格自有其特色。中國人在農業社會中所形成的眾趨性格 (modal personality)，可以稱作中國人自古以來的國民性或民族性 (national character)，或簡稱中國人的性格。中國人的性格是指自古以來中國農業社會中大多數人所具有的共同思想觀念與行為模式。現代的工業化社會所採用的敎養重點與形式另有其特徵，經由長久的社會化歷程所形成的成人性格也有其特色。生活在現代工商社會所形成的眾趨性格，是指此種社會中大多數人所具有的共同思想觀念與行為模式。

　　本節的主要目的在以對比的方式說明中國人的傳統性格與現代工業社會中人們的性格（以下簡稱「現代性格」）的不同，並指出中國人在現代化過程中自傳統性格變向現代性格的事實。但在從事此等說明以前，應該在此指出：中國人的傳統性格與現代性格之間的不同，不僅代表農民與非農民的不同，而且也代表鄉民與市民的不同。但這兩種不同，主要都是來自大規模的工業化現象。

　　下文有關傳統性格與現代性格的討論，將分兩組從事。第一組所敍述者都是業經實徵性研究顯示其已有變遷的性格，亦卽根據已有的研究推斷，中國人已自這些傳統性格變向其對應的現代性格。第二組所敍述者則是雖無實徵研究但自日常觀察知其已有變遷的性格，亦卽根據日常觀察推斷，中國人已自這些傳統性格變向其對應的現代性格。

　　現在先談第一組傳統性格與現代性格。在本文開始時卽已指出，在最近卅多年來,臺灣地區已自農業社會快速轉變爲雛形的工業社會。在此過程中，中國傳統的農業經濟型態逐漸轉變爲工業經濟型態，農業化的社會結構逐漸轉變爲工業化的社會結構，傳統的社會化方式逐漸轉變爲現代的社會化方式，並進而使中國人的傳統性格逐漸轉變爲

現代人的性格。最近十年以來，國內的社會及行為科學者對我國臺灣地區工業化及現代化過程中國人性格與行為的蛻變已加注意，並曾積極從事實徵性的研究（如文崇一，民國 68 年；文崇一、瞿海源，民國 64 年；楊國樞、瞿海源，民國 63 年）。但到目前為止，有關的主要實徵研究並非直接採用時間序列的縱貫研究 (longitudinal research)，而是比較工業化或現代化程度不同之地區或民眾的橫斷研究 (cross-sectional research)。以此類研究所得資料雖可據以推斷性格的改變，但其證據力終不及縱貫研究所獲得的資料。但在目前的情況下，我們也只好依據橫斷研究所發現的事象，來推斷臺灣地區的中國人於工業化及現代化過程中在思想觀念與行為模式上的蛻變。根據過去的有關研究看來，臺灣的中國人正在自中國人的下列傳統性格轉變到下列的現代性格：

㈠社會取向與個我取向：中國人的主要傳統性格之一是「社會取向」（朱眞茹、楊國樞，民國 65 年，李美枝、楊國樞，民國 61 年；黃光國、楊國樞，民國 61 年；Abbott, 1970; Yang, 1981）。社會取向包含兩種主要的取向，即「團體取向」與「他人取向」。中國人的團體取向實即家族取向，其主要內涵是一套以集體主義為基礎的態度與行為。在這種取向下，中國人認為家族先於個人，高於個人，重於個人。為了家族的生存、利益及光榮，個人是可以忽略、屈辱或犧牲的；為了維護家族內部的和諧（至少是表面和諧），個人必須各安其分，在人倫規範所界定的範圍內，將自己的社會角色演好，而自己的眞實意見與感受必須愼藏於角色行為之後。

他人取向與團體（家族）取向密切關連，但強調的重點則有所不同。在他人取向下，傳統中國人對別人對自己的批評與意見特別敏感，老是要顧全「面子」，要有「臉」，希望在他人的心目中保有良好的印

象。同時，也希望與其他的個人（不限於家族以內的親屬）維持和諧而良好的關係，而不願意得罪任何人。爲了達到此一目的，同一個人可以在不同的社會情境下對不同的人講不同的話，卽使前後的言談不相一致，甚或互相矛盾，也在所不惜。換句話說，爲了在不同的情境下與不同的人都能保持和諧的關係，常不得不說有違自己眞實意見或感受的話。總之，傳統中國人並不重視內思外行的一致，也不在乎先後言論的一致，而是隨機應變，因人而異。

中國人的社會取向（團體取向與他人取向），與許烺光（Hsu, 1953, 1963）所說的「情境取向」有些近似。

現代工業社會的教養重點與形式所形成的對應性格則是「個我取向」。個我取向也有兩大主要成份，卽「個人取向」與「自我取向」。個人取向是與團體（家族）取向相對應，其特點是認爲個人先於團體，高於團體，重於團體。團體是由個人所組成，其功能在爲其成員謀求福利，其存在價值端在使團體內眾多的個人更能順利的適應生活。有血有肉的鮮活個人是價值的中心，其尊嚴與福利應受到最大的尊重。在合法的範圍以內，個人應運用種種手段與工具（包括團體），以追求個人的表現與成就。在個人取向下，個人對家族的依附或重視，乃減少至最低程度。

在現代工業社會中，自我取向與個人取向密切關連。自我取向與他人取向相對應，其特點是強調個人要忠於自己的意見與感受，以達到自我肯定與自我實現的境地。同時，要敢於在思想與言行上內外一致，先後一致。他們不太在乎別人對自己的批評與看法，而爲了表示獨立的分析、判斷、決定及行動，常不惜犧牲自己與他人的和諧關係，甚至開罪他人也在所不計。

工業社會的民眾所具有的個我取向（個人取向與自我取向），與許

烺光 (Hsu, 1953, 1963) 所說的「個人取向」有些類似。

　　在自農業社會轉變到工業社會的過程中，中國人的社會取向有何蛻變? 在這一方面，過去已有若干橫斷式的實徵研究。根據這些研究看來，中國人的社會取向正在逐漸減弱。例如，瞿海源(民國 60 年)的研究發現，個人現代性與社會價值有成負相關的傾向，即現代化程度較高者，其重視社會關係與人際關係的程度較小。楊國樞與梁望惠 (Yang & Liang, 1973) 則發現個人現代性與利己性成就動機成正相關，即現代化程度較高者的利己性成就動機較大。瞿海源與楊國樞 (民國 61 年) 發現個人現代性與自主需要有成正相關的傾向，即現代化程度較高者，其自主的需要也較強。黃光國與楊國樞 (民國61年) 則以實驗法與調查法獲得以下結果: (1)在重要的生活事項 (如婚姻對象、發表意見)上, 個人現代性較低者, 做決定時比較考慮他人的意見; 而個人現代性較高者, 則傾向於依據自己的判斷來決定自己的事情。(2)在向他人言及社會所禁忌的事情時, 現代化程度較低者顧慮較大, 往往不敢或不好意思出口; 現代化程度較高者, 不大在乎別人的觀感, 較能照實表露。(3)與現代性低的人相較, 現代性高的人比較願意或敢於說出自己真正的意見與感受, 即使可能會因此而冒犯對方。最近, 楊國樞 (Yang, 1981) 比較現代性較高者與較低者在羅氏墨跡測驗 (Rorschach Ink-blot Test) 上的反應時間、次數及種類, 發現前者的反應時間較短, 反應次數較多, 而且從眾反應 (popular response) 較多; 這表示個人現代化程度較低者, 在社會情境下即使對看似無意義的刺激做反應, 也是謹慎小心, 儘量去做大家都做的反應, 但個人現代化程度較高者, 此種傾向則較小。楊國樞與張分磊 (民國 66 年)則發現, 現代性較高的大學男生其個人取向較現代性較低者為大。

　　從以上各項實徵研究看來, 隨著現代化程度的增加, 人們的社會

取向（特別是其中的他人取向）漸減，而個我取向（特別是其中的自我取向）則漸增。過去的有關研究大多偏重他人取向與自我取向的探討，未來的實徵研究則宜加強團體（家族）取向與個人取向的探討。事實上，從日常的觀察中已可看出，隨着現代化的進展，臺灣地區的中國人之家族取向漸減，而個人取向則漸增。總括而言，在從農業社會轉變到工業社會的過程中，人們在社會取向與個我取向上的蛻變，可以簡示如圖一。

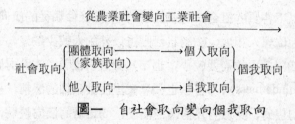

圖一　自社會取向變向個我取向

　　㈡權威性格與平權性格：從農業社會變向工業社會的過程中，臺灣地區的中國人在性格與行為上第二項重要的蛻變，與權威性格與平權性格有關。權威性格是一種複雜的性格組合(Adorno et al., 1950)，其主要的內涵包括以下幾項特質：⑴習於對權威（特別是自己所屬團體以內的權威）服從；⑵對自己所屬團體以外的人易有敵意，甚且會有攻擊行為；⑶重視權力，追求權勢；⑷具有粗強精神(tough-mindedness)，不喜也不願表現溫柔織細的感情，避免智性的、幻想的、美感的及情緒的活動；⑸具有迷信的傾向，常持有宿命的觀念；⑹對人事物的看法，易採刻板的二分法（如君子與小人、好人與壞人、朋友與敵人、是與非、黑與白），不認為有中間的情形；⑺是呆板的習俗主義者，主張嚴格遵守習俗，對違犯習俗者認應嚴加懲罰；⑻不信任外界，認為世界充滿了邪惡與威脅，易於疑心別人，覺得別人有陰謀、不乾淨或做壞事。

　　對於強調上下關係而又結構緊固的農業社會而言，權威性格是很重要的。有了權威性格，生活在階層式的社會結構中，就會樂於順從長上而習於支配下屬；生活在集體主義與家族主義的環境下，就會嚴守「自己人」與「外人」的分際，也會遵從各種社會習俗，以使大家循規蹈矩，各安其位。因此，權威性格可以說是權威式或專制式的傳統農業社會生活的「滑潤劑」。

　　現代工商社會生活的「滑潤劑」則是平權性格。與權威性格不同，平權性格是以下特質的組合：(1)對權威盲目或無條件順從的傾向較弱，喜以平等的地位與人相處；(2)對自己團體以外的人較少敵意，易與陌生人相處；(3)對權力的需要較小，也不熱衷追求權勢；(4)具有纖柔精神 (tender-mindedness)，喜歡也願意表現溫柔纖細的感情，更不避免智性的、幻想的、美感的及情緒的活動；(5)迷信的傾向較弱，宿命的觀念也少；(6)對人事物的看法，較少採用刻板的二分法，常能掌握人事物的複雜性，而不予以過份的簡化；(7)對習俗採取相對的觀念，即認為習俗的功用有其相對的時空性，而不將其絕對化或權威化；(8)易於信任外界與他人（包括陌生人），對社會與世界持有樂觀的看法。

　　現代工業社會是一種強調平行(平等)關係的多元異質社會。在這樣一種社會中，上下關係的數量與重要性都相對減低，人們不再重視服從別人或使別人服從，而改採以平等的態度與人相處；同時，由於社會的多元化與異質化，社會上已難維持定於一尊的習俗，而一切都儘量代之以法律。而且，在以個人為運作單位的現代社會中，人們到達的地方與接觸的人物眾多，對陌生人處處懷疑、事事設防已不可能，只有改而信任他人，尊重他人。在此種種情形下，具有相當權威性格的人自然格格不入，必須養成平權性格，才能如魚得水，適應順利。

　　從過去的有關研究看來，傳統中國人的權威性格是相當強的（Meade & Whittaker, 1967; Singh et al., 1962)。有的研究(Yang, 1970)甚至發現：當一個中國人處身於平等的角色關係(如同事與同事之間)時，也會採用對待權威的態度行為來應付。但是，近來所從事的實徵研究已經發現：個人現代化的程度愈高，其權威性格便愈低。例如，楊國樞等人（Yang, 1976；楊國樞、文崇一，民國 65 年）以都市與鄉村的成年居民為對象所做的研究，發現權威性格與個人現代性成負相關；陳義彥（民國 66 年）與胡佛等人（民國 69 年）以大學生所做的研究，也有相同的發現。根據這些研究結果推斷，在自農業社會轉變到工業社會的現代化過程中，臺灣地區的中國人的現代化程度愈高，其權威性格便愈弱。權威性格與平權性格是同一連續變項的兩端，前者的減低往往同時會傾向於後者的增強。從前述的研究看來，在自農業社會轉變為工業社會的過程中，臺灣地區的人民在權威性格上減低的同時，其平權性格則將逐漸增強。

權威性格通常有礙於民主政治的接受與實踐，而平權性格則有利於民主政治的接受與實踐。上述臺灣地區的人民在權威性格上的減低與平權性格上的增強，對在此一地區推行民主政治是很有幫助的。

㈢外控態度與內控態度：在工業化與現代化的過程中，臺灣地區人民的第三項蛻變是關乎外控態度與內控態度。Rotter (1966) 曾經提出控制所在 (locus of control) 的概念，用以指謂一個人將自己的際遇或行為後果的責任或原因歸之於自己或外在力量的程度。控制所在是一種概括化的信念，如果信念中認為自己所遭遇的好壞或成敗事件的責任或原因是由於自己的因素（如能力、努力、性格、體能、行為等），便稱為內控 (internal control)的態度；如果信念中認為自己所遭遇的好壞或成敗事件的責任或原因是由於外在的因素（如鬼神、命運、社會、他人等），便稱為外控 (external control) 的態度。內控態度是

一種「操之在我」的信念，認爲個人的成敗、禍福、報償及前途是取決於自己的行爲（包括能力、努力、性格、體能等）；外控態度則是一種「操之在外」的信念，認爲個人的成敗、禍福、報償及前途與自己的行爲無關，是取決於外在的力量。內控態度與外控態度是同一性格變項的兩端。在採用內外控量表以測量內控與外控態度時，通常低分的一端代表內控態度，高分的一端代表外控態度。

在傳統的農業社會中，所強調的是集體主義與一元同質，社會結構中的角色關係僵硬而緊固，個人置身其中，常是身不由己，只能接受既有的安排。爲了使人人安分守己，社會常借重外控的手段，強調命運、緣份及報應（訴諸鬼神），並運用社會化的方法，使此等觀念內化於個人。而且，在集體主義的影響下，家族與社會常對個人橫加干涉，決定性的影響其成敗、禍福及前途，使個人感到自己的行爲無濟於事，難以決定或左右自己的際遇或報償；甚或進而形成一種無力感，一切都逆來順受，採取被動而消極的反應。在這種種農業社會的特徵與環境下，人們自然易於形成外控的態度。

在現代工業社會中，所強調的是個人主義與多元異質，社會結構中的角色關係寬鬆而活泛，個人置身其中，常可自行變通，主動調節。在以個人爲運作單位的現代社會中，所強調不是安分守己，而是互相競爭，自求多福。在行爲控制方面，社會所借重的不再是不可捉摸的命運、緣份及報應，而是明文規定的法律與規章，人們乃可從而做出合法而適宜的行爲，以達到可以預期的目的。只要是合法的做法與目的，家族、社會及他人都無權加以干涉，自己的行爲遂成爲決定個人成敗、禍福、報償及前途的主要因素。在這種種工業社會的特徵與環境下，人們自然易於形成主動的內控態度。

既然傳統農業社會所形成的主要是外控態度，而現代工商社會所

形成的主要是內控態度，那麼在臺灣地區從農業社會轉變到工業社會的過程中，中國人在控制所在的態度變項上應該是從外控態度變向內控態度。過去，已有兩項有關研究證實了此一推論。其中一項研究（Yang, 1976）自臺北市取得一都市樣本，自彰化與高雄兩縣取得一鄉村樣本；另一項研究（楊國樞、文崇一，民國 65 年）則自桃園工業區附近的山頂村取得一農民樣本。以上兩項研究皆發現內外控態度與個人現代性有成負相關的傾向，亦即現代化程度越高的成年人，其外控的態度越弱或內控的態度越強。從此等橫斷研究的資料推論，在臺灣地區從農業社會轉變到工業社會的過程中，民眾逐漸自外控態度變向內控態度。

㈣順服自然與支配自然：在土地上耕種以謀生的人，最易形成與土地及其環境的密切關係，深切感到人與自然必須和諧相處，方能順利生活。所以，在傳統的農業社會裏，中國人不但強調個人應與他人保持和諧的關係，而且也強調個人應與自然維持和諧的關係，從而形成「天人合一」的思想。在這種思想中，傳統的中國人（尤其是讀書人）認為人與天（自然）是不可分的，它們共同組成一個交互作用的動力系統。但是，在天人合一的思想中，中國人（特別是一般農民）又有人應順服於自然的觀念。也就是說，傳統中國人對人與自然間關係的看法，係同時包含天人合一的取向與順服自然的取向。在此兩種取向的影響下，傳統的中國人在意念中常有融入自然的傾向（如國畫中人物融入山水之中的意象），在行動上常有遷就自然（或環境）的表現（如在寓言中稱立意移山以改變環境的人為「愚」公）。為了順服環境或與環境維持和諧的關係，傳統的中國人常是採用改變自己以適應環境的方式，也就是 S. Freud 所說的「變己適應」（autoplastic adaptation）。

在現代工商社會中，人們不再在土地上耕種作物為生，從而疏離

於土地、疏離於自然，不再感到有與土地及自然維持和諧關係的必要。離開土地與自然以後，他們常年在人造的環境中以機器與科技來生產物品。在此過程中，他們從自然中攫取資源以爲生產的原料，他們改變或控制自然以創造有利的工作及生活環境。久而久之，他們乃形成一種支配自然以造福自己的取向。在這種取向下，現代工業社會的人們所採用的生活方式是改變環境以適應自己，也就是 S. Freud 所說的「變外適應」(alloplastic adaptation)。

在現代化的過程中，臺灣地區的中國人對人與自然間關係的看法有何改變？ 在這一方面，有關的實徵資料比較零星。民國卅七年，Morris (1948) 曾經以其「生活方式問卷」在大陸各地施測大中學生，發現當時的中國學生最喜歡問卷中的第十三種生活方式，此一生活方式的主要精神是「服從宇宙的旨意」，亦卽強調「藐視個人、敬服宇宙」。這自然是一種「順服自然」的價值取向，所代表的仍然是傳統中國人對人與自然間關係的看法。但是，到了民國五十四年，楊國樞（民國61年）以同樣的工具施測臺灣的大學生時，卻發現第十三種生活方式（服從宇宙的旨意）不僅不再是他們最喜歡的生活方式，而且降爲最不喜歡的兩種方式之一。在大約同一時期，Singh 等人 (1962) 以同樣的工具施測自臺赴美留學的學生，也發現他們不再最喜歡第十三種生活方式，而是降爲第七的位置。更爲有關的資料，來自楊國樞與張分磊（民國66年）的研究。他們以臺灣的大學生爲研究對象，發現最偏好「順服自然」、「天人合一」（人與自然相和諧）及「支配自然」三種價值取向的人數百分率各不相同，其中壓倒多數的人（約爲80％）都偏好「支配自然」的取向。楊國樞與文崇一（民國 65 年）在桃園縣山頂村所從事的同類研究，發現鄉民也有同樣的情形。這表示民國六十年代的臺灣民眾大半已不再懷有「順服自然」與「天人合

一」的觀念，而是強調「肯定個人、征服宇宙」。

　　從以上幾項研究的發現推斷，在自農業社會轉變爲工業社會的過程中，臺灣地區的民眾是從「順服自然」與「天人合一」兩種取向變向「支配自然」的取向。

　　㈤過去取向與未來取向: 在務農的社會中，爲了維護家族的延續，並使人們長留耕作的土地之旁，以有效的從事農業的經濟生活，必須強調祖先崇拜與傳統尊敬。自幼生活在這種社會文化之中，便會形成一種過去取向。過去取向是一種傳統主義 (traditionalism)，其特點是認爲傳統的事物是最有價值的，而新事物的價值則值得懷疑。過去取向使人向後觀看， 而少向前展望。 過去取向的中國人不但厚古而薄今，而且信古而疑今；他們言必稱堯舜，法孔孟，好像一切的好事都已爲古人所做盡，如今則是人心不古，乏善可陳。在愼終追遠的要求下，過去取向的人遙望往古，所看到的是一長串的祖先，自不免感到責無旁貸，必須努力使自己這條繫往遠古的長鏈不致中斷。在過去取向者的時間觀念中，「過去」的時帶(time zone) (Ellenberger, 1958)有比較長久的範圍， 比較確切的分化， 比較豐富的內容；而在「將來」的時帶中， 時間的範圍則比較短縮， 分化則比較模糊， 內容則比較窮乏。總之， 誠如 Kluckhohn 與 Strodtbeck (1961) 所說， 傳統的中國人是世界上最標準的過去取向者。

　　在現代工業社會中，集體主義與家族主義皆已式微，變成以個人爲主要的運作單位，祖先與傳統對人們的影響大爲減弱。生活在工業社會的人，認爲過去的已經過去了，不必多加注意或重視，更重要的是現在的生活與未來的前途。他們也認爲古人的時代與生活已經過去了，現在是自己的時代了，輪到自己來生活了，而未來是充滿了希望，可以從事不斷的追求與改進。於是，現代工業社會的民眾不是持有強

調現在自求多福的現在取向,便是懷着展望未來美麗遠景的未來取向。不論是現在取向或未來取向,都有厚今薄古與喜新厭舊的傾向。在現在取向者的時間觀念中,「現在」的時帶有較長久的範圍, 較確切的分化, 較豐富的內容; 在未來取向者的時間觀念中, 「未來」的時帶有較長久的範圍, 較確切的分化, 較豐富的內容。一般而言, 現代工業社會的民眾不是現在取向者, 便是未來取向者。

　　如果傳統的中國人多是過去取向者, 則近來臺灣地區的中國人卻以現在取向者與未來取向佔多數。這也可以從實徵研究所得的結果得其端倪。在楊國樞與張分磊 (民國66年) 以臺灣的大學生所完成的研究中, 男生偏好過去取向、現在取向及未來取向者的人數百分率分別為 0 %, 29% 及62% (其他為不能分類者); 女生偏好過去取向、現在取向及未來取向者的人數百分率分別為 0 %, 43%及45% (其他為不能分類者)。由此可知,臺灣地區的大學生絕大多數都是現在取向者與未來取向者。楊國樞與文崇一 (民國 65 年) 在桃園縣山頂村以同法所做的研究, 發現當地鄉民也有同樣的傾向。由以上的零星資料, 我們大致可以看出一種趨勢: 隨着工業化所引起的社會變遷, 臺灣地區的中國人已自過去取向改變到未來取向與現在取向。

　　㈥冥想內修與行動成就: 在傳統的農業社會中, 為了使每個人都能與他人及自然維持和諧關係, 在價值觀念與教養訓練上常是強調內在修養與自我抑制, 而貶低外在行動 (特別是莽動) 與率直活躍, 蓋如此方能減少與他人或外物的衝突。受了佛、道兩家的影響, 傳統的中國知識份子相當強調「虛靜」(收歛內聚), 而一般民眾則以謹慎自抑為能事。為了修心養性, 傳統的中國人認為人應善自控制自己的衝動, 馴服自己的欲情; 人應過一種自制、謙虛及自律的生活, 不可為外界的誘惑所掌握。他們也認為外表的行為活動應儘量減少, 內隱的沉思

冥想則多也無妨。而且，對於個人的成就不加鼓勵，因爲這會有礙甚至破壞人際間的和諧。

　　生活在現代工業社會的人，在這方面的價值取向則與此不同。在個人主義的影響下，他們重視外在的行動與作爲，尤勝於內在的沉思與冥想。他們講求快速行動與準確反應，以把握時機，追求效率。他們認爲謙虛自抑是一種被動而消極的態度，只有進取與表現才是主動而積極的作風，方能獲得個人成就。人應該活潑開朗，坦率健談，以獲得充份自我表達的機會。人應該努力改善自己的行爲，裝飾自己的外觀，以爭取別人的好感與人緣；換句話說，要努力將自己改進成人見人愛的「商品」，以使「社交商場」中的「消費者」爭相「選購」。於是，乃易形成 E. Fromm (1947) 所說的「市場性格」(marketing character)。同時，現代工業社會的人並不認爲欲望與情緒是麻煩的製造者；他們認爲人有慾望與情緒是應該的，個人有權以法律所容許的方法滿足其慾望，發洩其情緒；對慾望與情緒的強加壓抑既不人道，也不健康。

　　從以上的對照分析可以看出：傳統農業社會的人所重視的是冥想內修，現代工業社會的人所強調的是行動成就。楊國樞與張分磊（民國66年）所做的研究顯示：時至今日，中國大學生冥想內修的取向仍是強於行動成就的取向。但是，同一研究卻也發現，個人現代性較高者其冥想內修的取向較弱，顯示隨着現代化程度的提高，沉思內修的取向會逐漸減低。楊國樞與梁望惠（Yang & Liang, 1973）所從事的研究則發現：個人現代性與成就動機（追求成就的心理需要）成正相關，即個人現代化的程度愈高，其追求成就的慾望愈強。李本華（民國 62 年）也完成過一項有關的研究，所得的結果顯示：現代化程度愈高者，其外向氣質(輕鬆活潑、積極健談、坦率自然)愈強。

以上的幾項實徵性的研究，都顯示出同一趨勢：在自傳統農業社會轉變到現代工業社會的過程中，臺灣地區的中國人是從強調冥想內修變向強調行動成就。

㈦依賴心態與獨立心態：在強調集體主義與上下關係的傳統農業社會中，經由社會化過程中的依賴訓練，民眾自小多會形成一種依賴的心態。這種心態的基礎是依賴動機，乃是一種希望別人加以照顧、保護、支持及指導的心理需要。傳統的中國人，自幼及長都有強烈的依賴需要，常要以他人（通常是年長或位高者）或團體（通常是家族）作為依靠或求助的對象。他們常是缺乏自信與決斷，所以在做決定時常需別人的意見或指導；遇到困難的事情或無法解決的問題，總是過早的尋求別人或團體的幫助。他們常需與別人在一起，不喜獨來獨往；他們也常需獲得別人的注意，而且好以示弱與順服獲取別人的注意。

在強調個人主義與平等關係的現代工業社會中，經由社會化過程中的獨立訓練，民眾自小多會養成一種獨立的心態。這種心態的基礎是獨立動機，乃是一種希望凡事自動、自立、自主而免受別人不必要影響、保護及指導的心理需要。現代工業社會的人大都具有相當的獨立需要，他們懷有較大的自信心與決斷力，所以在做決定時常是獨作思考、自行判斷；遇到困難的事情或無法解決的問題，也不肯輕易求助於他人或家庭。他們喜歡獨來獨往，不一定要與別人在一起；他們對別人的注意需要較弱，也不願以示弱與順服作為獲取別人注意的手段。

Scofield & Sun （1960）等人的研究，的確發現中國人的依賴性很強而支配性與自足性（self-sufficiency）較弱。但是，在工業化的過程中，臺灣地區的中國人似乎有從依賴心態變向獨立心態的趨勢。例如，李本華（民國 62 年）所從事的研究發現，現代化程度較高者，

其獨立性與支配性（獨立好強、喜歡支配等）較大。黃光國與楊國樞（民國 61 年）則發現：在重要的生活事項（如婚姻對象、課外活動、註册選課）上，個人現代性較低者，做決定時較會參考他人的意見。

到此為止，我們所討論的是第一組傳統性格與現代性格，其自傳統特質朝向對應特質的蛻變，皆有可資依據的實證性研究結果。至於第二組傳統性格與現代性格，雖乏正式的實徵研究結果可資查考，但卻可經由觀察臺灣地區中國人的日常生活，而得知其蛻變的事實與方向。這些傳統性格與現代性格為數甚多，此處只欲提出以下三者：(1)偏好趨同與容忍歧異：在傳統的農業社會中，中國人偏好大家在思想、觀念及行為上相同，而不能容忍別人在這些方面與己有異。隨着現代化與工業化的進展，臺灣地區的中國人似已較能容忍別人不同於自己的思想、觀念及行為。(2)特殊主義與普遍主義：在傳統的農業社會中，中國人持有強烈的特殊主義的態度，認為法律、規章及辦法的執行可以因人而異，常依人情或特權而予以特殊的通融與待遇。隨着現代化與工業化的進展，臺灣地區中國人的特殊主義的態度漸減，而代之以普遍主義的態度，亦即轉而認為法律、規章及辦法之前人人平等，不應受到人情或特權的影響而因人而異。(3)懷疑外人與信任外人：在傳統農業社會中，由於「差序格局」(費孝通，民國37年）觀念的影響，中國人喜歡將人分為截然不同的兩類，即自己人與外人，然後對自己人加以信任，即外人則加以懷疑。隨着現代化與工業化的進展，臺灣地區的中國人似已較能信任外人，對於陌生人也較能坦然相處（不得不如此，因為現代工業社會主要是一種充滿陌生人的社會）。

六、結　語

在上文中，我們指出生態環境決定了傳統中國人務農為生的經濟

型態，而農業經濟型態又形成特殊的社會結構，後者又進而需要特殊的社會化方式，從而培養出特殊的傳統性格。但過去卅多年來，臺灣地區已自農業社會進入雛形的工業社會，此種現代化歷程所造成的經濟型態的變遷，不但改變了社會結構，也影響了社會化方式，進而更引起了思想、性格及行為的蛻變。在本文中，作者提出了一套兼具理論意義與實徵內涵的架構，藉以描述與說明中國人的性格行為的形成與蛻變。此一架構可簡示於圖二。

圖二中由上而下的箭頭是表示眾趨性格與行為的形成過程中各主要相關因素的影響方向：左邊是傳統農業社會內中國人性格與行為的形成因素及影響順序，右邊是現代工業社會內中國人性格與行為的形成因素及影響順序。圖中由左向右的箭頭是表示工業化過程中生態環境、經濟型態、社會結構、社會化方式及性格行為的蛻變方向。圖中虛線箭頭所表示的都是回饋性的影響，所顯示的事實則是：在傳統農業社會中，適合於農業社會生活的傳統性格與行為，會反回來影響（維護與增強）宜農生態環境、農業經濟型態、農業社會結構及傳統社會化方式；在現代工業社會中，適合於工業社會生活的現代性格與行為，也會反回來影響（維護與增強）宜工生態環境、工業經濟型態、工業社會結構及現代社會化方式。這些虛線箭頭所代表的回饋性影響，前文並未加以說明與討論，此處所以指出，目的在表明本文的基本觀點並非單純的生態決定論或經濟決定論，而是一種文化生態學的觀點——認為性格與行為是生態環境與社會文化交互作用的成果。

圖二所示種種，實際上是一種高度簡化的模式。事實上，在工業化過程中，中國人性格與行為的形成與蛻變並非如此單純而順利。嚴格的說，本文及圖二只說明了中國人性格與行為的蛻變方向（從何種性格變向何種性格），而並未說明與討論蛻變過程中所經歷的心理動力

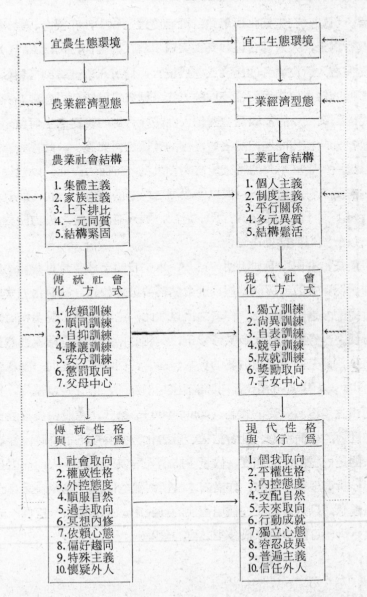

圖二　中國人性格與行為的形成及蛻變（臺灣地區）

歷程。例如，在工業化所導致的社會變遷過程中，在觀念、動機、性格及行為上，人人都會經驗到衝突或矛盾（楊國樞，民國67年），然則為何有人所經驗到的衝突或矛盾較大，而有人所經驗到者則較小？又不同的個人會採用何種不同的方法來解決自己新舊思想觀念與性格行為的衝突或矛盾？因而會對個人性格與行為的蛻變產生何種不同的影響？凡此種種問題，過去所從事的實徵性研究甚少，此處實在無法加以論斷。希望不久的將來能有人從事這一方面的研究，以獲得系統性的有關資料，到時自可據以修改圖二中的關係模式，在「傳統性格與行為」與「現代性格與行為」之間，加入有關蛻變之動力歷程的項目，以使整個架構更為完備。

　　最後，有兩點應加說明。第一，本文自始至終都是以對比的方式來作說明與討論，經濟型態與社會結構的敘述如此，社會化方式與性格行為的敘述也是如此。作者之所以如此，主要是為了說明與討論上的方便。事實上，在大多數情形下，對比的兩邊並不是兩種斷然對立的事項，而是兩個互相關聯的現象；通常，兩者僅只是同一雙極變項（bipolar variable）的兩端，其間不僅是漸進的，而且是連續的，實是一種由量變導致質變的續譜（continuum）。第二，在說明農業社會與工業社會的經濟型態、社會結構、社會化方式及性格行為時，作者所採取的是一種中性的態度，儘量少將個人的價值判斷涉入，而著重事象的分析與理解。當然，作者對本文所討論的問題，並非缺乏自己的價值觀念，只是認為在這種學術性的論說中，少放進去一些個人的好惡與感情，可能會免除很多不必要的蔽障。

參 考 文 獻

文崇一: 從價值取向談中國國民性。見李亦園、楊國樞主編: 中國人的性格。臺北市, 南港, 中央研究院民族學研究所專刊乙種第四號, 民 61。

文崇一: 地區間的價值差異: 四個社區的比較分析。見陶希聖先生八秩榮慶論文集。臺北市, 民 68。

文崇一、瞿海源: 現代化過程中的價值變遷: 臺北三個社區的比較研究。思與言, 民 64, 12 卷, 5 期, 1-14。

朱眞茹、楊國樞: 個人現代性與相對作業量對報酬分配行為的影響。中央研究院民族學研究所集刊, 民 65, 41 期, 79-95。

李本華: 個人現代化程度的相關人格特質。中華心理學刊, 民62, 15期, 46-53。

李美枝、楊國樞: 中國大學生的價值觀。見李亦園、楊國樞主編: 中國人的性格。臺北市, 南港, 中央研究院民族學研究所專刊乙種第四號, 民61。

胡　佛、陳德禹、朱志宏: 政治系統的權力價值取向及交互作用: 內湖地區個案研究。國家科學委員會獎助研究報告, 民 69, 未出版。

陳義彥: 臺灣地區大學生政治社會化之研究。政大政治研究所博士論文, 民66, 未出版。

黃光國、楊國樞: 個人現代化程度與社會取向強弱。中央研究院民族學研究所集刊, 民61, 32期, 245-278。

費孝通: 鄉土中國。臺北市, 文化出版社, 民 62。

楊國樞: 中國大學生的人生觀。見李亦園、楊國樞主編: 中國人的性格。臺北市, 南港, 中央研究院民族學研究所專刊乙種第四號, 民 61。

楊國樞: 工業化過程中國人在性格與行為上的矛盾現象。見楊國樞、葉啓政主編: 當前臺灣社會問題。臺北市, 巨流出版社, 民 67。

楊國樞: 開放的多元社會。臺北市, 三民書局, 民 70, 排印中。

楊國樞、文崇一: 桃園山頂村村民的心理學研究。民 65, 未發表之資料。

楊國樞、張分磊: 大學生的價值取向與個人現代性。民 66，未發表之論文。

楊國樞、瞿海源: 中國「人」的現代化: 有關個人現代性的研究。中央研究院民族學研究所集刊，民 63，37 期，1-37。

瞿海源: 個人現代化程度與人格之關係。國立臺灣大學心理學研究所，碩士論文，民 60。

瞿海源、楊國樞: 中國大學生現代化程度與心理需要的關係。見李亦園、楊國樞主編: 中國人的性格。臺北市，南港，中央研究院民族學研究所專刊乙種第四號，民 61。

Abbott, K. A. *Harmony and individualism: Changing Chinese psychosocial functioning in Taipei and San Francisco.* Taipei: The Orient Cultural Service, 1970.

Adorno, T. W., Frenkel-Brunswick, E., Levinson, D. J., and Sanford, R. N. *The authoritarian personality.* New York: Harper, 1950.

Barry, H., Child, I. L., and Bacon, M. K. Relation of child training to subsistence economy. *American Anthropologist,* 1959, 61, 51-63.

Berry, J. W. *Human ecology and cognitive style: Comparative studies in cultural and psychological adaptation.* Beverly Hills: Sage/Halsted, 1976.

Boldt, E. D. Structural tightness and cross-cultural research. *Journal of Cross-cultural Psychology,* 1978, 9, 151-166.

Council for Economic Planning and Development, Excutive yuan, Republic of China *Taiwan Statistical Data Book,* Taipei: CEPD, 1980.

Edgerton, R. B. *The individual in cultural adaptation.* Berkeley: University of California Press, 1971.

Ellenberger, H. F. A clinical introduction to psychiatric phenomenology and existential analysis. In R. May, E. Angel, and H. F.

Ellenberger (eds.), *Existence*. New York: Simon and Schuster, 1958.

Fromm, E. *Man for himself*. New York: Holt, Rinehart and Winston, 1947.

Gerth, H. and Mills, C. W. *Character and social structure: The psychology of social institutions*. New York: Harcourt, Brace and World, 1953.

Ho, D. Y. F. Psychoscial implications of collectivism. Unpublished manuscript, University of Hong Kong, 1978.

Ho, P. T. The Chinese civilization: A search for the roots of its longevity. *Journal of Asian Studies*, 1976, 35, 547-554.

Hsu, F. L. K. *Americans and Chinese: Two ways of life*. New York: Henry Schuman, 1953.

Hsu, F. L. K. *Clan, caste, and club*. New York: van Nostrand, 1963.

Kluckhohn, F. R. and Strodtbeck, F. L. *Variations in value orientations*. Evaston, Ill.: Row, Peterson and Co., 1961.

Meade, R. O. and Whittaker, J. O. A Cross-cultural study of authoritarianism. *Journal of Social Psychology*, 1967, 72, 3-8.

Morris, C. *Varieties of human values*. Chicago: University of Chicago Press, 1956.

Pelto, P. J. The difference between tight and loose societies *Transaction*, 1968, 5, 37-40.

Pumpelly, R. (ed.) *Explorations in Turkestan: Prehistoric civilizations of Anau* (2 vols.). Washington, D. C., 1908.

Rotter, J. B. Generalized expectancies for internal versus external control of reinforcement. *Psychological Monographs*, 1966, 80 (Whole No.

609).

Scofield, R. W. and Sun, C. W. A comparative study of the differential effect upon personality of Chinese and American child training practices. *Journal of Social Psychology*, 1960, 52, 221-224.

Singh, P. N., Hwang, S. C., and Thompson, G. C. A comparative study of selected attitudes, values, and personality characteristics of American, Chinese, and Indian students. *Journal of Social Psychology*, 1962, 57, 123-132.

Wei, Y. Modernization process in Taiwan: An allocative analysis. *Asian Survey*, 1976, 16, 249-269.

Whiting, J. W. M. A model for psycho-cultural research. *American Anthropological Association Annual Report*, 1973, 1-14.

Whiting, J. W. M. and Child, I. Child training and personality. New Haven: Yale University Press, 1953.

Witkin, H. A. and Berry, J. W. Psychological differentiation in cross-cultural perspective. *Journal of Cross-cultural Psychology*, 1975, 6, 4-87.

Yang, K. S. Authoritarianism and evaluation of appropriateness of role behavior. *Journal of Social Psychology*, 1970, 80, 171-181.

Yang, K. S. Psychological correlates of family size, son preference, and birth control in Taiwan. *Acta Psychologica Taiwanica*, 1976, 18, 67-94.

Yang, K. S. Social orientation and individual modernity among Chinese students in Taiwan. *Journal of Social Psychology*, 1981, 159-170.

Yang, K. S. and Liang W. H. Some correlates of achievement motivation among Chinese high school students. *Acta Psychologica Taiwanica*, 1973, 15, 59-67.

Young, F. W. and Bacdayan, A. A. Menstrual taboos and social rigidity. *Ethnology*, 1965, 4, 225-240.

中國家庭組織的演變

朱 岑 樓

一、前 言

美國社會學家烏格朋(W. F. Ogburn)、甯可福(M. F. Nimkoff)
合著「技術學與家庭變遷」(Technology and the Changing Family),
對美國現代家庭所發生的重大變遷作深入的研究,是一本很有名的學
術著作。一般研究社會變遷的學者,所選列的變遷項目,常是能配合
研究者本人的理論架構者爲限,自然失之偏頗。烏、甯二氏爲避免重
蹈覆轍,具函邀請十八位對家庭研究有素的社會學家,提出十項晚近
美國家庭所發生的重大變遷❶。因問卷上規定僅列舉十項,用標題式,
勿庸說明,因此被詢問的學者,不必多經思索,也用不着顧及各項間
的聯貫性或系統性,只要把腦子裏印象最深、最清楚的重大家庭變遷
列舉出來。經整理後,總共有六十項,如下表所示❷:

---

❶: 十八位社會學家是: (1) Ray Abrams、 (2) Robert Angell、 (3) Ray
Baber、 (4) Jessie Bernard、 (5) Ernest Burgess、 (6) R. S. Cavan、
(7) John Cuber、 (8) Kingsley Davis、 (9)Evelyn Duvall、 (10) Joseph
Folscm、(11) R. Hill、 (12) C. Kirkpatrick、(13) Mirra Kcmarovsky、
(14) Harvey Lcoke、 (15) Bernhard Stern、 (16) Lewis Terman、 (17)
E. Mowrer、 (18) Carle Zimmerman。 他們在美國社會學界都是鼎鼎
有名,各出版有關家庭的著作多種。邀請函於 1947 年 6 月 10 日發出。
見 W. F. Ogburn & M. F. Nimkoff, Technology and the Changing
Family, Boston: Honghton Mifflin Ccmpany, 1955, p. 4, Note 1.
❷: Ogburn & Nimkoff, op. cit. p. 5.

表一：　晚近美國家庭的重大變遷

變　　　　遷　　　　項　　　　目	提出專家數
1 離婚增加（包括改變對離婚的態度）	18
2 父和夫的權威下降	12
3 妻就業者增加	11
4 婚前及婚外性交增加	11
5 家庭成員的個人主義和自由增加	10
6 家庭人口減少	10
7 家庭保護功能轉移	10
8 家庭教育轉移	8
9 節育傳播推廣	7
10 家庭娛樂轉移	7
11 家庭生產功能轉移	7
12 子女扶養年老父母態度變壞	5
13 流動性（花在家庭外的時間）增加	5
14 家庭宗教轉移	5
15 婚姻宗教行爲減少，非宗教行爲加多	4
16 家宅機械化	4
17 更加重視羅曼斯（愛和快樂）	3
18 老年人家庭加多	3
19 向專家請教問題興趣增加	3
20 性方面興趣增加	3
21 婚姻教育加多	3
22 結婚年齡提早	2
23 托兒所幼稚園增加	2
24 家庭類型分化增加	2
25 生活水標提高	2
26 性角色差別減少	2
27 更傾向於多樣性婚姻	2
28 家人角色更爲混淆	2
29 兒童性教育加多	2

30無子女的婚姻加多	2
31兒童受到重視	2
32結婚百分比增大	2
33冰凍食物	1
34異族通婚增多	1
35住宅由大變小	1
36死亡率下降	1
37家人間臨時關係增加	1
38代與代間及各代角色的區分增大	1
39男女求愛的自發行為加多	1
40羅曼愛趨向消失（？）	1
41家庭及宗族間居住的平均距離增大	1
42差別出生率開始拉平	1
43家庭模式的都市化增加	1
44給予新婚者的經濟幫助增加	1
45多次婚姻增加	1
46花錢超過儲蓄	1
47較年長婦女出生的孩子增加	1
48對家庭問題的自覺性降低	1
49緊張增加	1
50父母閑暇增加	1
51傾向於家庭主義	1
52太太更為神經質	1
53親子衝突增加	1
54家庭更為分散	1
55出生率停止降低	1
56婚姻諮商增加	1
57大專學生更為重視婚姻和親子關係	1
58更重視夫妻間的融洽	1
59家庭人數減少	1
60人格發展更受重視	1

　　檢查上表，由十八位專家全體一致提出的，僅列於表首的「離婚

增加」一項； 由半數及以上提出的有八項（1～8）； 由三人及以上提出的有二十一項（1～21）；由二人提出的有十一項（22～32）； 由一人提出的有二十八項（33～60）。合計二人及一人所提出的項目為四十一項，佔總數三分之二。在各項變遷中，有些項是互相矛盾的，又有些項在意義上頗為類似，僅語氣稍異而已，統統單獨成項，列於表內，藉以存眞。

　　家庭變遷項目如此眾多複雜，原因是家庭組織極為錯綜複雜，提出意見的專家，只研究家庭的某一方面，於是仁者見仁，智者見智。例如從事於家庭理論的專家自然看出：現代家庭的親屬人數比從前要少，各家及族人住所間的平均距離比從前要大。研究家庭實務的專家很容易體會到：父母給予新婚子女的經濟幫助比從前大，有關婚姻的教育比從前多。如果邀請函中規定提出的家庭變遷不以十項為限，又邀請的專家多於十八位，結果所得出變遷項目總數一定不止於六十項。誠如烏、甯二氏所解釋者：「專家們共提出如此眾多的變遷項目，是不足為奇的。蓋家庭是一種複雜的社會制度，並與其他許多社會制度密切相關聯，而在現代社會裏，所有這些社會制度都在劇烈變遷之中，家庭變遷之累如串珠，乃理所當然耳。」❸

　　雖然十八位專家所提供的變遷項目，海闊天空，紛然雜陳，但其中也出現一致性很高的項目。烏、甯二氏指出下列八項，所提出的專家數至少超過總數之半❹：

　　(1)離婚率增加（18）

　　(2)節育傳播更為普遍，家庭人口減少（12）

　　(3)丈夫和父親的權威下降（11）

❸：Ogburn & Nimkoff, op. cit. p. 6.
❹：Ogburn & Nimkoff, op. cit. p. 7.

(4)婚姻以外的性行爲增加（11）

(5)從事於有薪工作的太太增加（11）

(6)家庭成員的個人主義和自由增加（10）

(7)家庭保護功能轉往政府日趨增加（10）

(8)婚姻和家庭的宗教行爲日趨減少（9）

家庭制度在我國社會最受到重視。所謂「家爲邦本，本固邦寧。」卽是國的存在，寄託於家的基礎之上，故「國家」、「家邦」二詞，兩者並舉，或此先而彼後，或此後而彼先，無分軒輊，連在一起。孟子說得最明白：「人有恒言：天下國家。天下之本在國，國之本在家，家之本在身。」因此，想要國治天下平，應從修身齊家做起。大學云：「古之欲明明德於天下者，先治其國，欲治其國者，先齊其家，欲齊其家者，先修其身。」翻過來便是：「身修而後家齊，家齊而後國治，國治而後天下平。」家庭和社會如此息息相關，從前是農業社會，社會變遷緩慢，家庭也靜如古井，很少有甚麼改變，現今是工業社會，社會變遷迅速猛烈，家庭也跟着變得很厲害，像一鍋沸水，翻滾不已。

究竟家庭變成什麼一個樣子？言者紛歧。結果大家只有那麼一個籠統的概念：我們的家庭確實在變，而且變得很多。

上引烏、甯二氏的研究，是三十多年前做的，在這段時間內，美國家庭又發生了一些重大的改變，這一檔子事我們可以不管，筆者只採用烏、甯二氏的研究方法，好處是：第一簡單易行，第二綜合多數學者的意見，而非研究者一人的主觀判斷。

二、我國家庭近六十年來的重大變遷

民國 66 年（1977）年底，筆者採用烏、甯二氏的研究方法，寄

函給國內十五所大專學院對我國家庭有研究或講授有關家庭課程的教授、副教授及講師，又臺北市七家日晚報與家庭有關的副刊編輯及專欄作家，共 152 位，請他們在問卷上，以標題式文字，列舉我國近六十餘年來家庭所發生的重大變遷，以十項為原則，可多可少。署名與否則聽便❺。

　　為求增加收回效果，商請教育部社會司同意，以該司名義發函，結果收回問卷 98 份。整理統計之時，將辭異義同的項目予以綜合，共得 32 項，如下表所示：

表二：近六十餘年我國家庭的重大變遷

變　　　　　遷　　　　　項　　　　　目	提 出 人 數
1 以夫妻及未婚子女組成之家庭增多，傳統式大家庭相對減少。	94
2 父權夫權家庭趨向於平權家庭，長輩權威趨於低落。	79
3 職業婦女增多，妻之經濟依賴減輕，家計趨向於共同負擔。	77
4 傳統家庭倫理式微，祖先崇拜不若過去之受重視。	71

---

❺：國內大專學院包括：國立臺大社會學系、考古人類學系及農業推廣學系，國立政大民族社會學系，國立興大社會學系，國立師大社會教育學系，私立東海大學社會學系，私立東吳大學社會學系，私立輔仁大學社會學系，私立文化大學社會工作學系、青少年兒童學系及勞工學系，臺北市立師專，臺灣省立高雄師範學院，臺灣省立臺北、新竹、臺南、嘉義、花蓮師專等十五所，教授 30 人，副教 30 人，講師 40 人，共 100 人。其中男 61 人，女 39 人。教授年齡較大，講師年齡較輕，其觀念也較新，這是把講師列進來的主要原因。臺北日報四家（中央、新生、聯合、中國）及三家晚報（大華、民族、自立）的家庭生活版編輯及專欄作家共 52 人（某刊專欄作家委託該刊主編代發），其年齡性別均不得而知。通常家庭版的編者作者以女性為多。收回的問卷 98 份中，極大多數未署名，自然無法知其年齡性別。根據以上的交代，年長的、年輕的、男的、女的都包括在內，決不清一色某一類人的意見。

5 家庭功能由普化趨向於殊化，以滿足家人情感需要 　爲主要，其餘則轉由社會負擔，尤以是子女的教育 　爲然。	70
6 傳統孝道日趨淡薄，家庭非若以往以父母爲中心， 　而趨向於以子女爲中心。	71
7 夫妻不再受傳統倫理的束縛，趨向於以感情爲基礎， 　穩定性減低，家庭糾紛增多，離婚率升高。	60
8 傳宗接代觀念減輕，家庭人數減少。	54
9 親職受到重視，教養子女方式由以往之嚴格控制， 　轉向尊重子女人格獨特發展，且養兒目的不再全是 　爲了防老。子女均受教育，輕重之別趨於淡薄。	51
10 家人相聚時間減少，關係趨向於疏離，衝突增多。	49
11 婚前自由戀愛逐漸取代父母之命，媒妁之言，傳統 　擇偶標準大部份消失。	44
12 貞操觀念趨淡，兩性關係愈見開放。	39
13 單身家庭及有子女而不在身邊之家庭增多，年老父 　母乏人奉養，孤單寂寞。	35
14 男女趨向於平等。	35
15 老人問題趨於嚴重。	35
16 青少年犯罪者增加。	35
17 婚後與岳母共居之家庭增多。	34
18 親子間教育程度差異造成「世代差距」。	20
19 安土重遷觀念逐漸消失，公寓家庭日增。	19
20 家庭成員由互負無限責任轉爲有限責任。	5
21 兄弟成長後，由於各自謀生，分居他處，感情反而 　較爲和諧。	5
22 年輕一代從事宗教活動愈見減少，有則接受西方宗 　教。	3
23 家庭較重視子弟之事業成就，金錢收入等，而不太 　重視其傳統倫理。	3
24 電視對家庭影響甚多，壞處多於好處。	3
25 家庭分歧化，出現聯邦式家族（卽是若干核心家庭 　圍繞着以父母爲中心的大家族）。	3

26農村子女離鄉入城趨勢日增。	3
27不結婚的人增多。	3
28與外族通婚者增多。	3
29家庭孤立，與鄰居少往來。	3
30婚前性行為增加。	3
31家庭主婦家事操作多由電器代勞。	2
32出現陰性文化。	1

　　檢查上表，沒有一項變遷是全部專家學者所一致同意的。列於表首的「傳統大家庭縮小」提出者最多，計 94 人（少於總數 4 人），超過半數者有前十項，超過三分之一者有前十七項，超過四分之一者有前十九項。三人提出者有九項（24～30），殿後的兩項：「電器操作家事」（31），僅二人，「陰性文化」（32），僅一人。

　　如果不將「詞異義同」的項目予以合併及擴大該項的涵蓋性，而將細微差別者均予保留，各作單項處理，則項目的總數多一倍還有餘。

　　為何專家學者所提出的變遷項目是如此眾多？這個問題很不容易回答。當然我國家庭在大變特變，是其主要原因。其次是各專家學者有獨到的看法，見微知著，列成一項，便與眾不同了。其中有不乏出諸想像者，如「陰性交化」即是。本文就表中多數專家學者（至少要超過總數三分之一）所提出的重大變遷中，選出能有事實根據的若干項目，並將相關密切者予以合併，分節分析討論之。

三、我國家族制度的一些特質

　　涂爾幹(Durkheim)、杜尼斯（Toennies）及功能學派社會學家等，都清楚指出社會在繼續不斷的變遷。家庭是社會的基本單位，自然隨着社會一塊兒改變。家庭研究權威凱文（R. S. Cavan）女士有謂：

「家庭是一種適應制度(adaptive institution)，本身雖不發動社會變遷，但能與社會變遷相適應❻。」能變遷才能適應，能適應才能存在。有機現象 (organic phenomena) 如此，超機現象 (superorganic pheno-mena) 亦復如此。家庭能於「窮中生變，變中求通」，故自有人類以來維持至今而不墮。傅爾森 (J. K. Folsom)則云：「家庭制度能應變，才能負荷得起種種新價值。如果一成不變，固步自封，他種制度將取代其地位以支持業已變遷的社會價值❼。」

　　我國文化人類學家芮逸夫氏，曾在「遞變中的中國家庭結構」(Changing Structure of the Chinese Family) 一文中，謂某些漢學家、人類學家和社會學家說我國家庭制度過去二三千年來沒有什麼重大變遷，那是一種錯誤的說法。如果要說過去二三千年內沒有什改變的話，那只是儒家所倡導的「禮」或「道德行為」，即個人應先修其身，而後齊其家，進而治國平天下。此種「修齊治平」之道，在中國的思想中根深蒂固，未隨時世而變遷，但是我國的家庭結構，則自周以來，已經歷一系列的改變❽。

　　孫末楠 (W. G. Sumner) 謂制度包含兩方面，一是抽象的概念、觀念或關心，一是具體的結構，也就是裝置 (apparatus) 或人員 (a group of functionaries)，藉此觀念得成為實際形式，開始工作，以應社會的需要❾。

---

❻：朱岑樓，「臺灣249對夫妻婚姻調適之調查與分析」文內所引，見國立臺大法學院社會科學論叢，16輯，中華民國55年7月出版。

❼　同註❻

❽：芮教授的論文用英文寫的，於1961年8月在檀香山夏威夷大學舉行的第10屆太平洋科學會議 (Pacific Scientific Conference) 人類學及社會科組提出宣讀。

❾：見朱岑樓譯，社會學 (原著者 Samuel Koenig)，協志工業叢書出版公司，民國70年，14版，68頁。

　　芮氏所說的「修齊治平」之道，是我國家庭制度的概念，而結構則是我國家庭內父母夫妻子女等的組成體。

　　芮氏謂，三千年來我國社會基本組織可分爲兩個時期：

　　㈠宗族優勢時期——社會組織之基礎以宗族單位占優勢時期，在政治組織則爲封建時期，約自周初至戰國，凡八百餘年。

　　㈡家族優勢時期——社會組織之基礎以家族單位占優勢時期，在政治組織則爲帝國時期，約自秦漢至清末，凡二千一百餘年。家庭優勢時期又可分爲兩期：

　　⑴主幹家庭優勢時期——約自秦漢至隋末，凡八百餘年。

　　⑵直系家庭優勢時期——約自唐至清末，凡千三百餘年。

　　在周代封建制度之下，貴族行擴大家庭，由嫡長子繼承。平民則行主幹家庭（stem family）及其分立而仍相關聯的核心家庭（nuclear family）。

　　封建制度崩潰後，遞變而爲秦漢以來以主幹家庭占優勢，而趨向於核心家庭。唐宋君主鼓勵大家庭的建立，實際則以「父母在，諸子不別籍異財」的直系家庭（lineal family）占優勢。

　　清季受西方文化影響，唐宋以來一直占優勢的直系家庭，復遞變爲主幹家庭，而更趨向於核心家庭，其結果導致：⑴婦女的解放，⑵青年的自由，⑶親屬關係的鬆疏，⑷家庭經濟單位的喪失，⑸儒家倫理的怨讟和低落。

　　我國社會學家孫本文氏於四十年前在大陸上重慶出版「現代中國社會問題」，共四册，一册一個問題，第一册是「家族問題」，其中論及我國家族制度的演變，分爲宗法時代及現代社會兩大階段：

　　㈠宗法時代（特點有六）：

　　⑴父系承襲，男女不平等。

(2)嫡長繼承，兄弟不平等。

(3)父權統制，家長總握治家之權。

(4)外婚制，同姓不婚。

(5)重視宗族關係，五世之內，無異一家。

(6)尊重孝弟，崇拜祖先。

㈡現代社會（特點有八）：

(1)父系制，家庭遞嬗，概由父統。

(2)父權制，全家權力，集中於家長。

(3)大家庭組織，同一家庭中，得包括二代以上直系親屬與旁系親屬。

(4)重視親族關係，凡宗族戚黨之人，皆視爲休戚與共之分子。

(5)家庭經濟共同，凡全家之人，各盡其力，以維持家庭經濟，視全家爲一經濟單位。

(6)卑幼無自由，全家由尊長統治，卑幼子女，須服從尊長。

(7)男女不平等，重男輕女，相傳已久，家庭中顯有差別。

(8)重視孝道，孝爲家族精神之中心：生事之以禮，死葬之以禮，祭之以禮，皆從孝字出發[10]。

　　周代開始行宗法，故宗法時代是指周代，但其時宗法僅行於貴族，平民不與焉，然上行下效，雖周亡宗法廢，而民間所受之影響並未消失，浸淫而成爲我國家族制度的一般特質，可是和宗法時代不相同，兩者對照，區別彰明。孫氏所稱的「現代社會」，係在四十年前，跟今日的「現代社會」又有很大的差異，蓋由於工業化和都市化所帶動的社會變遷，迅速而劇烈，如佛法所云者：「念念遷謝，新新不住，

[10]：孫本文，現代中國社會問題，第一册家族問題，民國 32 年商務重慶初版，78-84 頁。

不惟年變，亦兼月化，且又日遷。」回顧上表所列各項，對我國家庭在這短短的四十年內所發生的各種重大改變，即能窺其端倪。

孫氏再根據我國「現代社會」家族制度的特點，以推論其長處和短處。

其長處有四：

(1)關係複雜嚴密（特點４）

(2)富於互助精神（特點４、５）

(3)富於道德觀念（特點８）

(4)富於制裁力量（特點２、４、６）

其短處有三：

(1)容易養成人子依賴心（據特點２、５）

(2)同居共財，易啟衝突（據特點３、５、６）

(3)婚姻專制，易成怨偶（據特點１、６、７）

特質與優劣點密切相關，前者變，後者必變，在這短短的四十年內，許多長處已成為歷史陳跡，徒供嚮往而已，反之，許多短處也趨於消失，但又出現新的短處。得乎？失乎？容後續論，但撫今追昔，不禁令人感慨系之。

美籍神父郝繼隆（Albert R. O'Hara）先後在我國教育界服務四十餘年，獲得博士學位的論文是「中國早期婦女地位」(The Position of Woman in Early China, 1945)。起先是在南京國立中央大學社會學系任教，大陸淪陷，往菲律賓一大學執教，於 1954 年再度來華，任教於國立臺灣大學社會學系迄今。他以在華長近半個世紀的時間，親身體驗到我國家庭婚姻模式的演變，曾於 1955 ～ 1957 年調查臺大、師大學生 651 人的婚姻家庭態度，結果發現已由傳統模式轉變為

現代模式⑪。

傳統模式特點：

(1)擇偶係從父母之命，媒妁之言。

(2)男女婚前禁止往來，即使在校讀書，或其他方面亦然。

(3)在新家庭的建立過程中，男女無約會及戀愛。

(4)不以羅曼愛為擇偶方式。

(5)視與夫家同居最為理想。

(6)順從夫之雙親（特別是婆婆），是妻子應有的本分。

現代模式特點：

(1)擇偶已有充分自由，但仍要尊重父母意見。

(2)男女間交往頻繁、親密，公開活動大為增加。

(3)約會、戀愛變得普遍。

(4)羅曼愛為婚姻基礎。

(5)新婚夫婦另建新居為最理想。

(6)新婚夫婦有較大的獨立性，妻子也從婆婆方面得到較大的自由。

　　曾任國立臺大農業推廣學系主任及私立東吳大學社會學系主任楊懋春教授，於民國 50 年調查臺灣北部、中部及南部 350 戶農家，發現在農村裏夫婦親密地在一起，乃理所當然之事，在都市更不用說。這是 20 年以前的情形，現在則有更大的改變。他指出我國近 50 年來的重大家庭改變有下述七項（這是二十年前說的）⑫：

　　(1)大多數人反對以往的複式家庭，贊成只包括父母和未婚子女的家庭。

---

⑪：參閱朱岑樓，婚姻研究，霧峯出版社，民國 68 年再版，155-156 頁，註 2。

⑫：楊懋春，勉齋文集，自行出版，民國 52 年 5 月，35-39 頁。

(2)以權威和服從為特點的父母子女關係（特別是父子關係）已經發生顯著的變化。

(3)在夫妻關係中，妻的地位提高了許多。

(4)家庭的主要功能不再是傳宗續氏，維持先人的香火，而是謀求家庭現有各分子的幸福，滿足各人的欲望，並計劃下一代的福利。

(5)父母對於子女重男輕女的心理已不顯著。

(6)大體說來，我國的家庭仍然是個集體的經濟單位。

(7)今日的家庭不多有以往那些屬於形式的家教家規。

四、我國歷代家庭平均人口數

我國古代社會，自殷商以來，為父系的氏族制，至西周，正式形成父權及長子獨尊的宗法制。婚姻則是氏族外婚而兼妾媵從夫居住的複婚制。概言之，我國的傳統家庭，是父系的、父居的、父權的、父治的。孟子有謂：「仰足以事父母，俯足以畜妻子。」即是說一個家庭至少要包括父母、兄弟、子女三代。如果壽命長、經濟富裕，加上其他有利條件，某人上有父親祖父，下有兒子孫子，五代俱全，而各代又有兄弟妻室，連同姨父舅母，表兄表妹等，幾百人同在一個屋頂下同居共爨，漪歟盛哉！如唐代的江州陳崇家，十三世同居，長幼凡700 口❸。紅樓夢裏的榮寧二府多達 500 餘人❹。

像此種累代同居，作十字形上下左右延伸的「大家庭」，用人類學及社會學的術語便是「擴展家庭」（extended family），而僅僅含父母及未婚子女的「小家庭」，則是另一個常用的術語所謂之「核心家庭」（nuclear family）。我國從前傳為美談的那些「大家庭」，內含無

---

❸：見註❿孫本文前書，66-67 頁。

❹：薩孟武，紅樓夢與中國的家庭，三民書局，民國 65 年，14-15 頁。

數個「小家庭」，故又可用「聯合家庭」(joint family)的術語稱之。

　　一般人（甚至許多研究我國家庭的學者專家包括在內），一談起我國從前的家庭，就會想到上面所說「累代共爨、五世同居」的大家庭。事實上並非如是。例如孟子一再說到「八口之家」，梁惠王上有云：「百畝之田，勿奪其時，八口之家，可以無饑矣。」盡心上也說：「百畝之田，匹夫耕之，八口之家，足以無饑矣。」漢鄭玄爲此作注：「一夫一婦，耕耨百畝。」朱熹再解釋之：「弟爲餘夫，壯而有室，即別授田百畝。」即是已婚的兄弟，另外建立新家，而不同居共財。比「八口之家」更小的「五口之家」也很常見。前漢書食貨志就提到：「農夫五口之家」。從前以農立國，農人在全人口中所占的比例極大。

　　奧歌蘭 (Olga Lang) 自 1937 年起，連續好幾年在我國大陸上從事於實際的家庭調查和研究，所撰「中國家庭與社會」(Chinese Family and Society, 1946)，是研究中國家庭學者所常引證的一本書。她指出在農村裏大家庭幾乎不存在，主要原因有二：一是壽命太短，平均在 50 歲以下，無法活到多代同居的年齡；二是貧窮，缺少維持大家庭的財富，兄弟單獨成家過活比較容易，雖然父母反對分家亦歸無效。並謂我國漢代平均每戶人口在 5～6 人之間，唐代相同，元明兩代亦不多於 6 人。許倬雲根據歷代正史的地理誌、郡縣誌、食貨志等，將漢代至清代的人口作一推計，並求得平均每戶人口數，跟奧歌蘭所提出的數字極爲接近[15]。賴澤涵、陳寬政根據此文資料，以西曆紀元爲時間單位，繪製我國歷代平均家庭人口數。除晉代 (280 AD) 每戶人口 7.1 人外，其餘各朝代的平均人數都在 5～6 人之間。最

---

[15]：許倬雲，「漢代家庭的大小」，刊慶祝李濟先生七十歲論文集，下冊，民國 56 年，清華學報社，789-806 頁。

少的時候不到 2 人，總平均是 4.84 人[16]。食貨志所說的「五口之家」，
一點也不錯。

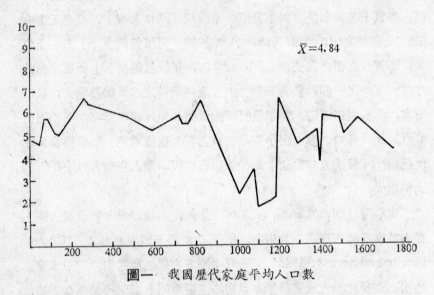

圖一　我國歷代家庭平均人口數

　　本圖採自賴澤涵、陳寬政，「我國家庭形式的歷史與人口」，中國社會學刊，
　　第五期，中國社會學社編印，民國69年11月出版，25-39頁。

　　清趙翼陔餘叢考指出：累世同居之風，起於漢代末年。唐代皇帝
極力鼓勵大家庭，例如壽張人張公藝九世同居，唐高宗親幸其宅。江
州陳崇，數世未嘗分異，唐僖宗詔旌其門[17]。於律例中禁止父子兄弟
分居，例如唐肅宗詔令：「百姓中有事親不孝，別籍異財，玷污風
俗，虧敗名教，先決六十，配隸磧西，有官品者，禁身聞奏。」

　　宋代遵唐制。宋太祖詔：「荊蜀民祖父母，父母在者，子孫不得

　[16]：賴澤涵、陳寬政，「我國家庭形式的歷史與人口探討」，中國社會學刊，
　　　第五期，中國社會學社編印，民國 69 年 11 月出版，25-39 頁。
　[17]：參閱孫本文，前書，66-67 頁。

別財異居。」

　　元、明、清三代，亦多因唐律，將別籍異財，懸爲厲禁。經過歷代的倡導，形成我國所特有的父子兄弟同居共財的家制模式。

　　此種多代同居的大家庭，我國歷史上稱之曰「義門」，傳爲美談，人人稱羨。然據趙翼陔餘叢考的統計，古代此種「義門」，見於各朝史書的孝義、孝友傳者：南史 13 人，北史 12 人，唐書 38 人，五代 2 人，宋史 50 人，元史 5 人，明史 26 人。

　　當然有不列孝友、孝義傳，而列於本紀列傳者，亦有正史不載而雜見於他書者，但爲數不多，由此可見多代同居的「義門」，自古以來，寥若晨星。宋祚三百十餘年，僅 50 人，明祚二百七十餘年，僅 26 人而已。

　　之所以稱爲「義門」者，數代不分家，數百人共同生活在一個屋頂下，男男女女，大大小小，必須互相克制容忍，方能和睦相處，這是多麼困難的一件事。九世同居的張公藝，唐高宗問何以能共居之故，乃書百餘忍字以進。高宗見之淚下。摩擦衝突，是析產分家的主要原因之一，能維持三代眾多人口於一堂，自古以來，就極爲少見。

　　其次累代同堂的結果，食指浩繁，非仕宦或地主之家，難以供養。例如江州陳崇家，傳子孫十三代未嘗分異，長幼七百餘口，每食必羣坐廣堂。有犬百餘，共一牢食。能養得活這麼多人和獸的大家庭，歷史又有幾家呢❸？ 南北朝是我國史上最重視門第的一個時代，其世家巨族因天下大亂而南逃。舉族遷徙，浩浩蕩蕩。到了南方，人生地不熟，不能和當地居民打成一片，只好聚族而居，維持原來門第，然而這些有財有勢的大家族，屈指可數，在整個人口所占的比例微乎其微。秦廢井田，開阡陌，並明令「民有二男以上不分異者，倍其賦。」

❸：參看宋史卷 456，列傳 215（開明本， 5646 頁）。

於是產生「富家子壯則出分，家貧子壯則出贅」的風尚。至漢以降，土地兼併成風，能擁有廣大田園以維持眾多人口所必需生活物資的大戶人口，為數甚少。唐代帝王極力贊揚一門孝友的大家庭，以後各朝代踵事增華，事實上父子兄弟分居異爨的風氣非常普遍。例如顧亭林日知錄載：「宋（孝武帝）孝建中（454-456年）中軍府錄事參軍周朗啟曰：今士大夫，父母在兄弟異居，計十家而七；庶人父子殊產，八家而五。其甚者，乃危亡不相知，饑寒不相恤，宜明其禁，以易其風。」魏書裴植傳云：「植雖自州送祿奉母及贍諸弟，而各別資財，同居異爨，一門數竈。」

由此可知，析產分家，不論其為士大夫或平民，相沿成風，由來已久。民國以來，有不少國外學者，如前引之奧歌蘭及金陵大學史邁士（Smythe）教授等，均發現我國家庭人口平均在 5～6 人之間，而古代所出現的那種累代同堂的大家庭，也稀若鳳毛麟角，僅是歷史上的點綴品而已⑲。

徵諸古代文獻及晚近實地調查結果，我國自古以來，大家庭少之又少。為何一談起我國家庭，不論是本國人或外國人，都認為我國是行大家庭制的社會。此一刻板印象（stereotyped image）是怎樣形成的呢？究其原因有三：

(1)自唐代以降，各朝帝王獎勵大家庭，一門孝友，乃民之表率，對分家異炊者，嚴斥之為薄於情禮的小人，甚而處以重刑，形成以分家為可恥的習俗，大家庭便成為最理想的形式。

(2)社會理想（social ideal）乃人人所欲追求者，高高在上，戮力以赴，正如我國古語所說的：「高山仰止，景行行止，雖不能至，心嚮往之！」已成為社會理想的大家庭，偶爾出現，如張公藝的九代不

⑲：孫本文，前書，65-68 頁。

分家，卽理想成爲事實，人人予以溢美，口碑載途，愈傳愈盛，久而
久之，便成爲我國眞正的家庭制度了。

　　(3)通俗性小說戲劇及談詞木刻，如紅樓夢、郭子儀上壽、百子千
孫圖等，附會渲染，廣爲流傳，津津樂道，使理想和實際混爲一談。
一提起我國家庭，自然而然就會聯想到爺爺叔叔、姑姑嫂嫂一大堆人。

五、臺灣地區平均家庭人口數

　　說到臺灣省的家庭大小，在光復前日據時期，1920-1940 年歷次
人口普查所統計出各地區平均家庭人口數，在5～6人之間，與大陸

表三: 臺灣省各地區平均家庭人口數(1920-1940)

行 政 區 分	1920	1925	1930	1935	1940
臺 北 州	6.9	5.3	5.4	5.4	5.6
新 竹 州	6.8	6.1	6.2	6.4	6.5
臺 中 州	6.3	5.8	6.0	6.3	6.4
臺 南 州	5.6	5.3	5.6	5.7	6.0
高 雄 州	5.5	5.3	5.4	5.6	5.7
臺 東 廳	6.5	6.0	5.9	5.9	5.8
花 蓮 港 廳	5.1	4.8	4.9	5.0	5.2
澎 湖 廳	—	—	5.7	6.0	6.0
總 平 均	6.1	5.5	5.7	5.8	6.0

資料來源: 陳正祥、段紀憲，臺灣之人口，表4（臺灣研究叢書第九種）臺灣
金融研究室，民國 40 年出版。

上各省相同，並無大家庭盛行的跡象（參閱表三）。根據行政院主計
處編印的「中華民國統計提要」：光復前每戶平均人口數最高的一年
是 1940 年，爲 5.58 人（參閱表四），與表三所載該年總平均數 6

表四：臺灣地區平均家庭人口數 (1945-1979)

年　　　　底　　　　別	人　口　數	戶　　　數	每戶平均人　口　數
光復前最高時期（民國29年）	6,077,478	1,038,883	5.85
民　國　35　年	6,090,860	1,000,952	6.09
民　國　36　年	6,495,099	1,120,145	5.80
民　國　37　年	6,806,136	1,192,710	5.71
民　國　38　年	7,396,931	1,331,916	5.55
民　國　39　年	7,554,399	1,368,654	5.52
民　國　40　年	7,869,247	1,440,787	5.46
民　國　41　年	8,128,374	1,492,476	5.45
民　國　42　年	8,438,016	1,552,922	5.43
民　國　43　年	8,749,151	1,568,042	5.58
民　國　44　年	9,077,643	1,629,257	5.57
民　國　45　年	9,390,381	1,695,432	5.54
民　國　46　年	9,690,250	1,746,020	5.55
民　國　47　年	10,039,435	1,803,820	5.57
民　國　48　年	10,431,341	1,868,577	5.58
民　國　49　年	10,792,202	1,939,733	5.56
民　國　50　年	11,149,139	2,002,493	5.57
民　國　51　年	11,511,728	2,060,500	5.59
民　國　52　年	11,883,523	2,118,281	5.61
民　國　53　年	12,256,682	2,187,612	5.60
民　國　54　年	12,628,348	2,257,031	5.60
民　國　55　年	12,992,763	2,321,596	5.60
民　國　56　年	13,296,571	2,388,152	5.57
民　國　57　年	13,650,370	2,465,965	5.54
民　國　58　年	14,334,862	2,541,867	5.64
民　國　59　年	14,675,964	2,620,105	5.60
民　國　60　年	14,994,823	2,702,792	5.55
民　國　61　年	15,289,048	2,781,325	5.50
民　國　62　年	15,564,830	2,865,801	5.43
民　國　63　年	15,852,224	2,958,843	5.36
民　國　64　年	16,149,702	3,066,611	5.27
民　國　65　年	16,508,190	3,182,646	5.19
民　國　66　年	16,813,127	3,307,224	5.08
民　國　67　年	17,135,714	3,437,392	4.99
民　國　68　年	17,479,314	3,593,052	4.86

資料來源：中華民國六十八年統計提要，33頁，表14，行政院主計處編印，民國69年10月出版。

人相較，相差僅 0.12 人。光復後臺灣地區（含金門、馬祖在內），
人口總數逐年劇增，由民國 35 年的 6,090,860 人，增爲 68 年的
17,479,314人，增 2.78 倍。水漲船高，戶數也隨着膨脹，而且增得
更多，相對地由 1,000,952 戶增爲 3,593,052 戶，增 3.59 倍（參
閱表四）。

　　戶數增加大於人口數增加，則每戶平均人口數相當而減少。圖二
是根據表四繪製的：自民國 35 年 (1946) 起，每戶平均人數由 6.09
人繼續下降至 45 年 (1956) 的 5.54 人，以後輕微上升，起伏甚

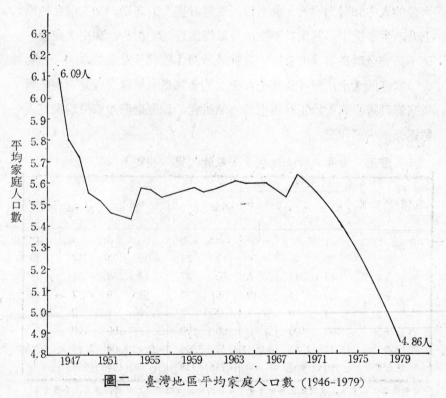

圖二　臺灣地區平均家庭人口數 (1946-1979)

資料來源：根據表四。

微，至 61年止，自後以較大幅繼續下降，至最近的68年，降爲 4.86 人。在 30年內，平均每戶人口減少 1.23 人。

過去幾千年來，一直以「大家庭」爲理想，個人結婚之後就希望多生小孩，特別是男孩，既能完成傳宗接代的重要任務，並在以人力爲主的農業社會，男孩極具經濟價值。常說的吉利話「三多」，就是「多福多壽多男子」。生具宜男之相，是婆婆選媳婦的一個主要條件。女子嫁入夫家，能生多少就生多少，忍受一切辛勞，毫無怨言。現今全世界人口劇增，有爆炸之虞，翻過來鼓勵少生，政府民間投下大量的人力和財力推行一種名曰「家庭計畫」的運動。加上婦女地位上升，生多生少，甚至於不生，可以提出自己的想法，和丈夫商量，而不必完全順從婆婆的意旨。這就是所謂「理想子女數」。

家庭的大小，跟「理想子女數」的多寡息息相關。在此引用臺灣省家庭計畫研究所技正林惠生的一個研究，以與臺灣地區平均家庭人數逐漸減少相印證。

表五: 七年內婦女理想子女數的改變 (民國 60-67 年)

希 望 子 女 數	原　　未　　婚			原　　已　　婚			皆　　未　　婚		
	60年	67年	67～60年之差	60年	67年	67～60年之差	60年	67年	67～60年之差
0 或 1 個	1%	1%	0%	0%	0%	0%	0%	4%	+4%
2	20	46	+26	12	24	+12	24	54	+30
3	48	42	－ 6	50	47	－ 3	49	35	－14
4	30	11	－19	36	27	－ 9	26	7	－19
5 個或以上	1	1	－ 1	2	2	0	1	0	－ 1
百分比計	100	100	—	100	100	—	100	100	—
平均數	3.11	2.63	－0.48	3.27	3.06	－0.21	3.04	2.45	－0.59
(婦女數)	(908)	(908)	—	(738)	(738)	—	(1545)	(691)	—

資料來源: 林惠生，臺灣地區婦女希望子女數的穩定性與變化，7頁，表2，臺灣省家庭計畫研究所，民國 69 年出版。

　　林君於民國 60 年所作「臺灣地區年輕婦女家庭計畫知識、態度與實行抽樣調查」中，統計出樣本婦女的理想子女數，其時年齡爲 18～29 歲。7 年後，於民國 67 年予以追蹤調查，年齡增爲 25～36 歲。樣本婦女計分三類：

　　第一類原未婚──首次調查時未婚，追蹤調查時已婚。

　　第二類原已婚──兩次皆已婚。

　　第三類皆未婚──兩次皆未婚。

　　三類樣本婦女的平均理想子女數，經過 7 年後，均顯著減少，以第三類減少最多，由 3.04 個減爲 2.45 個，減 0.59 個。第一類次之，由 3.11 個減爲 2.63 個，減 0.48 個。第二類再次之，由 3.27 個減爲 3.06 個，減 0.21 個（參閱表五）。

　　表五所列的理想子女數，由 0 到五個以上，首次調查時，三類婦女都以生 3 個的百分比最大，也極爲相近，均爲百分之五十或稍低。換言之，平均每 2 個婦女中，就有一個希望生 3 個孩子。我國推行家庭計畫初期，爲了破除多子多孫的傳統概念，倡導最多只生 3 個，兩數正好相符。

　　7 年之後，理想子女數凡在 2 個以上的，其百分比通通降低，而 2 個的百分比，相對地通通升高。

　　分析其原因，在此 7 年內，正值臺灣地區經濟起飛，雖逢世界性石油危機（民國 63、64 兩年間），曾一度緩慢下來，也使得不少由農村往工廠就業的年輕婦女離廠回村，但很快又恢復其活力，欣欣向榮，整個社會高速度轉變爲工業社會，人民生活水準普遍改善，年輕男女（特別是女性）的教育程度大幅上升，大眾傳播媒體（如報紙、廣播、電視等）普及於窮鄉僻壤，而家庭計畫運動所倡導的孩子數由 3 個減爲 2 個，大力宣傳的口號是：「兩個恰恰好，不分男和女。」

無疑地，這些因素給予年輕男女以很大的影響，減少其理想子女數。當前我國的都市化和工業化日益加強，兩者相輔相成，共榮並茂，而家庭計畫運動所提出的口號，在「兩個恰恰好」之下，加上一句：「一個也不嫌少」，理想子女數將有更往下降的趨勢。

六、我國現代家庭組織實況

綜合言之，我國家庭組織，在周代封建制度下，貴族行擴大家庭，而平民無宗法，則行仰事父母、俯蓄妻子的主幹家庭或折衷家庭。古書上常說的五口之家、八人之口，即是此種平民家庭組織，但周代貴族所建立的擴大家庭標準，在民間發生很大的影響，經漢末以後各朝帝王的鼓勵與倡導，成為我國家庭制度的理想，但實際平民分家之風甚盛，各別資財，自立門戶，一個一個的核心家庭或小家庭相繼出現。累世共居、多代同堂的大家庭，在歷史上固然少見，而在現代更是絕無僅有。我們可以說，自古以來我國最普遍的家庭組織只有兩種：一是夫妻子女組成的小家庭，一是父母夫妻子女組成的折衷家庭，大家庭僅是理想而已。現今在工業化和都市化的影響下，連大家庭的理想都消失於無形，而小家庭躍居優勢。正如楊懋春教授所說的：「一個家庭的兒子都結婚之後，就要分居獨立，父母也不再憧憬五世同堂、兒孫一大羣的傳統了。即使只有一個兒子，如果他於婚後立意要脫離老家，自己成立新的小家庭，也能容易辦到。父母不再固執己見，嚴加反對，准他單獨成家，鄰里親戚也認為是對的，並不見怪。假如這個兒子在別處有工作，就可以帶着自己的妻和子女到工作地去成立自己的家，父母也覺得這是理所當然的。」[20]

茲舉一調查實例，以印證大多數人對此種家庭的反對態度：席汝

楊教授曾於民國 59 年及 66 年調查臺中縣同一個農村社區的家庭組織，第一次結果：夫妻、未成年子女、父母、兄弟子女及其子女所組成的大家庭（卽表六中第五類家庭組織），占百分之十，七年後再調查，則減爲百分之七，而夫妻及未成年子女所組成的小家庭（卽表六中第一類家庭組織），第一次調查占百分之四十，高居各類家庭組織之首，第二次調查又升爲百分之五十，而其他家庭組織，僅第二類「父母及已婚子女」微增百分之一外，餘均下降。

表六: 我國家庭組織的變遷（民國 59、60 兩年的比較）

家　　庭　　組　　織	民國59年調查		民國60年調查	
	家　數	%	家　數	%
1.夫妻及未成年子女	62	40	180	50
2.夫妻及已婚子女	4	3	14	4
3.夫妻、已婚子女及父母	40	28	96	27
4.夫妻、未成年子女及父母	12	8	24	7
5.夫妻、未成年子女、父母、兄弟子女及其子女	13	10	28	7
6.其他不屬以上各類者	11	7	18	5
共　　　　計	142	100	360	100

資料來源: 席汝楫教授親自提供兩次調查臺中縣一農村社區家庭組織所得結果。

　　在農村社區小家庭所占百分比是如此之高，而增加速度又是如此之快，都市社區的小家庭必有過之，自不待言。蔡文輝教授也指出：「中國的家庭制度，在傳統的社會裏，是一種父權父系的大家庭，但是新式的家庭逐漸傾向於小家庭，尤其是都市中的家庭。家庭的主幹不再是父子關係而是夫妻關係。大多數人，特別是接受新式教育的知識：｜｜反對一個包容數十個份子的大家庭，而只贊成一個僅包括

夫婦及其未婚子女的小家庭。」㉑

　　行政院主計處編印「中華民國六十六年統計提要」，表列每戶平均人數逐年繼續減少之時，並附一說明：「顯示小家庭已逐漸取代大家庭。」本文前面所載表二，是筆者爲明瞭近六十餘年我國家庭的重大變遷，以問卷調查有關學者專家的意見所統計出來的結果，按提出意見人數的多寡而排定變遷項目的先後順序，而列於首項者，也就是「以夫妻及未婚子女的家庭增多，傳統式大家庭相對減少」。

七、大家庭和折衷家庭

　　最近中央研究院有兩位研究員賴澤涵、陳寬政合撰「我國家庭形式的歷史與人口探討」提出一種新的見解。他們認爲：我們的家庭組織過去幾千年來是折衷的，現在照樣流行，將來仍然不變，折衷到底。茲將該文要旨，綜合爲五點如下：㉒

　　⑴大家庭是我國傳統的理想，但因限於種種實際困難，無論是過去或現在，一直沒有成爲我國社會家庭生活的主流。（此點爲研究我國家庭制度的中西學者所一致同意，本文前面已言之甚詳。）

　　⑵小家庭也不普遍，雖然有極可靠的資料證明我國平均家庭人口在 5～6 人之間，但不能憑此認定是小家庭的盛行。舉例言之，平均壽命短，於是造成「子欲養而親不存」的終天抱憾。現代中國，尤其是臺灣地區，經歷第一階段的人口轉型期，死亡率開始下降而出生率維持相當高水平一段時期後才開始降落，家庭人數一定上增，因爲兄弟姐妹都能長大成人的機會增大，但限於實際條件而必須分開生活，

㉑：蔡文輝，「中國家庭制度的演變」，見社會學與中國研究，75-98 頁。三民書局，民國 70 年 5 月出版。該文原刊於民國 55 年「思與言」2 卷 1 期，又過了15年的時間，我國傳統大家庭日趨縮小的趨勢，愈見明顯。

㉒：同註⑱。

於是父母擇定其中之一就養，這是很自然而很平常的安排。如果出生率恰於此時開始下降，則第二代家庭的人數亦隨之減少。換言之，人口變遷所影響的是家庭人數而非家庭的形式或組織。

(3)折衷家庭是傳統理想向現實低頭的結果。理由是：不論中國人怎樣喜歡大家庭制度，在種種困難的限制下，只有少數人有此能力去享受之。引用李維(Marion J. Levy)在「現代中國的家庭革命」(The Family Revolution in Modern China, 1968) 一書內所說的「中國人在傳統時期的家庭是折衷家庭」，於是進而認定：現代的中國家庭仍然是折衷家庭，維持幾千年來的老樣子。

(4)我國未來家庭的形式，仍然是折衷的。所持的理由是：近數十年來我國社會經濟所發生的巨大變遷，無疑地給予家庭以很大的影響，但是此種影響並不涵蘊着家庭形式的改變。引用傅利曼教授 (Prof. Freedman)在威大 (University of Wisconsin, Madison)「人口中心」所報告的「臺灣家庭生活調查」說明之。傅氏謂：我國引進西方科技以發展社會及經濟，跟我國的家庭形式並無必然的關係，而我國的家庭形式一直是折衷的，可以說是數千年如一日。臺灣地區的文盲率降低到百分之十左右，平均壽命高達先進國家水準，教育普及，公共衞生完善，國民所得增多，生活水準提高，這一切並未改變人民的家庭形式。所謂「西方式的科技及經濟，必須配合西方式的生活方式」的論調，乃是帝國主義的餘毒。我國引進科技和發展經濟，所涵蘊的內容極爲複雜，所產生的影響是多方面的，一方面迫使家庭人口簡單化，另一方面也促成人民實現大家庭生活的理想。

(5)我國盛行的折衷家庭，旣不是大家庭瓦解的結果，也不是由大家庭到小家庭的過渡，而實實在在是我國家庭組織的「成長極限」(A Limit of Growth)。蓋大家庭是我國的傳統理想，但在種種實際困

難的阻撓下，無法達成之。

　　所謂折衷家庭，顧名思義，乃折衷於大家庭與小家庭之間，以夫妻及其未婚子女爲基本單位，有父母者則與之同居，有祖父母者亦然，並可以更往上推至有曾祖父母者，此卽留其直系。至於已婚的兄弟伯叔等，則另行分居，此卽去其旁系。故此種家庭組織可稱之曰「直系親屬同居制」。有大家庭的根幹，而無大家庭的枝葉。半世紀前，孫本文教授在「現代中國社會問題」一書中，將「家制」列爲我國家族制度變遷過程中的重要問題。蓋自海通以來，西方文化輸入我國，而家庭首當其衝，於是引起家庭組織應採取何種形式的爭論。當時學者秉着我國固有的中庸之道，在大家庭和小家庭之間，採取中間路線的折衷家庭。這種家庭相當於涂爾幹（Durkheim）所說的「主幹家庭」（stem family），我國早已有之，前引芮逸夫教授在「遞變中的中國家庭結構」一文內，謂自秦漢至隋末，凡八百餘年，是主幹家庭占優勢的時期。只因當時爲此掀起熱烈的討論（其實是「炒冷飯」），孫氏乃稱之爲「新制」。他認爲此種家庭既能配合時代潮流的需要，又能保存我國傳統的家庭美德，於是給予高度的贊許：「與直系親屬同居，既可盡孝養之責；與旁系親屬分居，亦可維持其敬愛，這是最易實行的新制度。」❷孫氏並在註中，爲直系親屬同居說明三點：

　　⑴有弟兄數人時，其尊親屬應輪流奉養，故其同居爲暫時的而非永久的。

　　⑵如尊親屬自己不願與已婚卑親屬同居時，則以分居爲宜，但卑親屬須時往省視及供奉生活所需物資，以盡人子之責。

　　⑶折衷制的主要特點，在於奉養衰老尊親。若尊親年事方強，亦

──────────

❷：孫本文，前書，115 頁，

應尊重其意志而斟酌行事[24]。

　　潘光旦教授在「中國之家庭問題」一書內，就折衷制跟大家庭、小家庭二者作一比較後而指出其優點。謂舊式大家庭的最大缺點，在於枝枝節節，蔓延過甚，妯娌姑嫂、兄弟叔侄等關係，處處糾纏不清，家庭人數愈多，關係愈複雜，所發生的糾葛也愈頻繁，家主不得不採取斷然和高壓的處置，而家庭生活岌岌不可終日。若家主庸懦姑息，全家又將陷入分崩離析的局面。今去其枝葉而留其根榦，即兄弟一經成年，自立門戶，父母及祖父母則輪流同居奉養之。

　　小家庭對子女有教養之責，對父母卻無奉養之責，其關係是：甲代→乙代→丙代→丁代→……折衷家庭則異於此，幼年子女，由父母教養之；老年父母，由子女奉養之，以盡其天年，合兩代而言，彼此的待遇是相互的、平等的，其關係是：甲代⇆乙代⇆丙代⇆丁代⇆……家庭是一個連續體，小家庭制則橫裁而斷之，使種族綿延不絕的概念，因家庭形式而受到嚴重的損害，折衷制則保留根榦，刪除枝葉，不是一刀兩斷，使家庭的綿延性不受打擊。猶之伐竹，小家庭制在節處橫斷之，折衷制則順着竹的纖維而直剖之[25]。

　　通常個人一生要經歷兩個核心家庭（即小家庭），一個是「生長家庭」（the family of orientation），是以父母的婚姻為基礎而建立的家庭，個人生於斯，長於斯，獲得人生取向於斯，故又可稱作「人生取向家庭」。另一個是「生殖家庭」（the family of procreation），是以己身的婚姻為基礎而建立的家庭，再生兒育女。父母的核心家庭結束，子女的核心家庭開始，一終一始，即是一代。父而子，子而孫，

---

[24]：孫本文，前書，141 頁。
[25]：孫本文，前書所引，116-118 頁，原見潘光旦，中國之家庭問題，39-42頁。

代代相傳，如瓜瓞之綿綿，家庭生命如此延續不息❷。

　　個人由「生長家庭」過渡到「生殖家庭」，是以婚姻爲橋。小家庭制於婚後離開父母的家，另建新家，等於「過河拆橋」，而折衷制，子女長大成家立業後，其中有一個與父母同居，有一條橋沒有拆掉。父母之上有父母，橋也保留着。如果是「五代同堂」的話，便有四條橋，首尾相接。這就是我國結婚的主要目的──傳宗接代。錢穆教授有云：「我國家庭之終極目的，是父母子女之永恆聯屬，使人生綿延不絕。短生命融入於長生命。家族傳襲，幾乎是中國人的安慰。」❷

　　折衷家庭的主要特質，是父母與已婚子女之一同居。賴、陳兩位爲了證明折衷家庭是臺灣地區一般人所能實際接受的實際安排，借助於密昔根大學人口研究中心與臺灣家庭計劃中心合作的調查報告的一個統計表（卽表六）。從樣本總數 5,534 家去掉「父母雙亡」的 1,469 家，則其他各類家庭組織的百分比都升高，擴大家庭占 12.5%，折衷家庭占 38.9%，而小家庭中有 44.2% 是父母與已婚兄弟中之一合居。從父母的角度來說，與已婚子女中至少一人合居的折衷家庭占 72.9%。此一百分比尚未包括分家後仍與父母經常往來及在經濟上給予支援的已婚子女。由此不難看出折衷家庭在臺灣地區之盛行。

　　賴、陳兩位蒐羅豐富而可靠的資料，作深入的分析，有獨到的見解，故特加引述。至於所提出的論點：不論是過去、現在或未來，我國的家庭組織都是折衷的，卽使是巨大的社會經濟變遷，也不會對我國家庭組織發生甚麼大的影響，就是這個老樣子，數千年如一日。

　　此一論點，是筆者讀畢賴、陳兩位合撰的「我國家庭形式的歷史

<hr>

❷：朱岑樓，婚姻研究，霧峯出版社，民國 68 年 10 月再版，26 頁，84-87 頁。

❷：錢穆，中國文化史導論，正中書局，民國 57 年出版，43 頁。

表六: 臺灣地區家庭組織

家　庭　分　類	實　　　數	百　分　比
父母雙亡	1,469	26.6%
小　家　庭	1,974	35.7
⎧(1)父母與已婚兄弟合居者	873	15.8 ⎫
⎩(2)父母獨居	1,101	19.9 ⎭
折衷家庭	1,583	28.6
擴大家庭	508	9.2
總　　　　　數	5,534	100.1

資料來源: Freedman, Ronald, Baron Moots, Mary B. Weinberger, and T. H. Sun, Types of Households in Taiwan: Prevalences, and Correlates, Taiwan Population Studies Working Paper # 34, Population Studies Center, University of Michigan, Ann Arbor, 1977, Table 2.

與人口探討」所綜合出來的，如果沒有錯誤的話，則嫌過於簡化和武斷，有待商榷。作者在此簡要提出兩點看法，作為本文的結尾:

第一是關於家庭組織的: 小家庭之稱為核心家庭者，因為任何形式的家庭，都以它為基點，若果之有核，圓之有心。由此基點可作縱的上下延伸及橫的左右展開。累世共居、五代同堂的大家庭，就是它向上下左右成十字形擴大的結果。這種大家庭一直是我國人民所嚮往的，成為一種「文化理想」，但必須有種種的有社會經濟條件相配合，方得以實現，因此自古以來極為罕見，而在我國現代社會，工業化和都市化加速進行，更是名存而實亡。於是我們可以說: 從古至今，只有兩種家庭組織，為我國所普遍採用: 一種是夫妻子女組成的小家庭，一種是父母夫妻子女組成的折衷家庭。現今大家庭幾瀕絕跡，小家庭

和折衷家庭相對地更上層樓，分庭抗禮，未來發展的趨勢，似乎還是如此。所謂折衷家庭，是父母與已婚子女之一共居，而平均子女數是在兩個以上，自然在數量上小家庭要多於折衷家庭。一般人（連同一些專家學者在內）所謂的「小家庭已取代了大家庭」，完全把折衷家庭擱在一邊兒，那是一種錯誤的說法。

　　第二點是關於家庭人口的：家庭人口增減的來源只有兩個，一個是血親、姻親、僕從、附居者（如叔伯姑姨兄弟姊妹中的鰥寡者），另一個是新出生的小孩。大家庭既然難在現代工業都市社會立足，前一來源便告枯竭，剩下的只是新生嬰兒。以往農村家庭需要人力以從事生產，我國的「男」字即田力二字合成的，故以「多子」爲福，而工業社會的生產完全依賴機械，人的體力失去其重要性，於是養育子女由資產（assets）變成負債（liabilities）。從前說女孩子是「賠錢貨」，現在的男孩子也毫無賺頭，不分男女，一直賠到底。迫於形勢，各家會自動地實行「計劃家庭」。前引臺灣地區歷年平均家庭人口統計數字，一直在下降。最高的理想子女數將是「兩個恰恰好」，日新月異的科技發展，將來控制胎兒的性別應該是不成問題的，子女雙全，不多也不少，完全符合父母的理想。平均家庭人口三個稍多，而不再「八口之家」或「五口之家」。傳統的孝道已深植於中國人的腦中，這也是中國文化最值得自傲的優點，應該永遠保存而加以發揚。父母與已婚子女之一同居，於是成爲小家庭和折衷家庭平分秋色的天下。

八、後　記

　　本文原擬標題爲「中國婚姻家庭的變遷」，以問卷調查所統計得出的變遷項目爲基準，分節討論之。計畫先寫第一項：以夫妻及未婚子女組成之家庭增多，傳統式大家庭相對減少。想不到拉拉雜雜寫了

兩萬多字才收住筆，如果要全部寫完的話，卽使從 32 項中選其重要者並予以合倂，也會有 8 或10項之多，把各項寫的字數加起來，近二十萬字了，超過本書「我國社會的變遷與發展」所預限的字數太多，而且本書急於付印，催稿急如星火，時不我與，只好暫時告一段落，其餘各項，等有機會再寫。而本文的範圍縮小，標題也應縮小，才不致於文不對題，乃改爲「中國家庭組織的演變」。理合說明，敬請高明讀者諒之，是幸!

社區權力結構的變遷

文　崇　一

一、導論：概念架構

　　自我國歷史觀察，很不容易了解社區權力的分配狀況。歷來在保甲、鄉治中擔任重要角色的，不外兩種人：一種是有錢人，如地主、小商人之類，他們往往可以在村子裏說點公道話，擔任排難解紛的角色；另一種是士紳或鄉紳，沒有功名的讀書人或退休的官員，他們在地方上享有較大的發言權，村民通常也樂意接受他們的裁判。自漢以來，士紳不僅是地方上的要人，也是溝通官民意見的重要橋樑。還有一種情形，如果是聚族而爲村的話，族長自然成爲要人，有相當大的發言權和決定權。族長的條件，大抵不外以年齡、辦事能力、經濟狀況、社會地位爲選擇依據。這樣也可以納入上述二類中。

　　我國在帝制時代，中央政府對地方事務的命令，多半下達至縣爲止。自縣以下的工作，幾乎完全交由縣政府自行處理，鄉、保、甲之類的地方基層單位，只是奉命行事，執行上級的要求或達到目的，根本沒有機會反映意見。偶爾有的話，就是由士紳人物拐個彎提出去，但也未必受到重視。所以在當時的社區權力分配，非常單純。當時的社區事務，也不甚複雜，地方政府從來不過問，只有少數的族姓或慈善家，才做一點公共工程，如修橋補路的工作。

　　現代的情形就不太一樣，尤其是推行民主政治以來，地方機構不

僅是執行中央命令，也提供政策性的意見，基層變得非常重要了。村里長所管理的事務加多，民意代表替代了原來士紳的角色，都有機會反映民意。所以現在社區權力分配的情形，跟從前相當程度的不一樣。不僅如此，自從實施社區發展以後，社區居民還要設法發展或加強社區意識，以培養自己管理自己的情操，把社區事務控制在居民手中。這就更需要社區領導人來運作、指揮了。可見在現代的社會中，無論就民主政治的觀點，或社區事務的觀點來說，了解社區權力分配，或研究社區權力結構，都非常重要。

我國在這方面的研究實在不多，主要可能由於早期的農村社會，多為聚族而居，族長就代表了一切；民主的社區，只是近年來的事，還沒有引起廣大的注意。我們今天研究社區權力，可以作為參考的，還是美國社會學者和政治學者的貢獻。

美國學者在社區權力方面的研究，不但開始很早，而且有很高的成就。美國是一個移民社會，當初從歐洲移民美洲的時候，既沒有中央政府，又沒有地方政府，一切都靠鄰里互相幫助。這種歷史發展的方式，一直影響美國人的社區生活，所以社區在地方組織中佔了一個很重要的地位，許多地方事務都是透過社區組織完成，沒有地方政府，也沒有家族力量可資依賴。

社區事務不是自動會完成的，多半靠社區中的熱心人士和有領導能力的人出面奔走，一方面要使社區居民認識某些事務的重要性，必須大家面對問題，設法解決；另方面又要使大家願意出錢出力，共同建設與維護。這就顯示了兩個重要問題：一個是社區領導人散佈在那些領域？沒有他們，社區事務可能不易成功；一個是領導人之間及領導羣與居民之間的權力分配如何？這種權力關係也會直接影響社區事務的結果。美國許多的社區權力研究，大抵都是在這些相關方面找尋

模式。

研究美國社區權力較早而有成就的兩本書，要算亨特的「社區權力結構」(Community Power Structure)❶，和達爾的「誰管理城市社區」 (Who Governs?)❷。 前者出版於 1953 年， 後者出版於 1961 年， 都已是研究社區權力方面的經典之作了。我們今天討論社區權力問題，雖已有不少新的方法，如測量，但一些基本觀念，還得從這兩本書說起。以後不但研究社區權力的越來越多，作次級比較分析的也不少，下列三本書的編輯，可以說已經替美國的社區權力研究，作了一次有系統的整理， 幾十年來的重要論文， 或全篇或摘要，多收錄在書中， 雖然難免有些重複的地方。依其編輯先後為： (1) 克拉克 (Terry N. Clark) 編的「社區結構與決策」(Community Structure and Decision-making), 1968 年出版❸; (2) 艾肯與莫特 (Michael Aiken and Paul E. Mott) 編的「社區權力結構」(The Structure of Community Power), 1970 年出版❹; (3) 波傑等人 (C. M. Bonjean, T. C. Clark, and R. L. Lineberry) 編的「社區政治的行為研究」(Community Politics: a behavioral approach), 1971 年出版 ❺ 。從這些研究可以發現， 不祇量在增加 ， 質也有了不少改善， 例如， 從一百多個社區研究中發現， 政治經濟對權力的影響， 有

❶ F. Hunter, 1953, *Community power structure: a study of decision makers.* Chapel Hill: The University of North Carolina Press.
❷ Robert S. Dahl, 1961, *Who Governs? Power and Democracy in an American City.* New Haven: Yale University press.
❸ Terry N. Clark, 1968, *Community Structure and Decision-making: Comparative analysis.* Penn: Chandler.
❹ Mickael Aiken and Paul E. Mott, 1970, *The Structure of Community Power.* New York: Random House.
❺ Churles M. Bonjean, T. C. Clark, and R. L. Lineberry, 1971, *Community Politics: a behavioral approach,* New York: The Freepress.

降低的趨勢；而組織和制度的重要性，則有增加的趨勢。最重要的收穫，還是在研究社區權力的方法及社區權力結構的類型方面，使研究社區權力的人，有一些比較穩定的技術和方法可以利用，但也使研究者在方法和理論上受到若干限制。

這種研究方法和方式，對於研究我國社區，多少有些借鏡的作用。同時，目前我國正在工業化和都市化過程中，因職業分化、人口流動，增加了社區中異質文化的程度，也加速了社區意識、社區權力分配的轉變。這種結構上的轉變，不僅對安排社區事務產生重要意義，就是對國家政策，也有很大的影響。

社區權力與領導系統

什麼叫權力？這是一個爭論不休的問題。我國早有「權力」一詞，意思是「威權勢力，具有操縱指揮之效用者也」[6]，引伸來說，就是具有指揮別人工作的權勢；中國人在單獨說「權」的時候，也多半是指這種「勢力」。這自然是廣泛的說法，即一般所謂社會權力。社區權力上所說的「權力」，是從英文 power 這個字翻譯過來的。這個字也有「指揮操縱別人」的意思，雖然用在社區權力上不完全是這個意義。我們可以列舉幾種簡單的權力概念。

韋伯（Weber）說：權力是表示，社會關係中的行動者，利用地位以實行自己的意願不管反對或成算有多大[7]。

達爾（Dahl）說：甲在某種範圍內，權力大過乙，他就可以令乙做些本來不願意做的事[8]。

---

[6] 舒新城等，民 37，辭海，頁727. 上海：中華書局.
[7] Max Weber, 1965, *Theory of Social and Economic Organization* (tra. by A. M. Henderson and T. Parsons), p. 152. N. Y.：Free Press.
[8] Robert S. Dahl, 1957, The Concept of Power, *Behavioral Science* 2 (July): 201-215.

拉斯威爾和卡普南 (Lasswell and Kaplan) 說: 權力就是參與決策[9]。

從以上所引中外各家之說，權力大致可以說是對別人所產生的說服力或指揮力。也許可以分為兩類: 一類是影響力，卽使用個人的力量說服或強迫別人，依照指揮者的意思產生行動，例如在會議中說服別人，以通過自己的提案，或僱主命令僱員去工作，這種現象，在非正式組織中常見。一類是權威，卽正式組織中所規定的或合法的權力[10]，例如里長可以在里民大會中主持會議，表決提案。以社區權力而論，通常是透過非正式組織的領導人（社區的或羣體的）而產生影響力，使社區事務達成目標。無論是參與決策或實行自己的意願，都有「操縱指揮」的意思。

這樣，一般所說的社區權力，大概可以從三方面去認定: ㈠影響力，指具有明顯的或潛在的說服他人的力量，可能是正式組織中的，也可能是非正式組織中的。這種影響力到處可見，如張三說服李四不要放棄投票的權力，甲要求乙參加社區工作等。㈡權力，指具有控制或改變他人行動的力量，涉及的範圍可能很大，也可能很小。這種權力比較具體，如羣體領導人有權安排成員工作，社區領導人參與社區決策。㈢權威，指正式組織中的合法權力，不容置疑。這種權威更具體而明顯，如里長有權召集里民大會，董事長有權處理公司中的財產。但實際的社區權力，界線並不這樣清楚，多半是泛指影響力、權力、權威三者而言。例如鄉民代表在鄉村社區中的權力，旣是代表政治地位所給予的權威，又是個人在社區或羣體中所獲得的影響力和權力。

[9] H. D. Lasswell and A. Kaplan, 1950, *Power and Society*, p. 74. New Haven: Yale University Press.

[10] Paul E. Mott, 1970, Power, Authority, and Influence, in M. Aiken & P. E. Mott, eds., *op. cit.*, pp. 3–15.

所以，社區權力是一種混合體，在社區內，凡是影響或指揮他人行動的力量，均可以稱之為社區權力。社區權力的大小，實際就是在社區中影響力或指導力的大小；或者從另一個角度去看，是控制這種有價值資源的多少。社區權力結構就是這種權力分配的狀況，例如集權是權力的集中，分權是權力的分散。

權力人物的權力來源，大致不外下列許多種：一種是來自社區中的重要政治職位，如議員、鄉長、鄉民代表、村長；一種是來自社區中經濟成就較高的職業，如收入較多的公務人員、小商人、兼業農人；一種是來自社區中較高的社會地位，如社團中的重要人物、退休的政治經濟人物；一種是來自社區中的宗教領導人，如宗教組織的理事、總幹事、神明會的會首。這幾類人，在社區中扮演比較重要的角色，也掌握較大的權力❶。其實，這些人就是政治、經濟、社會諸有價值資源的主要控制者。

這樣的社區領導人，他的權力來源大致可歸納為二類：第一類是個人的政治、經濟地位優越，受到社區人民的推許，以個人身份直接參與決策；第二類是因羣體在社區中的重要性而增加成員的影響力，即透過羣體而參與決策。大多數社區領導人因透過羣體，特別是重要羣體，而增加在社區中的領導地位，而取得社區領導權。每個人的領導權也不是完全相同或相等，因領導權力的大小，在社區中又常常形成不同的領導系統。這種系統，有時候也就是我們所說的派系。不論中外古今，任何社會都會出現這種因權力分配而造成的派系或領導系統；民主政治更是利用不同的領導系統而彼此監督，使不致因握有權

❶　Dahl, 1961, *op. cit.*, pp.184–189（五種領導人模式）；文崇一，民64，萬華的羣體與權力結構，中研院民族所集刊 39: 19–56；文崇一等，民64，西河的社會變遷，中研院民族所專刊乙種之 6 :: 01–133.

力而腐化，而危害社會。可見派系未必對社會有害，只有以私人利益爲出發點的派系，才眞正損害了社會的團結與和諧。這種領導系統，在社區中往往很明顯的可以找出來。以西河爲例❷，它的領導羣可以分爲三個階層：第一階層有三人，分爲兩個系統，也可以說是兩個派系，權力最大；第二階層人數較多，分別從屬於以上兩個系統；第三階層只是一些潛在力量，將來可能爲社區領導人。這個社區的領導系統相當清楚，從這個系統的階層次序即可以看出社區權力的大小。

社區權力結構：方法與類型

研究社區權力結構，在美國開始得較早。開始的時候，並沒有固定的方法；後來類似的研究做得多了，方法才漸漸穩定下來。我國對於這方面的研究，到目前爲止，做得並不十分理想。由於研究的數量不夠多，仍難以達到建立普遍理論和方法的程度。席汝楫❸曾經用問卷做過農村社區的領導型態，主要是從影響力的大小討論領導系統。幾年來，我個人曾經用過多種方法研究社區權力結構，但問卷法一直不甚成功，在已做過的七個社區中，都沒有獲得預期的結果。因而在每一個研究中，問卷資料只是當作補充說明，主要還是用參與、觀察、深度訪問獲得資料，並以之爲分析的基礎。這種方法的優點是，對問題的了解，有足夠的深度和廣度；缺點是，費時太多，資料又難以量化。

在研究西河的社區權力時❹，比較偏重角色和地位的理論，從正式組織、非正式組織、小羣體、社區中找出具有影響力的領導人，再把這些領導人，依權力的大小，分成幾個階層，最後就可以了解權力

---

❷　文崇一等，民 64，前文，頁126。

❸　席汝楫，民 61，一個農村社區的領導型態，中國社會學刊 2: 1-22.

❹　文崇一等，民 64，前文，頁101-133。

分配的情況與權力結構的類型。 在做萬華⑮和竹村⑯的社區權力研究時，我試用了小羣體的理論，原因是我們在一些研究中發現，除了極少數例外，社區中的權力人物，多半是小羣體的成員，透過羣體而具有更大的影響力，有時也影響羣體，爲社區作決定。這種小羣體通常都是成員較少，彼此交往多而親密，在羣體中的時間相當長。這很合乎小羣體的組織條件。 在做岩村⑰的社區權力研究時，又發現它的領導類型與以往頗不相同，就採用了從聲望、職位、決策方面去找尋社區領導人，同時也注意到參與社羣活動的相關性。

事實上，每一種方法，包括問卷在內，都曾經用來去了解社區權力分配和權力結構，但任何一種方法都不是絕對有效，所以經常是幾種方法同時並用。中國傳統士紳在社區中所扮演的角色，也曾被用來做爲找尋權力人物的手段，但除早期的萬華社區外，其他各社區，沒有一個有這類人物；新興的知識份子，又多未在社區中掌握實際權力。因而這個方法幾乎沒有什麼效果。

無論如何，在研究社區權力的過程中，多少總會受到一些美國學術界的影響，特別是在方法和概念架構方面。在方法上用得比較普遍的有下列幾種，卽，職位法 (positional approach)，聲望法 (reputational approach)，決策法 (decision-making approach)；有時候幾種方法並用，可以叫做綜合法 (combined approach)。以下就這幾種方法分別作一點說明和討論，藉以了解用於研究我國社區權力結構的可行性。

⑮　文崇一，民64，前文，頁19-56。
⑯　文崇一，民 67a，竹村的社會關係和社區權力結構：一個變遷中的農村社會，中央研究院成立五十周年紀念論文集 2: 679-716.。
⑰　文崇一，民65，岩村的社會關係和權力結構，中研院民族所集刊42: 41-71；民 66，一個農村的工業化和社會關係，科學發展月刊 5(3): 231-245.。

職位法　職位法的主要目標，在於把正式組織和非正式組織中，重要職位的領導人找出來，有的人可能有決定權，有的則具有法定權力，這些重要職位上的重要人物，就可能分配到比較大的權力。社區中的正式組織，如政黨地方黨部的區委，農會總幹事和理事長，寺廟的總幹事和理事長；非正式組織，如神明會（小羣體）的領袖。這些人都具有比較大的影響力。在一個社區中，如果能這樣把重要職位找出來，又找到了重要職位中的實際領袖，就很容易了解權力分配的情形。

不過，所謂「重要職位」，有時並不容易區別，同樣是村長或鄉民代表，同樣是羣體成員之一，其影響力卻不一定相同，也不容易觀察得出來。所以，職位法的優點是容易找到領導人，缺點是不容易鑑別領導人的重要程度，或影響力的大小。例如 Sayre and Kaufman[13] 研究紐約，主要就是用職位法。

聲望法　主要是了解社區中那些人有較高的聲望，而假定聲望可以代表某種權力關係。這個方法是由受訪人將社區中的領導人分別給以等級，可以綜合政治、社會、經濟列等，也可以分項列等。聲望高的給以高分，低的給以低分。他們可能在社區中有聲望，也可能僅在羣體中有聲望。聲望象徵某種程度的影響力或說服力，所以聲望高的人就是影響力大。例如在宗教組織中具有較高聲望的人，理事或理事長，可能有較大發言權；在經濟上有較大成就，或在社區事務上有較多參與的人，也可能有較大決定權。用這一類的事物為聲望指標，以選擇領導人的重要程度，再了解其權力分配狀況。

聲望法的優點是，它本身就代表或象徵說服力，具有較高聲望的

---

[13]　Wallace S. Sayre & Herbert Kaufman, 1960, *Governing New York City*, N.Y.: Russell Sage Foundation.

人，總是容易說服別人；缺點是測定聲望的指標不易確定，還可能用錯指標，除非對社區活動事先有較深入的了解，否則，難免不產生錯誤。使用聲望法做研究的人很多，早期如 Hunter 的研究[19]，後期如 Preston 的研究[20]，都有很好的結果。

　　決策法　決策法以問題爲研究取向，所以有時候也叫問題法（issue approach）。在一些組織、羣體，或社區開會的過程中，研究者參與並觀察，以了解在會議中，誰的影響力較大。每一種會有不同的成員，從許多會議中便可以看出某些成員的重要性。同時也可以從一些紀錄、討論、演講中，了解某些人對事務的決策權。例如，在社區理事會，寺廟理事會，或農會理事會的會議中，就可以發現他們對於社區事務的態度、能力、影響力等。例如，Dahl 研究新港[21]，Hayes 研究北村[22]，都是用的決策法。

　　決策法的優點是，從決策過程上就可以知道誰的權力較大，或誰的權力較小，不用間接去了解。缺點是，外人未必能參加許多會議，尤其是重要的會議；即使參加了會議，也未必能肯定該項會議對社區、對居民的重要性；更有些人在會議中未必講很多話，卻有幕後的影響力，根本無法觀察。

　　綜合法　綜合法是同一研究使用一種以上的方法，即從職位、聲望、決策各方面去衡量領導人權力的大小，例如，職位的高低，聲望

---

[19] F. Hunter, 1953, *Community Power Structure*, Chapel Hill: university of North Carolina Press.

[20] J. D. Preston, 1968, The Search for Community Leaders: a reexamination of the reputational method, *Socialogical Inquiry* 39:39-47.

[21] R. A. Dahl, 1961, *Who Govrns? Power and Democracy in an American City*, New Haven: Yale University Press.

[22] O. P. Hayes, et al., 1967, Community Support and the Mobilization of Support, *Canadian Review of Sociology and Anthropology* 4:87-97.

的好壞，決策的多寡。三種力量互相比較，不但容易了解，也容易找出指標。多牛的時候，選擇其中二種方法同時使用，如職位、聲望，職位、決策，或聲望、決策。例如 Presthus[23]的研究 Edgewood，就是多種方法並用。

綜合法的優點是可以從多方面觀察權力的大小，例如職位高低、決策權多少，不致顧此失彼；缺點是，觀察途徑分散，不能集中深入，容易流於浮面的了解，

美國人做了幾十年的社區權力研究，所獲得比較穩定的方法，大致就是這幾種。不過，由於研究者的偏好，或分類標準不同，差異還是存在的。例如，Walton 以 61 個社區權力研究做分析，發現：用聲望法的有 27 個，決策法的 3 個（職位法的無），個案的18個，綜合法的 13 個[24]；但是，Curtis and Petras 用 76 個社區權力研究做分析，結果卻不完全相同，他們發現：用聲望法的有 30 個，決策法的 7 個，個案的 16 個，綜合法的 23 個[25]。這兩個次級分析，分類標準雖不一致，結果卻相當接近（Walton 的職位法，一個例子也沒有），其中以聲望法和綜合法的數量較多[26]。不過，二人所收集的例子，多

[23] Robert Presthus, 1964, *Man at the Top: a Study in Community Power.* N. Y.: Oxford University Press.

[24] John Walton, 1970, A Systematic Survey cf Ccmmunity Power Research, in Michael Aiken & Paul E. Mott, eds., *The Structure of Community Power.* N. Y.: Random House, pp. 443-461.

[25] Jawer E. Curtis and John W. Petras, 1970, Ccmmunity Power, Power Studies and the Scciology of Knowledge, *Human Organization* 29(3): 213-216.

[26] 把兩個研究的案例加起來(包括重複的)，共得 137 例，再看其百分比的比較值。

研　　究　　者	聲望法	決策法	綜合法	個　例	合　計
Walton	27(20)	3(02)	13(09)	18(13)	61 (45)
Curtis & Petras*	30(22)	7(05)	23(17)	16(12)	76 (55)
合　　　　計	57(42)	10(07)	36(26)	34(25)	137(100)

*雖列有職位法的類別，但無實例。

數是重複的，即在兩個分析中都出現。從整體來看，使用聲望法的人還是多些。例如，Walton 的分類中，聲望法佔 39%，綜合法佔 30%；Curtis & Petras 的分類中，聲望法佔 44%，綜合法佔 21%（兩個研究分別計算的百分比）。

依照上述幾種方法，從政治的、經濟的、社會的、宗教的幾個重指標，在羣體、社區、小團體中，找出一般的有權力的人物，再從這些人中找出次要權力人物，再找出重要權力人物和最重要權力人物。一層一層的過濾下去，一方面找到了權力人物，卽領導人的分配狀況，另方面也找到了權力分配的狀況。

社區權力分配狀況就是社區權力結構。這種結構類型，依美國幾十種社區權力研究之結果來看，已相當定型的分爲四類，卽專權型 (pyramidal)，黨派型 (factional)，聯盟型 (coalitional)，散漫型 (amorphous) 四大類。依 Aiken 和 Curtis and Petras 的分析，發現各有不同，但大致以前三類爲多，第四種較少，如下表[27]。

表一　美國社區權力結構類型

	專權型	黨派型	聯盟型	散漫型	合　　　　計
艾　肯（Aiken）	18	17	15	7	57
寇第斯（Curtis）	31	23	23	6	83

資料來源：Aiken 1970: 517-9; Curtis & Petras, 1970: 207

---

[27]　Michael Aiken, 1970, The Distribution of Community Power: structural bases and social consequences, in Michacl Aiken & Paul E. Mott, *op. cit.*, pp. 487-525; J. E. Curtis & J. W. Petras, 1970, *op. cit.*, pp. 204-218. 兩種分析所用資料，有甚多相同或重複之處。

專權型的社區權力集中在一、二人手中，爲獨斷的或單一的領導形態；黨派型的社區權力是經常分爲兩派或更多的派系，彼此爲其利益而競爭；聯盟型的社區權力隨領導人的重新組合而變，組合因問題不同而變，沒有永久單一的領導系統；散漫型的社區權力是分散的，幾乎看不出權力分配狀況㉓。

我們在研究臺灣社區權力時，一方面固然必須特別了解臺灣社區的各種特質，另方面也或多或少受到美國的研究方法和權力結構類型的影響，不過，我們希望把影響的程度減低些。我國對於社區權力的研究，到目前爲止，雖然爲數不多，仍願從權力類型方面，因發現而提出一些討論。

二、社區的性質

我們將要分析的社區分爲三類，卽都市社區、農村社區，和山地社區。前二類各有兩個社區，後一類有三個社區，共爲七個社區。七個社區又有文化上的差異，前四者爲漢文化社區，後三者爲山地文化社區。在研究設計時就有比較的意義，當初的假定是：當原來的社會文化受到現代的工業文化衝擊時，必然產生巨大的變遷；這種變遷還可能有地區上的差異。經過幾年的研究，許多論文都已經發表了，本文係僅就社區權力部分，作一綜合性的分析，並進一步了解權力結構變遷的狀況。

都市社區

這兩個都市社區實際包括一個都市區和一個郊區，兩個社區相同

㉓　文崇一，民 67b，社會變遷中的權力人物：社區領導人與權力結構的比較分析，中研院民族所集刊 46:1-30.，並參閱 Michael Aiken, *op. cit.*, p. 489.

的地方爲：開發很早，康熙年間即有人居住；都是閩南移民，移居的姓氏比較複雜，有幾個大的宗族，其餘均爲小的姓氏；絕大部分爲民間信仰，宗教活動頻繁；同一次文化體系，居民間的親密度以及其他行爲模式，與地區性的中國傳統文化相當接近，甚至相當一致。

　　這兩個社區也有許多不一致的地方，例如，都市社區：在清代曾經是臺灣北市的貿易重鎮，與大陸貿易甚發達，但到現在只是一個雜貨零售市場，無論商業或工業，都沒有它的重要性；社團活動一直很多，而且很重要，許多社區事務，都由社團出面安排，在清代更是如此；由於地區較大，居民較多而複雜，政治和經濟上的利益衝突經常存在；幾個大姓間的利益衝突，自清代以來，一直沒有減低；居民很早就過的是城市生活，人際關係比較冷淡，即使在社區內，也有這種傾向；早期是一些大貿易商，船公司老板，現在卻是零售商居多數，大商人移居外地；社區仍保留若干早期的生活方式，對適應大城市的生活和商業，似乎有些困難。

　　郊區：清代就是一個重要的關卡，爲淡水河的來往船隻課稅，自淡水出海的必經之地，現在就沒有這種重要性了，卻慢慢形成一個住宅區，人口日多；原來爲一農、漁並重的市集，二百多年沒有太大的改變，近年公車通行後，差不多已轉變爲一般郊區的經濟形態，即藍領職業占多數；小羣體的活動，有其重要的一面，特別是某幾個特殊組織，如寺廟的理事會、神明會等，今天仍然如此；政治上的競爭，原來幾乎沒有，實行地方自治後，這種競爭逐漸昇高，雖然只是鄉民代表、里長一類的職位；原來社區內關係較密切，自從依附於臺北市以後，城市生活方式就影響到社區居民的行爲，甚至思想。

　　這兩個社區的最大特質是，宗教羣體扮演了重要角色，宗教角色與政治角色的重叠程度相當一致，目前的生活方式，因都市化的結果，

也有趨於一致趨勢。

農村社區

　　農村社區包括一個完全農業區（少部分為礦工）和另一個受了點工業影響的農村，兩個社區相同的地方為：開發很早（乾嘉年間），同為農業區，地處比較偏僻的鄉村；對外交通不方便，後來才逐漸獲得改善；居民多為閩南移民，而不屬於同一來源；宗教信仰幾全為民間信仰，宗教活動並不十分多；可以說是屬於純樸的農民生活方式，思想和行為都相當保守，即使是受了現代工業生活的若干影響，保守的行動，還是看得出來。

　　雖然同為農業區，兩社區的不同特質仍舊存在，例如，在工業的農村區：因為設立了工業區，不僅工廠、商店林立，突然間增加了數以千計的工人，這些陌生人也住進社區中，不免改變了一些對外來人的態度；社區居民大量進工廠工作，或在家為兼業工作，對收入增加不少；六個明顯的宗族組織，其中兩個雖因都市發展而遭到破壞，剩餘四族則幾乎未受影響，不僅族內常通有無，維持傳統方式，族間也相處甚為融洽，甚少衝突；最大的宗教組織就是幾個獨立的土地公會，但並未產生信仰危機；原來為純農業生活，現在農人只有 1.5% 了，多的是工、商、服務業，這種變遷，顯然是工業化所引起的結果。

　　農業區：原來是一個十分閉塞的地方，現在卻是交通便捷，經常有許多人經此前往慈湖拜謁；原來是農業人口占 95%，現在大約是農、工各半了（各占 41% 左右）；沒有宗族組織，以聯合的姓氏（10 聯姓）為應付宗教儀式的需要；宗教團體也沒有什麼影響力，唯一的用途就是籌備拜神；工廠進到社區邊緣以後，許多婦女去工作，男人常待在家中看小孩、準備飯菜，已有部分家內工作，角色轉換的趨勢，男人也不大願意，可是他們在稻田、礦坑賺的工資，卻不見得比

她們在工廠的多，這真是沒有辦法的事。

這兩個社區的最大特色是：現代文化或工業文化對他們的影響似乎要小得多，在交通發達或工廠進入後，仍然保留相當濃厚的農業文化性質；宗教活動不如都市那麼多，宗教組織也不是那麼有體系。

山地社區

山地社區包括三個部落族羣，一個為泰雅族，一為布農族，一為阿美族。三個社區都在花蓮玉里鎮附近，泰雅在玄山，布農在卓漢，阿美在樂合。三個族羣在文化和地區上均有不少差異，但也有些相同的地方，例如：同樣為農業社區，保有相當多的傳統文化；若干傳統的生活方式，耕作團體，人際關係等，在日常事務中仍然運作；西方教會的力量，無論是信仰體系或儀式行為方面，可以看得出來，有相當大的影響；地方自治的基層組織，不僅在形式上早已普遍存在，實質上也取代了原來的部落政治組織；各族對外關係雖有程度上的差異，但多半都擴大了社會關係網絡，以及文化上的接觸。三個族羣不同的地方也相當多，例如：泰雅羣的教會有很大影響力，不僅具有宗教功能，還具有社會、經濟、教育等方面的功能；由於分成幾個小村落，宗教、語言、地理環境又有隔閡，所以內部人際關係不十分良好，有時衝突很高。阿美羣的氏族組織仍相當強烈，羣體內很團結，年齡羣仍有功能，使社區的一致性增高；傳統宗教信仰以及族長（頭目）的權力，使天主教不易在社區中發展，氏族的祭祀還是最重要的儀式生活，為全村人所重視；傳統協作團體的運作幾乎沒有變，無論收刈還是蓋房子，多半是交換工作時間。布農羣的氏族組織尤其重要，它幾乎仍是社會中的基本單位，使各羣整合，而維持良好的親密關係；生產和非生產的互助活動還是存在，但受到對外交通方面的影響，比從

前已經少得多了㉙。

　　事實上，目前三個社區去外地謀生的人已經不少，每村都近百人，他們從事電子、紡織、塑膠、運輸等工作㉚。雖然都是初級工人的工作，對生活方式的改變，已發生很大影響。對於職業的分化，更是有鼓勵的作用。

　　所以山地社區的最大特點是，基督教和天主教改變了他們的部分信仰體系，受現代文化影響的程度增加，分工越來越細，地方政治的運作方式，相當程度的取代了早期的部落組織。

三、社區領導系統與權力結構

　　研究社區權力的人，大概都有這樣的經驗，卽社區事務並不是眞的由社區居民自動去完成，而是經過社區領導人和社區中羣體領導人的影響或說服，然後逐步完成。如前所述，這些領導人的權力並不完全相等，也卽是每個人的權力分配會有些差異，這種差異就構成領導權的高低等級，或領導人的重要性等級。這種等級可以叫做：一般領導人，僅影響少數人的行爲；次要領導人，能影響的人較多；重要領導人，能影響社區中許多人或許多羣體；最重要領導人，卽社區中的重要決策者，可以影響全社區或某一派系的行爲，這就是社區領導體系，社區權力體系實際建立在社區領導體系上，二者是一體的兩面。

　　建立領導權的過程，通常都不是那麼容易，往往要經過多年的艱苦奮鬥，在社區中表現了個人的能力、品德、良好的人際關係，逐漸取得了優越的經濟成就，社會地位，或（和）政治職位，然後才有較

㉙　文崇一等，民66，臺東縱谷土著族的羣體與社區權力結構，政大民族社會學報 15: 57-82.

㉚　阮昌銳，民64，臺東縱谷土著族的經濟生活變遷，政大民族社會學報 13: 83.

大的發言權。早期，像都市社區，還可以依賴父祖的經濟權而提高個人的地位，現在，這種機會就更少了，甚至沒有，都要靠自己的成就，那怕是競選里長或鄉民代表之類的政治位置。據許多社區發現的結果，所有領導人，幾乎沒有一個是辦事能力差和品德不好的㉛。這一點可以說明，不是現代社會不重視道德，道德還是跟才能一樣重要，甚至比才能更重要。

究竟有些什麼因素影響領導人的權力分配呢？以下先就三類社區領導人作個別分析，然後作綜合討論。

都市社區

前面說過，都市社區包括兩個地區，一為舊商業區，一為郊區。舊商業區的領導系統可以分為三個時期，即第一為清朝時期，第二為日據時期，第三為中華民國時期。普通領導人三期分別為 17 人，18 人，20 人，共 55 人。每期時間長短不一，人數約相等。領導人的資料，除部分為訪問所得外，其餘均從文獻中搜集而來。郊區的普通領導人，在日據時期約 15 人，光復後約 24 人，共 39 人。這類人物，商業區多為商人，郊區多為與政治職位和宗教事務有關。就次要領導人而論，商業區三期，分別有 10 人，8 人，13 人；郊區分別為 9 人及 10 人。即前者 31 人，後者 19 人。商業區的次要領導人以經濟勢力為主，政治地位為次要條件，宗教地位可以幫助提高社會聲望；郊區以政治職位為主，宗教地位為次要條件，經濟上的成就可以幫助提高聲望。重要領導人，以各階段為分析對象，商業區得 9 人，郊區得 8 人。他們的背景情況，商業區仍以經濟為要件，政治次之，宗教又次之；郊區以政治為要件，宗教次之，經濟又次之。最重要領導人，

㉛ 文崇一，民 67b，，前文，頁19 表9 。

商業區祇 2 人，郊區亦僅 3 人。就這 5 人的權力關係及其互為影響的因素而論，經濟、政治、宗教、社會地位都很重要❷，他們在這些方面都有很高的成就，為社區居民所推重。例如，他們在經濟事業上累積了許多錢，擔任過或正在擔任較高的政治職位，為重要宗教社團的董事或董事長，具有較高的社會聲望，在社區事務上有較大的發言權和影響力。這些最重要權力人物各有其同羣的重要和次要領導人，因而，在這兩個社區中都有兩個領導系統。

　　從資料中顯示，要在都市社區中取得領導地位，個人的財富、政治經歷、才能、品德，都佔有相當重要的份量。越往上層提昇，一直到「最重要領導人」這個層次，越需要品德、辦事能力、財富、政治經驗的支持。如果許多個領導人在經濟、政治、能力方面都約略相當時，品德就成為非常重要的影響因素。例如，在次級領導中，我們還可以發現一些不十分理想的人物，但在最重要的領導羣中，這種人就幾乎沒有。這一點也許就是社區的無形制裁力量，這種制裁，在中國傳統社區中，尤其是以宗族為基本單位的社區，本來就很強烈，現在仍能保存一些，可能是個好現象。在犯罪日多的都市社區，如果加強社區的制裁方式和制裁力，是不是也能遏阻若干犯罪行為？

　　建立社區領導權，固然需要經濟、政治、社會諸方面的成就和聲望以為支持，個人的性格特質和行為方式也很重要。例如，在上述社區中發現，領導人都有創業的經驗，他們在自己的事業上投下無數的心力，有工作熱忱，有合作的興趣。大部分的領導人都在主要羣體中獲得信任和領導權，這些羣體在社區中往往具有較大的影響面。領導人有時因政治、經濟上的成就而投入羣體，有時也因羣體的領導地位

---

❷　文崇一，同上文，頁17表 8.

而提高了社會聲望，經常是互爲影響。

這兩個都市社區的最大相似甚至相同處，便是在不同的領導系下所形成的權力結構。商業社區早期的權力分配是分散式的，每個領導人都沒有永久的黨派，因問題而改變成員的結合方式，無論在羣體或社區中，差不多全是這樣的結構。當時都是社區中的大商人，每個人有較好的經濟基礎，社區事務只是一種服務或慈善事務，不是工作的目標，因爲這裏只是一個富足的商業社區。中期（第二期）受到日本統治的影響，政治職位漸受重視，但權力的黨派性仍不明顯，除了有時受到日本地方政府的集權指揮外。晚期則經濟、政治並重，最高領導人雖有專權的趨勢，但兩個派已經成立，在許多羣體、社區事務上有相當高的對立性，衝突也較爲明顯。兩個領導人都有許多附從的羣體和個人，都有雄厚的財力，很高的社會聲望，雖然政治地位不完全相同。

郊區的情況也大致相似，早期的社區領導人（日據時期，清代無可考）多爲保正，可以說是一種政治職位，但沒有黨派的意義，完全在日本人指揮下運作。晚期由於競選鄉代、里長等公職，形成兩個互相競爭的派系，各有消長。兩派的領導人都曾擔任過公職，有較大的財富，並且爲宗教團體領導人之一。這種在政治職位上的競爭，明顯的爲黨派性的權力分配。

從上述分析和討論可知：都市社區的領導系統是由分散到有限度的集中；運作過程是由小規模的整合到衝突；衝突的焦點在於政治權和部分經濟權；權力結構是由問題取向到派系取向，或由聯盟型到黨派型。社區權力結構類型的轉變，可以說非常明顯。

農村社區

農村也包含兩個社區，一個是農業而帶有礦工的社區，一個是農

業而帶有現代製造業的社區。前者是由許多個雜姓而成立的社區，沒有強烈的家族組織，沒有較大影響力的宗教羣體，也沒有活躍社羣；僅有的兩個較有作用的組織，卻是暫時性的工作羣體，工作結束後就分散了。雖然如此，這個社區的領導人還是存在，只是不如都市社區那麼明顯和有權力感。從參與各種社團工作而論，這個社區的領導人共有 58 人之多，這些人多數務農或兼業農，經濟情況屬於中上等級。這 58 人可以再加逐級分類，能進入次要領導人的有 17 人，又能進入重要領導人的有 13 人，最後最重要的領導人僅有 4 人。 如果把這58人依照領導權的大小類分，則依其重要程度，依次最重要 4 人，重要 9 人，次要 4 人，普通 41 人。最重要的領導人，除一人外，均富有，經營商業，長時期擔任過或正在擔任政治職位，從縣議員到里長，他們有很好的辦事能力，相當程度的公正，社會聲望也不錯，但除議員外（高中），教育程度均不高（國小）；重要領導人的經濟屬於中上，多業農，大部分曾經擔任過公職，如鎮民代表或里幹；次要領導人的經濟屬中等，為農人，曾任公職，而現已退休在家；普通領導人的經濟也是中等，種田的多，部分曾任公職。總括四類領導人來看，經濟是一個重要指標，越富有的影響力越大；職業也是個重要指標，經濟和高級公職的影響力較大。早期的情形也大致如此。

　　有工業的農村社區，共有領導人約 30 人，其中屬於最重要的領導人有 4 人，重要的 5 人，次要的 5 人，普通的 16 人。最重要的領導人具有較好的經濟條件，部分曾任公職，為工商人士，辦事能力相當強，贏得鄉里稱道；次要人物（包括重要和次要領導人）的經濟情況亦較好，或為農或為商，在社區中頗有聲望；一般領導人則以務農為多，屬於中等的經濟條件，沒有什麼政治地位。

　　姓氏組織在兩個社區中也居於重要地位，前者係以假的姓氏組織

——聯姓為手段，以達到宗親會的目的。該村以24姓組成十個聯姓，在聯姓中產生頭人，作為社區事務的執行者，諸如祭神、修圳等公眾事務。許多頭人也就是社區中的領導人，有的甚至是最重要的領導人。這個社區的神明會和其他羣體，都沒有什麼力量，只有這個聯姓頭人組織還能作出決策，解決一些社區問題。後者，工業的農業社區，卻有比較明顯和持續性的宗族組織，所有的社區事務，政治運作，幾乎都是透過姓氏關係而推動。這個社區共有六個姓，各有各的宗族團體，在重要社區事務上，例如選舉村長或鄉區代表，卻是相當合作，沒有派系的傾軋，也沒有太多利益上的衝突。其中以三姓的經濟和人力較佳，在正式領導系統上，多以這三姓的人員為主；但在非正式領導系統方面，各姓均有人才出面。這個村子的居民，實在過得相當和諧，即使工廠進入了村莊，生人也跟着進來了，和諧氣氛似乎並未受到影響。

這兩個社區的結構實際相當相似：政治職位對於領導權有很大的作用，最明顯的是卸任後的鄉民代表或里長，領導權就會降低，甚至沒有；其次是經濟上的成就，領導階層越高，他們的財富就越多，或者說，財富越多的人領導權就越大，至少有成正比例的趨勢；宗族組織，無論是真姓或聯姓中的頭人，負有實際的領導任務，他們往往發起運動，或把某些工作執行到結束。

領導權在這兩個社區很少引起爭執，當然也就看不出衝突。他們有了問題，無論是社區事務上的，或個人間的，或羣體間的，就一起討論，然後尋求一個多數人滿意的辦法。比如選鄉民代表，既有的領導階層就坐下來研究，"誰最合適"？可能有許多人選，但最後他們會同意一人；這一人就被推出來競選和當選。事後也少有議論，似乎這就是最合適的安排。這樣的情形，在社區中不祇發生一次，而在工業

的農村社區中尤爲常見。原因是他們都互相認識，互相了解。條件好的人不出來領導也不行，眞是眾望所歸。不但現在如此，從有限的資料來看，日據時期已經如此。

領導系統沒有黨派成份，卻有濃厚的宗族色彩（眞姓氏和聯姓氏）；領導者沒有問題取向，卻有人員的選擇和事先安排；權力不集中在任何人手裏，雖然受到政治職位和經濟成就的影響，卻是隨時可以轉移。這是十足的散漫式權力結構，從前和現在，沒有本質上的差異。

山地社區

山地社區的權力結構問題包括三個族，一個是泰雅族，一個布農族，一個阿美族。泰雅社區的領導人約 40 人，其中最重要的有 3 人，重要的 9 人，次要的有 8 人，一般的約 20 人。最重要的領導人有較高的政治職位，如鄉民代表、村長，辦事能力與說服別人的力量較大，甚至較好的社會關係，在宗教羣體中的發言權也較大；重要領導人的影響力表現在不同的方面，有的在敎會，有的在青年，有的在黨，多半擔任過地方公職；次要領導人多在某些羣體中有地位，如敎會、政黨，但不是全面性的，只對少數人的特殊事件有影響；一般領導人則可能影響的事件爲尤少，多半跟隨某幾個重要或次要領導人而行動。通觀這個社區的權力分配，主要建立在三個最重要的領導人身上，以一派爲主，實際操縱社區事務的運作，可以說是當權派；另有兩個小勢力分佈在兩個村中，有不小的抗衡力量，構成反對派。所以，基本上是一種黨派型權力結構。但是，各派系下的成員並不十分固定，有時也因問題所涉及的利害關係，而轉投他人旗下。只有在宗敎事務上，成員的流動性比較小。

布農社區各種領導人共約 35 人，其中最重要的 1 人，重要的和次要的約 4 人，其餘爲一般的領導人。最重要的領導人在社區中擁有

多項最高公職，如鄉長、常委、會長等，為社區權力的中心，一切決策都從這裡發出；重要及次要領導人也多半有政治職位，如如鄉民代表、村長，在各人的層面有其影響力，但多為執行上面的決定，或把意見反映上去，或作為溝通的橋樑，或在羣體中產生作用；一般領導人的地位就更小些，多為宗教羣體中的次級負責人，或地方行政體系中的執行人，如長老、鄉長之類，他們實際能影響的面非常有限。這個社區的權力分配比較單純，形式上雖有許多次級領導羣，卻多依附於最重要的領導人而運作。宗教領袖是唯一對抗的力量，他可以對政治領導者構成威脅，但這只能就宗教事務，或社區中有關宗教事務而言，宗教領袖並不能干預政治和社區活動。所以，這是一種專權型的權力結構，其下有兩個或三個系統，分層執行任務，以達成社區事務目標。

阿美社區各種領導人共約 45 人，其中最重要領導人 1 人，重要領導人 12 人，次要及一般領導人最多，約 32 人。這個最重要領導人的特質跟前二社區略有不同，他沒有現代的政治職位，而是傳統社會遺留下來的頭目，頭目最大的政治資本是10個氏族的族長，他可以發號施令，成為這個社區的權力中心人物，里長只是他的附從之一；其下的重要領導人為各族族長、里長、神父等，他們只能在各自的範圍內作決策，如里長為地方政治服務，神父在宗教羣體內掌握大權；一般領導人只是依附各個次要領導人執行決策，但普通居民有較多的機會提出意見，甚至影響決策。宗教領袖實際上另成一個體系，不屬於地方政治的指揮系統內，只在社區事務上與地方政治有些接觸，這跟上述布農社區的情形很相似。從政治權力體系而言，阿美社區幾乎還是頭目政治，權力集中在一人之手，是一種專權型的權力結構。社區中的宗教權雖為神父所控制，但那是神職權力，與一般的社區決策，牽連似乎比較少，應以另一種方式加以考慮。

　　山地社區的最大特徵是：重要領導人與政治職位、與個人能力，確有較大關聯，但與經濟成就沒有關係，原因是一般的經濟狀況都比較差；宗教權多自成一系統，獨立於社區行政體系之外，領導人可能為教徒，而宗教羣體對個人不發生影響作用。

四、結論：社區權力類型及其變遷

　　在前節的討論和分析中，我們發現，都市社區的權力結構，早期偏向於分散式的分配，社區領導人的主要目的在於增加財富，改善生活環境，而不在於操縱社區居民的行為，或製造權力派系。領導人可能因不同的社區問題而有不同的結合，卻幾乎沒有長久的黨派組織。那時影響權力分配的因素，以經濟成就、個人的社會聲望、辦事能力、重要的羣體活動等為主要條件；領導人與社區成員間的溝通比較多，掌握社區權力的過程也比較自然而和諧。可以說是一種相當分散式或問題式的權力類型，也即是散漫型或聯盟型的權力結構。到了後期，特別是光復後，由於職業的自由，求知的自由，以及政治的自由，社區權力分配便有了很大的改變：第一是政治職位成為影響權力的重要因素，因為這樣可以取得社區事務的決策權，職位越高，決策權便越大；第二，選舉促使派系組織加強，因為只有在這樣的情況下，才有把握贏得選舉，即贏得某些政治職位，以取得決策權；第三，經濟成就雖仍為重要因素之一，但競爭比較激烈，衝突也比較高，不像早期那麼和諧相處；第四，個人的公正和辦事能力，已經不如早期那樣被重視了，因為社區事務是集體工作，不完全由個人控制。這種改變，使社區權力類型具有派系的色彩，即黨派型的權力結構，有時甚至集權或專權的趨勢。所以，都市社區的權力結構，由最早的散漫型，到早期聯盟型，到後期的黨派型。都市社區不獨職業分化，行政也比較

分化，權力分配卻表現相當集中，至少是集中在黨派手裏。這可能就是功能分化下的權力集中現象。從這個方向而論，郊區偏向於黨派型權力分配，都市中心區偏向專權型權力分配，無寧是一種必然的趨勢。

　　農村社區的權力結構，早期跟晚期幾乎沒有什麼變化，雖然政治體系變了，傳播工具變了，經濟生活也變了。在農村社區，早期影響領導人權力分配的因素，主要為政治職位、宗教地位、個人的品德和能力。晚期的影響力也來自這幾方面，不過增加了經濟成就、加強了政治職位的重要性。也許由於鄉村的人際關係較為和諧，經濟生活較為一致，對於社區事務的爭執就要少些，誰來領導都不會有太多的差異。所以表現在權力類型上，早期是分散式的或問題式的，後期仍然沒有改變，還是分散式的或問題式的，即散漫型或聯盟型的權力結構。農村社區，職業上的分工不大，又生活在比較強烈的宗族組織的環境中，似乎不太容易表現個人的權力取向，同時也不容許太強烈的爭權奪利，因而一切順其自然。這也許可解釋為，功能整合下的權力分散現象。

　　山地社區的權力結構，早期都是氏族統治，無論是選舉或承襲，一旦獲得了統治的職位，都有相當程度的集權傾向；對於領導人的條件，大致的要求是，公正、有辦事能力、富裕、口才好、身體壯健等㉝。最重要恐怕還是公正、能力、口才，因為作為一個山地村落的領導人，幾乎需要全能的人才，纔能有效的維持當時的社會秩序，這時的頭目，差不多就是領導中心，為一種集權式的統治。後來，這種情形便有了

㉝　各族自然會有些差異，即使是同一族，因村落社區的不同，也可能有程度上的差異。可參閱李亦園等，民52，南澳的泰雅人（上冊），頁146-149（民族所專刊之五）；丘其謙，民55，布農族卡社羣的社會組織，頁156-157（民族所專刊之七）；阮昌銳，民58，大港口的阿美族（上冊），頁110-111（民族所專刊之十八）；劉斌雄，民54，秀姑巒阿美族的社會組織，頁174-179（民族所專刊之八）。

變化，最早是日本勢力的介入，然後是基督教和天主教的傳入，光復後，我國的政治、經濟、社會制度又直接輸入，幾乎重組了他們的社會組織。影響領導人的因素也就有了改變，例如，政治職位變得非常重要，大部分的領導人是議員、鄉長、鄉民代表、村長之類，這完全是現代政治體系中的基層權力人物，只有極少數的一、二人例外；其次是經濟成就，領導人的收入大抵都比較好，有錢和有時間從事社區活動，為公眾事務出點力；第三是氏族組織，仍然有不少的影響力，雖然各社區的情況並不完全一致；至於個人的辦事能力和公正度，也還是條件之一，不過，似乎不如早期那麼重要了。在這種情況下所形成的權力結構，多半偏向於集中式的，雖然有些小的權力集團準備抗衡，權力還是集中在少數人，甚至一、二人之手。特別是各社區的宗教權，幾乎全是獨立運作，不僅不受地方政治的干擾，有時還干涉社區事務。不過，原則上是宗教權和地方政治分離。可見，山地社區基本上是專權型的社區權力結構，雖然有向黨派型發展的趨勢。這種情形，可能與早期傳統文化中的氏族統治有關，也就是，受到原有社會結構的影響，政治制度固然變了，運作方式一時還變不過來，或者根本就已形成為專權式的權力分配。這種類型實際可解釋為，功能整合下的權力集中現象。

　　假如完全從類型的概念而論，我們發現：都市社區的權力結構，由散漫型而聯盟型而黨派型，可以說歷經數變，變化不可謂不大；農村社區，原來為散漫型和聯盟型，現在還是散漫型和聯盟型，可以說完全沒有變；山地社區，原來為專權型或集權型，現在還是專權型，可以說也沒有變。這有兩個解釋：一個是農村社區所保留的家族結構和山地社區所保留的氏族結構，對社區權力分配產生直接的影響，以致現在的政治體系和工業文化，雖已進入這些社區，卻沒有改變原有

的權力結構；另一個是，卽使在現代政治體系和工業文化的衝擊下，農業社區（農村社區和山地社區都是農業文化）的權力結構仍然可以適應新的環境，不必轉變。

附　錄

岩村的社會關係和權力結構

一　前　言

本文所說的社會關係主要包括兩個層面：一是個人在羣體行爲中所扮演的角色和所處的地位，這種行爲又以血緣羣體中的宗族和家庭，志願羣體中的政治、社會和宗敎爲主；二是個人在羣體或社區中所能分配到的決策權，卽是權力結構的形態，這在理論上可以從三方面來討論：1. 社會關係必須由羣體表現出來，而羣體以血緣和志願兩類爲主，血緣羣體是農村社會的基本集體行爲之一；志願羣體則以工商業社會較多，或者說爲現代社會的行爲特色。從 Stogdill (1959)、Hare (1962) 的羣體成就和小羣體理論，Smelser (1969)的集體行爲理論，我們可以分析個人在羣體中的行爲方式，羣體運作過程，羣體成就，以及羣體對個人或社區的影響等。2. 社會關係中的角色與地位 (Linton 1936; Merton 1957) 系統構成結構上的複雜現象，這種現象一方面表示角色羣在羣體中的運作，另方面也反映個人與羣體的相互調適和整合。3. 社會關係的具體化可以從領導羣、羣體成員、決策者、以及權力分配等看得出來。也卽是說，這種人際關係主要建立在羣體的或社區的權力結構上 (Hunter 1953; Dahl 1961; Aiken & Mott 1970; Bonjean Clark & Lineberry 1971)。

　　這種結構關係，個人因社會經濟地位、教育程度、職業或家世的不同而有差異，大致不外下列三種情況之一：

　　(1) 個人在所有的社會關係中只是扮演一種被動或跟從者的角色。這種人對社區事務沒有影響力，不是本文的主要討論對象。

　　(2) 個人透過羣體及羣體領導人角色而成為社區領導人之一，並參與決策。這種人可能是正式或非正式組織的領袖，也可能只是意見領袖。

　　(3) 個人因原有的聲望或決策權直接成為社區領導份子而取得決策權力。這種人往往有較大的政治背景或其他特殊原因。

　　這種社會關係的模式可簡如下圖：

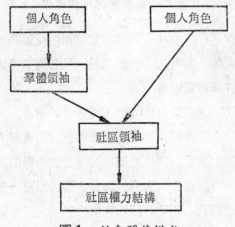

圖1　社會關係模式

這個模式說明，有些人需透過羣體活動才參與社區事務，有些人卻直接參加社區活動，這種情形以往在西河、萬華、三層的研究也有發現 (文崇一 1975)，美國也有類似的結果 (Aiken 1971)。從這個模式可以把本研究的社會關係具體化如下圖：

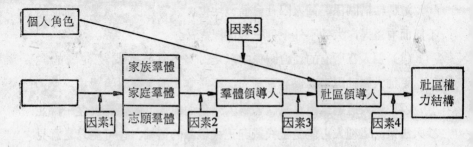

因素 1： 指個人的需求、動機、目的等均可影響這一階段的運作。
因素 2： 指個人能力、公正度、滿足成員欲望等。
因素 3： 指個人更高的成就以及對社區事務的關心與努力。
因素 4： 指個人所擔任的領導角色，因角色不同，權力分配也會有差異。
因素 5： 指個人的特殊關係與能力，而不透過羣體。

圖 2　社會關係運作過程

經過上述的運作過程，有些人因參加羣體而接受影響或影響別人，成爲領導階層的人物，有些人卻仍然只是一個普通羣體成員，這要看個人的能力以及許多相關因素。

從這個架構，我們就可以提出研究設計或方法，已經運用過的有三種：一是結構式的訪問，我們把羣體和社區的重要人物找出來，用預先準備的訪問綱要進行深度訪問，這種方法所得的資料最多；二是觀察，從里民大會、鄉民代表會、婚喪典禮、以及一般活動來觀察社區居民，特別是領導人的社會關係和權力關係；三是問卷，由於居民知識程度不高，對十幾個問題的回答並不理想，不過還是可以獲得不少資料，特別是幾個主要領導人。我們找領導人的方法有三種：第一種是從問卷所得的指標，第二種是參與羣體及在羣體中決策權的多少，第三種是對社區事務參與的程度或決策權，這個辦法最適宜於找意見領袖。找出了高階層領導羣，就很容易找到核心領導人物了。**然後就**可以瞭解社區權力的分配情形。

二　社會關係類型

社會關係可以從許多方面來討論，本文係就三種比較重要的羣體行為作為分析的基礎，即宗族羣體、家庭羣體、志願羣體。對一個社區而言，這幾種集體行為不但較為穩定，而且較具有普遍性。實際上，社會關係不祇是人與人，人與羣體，或羣體與羣體的關係，它也受到外在環境的干擾或影響，比如社區生態環境變了，或經濟結構變了，或政治組織變了，社會關係就必然被迫而作若干改變，以求適應。以岩村來說，本來只是一個稻作農村，農村的社會關係是恬靜與和諧，也許有些小的爭執，但那算不了什麼；後來設立了工業區，水田很快蓋成了工廠，荒涼的山鶯路兩旁盡是商店；陌生人進來了，許多陌生的觀念和行為也進來了，社會關係自然有些改變。正如村長說的，以前在路上碰到人，立刻可以打招呼，叫出他的名字；現在不同了，簡直不知道他什麼時候搬進來的。

個人如果能遺世獨立，社會關係自然不存在，有無也不關緊要，可是事實上辦不到，每個人不祇有他的基本需要，如食物、性生活、安全、自尊等，還有他的社會性需要，如地位、榮譽、權力 (Colby 1960)。這些問題均必須經由某種固定的或不固定的社會關係來尋求解決的辦法。岩村這個社區，由農業轉變到工業，表現在社會關係上的行為模式有些什麼轉變呢？推行社區事務的領導系統和權力結構又有些什麼轉變？我們將依據前述架構一一予以分析和討論。

甲　宗族羣體

岩村已有兩百多年的歷史，開始的時候雖然住戶星散，但到民國初年約有八十多家在這裏從事水稻耕作，光復初期則發展為二百多戶了。這裏本來是一個純農業區，設立工業區以前，有 120 多甲水田，

以後就只剩下10多甲了，可見在生態上改變之大。不僅是生態，職業結構、人際關係、價值觀念也變了不少。

　　由於工業發展的關係，已經相當程度地影響到居民對住所的選擇性，有人把土地賣了，遷居別的地方；有人從農轉爲工，離開了原住地；當然也還有不少人留在本來的住所。從早期開始，岩村就有六個姓聚族而居。到目前，六個姓的人很多已搬遷外地或村中離族而居，卻仍有許多沒有搬動，這六姓就是吳、游、呂、劉、黃、徐。吳、游二姓居東角仔，今1,2鄰；呂姓在呂厝，今3鄰；劉姓在埤仔下也叫劉厝，今6,7,8鄰；黃姓在田心仔也叫黃厝，今9鄰；徐姓在徐厝，今10,11鄰。這些地方也就是他們主要的世居地，歷來很少變動。但設立工業區後，情況有些改變，一方面是本村人的流動增加，比如原來住在東角仔的吳姓居民搬到徐厝附近去了；另方面是外來同姓而不同族的人增加得很快，如第9鄰，每一姓的人都不少。目前本村各姓分佈情形如下表。

表 1　各姓分佈情況　　　　　　（單位：戶）

鄉別＼姓別	吳	游	呂	劉	黃	徐	其他	總計	說　明
I	10*	1	0	1	0	0	12	24	東角仔
II	4	8*	0	1	4	0	8	25	東角仔
III	1	1	14*	2	3	1	26	48	呂厝
IV	3	3	0	2	2	0	7	19	
V	1	1	3	4	9	0	27	45	
VI	1	2	1	8*	8	0	35	55	埤仔下
VII	1	3	0	13*	13	0	78	109	埤仔下
VIII	1	4	0	9*	0	0	10	24	埤仔下
IX	20	8	4	9	37*	11	288	377	田心仔
X	14	3	5	1	3	9	99	134	
XI	4	2	1	1	1	18*	39	66	徐厝
XII	4	3	2	7	10	7	105	139	
總　　計	64	39	30	58	90	49	735	1,065	

　＊ 各族之世居地。

從表中可以看得出來：(1) 各姓屬於非世居的居民越來越多，世居者未佔絕對優勢；(2) 六姓中以劉、黃二姓佔的比例較大，現在如此，以前也是如此；(3) 9 至12鄰「其他」欄內戶數大增，主要是山鶯路的商店，徐姓因此受的影響較大；(4) 7 鄰因新建公寓，故外地人日多；(5) 1 至 6 與 8 鄰尚能維持早期形態，不過仍有不少工人租住。大致的說，六姓的地理分佈，清代已經形成，目前除山鶯路上的黃、徐二族遭到破壞外，其餘各族還能表現當初的情境。自當時至現在，各族之間相處尚稱和睦。

吳姓距工業區較遠，現在還是種田，大房、三房已遷出，只留下二房，聚居在東角仔一端，族內關係很不錯，但與呂姓不通婚，傳說係祖先的恩怨。游姓居東角仔另一端，經濟情況比較好，族內關係也相當和諧。呂姓就在游姓的隔壁，人不多，土地也少，對工業區一無好感，因為不但沒有得到好處，水田減少，反而使生活受到威脅。這三族正好是現在的 1, 2, 3 鄰。以經濟收入、人際關係、對工業的態度而言，游姓都比較好。吳、呂二姓可以說是本村較為窮困的居民，表現在態度上較為退縮。三族隔鄰而居，除了吳、呂不通婚，一般關係尚好。游姓遷居此地並不早，原來只是一個佃戶，後來卻發達起來了。

住在田心仔的劉姓是岩村的大族，據說乾隆時代就由福建（漳州南靖）遷臺，已歷七至八世，約 200 多年。擁有土地非常多，後來的黃、徐二族，當時還是他們的佃戶。劉家在岩村有祖墳，但無公廳，族內各種儀式性生活也很少。劉姓受到工業化的影響來自龜山，而非新設立的工業區，龜山距該地較近。劉姓在社區事務上的發言權相當大。

黃姓原住 1 鄰，為劉姓佃戶，後遷今黃厝一帶。現住岩村者為一系中的八大房，有公廳、族田，族內關係相當好。現在是本村最大家

族，從工業區和山鶯路的開發得益不少，他們有許多人在山鶯路上經商。徐姓原來也是劉姓的佃戶，後來自立，成為徐厝一帶的世居，共有五房，祖祠原來很不錯，有過一個時期的熱鬧，現在已經破落了。工業區發展後，對徐姓也是有利的，目前有不少人從事商業活動，經濟情況與黃姓幾乎不相上下。

如以地理環境為區分單位，從前有上下路之分，上路指吳、游、呂、劉四姓，下路指黃、徐二姓。上下路難免有時意見不一致，特別是在選舉的時候，但多數事件上看不出差異。以現在的情況來看，吳、游、呂是一個地理區域，劉是另一個，黃在山鶯路頭，徐在路尾，可以說是四個居住集團。但在經濟上，黃、徐最好，游、劉次之，呂、吳最壞。也可以這樣說，黃、徐二姓受工業化之益最大，吳、呂二姓最小。

族內關係，早期自然要密切些，這有幾個原因：第一是水田耕作需要彼此換工或請短工，增加了交往的機會；第二是對外交通不方便，相對就增加了內部的溝通；第三是族羣的認同感較為強烈；第四是同族間尚有若干儀式性行為，如清明掃墓、冬至祭祖。以徐厝為例，四十多年前還把全族人召集在現在殘破的祖祠祭祖，大吃大喝。後來慢慢就沒有了。直到建立了工業區，不但徐姓人他遷，連祖祠也賣給鐵工廠當宿舍。徐家五房人口在婚喪大典上都難得見面，其他日子就更不用說了。像這種情形，不只是徐姓，黃姓也是如此，其餘四姓聚居的形態好些，關係卻也比以前疏遠。這就是工商業社會所創造的忙碌症，使大家都缺乏時間閑聊。

吳、游、呂、劉四姓不像黃、徐姓那麼分散，族內的關係多些。夏天，他們可以坐在四合院內彼此交談；有事，也可以互相幫助。看起來，早期的族羣關係還有相當的團結力。但，這也只是其中的一面，

另一面卻是表現在年輕男女多半進了工廠；就是閑在家裏，也還有不少工廠把半成品送來加工,已經沒有多少時間可以閑下來坐四合院了。可見由於工業化的結果，人際關係已經呈現緊張的一面，不再是往日那種農村景象。

族與族之間，就早期所建立的六族而言，除吳、呂不通婚，似曾有不愉快事件外，尚能同心協力，團結一致。這種現象，早期可以從禦盜、拒匪等事情上看得出來，當時就因岩村人團結，才把土匪趕走了；後期可以從選舉事務上看得出來，各族間雖不無意見，但很少產生真正的糾紛或衝突。

這是就六姓世居而論，至於山鶯路的商店，公寓中的住戶，不但同姓之間少有或沒有來往,連鄰居關係也無法建立。這就是現代社會。現代社會太匆忙了，卽使是在有深厚傳統的基礎上，也不容易把某些生活方式聯繫起來。岩村的世居與非世居居民表現得非常明顯，幾乎是兩種完全不同類型的族羣行為。

乙　家庭羣體

家庭在岩村也有兩種類型，一種是六姓的世居者，有較大的內聚力，社會化功能也較大，結構較具有傳統取向；一種是非世居的外來戶，多經營商業，無論結構、功能都較具現代取向。卽使是世居本地的商人，也相當程度的不同於農家，表現在家庭羣體行為上有較大的進取心。在討論家族問題之先，我們來看看這個村子的戶量。

表中有幾點需要解釋：(1) 戶量指的是戶籍上的「戶」，而非通常所說的 「家」或「家庭」❶，在結構上頗有點差異；(2) 每戶平均數5.42，顯然不高，這有兩個原因：一是山鶯路的商店戶已經超過世

---

❶　岩村戶數太多，無法一一查對，故改用以戶為單位。

表 2　戶口分佈狀況及戶量

每戶人數	戶數 實數	戶數 %	總人數	每戶人數	戶數 實數	戶數 %	總人數
1	13	1	13	11	12	1	132
2	97	9	194	12	14	1	168
3	136	13	408	13	5		65
4	195	19	780	14	5		70
5	189	18	945	15	2	2	30
6	156	15	936	16	4		64
7	102	10	714	19	2		38
8	69	6	552	20	1		20
9	39	3	351	總　計	1,069	100	5,797
10	26	2	260				

　　每戶平均人數爲 5.4（單身戶未計入）

居戶，商業家庭人口一般偏低❷；二是本地居民已受到工業化影響，戶量難免不減少。在許多典型的四合院中，如 1 鄰的吳家，2 鄰的游家，7 鄰的劉家，多半是好幾家合住，但實際上他們都早已分家了。有些人認爲，放棄種田是件可惜的事，把原來的人際關係破壞了，那種樂趣也沒有了；不過，大多數人，特別是年輕人還是喜歡從事工商業，農業的收入偏低，工作較辛苦是原因之一，更大的原因還是城市的不同生活方式，以及不同的職業性質。當經濟景氣的時候，不但許多家庭有人到工廠去工作，家庭也幾乎變成小型的裝配工廠，不少外銷貨品都是在這種情況下趕工出來的。岩村的男女老幼全在忙，凡是有工作能力的全有事做。幾年過去了，全世界的不景氣也影響到岩村，

---

❷　如西河居民，從都市遷入者的戶量爲4.74（文崇一等1975）；萬華爲5.1，臺北市爲 4.6（文崇一 1974）；劉清榕（1975: 8-9）的平均數卻高達 8.03人；龍冠海等（1967: 121）的抽樣調查，平均爲 7.8 人。

家庭的忙碌景象消失了，又恢復到農業時代的寂靜。收入是比較少了，休閑的機會卻多得多，家庭的緊張氣氛也緩和了。

工業區增加了青年的就業機會是毋庸置疑的，同時也改變了若干價值觀念，特別是對工作的選擇能力，接受新的職業訓練，以及與不同次文化的人羣互相適應等。有人說，男孩子一大就進了工廠，免得在社區裏成羣結隊的打鬪，比農耕時代好得多；不過也有人認爲，許多外地青年男女租住社區中，良莠不齊，容易發生問題，有時不祇把家庭氣氛破壞了，把好人也帶壞了。這是已經發生的兩個極端，其實，好壞還得從長遠打算。對家庭來說，眞正的影響還在進一步工業化後所產生的結構與功能上的改變，這一點，目前尚不十分明顯，雖然年輕一代多半已不住在岩村了。

岩村原來是個純樸的農村，不少老年人懷念當日的恬靜生活，提到那個時候，似乎有無限傷感。他們對工業區所帶來的一些新問題，具有強烈的反感，比如山鶯路與工業區中的太保滋事，女工墮胎或交男友，男工不負責任的亂找女孩或喝酒打架，這些行爲都相當程度地影響甚至危害岩村原來的家庭生活。年輕人與老一輩不合，就跑出去了。事實上這不一定是危機，而是兩代間所受現代生活的衝擊不同，彼此的觀念與行爲一時難以調適，如果我們多加解釋，或合理地預防，隔閡就會小得多。

工業區對於山鶯路一帶原來的生態體系破壞很大，對於徐、黃二姓原來聚族而居的人際關係也給予了相當程度的破壞，而使不少家庭面臨了新的鄰居關係，必須設法調整；但就吳、游、呂、劉四個族而言，除了極少部份，都還保持了原來的生態環境和鄰居關係。這種關係頗具有傳統性，比如參加婚禮，祇要親戚關係較好，幾乎都携老帶幼傾家而出，那眞是農村風光。

　　除了少數家庭，如吳、呂二姓，因土地被工業區徵用，耕地面積減少，又無法從事工商業而抱怨外，大部份家庭都因工業區而獲得利益，特別是因工業發展而提高了他們對於子女在事業和教育上的期望。他們鼓勵子女到外地去經商或做工，不但增加發展的機會，而且加強了獨立生活的性格。

丙　志願羣體

　　早期的農村社會關係多半以血緣羣體和地緣羣體為重，如同鄉會、宗教會之類；現代社會關係卻比較偏重於志願羣體，卽以個人的興趣為主，如參加政黨、農會、同業公會等。這是人類行為一個比較大的轉變，甚至有人以個人參加志願羣體❸的多少來衡量社會的現代化程度❹。岩村只是一個剛從農業社會過渡到工商業社會的村子，而世居該地的村民，大部份雖已不從事農業，行為模式卻並未完全改變，所以志願羣體不如想像中那麼多，以下分作三類來討論：1.政治經濟性羣體，如政黨、農會；2.社會性羣體，如結拜兄弟會、國小家長會；3.宗教性羣體，如土地公會、媽祖會。其間有時也有重疊的現象，如神明會也含有社交的性質，遇到這種情形，我們只在一個類別中討論，不再重複。

1.政治經濟性羣體

　　（1）村民大會　大家都知道，村民大會早已流於一種形式，沒有實際的作用。岩村原來的村民大會還算不錯，出席率相當高，目前卻受了兩個因素的影響，卽工廠工作太忙及改為半年開一次，以致出席率也偏低。我們在這裏仍然要討論這種效率不高的羣體，主要因為它

---

❸　這類羣體也有人叫做興趣羣體或利益羣體，是從 interest group 翻譯過來的。

❹　主要是指次級羣體（secondary group），非初級羣體（primary group）。

畢竟牽涉到社區領導羣，無論在開會前或開會時，村長、村幹事、鄰長、鄉民代表多少可以在這個正式組織中產生力量。村民大會的確已經沒有什麼功能了，但參加會議的導領階層還是可以交換一些社區事務的意見，甚至作出決策。這個會的最大發言權當然是村長劉地、村幹事呂鐘、鄰長陳福等人，鄉民代表黃傳有時也是會中的主角。發言權象徵一種社會地位，而不是爲了解決問題──事實上也無法或無力解決問題。參與會議的 12 個鄰長是：

1 鄰	吳壽	2 鄰	游財	3 鄰	陳福
4 鄰	楊榮	5 鄰	陳來	6 鄰	林順
7 鄰	劉儀	8 鄰	劉潔	9 鄰	黃治
10 鄰	蕭川	11 鄰	周仁	12 鄰	陳法

　(2) 政黨　這裏所說的政黨實際就是國民黨。國民黨在岩村有一個區分部，屬地方黨部。目前有15個小組，人數不算少，村裏許多有影響力的人，如劉養、游興、陳福、徐水等都是黨員。現任常委紀儒，爲國小教員，委員有吳標（兼小組長），教員；黃進，鄉公所課員；易春，隊長；呂恭，教員。其中祇有吳標爲本地人。此外本地人尚有小組長姜祐、劉雄、徐俊、陳江。

　岩村的黨務原分爲三部份，卽龜山監獄、工業區、和本村。但監獄屬特種黨部；工業區的產業黨部一直無法建立，地方黨部又無力管理；結果只有本村區分部還算在順利推行工作。和別的地方黨部一樣，目前小組所能發揮的力量甚小；聯合小組會由於討論全村事務，如道路、路燈等，情況卻好得多。本來區分部的書記爲義務職，多由地方士紳擔任，也頗得對黨務熱心人士支持；現在改由村幹事兼任，每月津貼 200 元，似乎有專責了，但不是每一個村幹事都熱心黨務，地方人士卻從此不願再管，以致改制後情況並不比以前更好，這是當初料

想不到的。而這種情形只有地方基層幹部才了解，縣以上的黨幹部就無法知道了。還有一種改變是，從前爲農村，人們對黨務比較熱心，常常把對黨的服務視爲一種榮譽；現在成爲工業社區，經濟情況的確較好，但大家都變得現實了，他們認爲，黨又不能給什麼好處，何必那麼熱心？這可能隱藏一個問題，就是辦理工業區黨務在方法上應有些差別。

（3）民防隊與義警隊　民防隊原屬民防指揮部指揮，現在和義警隊一樣，同屬警務處管理。在多防時期擔任巡更、站崗、救火、抓小偷等工作。三年一任，年紀 30-50 之間都可以參加，服裝等待遇與義警相同。民防隊員通常並不聚在一起，不過基於每個隊員對社區事務差不多有相同的取向，內部還相當和諧。現任小隊長游發，隊員九人爲吳達（農、工）、林隆（農、工）、陳勝（雜役）、劉茂（小生意）、吳培（小商）、楊雄（礦）、林寅（麵店）、簡木（農）、陳通（農）。從權力階層來看，這些人的地位並不十分重要。

義警與民防的不同處在於服務的時間，民防一般在多防時期才召集，義警沒有這種限制，必要時就可以召集。義警在岩村也只有 10 人：分隊長游運，小隊長陳福，隊員詹雄（商）、黃勇（商）、黃治（商）、呂龍（商）、徐福（工、廚師）、陳詩（商）、林世（菜販）、戴樂（商）。兩者相比，民防隊員以農工較多，義警隊以商較多。

（4）農會　農會在農村的功能比里民大會好些，因爲它做些存放款的工作。岩村的農會只是龜山鄉農會的一小部份，鄉農會幾年來鬧人事糾紛，非常不景氣，不要說農事推廣業務，連存放款也停頓了一段長時間，所以影響是免不了的。現任總幹事在力圖振作，教村人養豬，並計劃開發山坡地養牛羊❺。但是業務計劃、預算都需理事會批

---

❺　這類工作大都只是紙上談兵，因爲根本沒有專業人員，誠如吳聰賢（1975: 113-119, 144）所說，應該交給政府主辦。

准，目前的理事還是民國58年改選的，岩村無人當選。農會所面臨的另一難題是，種田無利可圖，農人都願意把土地賣給工廠，利用價值高，子弟去工廠找工作遠比種田好。比如去工廠做工，每月 3,000 多元，一年就 40,000 元；而種田，一擔（100 斤）穀子不過 400 元，40,000元就是 100 擔，一甲地那能賺這許多？不賠本已經很好。事實上，岩村的農民早就在一天天減少，因為可耕地也只剩下10多甲了。

根據農會資料（不全），民國43年第一屆，徐水曾任理事長（龜山鄉），當時本村還有評議委員黃錢。黃傳也曾在 52 年任理事。58年（12月）第七屆（目前尚未改選），就無人當選理監事，但有會員代表二人，黃正（佃農、國小）與戴柳（自耕農、國小），戴也是候補監事；另有小組長陳來（自耕農、不識字），副小組長林銀（自耕農、不識字）。這一類的人在農會很難發生作用，一般人對這種職務也不看在眼裏。58年有正式會員42人，除上述四人外，還有吳壽、林順、黃傳、戴柳等；贊助會員44人（名單祇41人），如黃錢、游添、游財、劉養、徐水等。其中有些人在村中頗有影響力。

在政治性羣體中，以政黨、村鄰長小羣體的力量較大，其餘三種羣體可以說有名無實。

2.社會性羣體

（1）國小家長委員會　岩村國民小學開辦很晚，當時主要還是為了軍眷村子弟就學而設立，以後才逐漸擴充，今天已是一個不小的小學校了，在桃園縣一向以體育成績特優而出色。家長會開始於56年1月，那是第一屆（55學年度）。這一屆的主席是梁月（軍眷村），另兩名常務為王山和戴乾。家長會也是個沒有多大用處的組織，早期還可以替學校出面募捐，解決部份財政困難，現在除了搞搞體育經費以外，恐怕就只能參加運動會的開幕禮了。從羣體方面來說，家長會畢

竟把地方上一些較有名望或熱心的人士選出來了，他們聚在一起，久之自然也有相當程度的溝通作用。從 56 年第一屆到 63 年第八屆❻ 的八年間曾經被選為家長會委員的有一百多人；其中曾做常委兼會長的有梁月三屆，黃石三屆，黃傳三屆❼；曾先後做過多次常委或委員的有名人物，如劉養、黃石、黃傳、戴乾、莊木、劉儀、戴樂、劉地等❽。可見家長會雖只是一個形式上的組織，地方上的士紳卻幾乎都到這個羣體轉過一圈，除非他從來沒有過孩子。家長委員會的委員，特別是常務委員與別的羣體組織的成員相比較時，也可以當作一種指標，比如有無參加兄弟會？是不是黨員？曾否擔任過村鄰長？

（2）換帖兄弟會　這種會，老一輩的人比較注重；現在不是沒有，似乎少些，而且仍以中年以上的居多。關於結拜的目的，岩村人意見分歧：一種認為對自己的事業多少有點幫助；另一種認為只是一個形式，多半都變成酒肉朋友或有頭無尾。也有人說，"結拜無非把朋友聚起來做點事情，為父母做生日，或婚喪喜慶時送點重禮，以示幫助之意；可是，我有四個兒子，將來死了也够熱鬧的了"。可見任何形式的結拜都不過為了一些生死瑣事。

根據傳統的習慣，結拜總是帶點秘密，不願意讓局外人知道，所以我們在訪問時碰到不少阻礙，名單也不够齊全。以下是已經找到的幾個換帖會，資料仍嫌不足。

這種換帖會都很鬆懈，除非加入了現代的意識（文崇一1975），如幫助競選之類的目的，就不會產生緊張關係。在下面的表中，有的自認參加過幾個兄弟會，如林順；有的已經參加了兩個兄弟會，如戴

---

❻　實際有10屆，其中兩屆重複，校方只承認 8 屆。
❼　第三屆（57學年度）會長未注明。
❽　常務委員數不穩定：除第三、八（63年）屆不明外，餘均有紀錄可查核。

表 3　換 帖 兄 弟 會

羣　　別	參 與 者 姓 名 及 人 數	目 的 及 說 明
1	林順a、游興等 7 人。	
2	黃爐b、戴樂、黃傳、吳財、吳吉、游義、徐吉、呂明 8 人。	當初同在一起學「排只」而結拜。年初四聚會。自己或太太不到都要罰錢。
3	游運、游村、游義、黃傳、黃海、黃豐、葉旺、劉儀。	
4	徐玉、黃標等。	在山鶯路。
5c	陳龍、戴樂、泥水匠等 7 人。	多為生意人，而陳為慈惠堂主持人。

a. 林說他參加過兩三個結拜會。

b. 黃後來在中途退出。

c. 據說劉祿、黃添、吳和也參加了換帖會，但迄未得名單。

樂、黃傳、游義。不過在這五個兄弟會中的會員，除黃傳、戴樂少數幾人稍有名氣外，對社區事務都沒有什麼發言權，所以對社區影響不會太大。

（3）同志會與復興會　同志會是在日據時期成立的，那時候他們一些想學日文的人，興趣相同，就組成了這麼一個研究會，共有20個人參加，男14女6，包括黃石、劉發、劉祿等。兩年後，他們又組成一個話劇團（新劇），到各地巡迴演出，或用日語或用臺語劇本，看情形而定。同志會有時候並不完全接受日本人命令，就不免鬧得不愉快，後來，大家的興趣減了，同志會就解散了。

光復初期，劉地、徐乾等人又組織一個復興會，也是想演戲，共有10餘人參加，但在當時的環境，很不容易進行，所以沒有幾年就消失了。

這兩個會也可以算是娛樂團體，雖然對社區沒有產生太大的作用，

也不是一個壓力團體，但能在比賽中獲得冠軍，亦非易事。

　　3.宗教性羣體

　　(1)五谷先帝會　五谷先帝會創設於日據時期，那時候岩村只有七、八十戶人家，多半都靠種田為生，五谷神保護禾稼，這些種田人就拜為主神，組成了這個會，同時籌募了一筆基金做為聚會之用。後來這筆錢被一個會員倒掉了，日本人又禁止拜神，五谷先帝會就這樣解散。

　　民國 38 年他們成立「復興岩村五谷先帝會」，募了新臺幣一千元作為基金。把這個會定名為「岩村五谷先帝會」，宗旨是『為善導會員信仰，提倡農村互助、融洽、團結』（會員章程第二條）。每年農曆四月廿六日由值年爐主主辦拜神祭典，當日聚餐，並舉行會員大會，以『連絡各會員情感，融洽信仰，提倡農村年多豐收為念耳』（同前第六條）。顯然這是一個大型的神明會，藉祭典而達到溝通意見的目的。第一次有會員 80 人，分為八班，每年輪值，以班內一人為值年爐主，擲筊決定，爐主負責辦理有關祭典及聚餐事務，並下達命令至各班班長。費用由會員自付，但爐主要多出些。會員如連續三年不參加大會，就算退出。其後，民國 60 年及 61 年增 20 名新會員，前後共有會員 100 名，編為十班。其中 53 年有 5 名放棄，當即另補 5 名新會員。

　　從許多現象來看，這個會可以說是一個組織比較嚴格的羣體，只是領導系統很散漫，除了擲筊產生的值年爐主外，就是 10 位班長，別無任何領導人；每年除了一次聚會，也沒有其他經常性的事可做，真是名符其實的連絡感情。不過，保守點說，像這樣一年聚餐一次，雖全是村裏人，是否真能達到他們所揭示的目的，頗成問題。

　　從第一班到第十班班長依次為黃婦、吳壽、游泉、林順、劉養、

的社會關係: 單純、樸實、和諧。

三　羣體與領導系統

在討論社會關係時，我們曾經把血緣羣體中的宗族與家庭，志願羣體中的政治經濟性、社會性、宗教性羣體做過詳細的描述與分析。現在我們要把那些羣體的領導份子，社區領導人，以及整個領導系統作一分析，用以瞭解羣體或社區與領導系統間的關聯性，領導系統建立的過程，及其對社區事務的影響。

下面這個表是說明一般村民所參與羣體的種類，亦卽社區居民參與了那些羣體? 一般來說，參與羣體的多少與個人的活動能力及對社

表 4　羣體與重要成員*

編號	姓名	I 各族頭人	II 家長會委	III 鄉長會議	IV 政黨黨員	V 義警隊員	VI 農會會員	VII 先帝會會員	VIII 媽祖會會員	IX 不同兄弟會會員	羣體總數
1	徐乾水	√		√			√	√			4
2	徐壽標	√			√		√	√			4
3	吳連興	√		√	√		√	√			5
4	吳喜路			√	√						2
5	游養地	√		√		√					4
6	游祿儀	√								√	4
7	游添石									√	3
8	呂傳錢	√		√			√				4
9	劉治樂			√			√				6
10	劉順福			√			√			√	3
11	劉來柳									√	3
12	劉			√			√				3
13	黃		√	√			√				4
14	黃	√		√							2
15	黃	√					√				4
16	黃	√					√				3
17	戴		√	√		√					4
18	林	√			√		√			√	6
19	陳	√					√			√	5
20	陳			√			√			√	5
21	戴						√			√	3
22							√			√	2

*凡在社團中祇出現一、二次，而又不參與其他社區事務者，視爲不十分重要成員，本表均未列入。如家長會委員，很多都不見於其他社團。

區事務熱心程度有關。表中的人物，最少都參與過兩個羣體；根據我們訪問所得資料，絕大部份是關心社區事務，或曾經為社區做過事，可以說是些比較有影響力的人。另有少數是社區中較為活躍的人，雖不一定爬得上去，但很想往上爬。

上表有幾點很明顯的可以看得出來：一、羣體的重要性很難劃分，勉強分類的話，大致可分為兩種，Ⅰ至Ⅵ為屬於事務性的羣體，涉及解決社區問題，為社區居民的集體行為，自較為重要；Ⅶ至Ⅸ為情感或宗教性的羣體，多半在羣體內運作，涉及的範圍較小，重要性自然小些。二、22名重要成員中，17名（77%）屬於六大族，5名為其他姓氏，但所有這些成員均為岩村的世居居民，新遷入居民（即山鶯路的商店）一個也沒有。三、六大族中以黃姓最多，5人；劉姓次之，4人；再次為游、徐、吳、呂。這種分配與目前岩村的人口分配情形相當一致。四、以個人參與羣體多寡計算，則9號與18號最多，各6個；3, 19, 20號，各5個；參與4個羣體的有1, 2, 5, 6, 8, 13, 17號；參與3個的有7, 10, 11, 12, 16, 21號；參與2個的有4, 14, 22號❾。這種分配受了Ⅶ至Ⅸ三類羣體的影響，如果這三類不計入，則除9號參與5個羣體，3號參與4個外，餘均為3至2個，相當平均，也就是說，羣體成員的權力分配可能很均勻。五、在一個社區來說，參與羣體的多少（特別是重要羣體）往往是象徵對社區事務決策權的大小。除了幾個特殊例子（如15號既不是村鄰長，又不是黨員；5號與17號也不是黨員），本村的情形也大致如此；而由於權力分散，故不容易從羣體中找出領導人物❿。六、以Ⅰ至Ⅵ羣體的重要成員來看，可以分為兩類，一類是年紀較大的，如1, 2, 3, 6, 9, 14號；一類是年紀

❾　參與2個羣體的成員還相當多，但那些成員不大管社區事務，故此處不列入。
❿　這種社區權力結構多半是散漫式的（Rossi, 1970:114）。

徐德、黃生、陳來、李火、陳福。會員中尚有戴樂、徐水等人；會員
章程起草人游興，鄉民代表黃傳，第一屆村長徐乾，都只是另一些會
員的繼承人；現任村長劉地則未參加。假如以姓氏劃分，黃姓會員27
人，劉姓10人，吳姓12人，游姓9人，呂姓7人，徐姓15人，六姓
共80人，其他各姓20人，六姓會員所佔比例甚大。六姓中又以黃、
徐二姓會員較多，這與二姓原來總人數可能有關。

　　自民國38年以來，每年爐主均有記載，如38年黃榮，55年戴
樂，64年林銀。可見是一個很有條理的組織。

　　(2) 土地公會　這個會是游興的祖父那一代組織起來的，由六大
姓的人參加，可以說是六姓共同討論問題或增加溝通的好機會。歷來
他們似乎並未作有效的利用，而只是舉行一點通俗的宗教儀式。所以
當六姓人日漸眾多，舉行聚會越來越困難時，便不得不把每年正月十
四日的例會也取消了，雖是仍然保留了這日拜「新丁龜」的儀式。這
是指六姓人家每添一男丁，次年是日就必須用紅龜到土地廟前去祭拜，
然後把紅龜送給鄰居或與人交換。這種儀式看起來也可能增加六族人
的內凝力，或者互相交換一些消息。

　　(3) 媽祖會　據說，這個會創始於100年前，由幾個人出錢組成，
每年定期聚吃，把吃剩的錢買田地，當時的財產還真不少，可是後來
土地被徵用，雖然有一個財團法人的組織，實際卻沒什麼用處了。

　　目前的會員有黃榮、戴樂、陳福、游興等35人，只是維持一種
儀式性的活動。大多數會員都對社區事務沒興趣。

　　就志願群體整個來看，種類不能說少，參加人數也相當多，但多
半都組織鬆懈，所能發揮的作用不大。在許多交談的機會中，他們都
強調本村人能和睦相處，也許這就是群體的作用，看起來群龍無首，
實際許多人均能透過群體的參與關係去瞭解對方，於是形成所謂農村

較輕的，如 4, 5, 10, 11, 15, 18 號，這種分配相當巧合，似乎上下兩代之間很少差異⓫。事實上這也是實際情形，工業區的介入，對羣體行為的影響還不大，所以目前正在鬧着分村而治，把新遷入的幾百戶商店分出去，另成一個新村。

這種情形與我們從問卷所得的結果也大約接近。由於一般居民對所問問題不願作答或不知如何回答，四個問題（即 16, 19, 20, 22 題⓬）的統計數字不甚理想，不過，一種趨勢還是可以看得出來，這個趨勢即是與羣體分析所得結果相彷彿，我們先看下表。

以表5與表4對照，有幾點值得注意：一、前表從羣體成員所得結果，只有三人（8呂路，16黃錢，22戴柳）未在本表出現；本表資料不夠完整（因被訪人的選擇性回答），結果比較分散，仍只比上表多出 19 人（23 至 28 號，其他 13 人）。可見兩表的趨向頗一致。二、本表是從找社區領導人着手，如為社區服務、未來村長候選人、誰的聲望高等，所以答案集中在 10, 15, 6, 14, 9, 6, 24⓭號七人，其中尤以前三名，乃至前二名被選數最高，這與實際情形也相合。三、回答的結果，大部份均為世居居民的選擇，新遷入居民為數極少，如16與22題為 4: 1, 19 題為 5: 1, 20 題為 10: 1。這與參與羣體的情況大致相似。

⓫　事實上，有些人曾經頗具影響力，而現在沒有了，就不計算。如7號游喜，為鄉公所退休人員，當時為游族大將，目前卻神智不清；16號黃錢也因年老而失去作用，過去是鄉農會評議委員（顧問）。

⓬　16.你認為什麼人對我們村內的事情比較熱心？
19.除了現任村長外，你認為還有什麼人適合做村長？
20.除了現任鄉民代表外，你認為還有什麼人適合做鄉民代表？
22.你認為我們村內比較有名望的人是誰？

⓭　24 號游枝是 5 號游運的父親，曾為鄰長多年，喜為人服務，家庭經濟甚好，可稱富有。但多數事務是由兒子出面工作，24號的票實際應加在 5 號頭上。

表 5　可能的社區領導人物

編號	姓名	16題			19題			20題			22題			總計
		新居	世居	合計	新居	世居	合計	新居	世居	合計	新居	世居	合計	計
10	劉　地	4	23	27								10	10	37
15	黃　傳	2	16	18		2	2	1	2	3	3	8	11	34
6	游　興	1	2	3	1	5	6				1	5	6	15
14	黃　石	1	1	2					3	3	1	2	3	8
9	劉　養	1	2	3		1	1				1	2	3	7
3	吳　壽	1	1	2		4	4							6
24	游　枝	2	1	3							3		3	6
5	游　運		3	3							1		1	4
25	游　耀					2	2		2	2				4
23	游　財	1	1	2										2
7	游　喜											2	2	2
13	黃　添					1	1					1	1	2
17	黃　治								1	1		1	1	2
11	劉　祿					1	1					3	3	4
26	王　寧		1	1		1	1							2
2	徐　水					1	1					1	1	2
27	徐　火					1	1				1		1	2
28	黃　能		1	1		1	1							2
21	陳　來		1	1										1
19	林　順		1	1										1
12	劉　儀		1	1										1
20	陳　福		1	1										1
18	戴　樂								1	1				1
1	徐　乾				1		1							1
4	吳　標					1	1							1
	其　他*		7	7	1		1	1		1	1	3	4	13
總　計		13	63	76	3	21	24	1	10	11	12	38	50	161

*每人均爲 1 票，這些人名在羣體、訪問談話中均很少出現。

　　假如我們以 16 及 22 題⓮ 再做一點分析，就會發現 10 號與 15 號的被選數佔絕對多數，確與領導系統有關。16題問的是誰熱心爲社區服務？22題問的是誰的名望最高？作爲一個領導人，兩者均需要，缺乏前者，不能算是好的領導人；缺乏後者，難望成爲領袖。現在均集中在兩人，10 號被選次數爲 35.5% 與 20%，15號爲 23.7% 與22%。其他人，除 6 號⓯ 外，無一超過 3 次（4%，6%）者，這種強烈的對比，似乎無需更多的說明。所以造成這種趨勢，可能與該二人爲現任村長及鄉民代表有關，與許多別的方面也可能有關，容後再討論。

　　從表 4 參與羣體數目來說，10 號與 15 號均不多，前者三個，後者四個。但是，這是可以解釋的：第一、二人均未參加政黨，不知是對政黨沒有興趣，還是無人介紹入黨？第二、二人均未參加任何神明會。所以二人在參與羣體總數上就顯得比較少。這也就是說，如果沒有辦法區分羣體的重要性及其特質的話，就很難以參與羣體多少來等第個人在社區中的地位。

　　羣體領導羣與社區領導羣有時候是一致，如西河研究的發現；有時候並不完全一致，如三層社區的發現（前例見文崇一等 1975: 128-130；後例見文崇一 1974）。岩村由於羣體在社區決策中所扮演的角色並不很重要，羣體中的領導人物也不十分明顯，所以無法完全由羣體來分析社區領導系統，而必須把兩者合起來討論，而分析社區領導人與羣體領導人是否一致。

　　我們在前面說過，岩村的開發已有兩百多年的歷史，可是在社區領導人方面只能追溯到日據時期一位保正，以前的事就無法知道了。那位保正就是徐琪，屬於六大姓之一的徐姓，當時是岩村望族，有錢

⓮　因爲我們要討論的二人，分別爲現任村長及鄉民代表。
⓯　在社區中很活躍，知名度頗高；同時也是生意人。

有勢。以後歷任保正或村長如下表。

表 6　歷　任　村　長

29	徐	琪	保	正	日據時期。
7	游	喜	保	正	日據時期。
1	徐	乾	村	長	光復後第一、二屆村長，劉養任第二屆副村長。
9	劉	養	村	長	3 至 9 屆，共十餘年，號「村長伯」。
10	劉	地	村	長	10屆，62年當選。

　　據說游喜頗能執行命令，很能幹，但也招致許多村人的不滿。徐乾仍然代表徐家在岩村的勢力，很得地方人士支持，兩任下來，做了不少事，如舖路造橋等，有時自己親自動手。劉養是徐乾第二任時的副手，在村內不祇能做事，也很有聲望，所以一上任就做了 7 屆（3-9 屆）村長。62年他實在不想做了，召集了一個包括鄰長及有意競選村長人士的會議，以商討改選的人選。他想請游運出馬，但游沒興趣。後來聽說黃添要出來，他深不以為然，說「難道沒有別人了嗎」？於是他們最後抬出了劉地，變成黃、劉二人競選局面，黃的本錢之一是大族，可能有不少同族人支持他[16]；之二是黨員，同志會支持他；但他的缺點是人緣不好，聲望也不高，辦事又不甚切實際。反過來，劉地這家雜貨店，不僅是幾代的老店，在工業區以前且是村內購物及消息傳播中心，一到夏天，許多人都到這裏來聚談，此其一；其二，劉人緣好，聲望高，服務精神也不錯，得許多大族的支持；缺點可能是非黨員，但這要靠選民的選擇。選舉結果，劉地當選。所以，從村長

---

[16]　黃添是岩村黃氏八大房之外，與黃石、黃傳同姓而不同宗。他在競選之前才入黨。

這條線索來看，還都够得上作為社區領導份子。這條線索所顯示出來的社區領導人就是：早期為徐琪、游喜二人；中期為徐乾、劉養二人；後期為劉地，而游運、黃添也許可以當作候補人選。

　　岩村的另一種政治結構是鄉民代表。從某個角度來看，鄉民代表的社會地位比村長還高些，影響力因而要大些。當徐乾任第一屆村長時，岩村的鄉民代表卻是劉養，那是第一屆，民國 35 年。歷屆鄉代異動情形如下表 7。

表 7　歷屆鄉民代表

屆　別	年	代　　表　　姓　　名	說　　　　　　明
第 1 屆	35	9劉　養	
2	37	1徐　乾	
3	39	16黃　錢，黃　益	後者為眷村代表。
4	42	2徐　水	
5	44	14黃　石	
6	47	14黃　石，劉　秀	後者為眷村代表。
7	50	14黃　石，薛　碧	後者為眷村代表。
8	53	14黃　石，梁　月	後者為眷村代表。
9	57	14黃　石，朱　淑	後者為眷村代表。
10	62	15黃　傳	

＊資料來自鄉民代表會，很完全。而前述村長資料不全，時間難定。

　　表中眷村代表是在代表會中替眷村發言，在社區中無影響力。10屆鄉代中除劉一屆，徐二屆外，餘為黃家天下，正好祖孫三代⑰，而

---

　　⑰　黃石的父親黃朝；黃傳的父親黃鐘；祖父黃錢。朝與錢是同胞兄弟。

黃石最久，歷5屆，13年。62年改選時，黃石力薦黃傳，並預計必然當選。但黨部還是把戴樂推出來與黃競選（黃非黨員），黃石一氣之下，自己也報名競選，說是擾亂票源。結果還是黃傳當選，戴樂頗不服氣，下次還要和他力拼一下。戴、黃（傳）與黃（添）、劉，情形頗相同，但戴在村中的說服力似比黃（添）大些。所以結果是可以預見的。

　　從鄉民代表這個線索得到的領導人物，第一期有9劉養、1徐乾、16黃錢、2徐水；第二期有14黃石、15黃傳；18戴樂可能是候補人選。

　　除了這些人以外，社區中還有沒有別的領導人呢？比如說，意見領袖。他們沒有正式的職位，但對社區事務的影響力或決策權不小。這種人物是有的,可以分成三類來討論：第一類是純農業時代的人物，如6游興、3吳壽；第二類是受了近代工商業影響的人物，如11劉祿、5游運、4吳標、17黃治；第三類是一般常識豐富，而行為未必完全配合，如18戴樂、13黃添、20陳福。以上三類人屬於兩個時代，即第一類為老一代，第二、三類為少一代。將來為岩村效力的以第二類人的可能性最大。現在我們可以從下表8來了解每個人的特性。

　　這些人也都是參與許多羣體活動的，不過，由於羣體本身的權力分散，或羣體在社區中的重要程度不高，以致無法由羣體測出所有領導人物，但是，他們在社區中的領導地位，或領導潛力是存在的，特別是表中的第二類人物。

　　從上述一連串的討論與分析，我們大致可以了解這個社區的領導份子是那些，他們與羣體關聯到什麼程度，以及將來可能的發展是什麼，等等。我們也看得出來，這些以前的、現在的、或將來的領導人物都或多或少在已有的羣體中出現過,都對社區事務有興趣或出過力，

表 8　社區意見人物

第一類	6	游　　興	為人厚道，對宗教極熱心，在村中聲望極高，但對村長一類職位無興趣。
	3	吳　　壽	較固執，但朋友甚多，熱愛土地。
第二類	11	劉　　祿	穩重，不亂發表意見，聲望不太高。
	5	游　　運	頗有江湖氣，擔任義警隊長很成功，對村長沒興趣。
	4	吳　　標	桃農畢業，是本村的知識份子，以孝順和做事認真出名。
	17	黃　　治	木訥而老實，家裏很有錢。
第三類	18	戴　　樂	熱衷代表一職，很能苦幹，只是條件不甚理想。
	13	黃　　添	很想當村長。
	20	陳　　福	自以為很重要，什麼事都想插一手。

根據這些標準我們可以把社區領導系統鈎劃出一個輪廓，如下圖。

甲、正式領導系統

$$29徐\ 琪 - 7游\ 喜 - \begin{cases} 1徐\ 乾—9劉\ 養—10劉\ 地 \\ 16黃\ 錢—2徐\ 水—14黃\ 石—15黃\ 傳 \end{cases}$$

乙、非正式領導系統

　　30黃　正—6游　興、3吳　壽—11劉　祿、5游　運、4吳　標
—17黃　治、18戴　樂、13黃　添、20陳　福

圖 3　地區領導系統

　　甲的領導系統很可能經由村長劉地和鄉民代表黃傳交給游運等人。很明顯的，無論在羣體或社區，領導系統都相當散漫。而真正建立領導權幾乎均與正式的政治職位有關，特別是村長和鄉民代表。這種情形，我們可以從兩方面來解釋：一是岩村本來只是一個單純的農

村，每個人的社會經濟地位都差不多，既沒有太多的知識份子，也沒有什麼集體行為需要特殊的人才來領導，所以任何足以提高身份或地位的官職介紹進來，就很容易被視為優秀人才，而變成社區領導人；二是受了現代文化和政治的影響，正式的職位代表或象徵一種權威與責任，凡是掌握這種職位的人就成為當然的領導份子，因為只有他的意見或決策才被認為有實行的可能性。於是一旦失去這種職位，發言權就跟着減少或喪失。就本村而言，可能兩個原因都有，但前者的份量要重些，比如，岩村一直沒有培養出重要的讀書人能夠在桃園地區獨當一面，或在村子裏支配社區事務⑱；反過來，前任或前幾任的村長和鄉民代表，下臺後的影響力就立刻降低，最少在我們的測量上是立刻降低了，因為劉地與黃傳到任不過一年多，而劉養和黃石都已經做了十多年的公職⑲。

四　社區權力結構

從前面幾節的分析，我們瞭解宗族羣體中有些比較突出的人物，特別是六大族中，如吳姓的吳標，劉姓的劉養；志願羣體中也有些，如家長會的黃石，神明會的林順、游興。有些人在羣體中並不顯得重要，卻在村中佔有比較重要的政治地位，和較大的發言權，如鄉民代表黃傳，村長劉地。又有些人連政治地位也沒有，只是喜歡出意見，如戴樂、黃添。還有更多的是所謂沉默的大眾，他們也許是羣體成員，也許只是一個普通村民，除了偶爾或週有必要時跟社區領導人，如村

---

⑱　這種情形有點像黃大洲（1975: 172）所說的，多少對社區事務有些妨礙。岩村好在很少派系糾紛。

⑲　這種領導型態多少與席汝輯（1972: 16）所作的結果有些不一樣，也可能因為領導權不集中的緣故。

長有點接觸外，通常沒有任何交往。他們的社交圈子限於親戚關係和少數的朋友鄰居間，與羣體權力或社區權力很少關聯。下面的表是我們提出問題（21.你找過村長做過什麼事情嗎？）的答案。

表 9　村民找村長次數

	新　居　民		世　居　民		總　　　計	
	次　　數	%	次　　數	%	次　　數	%
有*	2	2	10	12	12	14
無	35	43	35	43	70	86
合　　計	37	45	45	55	82	100

＊新居2次為兵事；世居10次，每次內容均不一樣。

　　這說明：一、村民找村長眞為公事的甚少，樣本中有86%從未找過村長，新遷入居民與世居居民情況相同，這是可以理解的；二、正常的溝通既然極少，一般村民的參與機會或決策權就相對減少。也因此，我們在討論社區的社會關係時，普通居民就不如社區領導羣那樣牽涉廣泛。

　　在一個羣體中，權力分配永遠不會均等，羣體的高階層人士或領導份子的決策權必然比一般成員大些和多些，比如宗族的頭人，家長會的常務委員和會長，村民大會的村長和鄰長，農會的理事。一般成員多半是跟隨領導份子的意見或行為而行為，可以說是單線的溝通，上情下達。比如說，五谷先帝會有什麼活動，爐主通知 10 班班長，班長再把消息告訴他的九個成員，事情就這樣決定了；一般成員幾乎沒有機會在適當的時候反映自己的意見。一般成員當然也可以在會議中把意見說出來，但是，這種過程相當複雜，他們往往沒有或者把握

不住這種機會，即使說了，決定實行的權力仍然不在他們手裏。以64
年3月4日的村民大會爲例，這次到了二百餘人，據說爲二十多年來
未有之盛況。會議進行到討論六個正式提案時，均無異議通過，事實
上這些提案還是事先由少數幾個人擬出來應景的，這表示村民不習慣
於表達自己的意見；其後爲臨時動議，顯得有點活躍了，可是除兩位
太太外，全是村中的本來就是活躍份子，如陳福、黃傳（發言三次），
游運（發言二次），黃添、戴樂、吳壽，再也沒有別的人說話了。他
們提到的問題，如馬路壞了，水溝不通，公墓管理不善，等等，都是
些老問題。假如這一次有關單位答復說，設法改善，下一次還是這樣
答復，並且只能這樣答覆，因爲沒有錢。也許因而減低了居民發問的
興趣？不過，無論如何，一般人都不大愛提出自己的看法，已經是一
種相當普遍的現象。

由於這種現象，社區中的領導階層就顯得特別重要，因爲所有的
重大決策幾乎都落在他們手裏。這種權力結構與社會關係的類型也有
關係。我們在前面已經把幾種主要羣體行爲中的領導人都找出來了，
這些人一方面在羣體內起領導作用，一方面在羣體外，如社區、超社
區發生影響力。現在我們要進一步分析：領導人的領導權是如何建立
起來的？與社會經濟地位還是與政治地位有較大關聯？權力分配如
何？等等。

關於這個社區的領導人物，大致已見於表4及表5，卽表4的1
至22號及表5的23至28號（其餘與表4重叠），這些重要社區領導
人的領導權也不是每個人都一樣，有些人大些或多些，如5黃傳、10
劉地、6游興；有的人卻小到極小，如27徐火、28黃能。我們現在
分析的重點在表4中的主要人物，加上歷史上的幾個要人，如29徐
琪、30黃正、及已病的7游喜。

我們在前面說過，岩村原來以六大族為主，六族中又以徐、黃、劉三姓為最，地方政治權力一向也控制在三姓手中，除游家曾經任過一次村長外，各姓從無問津機會。如把岩村的雜姓當作第七個族羣，則七個族羣中僅有三個姓分配到較多的權力，其中又以劉、黃二姓掌握這種權力的時間最長久。分別用下圖說明。

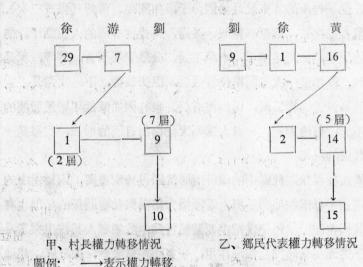

甲、村長權力轉移情況　　　乙、鄉民代表權力轉移情況
圖例：　——→表示權力轉移

29 表示權力享有者，其中數字為姓名代號，見表 3-5

圖 4　權力轉移情況

顯然，村長這一邊的權力集中在劉姓比較久，鄉民代表這一邊的權力則集中在黃姓比較久；但是在早期，徐姓卻較能掌握全社區，他們在權力的兩邊都間或出現；現在的趨勢卻很明顯，劉、黃二姓的權力地位還可以維持一個時期。如果山鶯路的商店居民不積極參與社區活動，則這種均勢的時間會更長。

圖4中，7號生病，該族也沒有接替人，這裏不談。徐、劉、黃

三姓幾個權力人物在本族中的系譜關係可略如下。

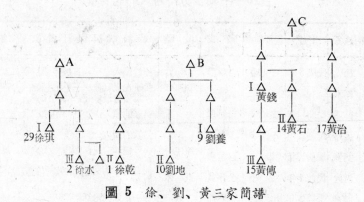

圖 5　徐、劉、黃三家簡譜

　　從系譜上可以明瞭，三族在權力轉移上的情況非常相似。這也可以說三族的歷史背景相當接近。到目前，徐姓已經分散，在可預見的將來，怕無法再控制村權；劉姓還保存原來的模式，特別在生態和社會關係上，受工業區影響不大；黃姓有蒸蒸日上之勢，因為原來農地變成商店和住宅區，得益最多，經濟情況也最好。

　　除了這些，我們還可以提出來討論的是：3 吳壽和 4 吳標，24 游枝和 5 游運，6 游興和 25 游耀，都是父子關係。將來的發展，子一代可能要比父一代好些，最明顯的原因是，不但環境比較好，對外溝通、生活程度等也比較好。六大姓之外，雜姓羣的權力分配似乎一向都不太理想，目前有些年輕人想在權力階層抬頭，但可能性不大。

　　假如我們把這些權力階層的人物分成兩個系統來討論，一個是曾經掌握過實權，現在退休了，或半退休了，已不大管社區事務；一個是目前正在主持某些事務，或將來極可能出來管理公眾事務。這樣就比較容易了解歷來領導系統建立的原則，過程，以及權力分配的情形。

表10　早期權力階層人物的特質

編號	姓名	出生年	教育程度	職業	現職	經濟狀況與社會政治地位
1	徐乾	民國8年	國小	自耕農	工廠夜班管理	徐姓頭人之一，日據時期村長。
2	徐水				商	管理米店	長子在水利會次子為工程師，經濟不錯。曾為農會理事長，鄉民代表。
3	吳壽	民前14年	識字	自耕農		吳家的頭人，對外交遊頗廣。
8	呂路	民國2年	不識字	農		呂家的頭人。
9	劉養	民前13年	國小	自耕農	前任村長	中等經濟情況，頗得村人擁護。曾任鄉民代表。
6	游興	民前1年	國小	公務員	退休	觀音寺董事，龜山鄉公所的職員，最有聲望。
7	游喜	民前8年	初中畢業	自耕農	無	曾經是本村最活躍之人。
14	黃石	民國11年	國小	半自耕農	老板	經營米店，生意不錯，社會地位不壞。
16	黃錢						曾任農會評議員。
30	黃正	民國16年	國小	半自耕農		曾與6，9號同為本村要人。

表11　後　權力階層人物的特質

編號	姓名	出生年	教育程度	職業	現職	經濟狀況與社會政治地位
4	吳標	民24年	高農畢業	工	技士	黨委兼小組長，頗有點地位，為本村知識份子。
5	游運				商	義警分隊長	精明能幹，為本村富家之一，頗得好評。
10	劉地	民16年	國小	雜貨店	村長	曾經是最有錢家庭之一。
11	劉祿				商	管理員	很穩重，但名望不大。
13	黃添				商	業務員	跟5號相同，現在保險公司工作。
15	黃傳	民24年	國小	自耕農	鄉民代表	實際為商人，頗獲本村人好評，亦頗富。
17	黃治				商	老板	開皮鞋店，因祖產多，為本村富家。
18	戴樂	民24年	國小	工	商品推銷員	做花磚生意，稅捐處多年，出身貧困。
20	陳福	民22年	國小	工	雜役	義警小隊長，曾在汽水廠作外務員。

　　表 10 有 10 人，表 11 有 9 人。用兩表作比較可以發現：後期的
教育程度高些，最高的是高農，早期最高的爲初中程度；後期的職業
業農者減少，工商增加；早期的多擔任過公職，後期的已經任過或現
任公職者較少；後期的經濟情況比較好，如 5, 15, 17 號均可謂富人，
但如 13, 18, 20 號收入又很不好，可見彼此間相差頗懸殊，早期則較
爲平均。這也許是工商業所造成的現象。現在我們可以瞭解，晚期權
力人物所具有的特質一般均比早期爲優越，對於岩村將來的發展不無
幫助。

　　到目前，早期的權力人物，除 6 游興對宗教尚有興趣，9 劉養和
14黃石偶爾參與村務外，其他的人都不聞不問了。後期的權力人物也
不是什麼都由一兩個人發號施令，而是各管各的，即政治的由10劉地
和15黃傳處理；宗教的爲18戴樂；幕後出意見的爲 4 吳標，5 游運；
社會經濟方面爲 5 游運，7 黃治，二人均十分富有；唱反調的以13黃
添，20陳福爲最。可見權力相當分散，甚至可以說是一種典型的散漫
式（amorphous）權力結構[20]。我們在西河、萬華、三層幾個社區所發
現的權力結構類型多少有些黨派性（factional）的成份（文崇一1973a,
1974, 1975b），而岩村幾乎找不出明顯的派系衝突痕跡，這是不是即
我們通常所強調的和諧？或由於整合性比較大的緣故，對於行爲的適
應性或達致目的都不至於發生困難（Clark 1971: 174-187）？從岩村
的早期發展史來說，他們行爲的同質性的確相當高，六大族的衝突的
確很少，地方政治領袖在處理社區事務上也的確很公平而不偏袒個人
或族羣。這可能是一個好傳統，所以今天的領導人和村民都還能循着

[20]　一般來說，社區權力結構屬於散漫式的比較少，屬於黨派式、專權式、或
　　　聯盟式的較多。最少美國的發現是如此（Aiken 1970: 478-519）。我國此
　　　類研究尚少，難以估計。

這條路線前進。

這種結構是如何造成的呢？從權力在族羣間轉移的過程來看，可能與「族」本身有關：第一、岩村雖然號稱六大姓，實際上吳、呂二姓不但人少，財力單薄，而且人才寥落，在一般社區事務上，這二姓的人多半是跟從者，很少能站出來領導羣眾；游姓有一個時期頗具雄厚經濟力，但人口少，人才也不多；因而眞正爲岩村的大姓，而又能領導村民的是徐、劉、黃三姓。如果這三姓在權力分配上能取得妥協，其他的事就好辦了。這就是說，各族的組織雖然極爲鬆懈，族的形態與認同感還是存在，還是對個人與羣體行爲產生影響力，它的功能或許沒有從前（如 19 世紀的社會）那麼大和那麼多 (Hsiao 1966: 341-342)，但依舊有維持某些傳統的作用，特別是族內的團結這一方面。第二、族間沒有「世仇」，彼此意見上的溝通還相當多，長時間均能保持一種和諧的局面；同時，三大姓在推出社區領導人物時都很愼重，這從歷任村長和鄉民代表人選也可以看得出來，甚至在目前的選舉階段，選民（卽村民或族民）也還能維持一定的選擇標準，游運提出劉地，黃石選擇黃傳就是好例子。第三、族的整合可以導至各族間的和平相處，是不是也導至權力分配的不集中？或者說導至散漫式的權力結構？這是可能的，因爲在沒有或很少衝突的情況之下，任何族姓的人出來領導，只要領導人本身無問題，都可以合作無間。不過，另一方面，沒有「村廟」也可能使地方權力不容易集中在少數人手裏。岩村只有幾間土地小廟，要拜大廟就得去桃園景福宮或壽山岩觀音寺或更遠的地方，這使得宗敎領袖難以塑造[21]；岩村有兩個全村性的神明會，土地公會和五谷先帝會，可是除了每年各聚會一次，就沒有別的

---

[21] 村廟往往是社區權力中心或社區權力中心之一（文崇一等 1975b; Hsiao 1966）。

活動，除了爐主，也沒有理事或委員之類的頭銜以加深成員的印象。

最後我們可以這樣說，岩村的社區權力結構是散漫式的，以不同的形式分佈到不同的領導人手裏，重疊的情形非常少；一般社區成員參與決策的機會不多，溝通意見的機會也不多；羣體的影響力因性質不同而異，羣體間的互動關係因而減少，對社區而言，沒有任何羣體有決定性的影響力；羣體領導人多半屬於儀式性的或形式的，如爐主、政黨小組長、家長會委員，社區領導人不必透過羣體；社區領導權建立的途徑以政治地位為主，因而村長、鄉民代表為社區權力的象徵，當失去這個地位時，權力便立卽跟着轉移；能否取得領導權與個人的品格、經濟狀況、能力有高度相關，這從歷來的社區領導份子可以看得出來。總之，這是個和諧的小社會，權力衝突眞的非常少，正如老居民所強調的，「我們相安無事」。不過，現代的工業社會因素介入了，我們如何去保護這份寧靜，倒值得做進一步的研究與探討。

五　結論

1. 岩村目前雖已發展為一千多戶，但仍以原來的吳、游、呂、劉、黃、徐六大族為基礎，一切的社區活動、領導權、地方政治事務，均在這些人手裏。六族中又以劉、黃、徐為較大，影響力也較大。黃、徐二姓宗族組織較完整，本來都有祖祠、祭祀公業，現在也式微了。工業區介入後，對二姓的經濟幫助很大，但原來的生態體系及人際關係有不少改變。另方面，其他四姓卻還相當程度地保持了原來的結構。六族間的互動關係雖不多，但很少衝突，相處頗為和諧。

2. 家庭平均人數為 5.4，不能算高，主要原因是不少年輕人遷出去了。經濟景氣的時候，工業區的產品送到各家加工，不但客廳變工廠，收入也增加不少，對於潛在勞動力的利用尤為收效。許多家庭

把多餘的房間租給工人，從一方面說是增加收入，增加與外界溝通的機會，增加知識；從另一方面說是改變了原來的家庭氣氛，甚至產生了新的行爲方式。

3. 志願羣體大都偏向於現代性的，如家長會、農會、政黨；也有傳統性的神明會，但較少。羣體的領導系統並不十分明顯，影響力也不見得大。有些權力不大的人參加了較多的羣體，有些掌握實權的人卻未在很多羣體中活動，可見參與羣體的多少與領導權無太大相關。社區領導系統與地方政治職位，如村長、鄉民代表有直接關聯，這是個人建立領導權的主要途徑。

4. 由於羣體及羣體領導人的影響力不容易看得出來，社區權力結構就無法透過羣體作分析，而必須從社區領導系統找答案。岩村的社區領導系統以政治職位爲主要工具，誰在村長或鄉民代表的位置上，誰就有較大的發言權，幾十年來均如此。但是，對於宗教事務、經濟事務，或社會事務，不一定由他作決策。所以，社區權力是分散式的，分散在許多領導人手裏；這種分散並沒有造成權力衝突，反而是和諧的合作。

5. 就整個來說，岩村的社會關係正由農村模式，過渡到工商業模式，人們有時不免發生行爲適應上的困難；但從它的發展史而論，這是個成功的過渡期，因爲整個社區仍然保持了原來的和諧與合作。一般討論社會關係在工業化過程中都強調它的焦慮，挫折，難以適應，等等，岩村在這方面卻沒有那麼緊張。

假如這種現象是真實的，卽在工業化過程中社會關係可以設法調整而免於遭受挫折，我們也就可以利用傳統的宗族組織和羣體行爲來作爲緩衝，以減輕個人在工業化影響下精神上的負擔。不過，以岩村的情況來說，這必須要領導階層沒有太尖銳的衝突，社區權力分配可

以做到相當程度的均衡。

　　這個結果和我們的假設大體是一致，卽社區權力結構是由社區領導羣所決定，而社區領導羣有兩個來源，一是羣體中的領導人物，一是個人的單獨角色。一般而論，羣體領導人在社區中扮演較爲重要的角色，但在岩村以個人的地方政治職位直接成爲社區領導人爲重要，原因是這個社區的羣體不如預期的那麼能發揮它的作用。

參　考　書　目

文崇一

　　1973　萬華地區的羣體與權力結構。臺北：中央研究院民族學研究所集刊 39: 19-56。

　　1974　三層台地的社會結構，未刊。

　　1975　「社會關係」，見文崇一、許嘉明、瞿海源、黃順二，西河的社會變遷。臺北：中央研究院民族學研究所專刊乙種之六。

吳聰賢

　　1975　臺灣農會組織目標之分析，臺灣大學農業推廣學報 1: 106-144。

席汝楫

　　1972　一個農村社區的領導型態，中國社會學刊 2: 1-22。

黃大洲

　　1975　一個落後鄉村社區的社會經濟調查報告，臺灣大學農業推廣學報 1: 145-182。

劉清榕

　　1975　農家主婦在鄉村結構變遷中所扮演的角色。臺北：臺灣大學農業推廣學系。

龍冠海、張曉春

　　1967　中國家庭組織的一個研究，臺灣大學社會學刊 3: 117-136。

AIKEN, MICHAELL

　　1970 The distribution of community power: structural bases and social consequences, in M. Aiken & P.E. Mott, eds., *The Structure of Community Power*. N.Y.: Random.

AIKEN, M. & P.E. MOTT, eds.

　　1970 *The Structure of Community Power*. N.Y.: Random House.

BONJEAN, C.M., T. N. CLARK & R.C. LINEBERRY

　　1971 *Community Politics*. New York: The Free Press.

CLARK, TERRY N.

　　1971 Power and community structure: who governs, where, and when? in C.M. Bonjean et. al., eds, *Community Politics*. New York: The Free Press

COLBY, B.N.

　　1960 Social relations and directed culture change among the Zinacantan, *Practical Anthropology* 7:241-250.

DAHL, ROBERT A.

　　1961 *Who Governs*? New Haven: Yale Univ. Press.

HARE, PAUL

　　1962 *Handbook of Small Group Research*. New York: The Free Press.

HSIAO, KUNG-CHUAN

　　1966 *Rural China: Imperial Control in the Nineteenth Century*. 臺北: 中央圖書出版社（臺北翻印）．

HUNTER, FLOYD

　　1953 *Community Power Structure*. Chapel Hill: The University of North Carolina Press.

LINTON, RALPH

1936　*The Study of Man*. New York: Appleton.

MERTON, ROBERT K.

1957　*Social Theory and Social Structure*. New York: The Free
　　　Press.

ROSSI, PETER H.

1970　Power and community structure, in M. Aiken & P.E. Mott,
　　　eds., *The Structure of Community Power*. New York:
　　　Random.

SMELSER, NEIL J.

1969　*Theory of Collective Behavior*. New York: The Free Press.

STOGDILL, R.M.

1959　*Individual Behavior and Group Achievement*. New York:
　　　Oxford Univ. Press.

（本文已轉載自中央研究院民族學研究所集刊 42:41-70）

我國宗教變遷的社會學分析

瞿 海 源

一、前 言

民國以來，國內社會在宗教方面的變遷，大致上可說受到三種主要因素的影響。第一個因素是世俗化的傾向，第二個因素是西方宗教力量的介入，第三個因素則是中國局勢的動盪不安。造成世俗化的原因很多，例如西方科學文明的傳入、新式教育制度的建立、中國原有統治體制及其相伴之宗教制度的被推翻及廢棄等。不論其原因為何，世俗化確在民初以後形成一股不小的力量。許多寺廟成了學堂等俗世機構的所在地，人們在心態上也較少受到傳統宗教的影響，而知識程度較高者多傾向於反宗教。例如 1922 年青年學生們的反宗教及反基督教運動進行得十分熱烈，同時無神論的思想在年輕人中相當流行。這種世俗化或反宗教的傾向對國內在宗教上的變遷產生了很大的影響力，使得傳統的民間信仰逐漸式微。天主教及基督教在發展上也因而受到很大的威脅。

西方宗教力量的介入，一方面使西方宗教本身在中國逐漸生根，獲得發展。另一方面也間接地影響了原有宗教的發展方向。就前者而言，天主教及基督教隨西方帝國主義傳入中國後，歷經曲折艱難的過程，終於有了相當的成就。當帝國主義的有形力量撤出後，西方宗教在中國卻已紮下了牢固的基礎。據估計，1890 年時全中國約有 50 萬

天主教徒，8萬基督教徒。民國元年時，天主教徒計有129萬，而基督徒也達40萬。這種成長在民國成立後也十分快速，民國38年時，全國計有天主教徒 326 萬，基督徒 137 萬。一般而言，西方宗教在二十世紀頭十年中成長率最高，民國後也一直維持有很高的成長率，但到民國 30 年代，成長率就偏低了。這多半是由於時局動盪不安的原故。除了其本身的發展外，西方宗教也對國內原有宗教產生了顯着的影響。由於在傳道方式上，西方宗教十分主動積極，同時又善於利用各種出版及大眾傳播媒介，在訓練神職人員及一般信徒方面又有較完善的教育措施。於是一方面使原有宗教遭到極大的挑戰，同時也使本土的宗教界人士開始反省學習。在宗教內容上也因此而有着很大的變化。有不少新的宗教出現，這些宗教有不少是主張儒、釋、道、回、耶五教合流的。因此，西方宗教不只積極地使原來信仰傳統宗教者改信，同時也影響到了本土宗教的變遷。

　　民國成立以來，國內政治經濟局勢一直處在動盪的狀況下，使得民眾的生活常失去憑靠，有時更易陷入貧窮及喪失生命的困境中，於是民眾在宗教需求上可能會因此而升高。不過，一般而言，如果人們所處的環境是極端無望時，宗教力量亦難獲得進展，譬如，當戰爭最激烈時，生命毫無保障，或者饑荒時，生命隨時會喪失，人們在這時多半不會有時間去信奉什麼宗教。只有在，生活處在艱苦，失望及不安定但又不是完全絕望的時候，人們的宗教需求才會上升。於是我們約略可以發現，抗戰時，各種宗教發展並不很好，同時戰爭結束一段時間後，宗教的力量才逐漸復蘇成長。

　　本文將就臺灣 30 年的宗教變遷從這幾方面從事較深入的討論。從粗略的表面現象上去作浮面的觀察時，臺灣地區卅年來的宗教發展似乎是十分蓬勃的。一般的感覺是廟宇教堂的數目在急速的增加中；

人們耗費在宗教儀式和活動方面的經費也日益龐大。同時，宗教並不因經濟發展和教育的普及而相對地消滅，反而有趨勢「顯示」宗教與經濟有正的相關。對於這類特殊的社會現象社會科學家們還沒有做過通盤性的深入研究。不過在過去廿年中不少中外學者曾做過不少較為微視的宗教研究，這些研究很可以做為以後對宗教作通盤性分析時的堅實基礎。大致上以往的宗教研究可以分為四類。第一類的研究是人類學式的，研究者多半對某一特定的社區或單一的宗教派別或宗教行為從事深入而周延的觀察分析。例如許嘉明對關渡及鹿港所作的研究，Jordan 的保安村研究，Diamond 的南鯤鯓研究，Wolf 和 Harrell 在三峽地區的調查，Feuchtwang 的臺北研究以及許木柱的龜山研究都是對特定的社區所做的人類學式的記錄和分析。在單一宗教派別上做深入研究的則有宋光宇的在理教研究，瞿海源和袁憶平的教會聚會所的研究。李亦園和曾炆煋等則曾對童乩從事心理人類學式或精神醫學上的探討。另外，劉枝萬曾對臺灣地區的各種道教及民間信仰的宗教儀式活動及其歷史演變過程作了極為詳盡及深入的探討。最後，Saso 和 Schipper 曾對道教的科儀和教理從事嚴謹的學習和研討，而 Overmeyer 則對慈惠宮作了實地的觀察。以上這些研究不僅敍述了宗教儀式以及民眾的宗教生活，同時也曾對宗教的社會功能提出相當程度的解釋。

　　第二類研究是社會學式的，多半以調查的方式來瞭解某一地區的宗教現象或某些宗教行為並探討其社會功能。在這方面的研究除了范珍輝和蔡文輝曾作過有關的調查外，幾乎很難再找出其他類似的實證研究。雖然仍然有一些文章談及宗教的社會功能，但多缺乏實證的研究予以支持。第三類研究則是以臺灣省文獻委員會為主所從事的一些宗教調查。其中以省文獻委員會所撰成的臺灣省通誌中之人民志宗教篇

最有系統也富社會科學的價值。該宗教篇提供了不少有關臺灣地區宗教發展的可貴資料，也以全省性在民國 48 年中所作的宗教調查爲主列出了全臺灣區的宗教組織和寺廟與教堂的基本資料。這些都對以後的宗教研究有很大的助益。可惜的是，臺灣省通誌的修訂費時甚久，自 1965 年以後各項宗教發展的資料一直未能有進一步的報導。

　　最後一類的研究是敎徒和神職人員爲傳敎的目的所撰寫的某一宗敎的發展及成長概況。其中以董顯光和Swanson所寫的兩本書最具參考價值。董顯光在(1970)在「基督敎在臺灣的發展」一書中，是以一個有相當崇高的社會地位的平信徒就基督敎，包括天主敎，各派在臺灣區發展所作的報導。書中提供了不少基督敎各敎派的歷史材料進展概況，但是缺乏社會科學性的分析。在寫作立場上也是以基督敎爲主，於是談論問題時有時難免失諸主觀。Swanson是一位受美國基督敎神學訓練的研究人員。他曾對全臺灣基督敎的主流派敎會和獨立敎派作了實地的研究分析而寫成了Taiwan: Mainline versus Independent Church Growth: a Study in Contrast 一書。書中曾對臺灣長老敎會、信義會、美南浸信會、眞耶穌敎會和敎會聚會所作了相當深入的探討和分析。雖仍嫌粗略，但該書可能是目前所能發現的較嚴謹的一本有關臺灣基督敎成長的著作了。

　　根據以上簡單的評述，我們發現以往的學者曾十分仔細地研究了一些微視的宗敎現象，而且這多半是人類學家所從事的研究；在社會學方面似乎很少有人對臺灣的宗敎做過有系統的實證性研究。神職人員或信徒所寫的書雖提供不少可貴的資料，但有時難免較爲主觀。總之，我們並沒有發現有學者曾對臺灣區宗敎做過整體性的分析。我們認爲這類整體性的研究可以爲以後有關臺灣宗敎研究奠定下較堅實的基石。雖然曾經有許多重要的社會學者對中國傳統的宗敎體系或多或

少進行過整體性的研究　(Weber　1951,　De Groot　1892-1910,
Granet 1922, Chan 1953, Yang 1961, Smith 1968)，但是由於時
空的不同，　這類研究並不能直接運用到臺灣地區的宗教研究上。　另
外，這些研究多半很不注重變遷的分析而多傾向於做靜態的探討，因
此也和本研究的主旨有着很大的距離。不過，這些論著多少還具有相
當程度的參考價值。

二、臺灣地區宗教變遷的初步分析

　　根據各項既有之調查資料及有關論著，臺灣地區的宗教在過去卅
年中的急速變遷是顯而易見的。粗略看來不只是在廟宇教堂的數目上
有着明顯的增加的趨勢，　同時外來宗教，　尤其是天主教與基督教的
信徒數目也在快速地成長。　若以民國 31 年爲基準（卽 3625 座），
全臺灣寺廟教堂數到民國 49 年已增加到了 1.38 倍（卽5005座），
而到民國 65 年則增至 2.09 倍（卽 7575 座）。民國 49 年至 65
年增加的數目（2570座）也比 31 至 49 年的（1380座）幾乎多出一
倍。雖然有些研究者提出的這項數字略有不同（黃維憲 1978:45），
但大致的趨勢並沒有什麼差異。在天主教及基督教的信徒人數方面，
天主教在民國 34 年時僅佔全人口的 1 ‰（卽約 8000 人），到民國
48年時已增加了 20 倍（佔全人口的 1.6%）（董顯光 1970:174），到
了民國 64 年左右天主教教徒數已佔全人口的 2 %了。基督教的成長
速度也與天主教相彷彿。至於中國傳統的宗教，在過去 30 年中也有
着相當蓬勃的發展。雖然目前在統計資料方面由於十分錯綜複雜，有
時且難以作合理的區分，但是一般而言，無論在寺廟的增建上，組織
的系統化上，以及各種傳教方式，傳統的佛教、道教、和通俗信仰等
宗教都是呈現着很顯着的發展（臺灣省文獻委員會，1971）

　　雖說對以上所敍述的臺灣地區宗教變遷是許多人，包括學者在內，都能感覺到的，但是對這樣的變遷究竟其實際狀況如何，宗教變遷的社會、文化、政治及經濟意義如何，各個不同宗教派別在發展上的處境以及其發展的社會政治意義又如何，到目前爲止似乎還缺少較有系統的研析。我們在正式進行研究之前，搜集了一些相關資料來做初步的研討。希望從這初步的研討分析中草擬出一份具體可行的研究方案。我們根據的資料是全省及六個縣市的歷年統計資料。

　　從變遷的趨勢來看，臺灣地區的各類宗教有其各自獨特的發展型態。全盤的變遷狀況大致上也肯定了一般對宗教隨社會的繁榮與發展而愈來愈興盛的現象，但是，如果稍微仔細地對這種現象加以分析，我們可以發現一些深一層的意義。根據最近我們對宜蘭、花蓮、臺中、南投、桃園、以及臺北市所作的粗略分析，發現如單就廟宇與教堂的數目而言，各類宗教在各個不同地區的發展趨勢是很不相同的，同時，顯然這種不同和某些社會文化因素有着密切的關聯。

　　首先，我們發現某些官方統計資料有一些問題存在。本來，臺灣區各縣市每年都出版各該縣市的統計要覽。但各縣市的這項資料在精確度方面有着極大的差異。大部份縣市的資料大都還可眞正確，但是有些縣市的報告過於粗略，甚至有虛報不實而不堪運用者。例如，當我們分析桃園縣的統計資料時，我們發現各年度之統計數字多半均抄襲前 1 年的統計（見圖二）。這很明顯的是一種虛報而不實的資料。在其他縣市的資料裏，我們也發現一些極不尋常也很不能發生的現象，如一年之間寺廟教堂數居然多出了一百多座。這又可能牽涉到前後調查依據的不同以及其他行政作業上的誤差。不過，大致上我們仍可較審愼地根據這些資料來瞭解宗教變遷的一般趨向。由於桃園縣的資料不能採信，因此我們下面所作的分析是以其他五個縣市爲主。

　　就全省的資料來看（圖一），臺灣區寺廟及教堂的總數自民國43年到民國 52 年這 10 年間成長速度非常的快，從 53 年到 61 年似乎已到了高原期，幾無成長可言。但自民國 61 年以後這項總數又再度增加。只是這種增加可能部份是由資料的錯誤而造成的。亦即我們不甚相信 61 至 62 年間全臺灣區居然會增加了 1054 座寺廟教堂。究竟多少是眞正的增加值得我們進一步深入瞭解資料收集及統計之過程。

　　除了桃園縣之資料完全不能運用外，我們分析過的五個縣市中，大致可分爲三類。第一類包括臺中縣與南投縣，主要特徵是民間信仰和傳統的佛道教佔優勢；第二類爲宜蘭縣，與第一類相近，但資料顯示有些特殊的狀況和問題存在；第三類包括臺北市和花蓮縣，特點是天主教與基督教佔優勢。現分別論述如下：

　　在第一類地區裏（卽臺中與南投），大致有着下列的宗教變遷趨勢。所謂的「道教」廟宇的數目都一直多過於其他宗教的寺廟或教堂很多，而在增加的趨勢上也是非常迅速的（見圖三）。不過「道教」廟宇的界定本身是有其相當的含糊性和不正確性的。因爲各縣市統計資料都把宗教分成佛、道、天主及基督等四大類（有極少數的縣市另列入軒轅教、理教、大同教等小教派）。在統計處理上傾向於把天主、基督及佛教除去後的數目全當是道教。也就是說統計者把正統的道教寺廟和民間信仰（又稱爲通俗信仰）的寺廟混在一起。在學理上這是極不合理的，因爲民間信仰是混合了儒、釋、道三教以及民間對神鬼的祀祭和祖先崇拜而成的。是儒、是佛、也是道；非儒、非佛、亦非道。既使是根據各該寺廟是否是屬於中國道教會的會員來加以區辨，大多數的非佛教的寺廟並不是道教會的會員。因此各縣市統計要覽裏所指稱的道教並不完全是正統的道觀，其中很大部份實際上是民

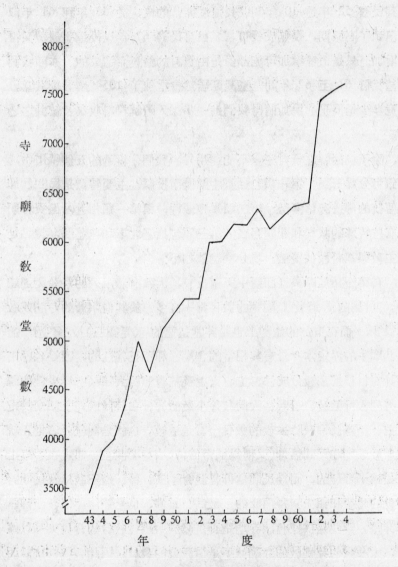

圖一　臺灣地區宗教概況

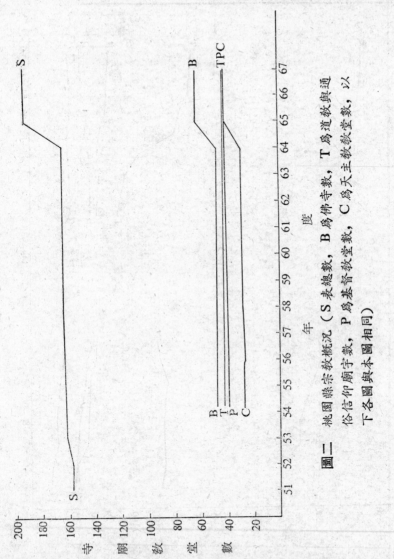

圖二　桃園縣宗教概況（S 表總數，B 為佛寺數，T 為道教與通俗信仰廟宇數，P 為基督教堂數，C 為天主教教堂數，以下各圖與本圖相同）

間信仰的寺廟。所以，就臺中和南投兩縣的資料而言，我們只能說正統道教和民間信仰的寺廟在數目上多過於其他各宗教者甚多。同時，一般而言正統道教的廟在比例上可能僅佔統計要覽所列「道教」一項

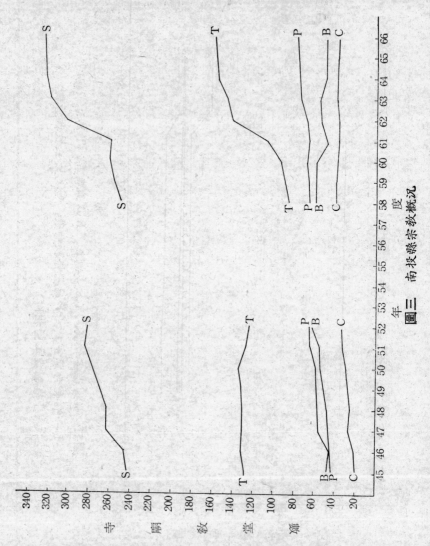

圖三　南投縣宗教概況

的五分之一。在寺廟的增加趨勢上也可以做類似的修正。

　　其次，佛寺在兩縣中也都變遷極爲緩慢，在臺中縣呈極緩慢的增加，而在南投甚至呈略爲減少的趨勢（見圖三與圖四）。至於天主教

和基督教在這個類型的地區裏的發展，似乎並不順利。兩教在臺中與南投兩縣於民國 58 年到 66 年之間都沒有什麼進展。不過，根據圖四，南投縣早期的統計顯示，基督教與天主教在民國 45 年與民國52年之間有着相當穩定的增加趨勢。這可能是當時此兩支外來宗教開始在山地傳教而甚有所獲的結果。與臺中縣的情形相比較的話，南投縣由於有較多的山地鄉，基督教的教堂自民國 47 年起就一直多過於佛寺的數目。如果我們把信義、仁愛兩山地鄉排除在外，則我們可以發現在民國66年時，佛寺仍為49座（與全縣統計同），道教（包括民間信仰）的寺廟為 157 座，僅比全縣的少去一座。然而天主教的教堂在非山地區僅十五個，而在山地區則共有二十三個。基督教的教堂也如此，卽全縣七十七個教堂中有四十九個（將近三分之二）是在山地鄉。因此，若把山地鄉的宗教單位排除在外，南投縣的宗教概況和臺中縣是很相似的。這也就是臺灣西部平原地區漢人宗教信仰的典型狀況，卽，民間信仰佔着絕對的優勢，過去 30 年的寺廟教堂數的增加主要來自於民間信仰廟宇的增建，而佛寺與教堂的增加十分有限。由於民間信仰本身是與生活的各個面密切結合的，同時又有著由來已久而習慣性很強的宗教行為與理念，外來的宗教，如天主教與基督教很難有所發展。雖然大部分的漢人社會其一般的宗教情況是如此，但是由於社會文化的差異、生態環境的不同、和歷史發展的特殊因素，地區性的差異仍不時可以發現。例如 Feuchtwang (1974) 發現鹿港和二林（兩個相距不過十幾公里的兩個鎮）寺廟數大不相同，鹿港的廟甚多而拜鸞的情況甚少，二林的情形卻正好相反。Feuchtwang 試圖以生態環境和歷史發展來解釋這種差異。

　　最後就資料本身的準確性而言，我們發現有一、兩處可疑的地方須要作進一步的澄清。第一，臺中與南投兩縣在 61 年到 62 年之間

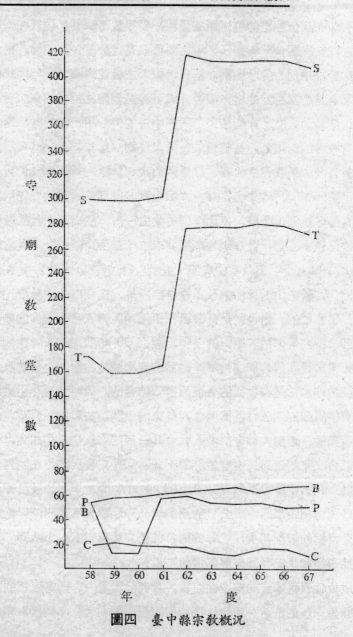

圖四　臺中縣宗教概況

道教和通俗信仰的寺廟數突然分別增加了 120 與 32 座之多。衡諸常理，這是極不可能的。這也許是自62年起寺廟登記有所變更的原故。第二、臺中縣 59 與 60 兩年中基督教的教堂比起 58 年或61年居然少掉了近 50 個，這很明顯的是行政作業所造成的錯誤。因此，就資料而言，一般尚稱可靠，但研究者必須進一步審慎地追究以上所指出的錯誤，並且要設法予以校正。

　　第二類地區是宜蘭縣。簡單來說，宜蘭不論在開發史上，在地理環境上， 以及文化習俗上本來就和西部平原各縣市很不相同， 與臺東、花蓮兩縣也是不一樣的。雖說在宗教上的一般型態與前述的第一類有着某種程度的相似， 但從實際的統計上來觀察， 則似乎又有其特異性。這就可能和宜蘭的特殊地理位置和社會文化發展有密切的相關。根據圖五，很明顯的，就寺廟及教堂數目的增減來看，宜蘭地區的宗教變遷情形似乎十分特別。 第 一、 廟宇及教堂數目的增加自民國 43 年起就相當平穩， 幾乎沒有突然升或突然降的情形 。 第二、佛寺與道教及民間信仰的寺廟的總數遠超過基督教和天主教的教堂總數。 這和以臺中和南投兩縣所代表的西部縣市倒並無多大差別。 但是，我們如果仔細審視佛寺與其他寺廟之間在變遷上的差異，則宜蘭的情形和臺中、南投等西部縣市就很不一樣了。自民國 43 年到 46 年間，宜蘭地區的佛寺多出道教及民間信仰的寺廟很多，但從 47 年開始，後者增加很快，相對的佛寺愈來愈少。到民國 60 年代佛寺僅為道教及民間信仰的廟宇的五分之一。這種「相互消長」的現象可能是因為: 一、宜蘭地區的社會經濟文化特殊的反映。亦卽宜蘭地區的社會經濟狀況與西部平原相較，在過去 30 年中較不繁榮且有衰落的現象。因此無法支持不事生產的佛寺，而傾向於信奉較功利取向的民間信仰。但是，寺廟被拆除的可能性在漢人文化中是微乎其微的。因

此我們就得假定宜蘭的佛寺被改成了道教或民間信仰的廟宇。這樣的情形雖不是不可能，但並不能說是很合理的解釋。所以下列兩個理由可能比較具有說服力。二、由於日本殖民統治晚期推行皇民化運動，大搞神佛升天，並有意抑道揚佛，所以許多道廟及民間信仰的廟宇都改屬佛教。光復後，逐漸各歸其原類而造成了宜蘭地區佛「道」相互消長的假象。三、宜蘭縣統計要覽在區分佛、道（包括民間信仰）時標準不一，在民國 47 年前把許多不是佛寺的歸入佛寺類中，到50年以後分類才較定型，也較符合一般的分類法。就以民國 48 年為例，臺灣省民政廳於是年所作的寺廟調查指出宜蘭縣有佛寺 40 座，廟祠 219 座，但宜蘭縣統計要覽卻將佛寺列為 137 座，道教為 109 座。再仔細核查臺灣省通志所列宜蘭縣各寺廟所祀奉的主神也發現，省民政廳的調查是正確的。換言之，宜蘭縣統計要覽的分類很成問題。若再就天主教與基督教在宜蘭地區的發展狀況來看，那麼此一地區宗教變遷的概況應該和第一類是相類似的。當然，這只是就廟宇的數目而說的，實際宗教內含上的變遷就很難斷言的了。對這一點來說，前述的第一項理由也許並不能完全拒絕。

在臺灣區內，天主教和基督教佔優勢的地區有三個縣市，即花蓮、臺東兩縣與臺北市。這是就寺廟與教堂的比例來確定的。據省民政廳48年的調查，花蓮的寺廟與教堂的比是 1：4. 35，臺東則為 1：5，臺北市為 1：.74。雖然臺北市的該項比數仍顯示出寺廟數為教堂數的 1. 36 倍，但這是除了花、東兩縣以外最低的比數了。同時從民國 66 年以後，這項比數已明確地顯示教堂數已超過了寺廟數。如66年時，比數為 1：1. 18，67年 為 1：1. 30。造成這三個縣市這種特殊的宗教情況的社會文化因素在花東地區和臺北地區是很不相同的。現先就臺北市的宗教變遷與社會文化因素之間的關聯作初步分析。

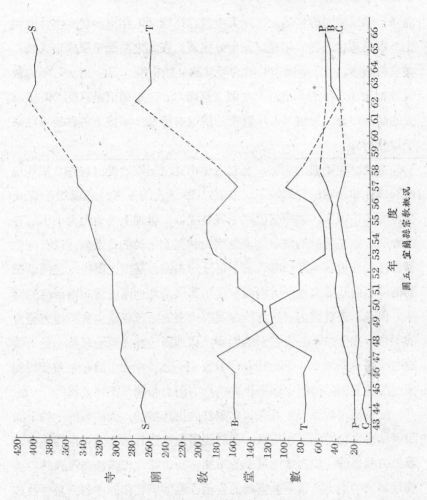

圖五　宜蘭縣宗教概況

有關臺北都會區的宗教統計資料，由於臺北市的改制而在分析時會遇到一些困難。另外，臺北市統計要覽在民國60年以前資料不全，我們大致只能根據 60 年以後的資料來討論。不過從粗略的數字中，我們仍然可以肯定光復以來臺北市的各類宗教都有着顯的成長。民國60年以後道敎及民間信仰先成長而後衰落。佛寺則成長有限，而在民

國 65 年以後呈輕度的衰落。天主教自民國 60 年以後幾乎沒什麼變化。唯獨基督教從65年起成長十分迅速。在此之前幾乎沒什麼成長。據資料顯示，65 年與 60 年的教堂數目僅相差八個，但 68 年的教堂數卻比 65 年的多出八十九個（見圖六）。不過這是只就 60 年以後的狀況而論。民國 60 年以前的情況有待進一步搜集可靠的資料來予以分析。

　　由於歷史淵源的關係，臺北市從十九世紀開始就已有許多頗具規模的佛寺和民間信仰的廟宇，如龍山寺、青山王宮、祖師廟、保安宮、霞海城隍廟、開漳聖王廟等發展成形。再加上其他大大小小的各種寺廟，這些傳統的宗教機構歷來就和臺北居民的日常生活以及臺北都會區的社會政治發展有着密不可分的相關。臺灣光復後，這種以民間信仰爲根基的宗教機構逐漸演變了其與臺北地區社會政治制度的關係。但是，在實質上這些傳統寺廟所代表的宗教組織由於與地方勢力的不可分割性以及各級選舉的影響，與地區的社會政治維持了更爲微妙的關係（Feuchtwang 1974:301）。因此，在天主教和基督教特別興盛的臺北市，傳統寺廟所代表的地方勢力仍舊是不可忽視的。

　　至於基督教及天主教在教堂數目的快速增加，大約可歸就於下面四個社會文化因素。在這裏，我們假定教堂數目的增減可以作爲各宗教勢力興衰的一項有效而可靠的指標。一、臺北市是臺灣區與外界接觸最頻繁的地方，也是全臺灣的政治、經濟與文化的中心。基督教和天主教以及其他各宗派，如軒轅教、在理教、大同教、以及已經被禁的統一教，也因此都以臺北爲傳教的重心和根據地。不只基督教各派在臺北都很盡力推行他們的傳教工作，同時許多大規模的宗教活動，例如佈道大會、宗教組織的聯合會多半都在臺北市舉行。這個條件促成了臺北市宗教文化的特異性和宗教的多元性。二、大陸淪陷後，數

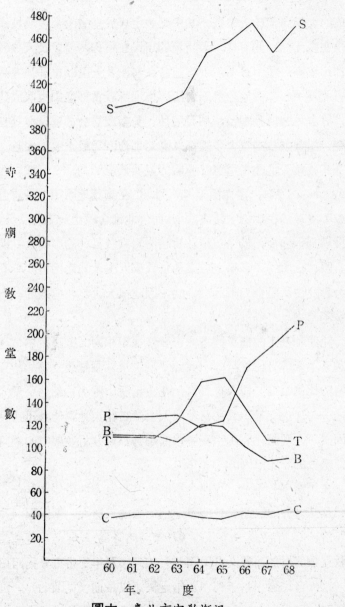

圖六　臺北市宗教概況

百萬的大陸同胞先後來臺，其中又多定居於全省的都會及城鎮區，尤其是在臺北。一般而言，大陸籍的居民在信仰基督教及天主教方面比例都比較高一些。另外，大陸基督教各派及天主教也都轉進到臺灣並以臺北為中心。例如教會聚會所與眞耶穌教會都從山東與福建一帶遷來，許多外國傳教團體，如天主教、美南浸信會、聖公會等也都遷來臺灣。這些宗教團體大多數都以臺北都會區為最主要的中心。這也就使基督教與天主教在這個都會區的發展較能順利。三、據以往的研究（Swanson 1974，瞿海源等 1975），在臺灣地區中上階層信奉基督教或天主教的在比例上較高些，而臺北都會區由於工商業發達，公教機構為數亦多，於是這種社會階層對宗教信仰的影響也就顯現出來了。四、在學的大專學生信奉基督教或天主教的比例也比較高，臺北的大專院校又是全臺灣區最多的，因此與大專院校有關的教會機構也就多了起來。

　　花蓮和臺東的情形與臺北市雖然很不相同，雖然這兩個地區基督教和天主教都是佔優勢的。大致上，這東部兩縣最主要的特徵是山地同胞的比例很高。據人口資料，花東兩縣山胞大約都佔全縣人口的四分之一。這也就是形成基督教與天主教在花東地區能够迅速發展的主要因素了。現就花蓮縣宗教變遷的趨勢加以分析並舉出山地同胞接受西洋宗教的可能原因。

　　在民國 44 年時，花蓮全縣的教堂已是寺廟數的 1.9 倍。隨後天主教及基督教的快速成長使得這個比數愈來愈大。到民國 47 年時為 3.5 倍，57 年時為 4.6 倍，67 年時略降為 3.6 倍。就基督教本身在教堂數的增加而言，自民國 44 年到 67 年約略可分為四個時期。第一期，自民國 44 年到 47 年是快速成長期（見圖七）。自 48 年到 57 年是穩定期，即第二期，一般而言教堂數的增減十分有限。第

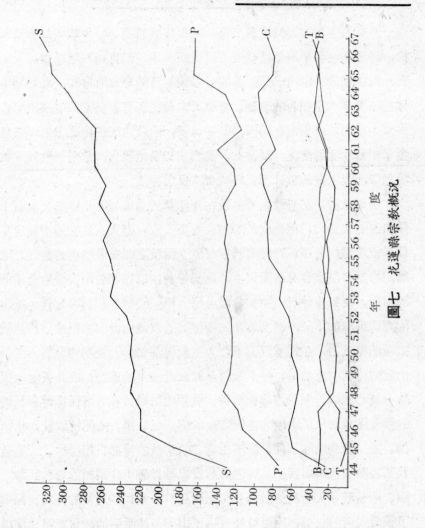

圖七　花蓮縣宗教概況

三期，自民國五十八年到六十四年是不穩定期，在這 7 年之間教堂數時增時減，很可能與天主教在山地的勢力衝突而造成的。第四期，自 64 年起，基督教又再一度地快速成長，只是這種成長持續不久就進入平穩的狀況。若與天主教的情形相比較，第四期可能只是第三期的延續。

　　再就天主教的發展情況來說，光復後到民國 45 年間成長速度很快，但比基督教早四年就結束了快速成長期，但自 45 年以後，天主教一直在相當穩定地成長，亦卽有着較基督教穩定的增加，直到58年這種趨勢才有了顯著的改變。審視天主教與基督教教堂的增減趨勢，大致上我們可以假定在民國 60 年以後，兩教之間在花蓮山地可能產生了相當程度的衝突。從圖七，我們很明顯地發現，當基督教教堂數增加時，天主堂的數目卻正好減少，反之亦然。

　　簡單地說，基督教與天主教在花蓮縣於過去 30 年中確實有著十分快速的成長，但兩教成長的方式並不一樣，卽天主教堂的增加情形似乎較穩定。另外，自民國58年起似乎兩教之間有著明顯的衝突。至於山胞爲什麼較容易接受天主教或基督教，以往甚少學者提出有系統的解釋。現根據曾對山地社會做過深入研究的學者和神職人員所提出的看法列舉如下：一、生態及生產型態的改變使得山胞們原來的傳統宗教顯得乏力。在這種狀況下，天主教與基督教乃能乘機發展。二、山胞的傳統宗教簡單，較不嚴謹，較缺乏深厚的基礎，因此天主教與基督教乃能以其進取的傳教精神、嚴謹的組織、和有著深厚神學基礎的教義逐步取代了山地的傳統宗教信仰。三、漢人的傳統宗教，包括佛、道二教及民間信仰，多不注意各該宗教的傳播。相反的，天主教及基督教有較爲嚴謹而且有力的教會組織從事十分積極的傳教活動。四、基督教和天主教傳教人員可能對居於少數民族地位的高山族採取了較爲同情的立場，因而可能袪除了山胞可能受到的歧視。這也使得山胞接受這些西洋宗教的可能性提高了。五、在某些山地區域，教會可能在山地社會重組過程中提供了一些促成全部落或部份社羣凝聚的助力。換言之，教會在某些地區的社會功能可能強過於宗教的功能。隨此而來的問題便是山胞在信奉天主教或基督教的程度上可能是很複

雜的。因為如果傳入的宗教組織有力量促成了傳統社會組織的交替，入教本身便並不全是宗教性的了。也就是說，某些山胞入教可能是受到了社羣的壓力，而不是因信教而信教。

在花蓮縣，佛寺和道教及通俗信仰的廟宇數之間，雖略呈相互消長的情形，但相對於教堂的數目而言，可能就不是很具社會意義的現象了。如果能再進一步把漢人與山胞分開來討論才可能得到較為滿意的解釋。

三、臺灣地區基督教發展狀況的初步分析

在前文中我們曾就官方統計資料對全盤的宗教變遷狀況做了簡略的分析，由於官方統計材料受到實際行政作業的限制而與實際狀況有相當出入，我們在這一節裏將利用教會方面的各項資料就各教派的情況再做進一步的探討。同時，也將根據各教會本身對發展趨勢的解釋以及作者的研究，對這種發展趨勢與社會文化變遷的關連加以研討。原則上，我們先討論天主教的狀況，然後說明基督教各宗派的情形。關於基督教方面，限於資料我們僅能分析臺灣長老會、浸信會、臺灣信義會、中國神召會、衞理公會、貴格會、循理會、眞耶穌教會、以及教會聚會所等幾個比較重要的宗派。

天主教自1628年卽傳入臺灣，在往後 300 年間發展十分緩慢，而且時有中斷。到1895年有記錄顯示僅有 1300 名教徒，到 1938 年約有9000 名 (Swanson 1970: 79)。這個數目比起臺灣長老會在1934年的信徒人數少了約 3 萬 5 千名左右。因此，我們大致上可以說在臺灣光復以前天主教在臺灣的發展相當不理想。自1883年至1913年，臺灣地區的天主教隸屬於廈門宗座代牧區，自1913年至1948年始獨立為臺灣宗座監牧區，這段時間天主教成長極緩慢的原因，據臺灣省通志的說明

是「在日據時期，因限制教士來臺」的原故。至於爲什麼日本殖民政府會有這樣的措施，可能與其積極吞食臺灣而提倡皇民化運動有關。

　　但是在二次大戰之後，臺灣重入中國版圖，天主教教勢的發展卻有了驚人的突破。1948 年，信徒增至 1 萬 3 千人，1949 年，臺灣宗座監牧區分爲臺北及高雄兩個監牧區。 1952 年信徒人數又增爲 2 萬人，當年全臺教區調整，臺北升爲總主教區，臺中、嘉義、高雄、花蓮爲宗座監牧區。1953年爲 2 萬 5 千人，年成長率高達25％。此種高成長率於1956年到達高峯，即 40％，隨後即下降，不過在 1962 年以前還保持10％以上的成長。教廷於 1961 年增設新竹、臺南兩主教區，同時將高雄監牧區升格爲主教區。在組織，更設中國主教團，管理全國教務。

　　這 10 年多的高成長的狀況，根據學者及教會人士的研究，大約有下列幾個原因：大陸淪陷，中央政府遷來臺灣，大陸各地之教士紛紛來臺，天主教徒亦隨政府撤退來臺。教士之大量移入，增強了天主教會擴展教勢的力量。在1962年時，天主教司鐸人數爲 588 人，而基督教各宗派合起來也僅有 605 人。 若計算神職人員總數， 則天主教（3013 人）超過基督教（2100 人）甚多。根據推測，在臺灣光復初期，天主教神職人員數亦甚可能超過基督教很多。神職人員之迅速移轉至臺灣地區是早期快速成長的原因之一。而大陸各地教徒之轉來臺灣，使得天主教又獲得了一些遷移性的信徒。除了大陸省籍信徒來臺而增加了臺灣地區天主教徒人數以外，更重要的因素乃在於大陸省籍同胞來臺初期，生活不穩定，又值局勢上的不安定，遂造成了心理上的壓力並增強個人對宗教的需求。因而使得天主教及基督教在傳教上有較大的收穫。自1955年到 1958 年間，外省籍受洗爲天主教徒者共 3 萬 5 千人左右，而本省籍者約 1 萬 9 千人。宗教需求上的升高，或

許並不一定要皈依爲天主教徒，但一般而言，兩支當時較大的基督教宗派，臺灣基督教長老會及聖教會多以本省籍同胞爲對象，大陸籍同胞乃成了天主教及其他基督教各宗派爭取的對象了。天主教又由於較先投入爲數甚多的神職人員，於是，收穫也就比較豐富。

其次，山地同胞皈依爲天主教徒者也很多。若以山地同胞佔全人口的比例而言，山地天主教徒的相對比例應是最高的。據估計自1955至 1958 年間，受洗之山胞佔全部受洗人數的 22%，然而山地同胞僅占全人口的 2% 強。山地同胞較易接受基督教及天主教的原因，我們在上一節裏已作了初步的推測。在這裏，我們只強調一點，卽有能力進入山地人居住區傳教的外來宗教並不多，實際進入傳教的更少，大約只有天主教、臺灣基督教長老會、眞耶穌教會、安息日會、耶和華見證人會、循理會、以及中國神召會。其中比較成功的也只有前四個。在教勢上也只有前三者略可相當。天主教在向山地傳教方面起步也較早。且有較有權的上級機構予以有效支持。

救濟物質的發散，可能也是使這個時期內教徒人數快速增加的原因之一。天主教堂在發放救濟物質上，據基督教某些教會的指責，似乎持續的時間比較久。這樣因物質而影響「信仰」的狀況雖然存在，但是，這也是日後生長率衰落的一個原因。換言之，60 年以前的成長率是不可靠的。實際成長率應較低，因爲其中有不少並非眞正由於信仰而皈依爲教徒的。

天主教徒人數快速成長的情形大約在七個教區設立及中國主教團成立後不久卽告終止。1964 至 1968 年間，成長率持續下降，在零成長與 10% 的成長率之間。 1969 年以後，就成了負成長的局面。（見圖 8 及圖 9 ）。針對這個成長緩慢甚至負成長的情形，大致上可從天主教本身的狀況及社會文化變遷兩方面來加以解釋。天主教在一

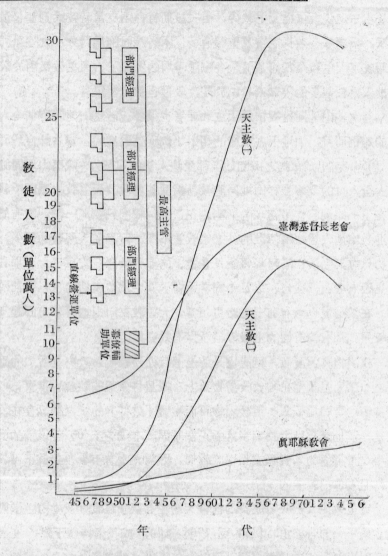

圖八　天主教、臺灣基督教長老會、眞耶穌教會信徒人數比較

*天主教（一）係該教之統計數字，天主教（二）係根據天主教
（一）估計之成人信徒數。

開始就積極拓展，當教徒人數增加很快時，教廷乃在短短的十餘年間，不斷因應需要而建造教堂，創立各個主教或宗座監牧區。但是當組織達到某一程度的穩定性、官僚化、及規模時，整個教會逐漸納入制度而形成制度化的狀況。各級組織也趨向於靜態而開始少有開創性的突破。在教勢上的開展也陷入膠著狀況。天主教在一般對信徒的牧養上也多半採取較權威式的方法，例如仍舊秉持由神職人員為主而信徒為被動的牧養方式，信徒也多半依儀式而行事，較少主動研讀聖經或追尋宗教修養的。在逐漸理性化的社會裡可能不再容易吸引一般民眾。

　　其次，如果我們假定在臺灣區的總人口中有潛力信仰基督教者有一定的上限，那麼天主教之不易再有開展，是因為62年以前已達到這個上限。換言之，這裡可能存在有高限效果 (Ceiling effect)。

　　在宗教性的因素裡，天主教早期的優勢很可能在近十多年來遭遇到基督教新教各宗派的挑戰。天主教與這些新宗派間的競爭，乃使得天主教的教勢有了相當的限制。例如在山地各族間，天主教與長老會、真耶穌教會間的競爭可能十分激烈。在競爭過程裏，又因為基督教新教不論在組織及基本精神上都可能比較活躍而主動。天主教也因此而不易再維持其成長的優勢。

　　從整個社會文化變遷的情勢來看，大約有兩個因素不利於天主教的持續成長。首先，經濟狀況的改善以及生活的穩定，可能使得一般人花較多的時間與精力去追尋或享受較富裕的現實生活，在精神上也可從現實生活中的娛樂及文化活動得到相當的滿足。再加上政治局勢上所造成的穩定感，促成了人們對宗教需求的降低 (Swanson 1970, 陳鏥 1980)。也因此對天主教的持續成長造成了一股很大的阻力。對其他的基督教各宗派而言，也有著類似的處境。簡言之，一個穩定而

經濟適度繁榮的社會並不太有利於宗教方面的有效成長。

　　最後的，但可能是最重要的因素是中國文化拒斥西方宗教的持續力。在知識程度較高的人口裏，一方面信奉天主教者比例較高。根據顧浩定1970年的調查，中學以上程度的男女性佔 5.4% 及 11.4%，而小學程度以下者僅各佔 0.2%。在另一方面，無宗教信仰者也很高，而且高出天主教許多，根據顧浩定同一批材料，中學以上的男女性各有 31% 及 27% 聲稱無宗教信仰。這多少是受了中國文化的影響。中國的知識份子自基督教傳入中國開始就有相當強的反教的傾向，雖說有相當數目的人皈依基督教，但反基督教傾向的人可能更多。至少可以說有不信仰基督教或其他宗教傾向的人仍爲多數。在對基督新舊兩教的態度上，似乎也對天主教較爲不利。這一個文化因素很可能是天主教發展上的重大阻力之一。許多中國籍的重要神職人員特別強調中國文化與基督教的親和性，也有專研中國哲學及文化的，或許可說是正足以反映中國文化的對天主教發展不利的傾向。

　　在基督教方面，我們約略可把各宗派依其成長型態分爲四大類。第一類是在臺灣已有長久歷史的教會，在光復後由於日本殖民政府壓制的消失而發揮了原有的潛力，如臺灣基督教長老會及聖教會。第二類是在戰後由大陸轉進而來的教派，比較傾向於在外省籍同胞內傳教。同時在規模上比較大。例如美南浸信會及臺灣信義會。第三類也是在戰後由大陸轉入的，但在教會發展的規模上比較小，例如循理公會、中國神召會、臺灣貴格會及循理會。第四類是所謂的獨立教會。這些教會是由國人自創自傳，同時也是自立自養的教會。這包括了眞耶穌教會、教會聚會所、基督徒聚會處、地方教會、以及所謂的新約教會。現分別介紹這四大類宗派在戰後發展的趨勢，並予以初步的解析。

　　在第一類的宗派中，我們將討論臺灣基督教長老會的情形。長老

會正式傳入臺灣是在1865年，在1945年以前，臺灣地區多半公認係長老會的區域。在臺灣割讓給日本之前的狀況因係在民國成立以前，在此不加討論。在日據時代的發展，因與國內狀況有異，我們也不準備多談。只在這裏提示兩點，在日本統治早期，基督教長老會所受待遇尚算正常，教會的甘爲霖牧師還受日本政府贈勳。但在大戰爆發前及大戰進行中，日本殖民政府加緊其統治而對長老會採取多項壓制措施，如接收淡水中學，改組臺南長老會中學等，強迫成立教團，並限制用日語講道及強制修改禮拜儀式等等。同時，在日本政府統治時期也嚴格禁止進入山地傳教。

　　臺灣光復當時，長老會約有六萬信徒，爲天主教徒 7 倍有餘。這顯示了長老會在臺宣教80年的成果並未因日本殖民政府的壓制而受到重大傷害。不過，以後的快速發展一方面可能是戰後特殊的社會經濟狀況所造成的，但日本殖民政府壓制的消失也可能是一個不可忽視的因素。根據臺灣基督教長老會的資料，以及中華民國年鑑(英文版)的記載，我們將光復後長老會信徒人數增減的情形繪成圖 3-3。由於資料略有出入，圖 3-3 中的曲線，由於是參照各項統計數字而得來的，應該相當可靠。若根據這項成長資料，大致上我們可以發現四個狀況不同的階段。第一個階段是自1945至1950年，呈緩慢成長的情形，可能是因爲局勢過於動盪不安，並不利於宗教的傳佈。在天主教方面1950年以前的成長也不是很快速的。1951年到1958年是第二個階段，是快速成長期。每年平均成長率均在百分之七以上。臺灣基督教長老會於1954年開始推動一項倍加運動(P. K. U.)，目的在使教勢加倍而迎接長老會來臺宣教一百年紀念。根據該會資料，自1955至1965年間，信徒增加了 4 萬 3 千餘人，確實接近原來的教會人數。不過這只是指平地教會而言，山地教會的成長更遠甚於此。但是，我們若從整個教會的成長

來看，似乎倍加運動的效果尚值得我們進一步去分析。因為在1951至
1954年間，即倍加運動發起前，教徒人數已經開始快速增加。同時，
自1958至1965，倍加運動後期，教徒人數增加速度減慢，年成長率在
5％以下，甚至1964-1965 年間為負成長。換言之，倍加運動的效果
須分時期而論。其次，圖 3-3 是指全長老會的成長，而倍加運動是對
平地教會而發起的。兩者的出入可能須要進一步的材料來加以研討。

　　倍加運動效果問題的研討更重要的可能應該是，長老會的成長究
竟是倍加運動之功或是同一時間社會經濟狀況有更大的影響。50年代
對臺灣各重要的基督教宗派都是收穫良好的時期，例如美南浸信會、
信義會、天主教等均是。這種情形很可能是外在因素所造成的，也就
是說，50年代有大量難民移入，社會經濟狀況不甚良好，促成了人們
對宗教需求的升高。長老會與其他宗派所不同者大約在於對象上的差
異，長老會多以本省籍同胞為對象，而其他宗派則以外省籍同胞為對
象。或許對比較靜態的本省籍同胞須要依靠特殊的運動來造成其皈依
基督教的傾向。不像新近移民來臺的同胞，本身的處境已使得他們易
於接受宗教。 然而兩者狀況雖有不同， 實際上成長的狀況又十分相
似。因此，我們似可斷言，基督教在 50 年代的成長主因乃在於社會
經濟以及政治局勢不安定。各教會多因應此種情勢而採取對策，而促
成了快速的成長。

　　倍加運動後期，長老會的成長已開始慢了下來。大致上，自1959
至 1964 是緩慢成長期，而在 1965 以後就開始在教勢的成長上逐漸衰
退。根據初步瞭解,成長緩慢及衰退主要是由於：社會經濟趨於穩定繁
榮，宗教需求普遍降低；倍加運動高潮已過，同時吸收了大量教徒，
牧養及財政方面負擔加重，乏力再擴張教勢；其他教會介入競爭；社
會流動所促成的遷移，失落了部份教徒，同時也使鄉間教會發展遭遇

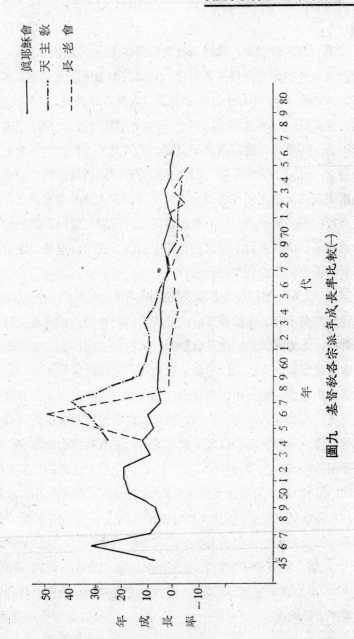

圖九　基督教各宗派年成長率比較(一)

困難。

　　在第二類的教會裏，我們將簡介臺灣信義會及美南浸信會。這兩個宗派多以外省籍同胞為主要對象，其成長型態雖略有差別，但大致相同。大約在 1962 年以前，兩個教會的成長率都很高，63 年以後成長率大幅度降低（參見圖十，圖十一）。一般而論，此兩宗派成長快的原因是：50年代社會經濟之不安定，尤其是外省同胞因而有較強的宗教需求；此兩宗派在策略上卽大力對外省同胞傳教，這當然也是由於此兩宗派乃是由大陸移轉而來，大部份傳教士及外國宣教士在語言上較易於向外省同胞傳福音；有些教徒在大陸卽已受洗，例如信義會某一教會信徒中有將近十分之一是來臺前就受洗的；兩個宗派在臺灣地區很早就集結力量從事傳教工作。

　　至於 62、63 年以後成長緩慢的原因主要是在於：臺灣地區社會經濟穩定繁榮不利於傳教事業；快速成長後教會致力於牧養及財政問題的解決，乏力再擴展；受差會影響，依賴性較高，欲自立時十分艱難，因而影響到成長狀況；平信徒較被動，參與活力較小。

　　第三類教會，雖亦由大陸移入，但一方面規模較小，另方面也可能不限定對某特定人羣傳教。在這裡，我們要簡略討論臺灣貴格會、中國神召會、循理會、和衞理公會的情形。這些規模小的教會，在成長方面相當艱苦。由於人數少，成長率起伏也很大（見圖11）。大致上，1965 以前起伏大而且多為高成長率，1965 以後起伏小，成長率降低，且多有負成長的現象。65年以前的狀況，一方面是由於早期拓展較易，另一方面也是信徒人數少，成長率不易穩定。例如某教會原有 30 人，第 2 年吸收了 30 人，成長率是為 100%，但第 3 年若再吸收 40 人，則成長率僅為 40%。所以在這段期間，教會成長的實質意義並不十分明確。

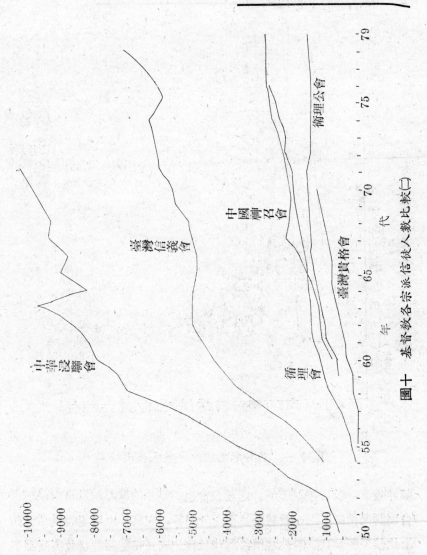

圖十　基督教各宗派信徒人數比較㈠

這些教會多半沒有健全的訓練機構造就自己的傳教人員，於是在發展上受到相當限制。其中，神召會由於策略上的錯誤，對不同方言羣同時傳教，而能力上又有未逮，成長並不理想。同時，對差會的依

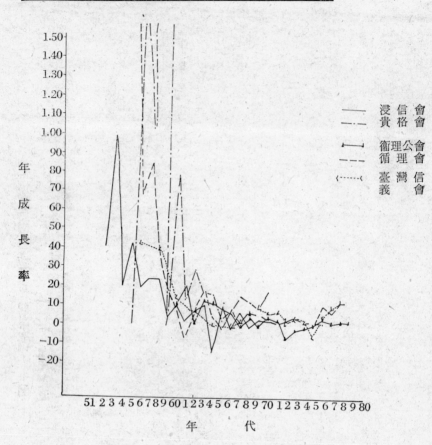

圖十一　基督教各宗派年成長率比較(二)

賴性較大，教會發展不易。衞理公會也有類似的缺點。貴格會及循理
會則狀況稍佳。但一般進展並不十分樂觀，充其量也只能說是在成長
上比較平穩紮實。限於規模，這些教會的成長在整個基督教裏面卻不
是很有影響力的！

　　第四類的教會，為獨立教會。卽由國人自創、自立及自養的。在
這裏，我們分析一下眞耶穌教會及教會聚會所的狀況。另外，地方教

會或新約教會成長也十分快速，只是多無一個明顯的體系，很難看出其發展的確實狀況。眞耶穌教會自 1926 年傳入臺灣後，起先對長老會形成一些威脅，但到光復後才有顯著的成長。其成長型態完全不同於前述各教會。它的成長高峯期是在 1946 年左右以及 1950 到1956年間（見圖 3-3），是雙峯的，不像其他教會，高成長期多只限於50年代。這或許是因爲眞耶穌教會早已傳入臺灣，戰後又能迅速把握傳敎的機會。 換言之， 1956 年以前的成長是受到整個社會經濟狀況的影響，這和其他敎派相似，但眞耶穌敎會起步更早。其次，該敎會一個更重要的特色是1956以後仍舊持續性地成長。雖每年成長率不高，但在70年以前一直維持 3 ％以上的成長率，到70年以後才降直百分之一或二，但到1976年爲止，尙未有負成長的狀況。簡言之，卽該敎會受外在社會經濟變遷的影響較小。敎會聚會所也有類似的現象，只是聚會所十分強調對俗世事務的輕視，在統計資料上外人不易獲得。這兩個獨立敎會之所以能持續成長，主要原因乃在於：平信徒之熱心參與傳敎工作，組織上靈活而適應力強，易於激發民族感情等。

　　根據以上粗略的介紹與分析，我們大約可看出基督敎及天主敎在臺灣地區發展的情形可分爲兩大階段。光復至 1960 年初期是快速成長期。 60 年中期以後是成長緩慢或衰落期。其中只有獨立敎會是較大的例外。形成這種變遷狀況的原因可從兩大方面來看。第一方面是50年代社會經濟狀況的不安所激發的宗教需求，以及 60 年中期後，社會經濟之繁榮安定則減低了這類需求，因而影響到敎會的成長。第二方面，乃是敎會本身在精神、組織、及策略上的不同而形成了不同的成長狀況。除了獨立敎會，特重組織上的靈活應用、自立自主以及平信徒的動員外，其他的敎會在這方面的成果不佳，於是較易受外在社會經濟環境的影響，而在 65 年以後成長狀況不佳。

四、結　語

從以上粗略的分析來看，我們發現宗教變遷確實是臺灣區過去30年來不可忽視的社會變遷現象。具體而言，至少有下列數項是亟需研究者去從事深入探討的：

一、初步分析顯示臺灣地區的宗教變遷不但很明顯，同時有許多方面深具社會意義。例如，在大部份的地區（除了臺北及花東兩縣）極可能成長速度最快的，若以寺廟教堂數爲準，是民間信仰。佛寺及天主堂的增減有限而基督教堂呈緩慢成長的型態。這其間就牽涉到了臺灣地區的社會經濟狀況、社會階層、家庭組織、價值體系、以及社會變遷等問題。

二、雖然本研究所收集到的資料確實已顯露了不少極富研究價值的現象，但資料本身卻也是一個值得深入探究的問題。在對六個縣市作分析時，我們不但發現桃園縣的資料極不可靠，同時也在其他縣市的統計資料中遇到不少可疑的地方。爲及時搶救這些難得的資料，對於這些資料的問題勢必提出解決的對策。

三、根據分析，臺灣地區大致可分爲兩個類型的「宗教區」。第一個是民間信仰和佛道教爲主的地區，這包括了臺北市以外的漢人居住地區。第二個類型是以天主教和基督教佔優勢的地區，這包括了臺北市及高山族居住的地區。對這兩種類型的宗教區做進一步的瞭解是很急迫的。在理論上，這兩種類型之下應可再分爲若干副區，例如第二類型應分爲臺北都會區以及高山族居住區。又如，第一類型也可分爲東部漢人區、西部閩南人區、西部客家人區、澎湖區等等。這都有賴於進一步的探討和比較。

四、對臺灣地區的整體宗教現象及其變遷情形提出有系統的社會

學或人類學的理論性解釋的到目前爲止還是付諸闕如，因此在資料收集及修正後我們勢必得面臨解釋這些宗教變遷現象的問題。例如爲什麼下層民眾不易擺脫傳統的民間信仰？爲什麼山胞易於接受西洋的宗敎？社會階層化對宗教信仰的影響如何？爲什麼有這些影響？宗教變遷和社會政治制度間關係如何？與經濟發展有什麼樣的關聯？這類的問題是很多的。從尋求證據來解答這些問題，我們便可以逐漸對臺灣地區的宗教變遷提出較有系統並具理論價值的解釋了。

參 考 書 目

李亦園　1978　信仰與文化　臺北：巨流圖書公司

宋光宇　1974　在理敎：中國民間三敎合一信仰的研究。臺大考古人類學研究所碩士論文。

范珍輝　1968　神、廟及宗敎英才——臺灣宗教之個案研究。臺大社會學刊 4 : 61-90,

陳　鐳　1978　「從臺灣敎會史看敎會增長」，敎會藍圖。臺北：中華福音神學院。

許木柱　1976　岩村的宗敎活動，中央研究院民族學研究所集刊 42 : 73-96。

許嘉明　1973　彰化平原福佬客的地域組織，中央研究院民族學研究所集刊 36 : 165-190

　　　　1975　西河的社會變遷。（宗教活動一章）中央研究院民族學研究所專刊乙種第六號

臺灣省文獻委員會
　　　　1971　臺灣省通志人民志宗敎篇。

　　　　1971　臺灣省通志人民志人口篇。

董芳苑　1975　臺灣民間宗教信仰。臺北：長青出版社。

董顯光　1970　基督教在臺灣的發展。

劉枝萬　1960　臺灣省寺廟教堂調查表，臺灣文獻 11(2):

　　　　　1974　中國民間信仰論集。中央研究院民族學研究所專刊之22。

蔡文輝　1968　臺灣廟宇占卜的一個研究，思與言 6(2): 19-22

瞿海源　1974　大溪三層地區的宗教，未刊手稿。

瞿海源，袁憶平

　　　　　1974　人格、刻板印象與教會復振過程，中央研究院民族學研究所

　　　　　　　　集刊 38: 115-151

宜蘭縣政府主計室

　　　　　歷年　宜蘭縣統計要覽。

花蓮縣政府主計室

　　　　　歷年　花蓮縣統計要覽。

南投縣政府主計室

　　　　　歷年　南投縣統計要覽。

桃園縣政府主計室

　　　　　歷年　桃園縣統計要覽，

臺中縣政府主計室

　　　　　歷年　臺中縣統計要覽。

臺北市政府主計處

　　　　　歷年　臺北市統計要覽。

Chan, Wing-tsit

　　　　　1953　*Religions Trends in Modern China*, New York:
　　　　　　　　Columbia University Press.

De Glopper, Donald R.

　　　　　1973　City on The Sands: Social Structure in a 19 th Century
　　　　　　　　Chinese City, Ph. D. Dissertation, Cornell University.

　　　　　1974　Religion and Ritual in Lukang, in Wolf, A. P. ed.
　　　　　　　　Religion and Ritual in Chinese Society Stanford:

Stanford Univ. Press.

De Groot, J. J. M.

1892-1910 *The Religious System of China* Leiden: E. J.
Brill.

Diamond, Norma

1969 *K'un Shen: a Taiwan Village.* New York:

Feuchtwang, Stephan

1974a City temples in Taipei under three regimes, in Mark
Elvin and G. William Skinner, eds., *The Chinese
City Between Two Worlds*, Stanford: Univ. Press.

1974b Domestic and Communal Worship in Taiwan, in
Arthur p. Wolf ed. *Religion and Ritual in Chinese
Society*, Stanford Univ. Press

Freedman, Maurice

1974 On the Sociological study of Chinese religion, in Arthur
P. Wolf ed. *Religion and Ritual in Chinese Society
Stanford*: Stanford Univ. Press

Granet, Marcel

1975 (1922) *The Religion of The Chinese People.* translated
by M. Freedman. Oxford: B. Blackwell.

Harrell, Steven

1974 Belief and unbelief in a Taiwan Village. Ph. D. disseatation,
Stanford University.

1976 Modes of belief in Chinese folk religion, *Journal for the
Scientific study of Religion* 16 (1): 55-65

Jordan, David K.

1972 *Gods, Ghosts, and Ancestors: Folk Religion in a*

Taiwanese Village, Berke'ey: Univ. of California Press

Li, Yih-yuan

　　　1973 Chinese Shamanism in Taiwan-an anthropological in quiry, in Wm Lebra ed. *Ethnopsychiatry: Cultural Eyndrome and Mental Health in Asia and the Pacific Areas*, Honolulu: The Unir. Press of Hawaii

　　　1976 Geomancy and ancestor Worship: a further discussion, in William Newell: Ancestor, Hague: Mouton

Overmyer, Daniel Lee

　　　1971 Folk-Buddhist Sects: A Structure in the History of Chinese Religions. Doctoral dissertation, Divinity School, S. of Chicago

Saso, Michael R.

　　　1970 The Taoist tradition in Taiwan, *China Quarterly* 41: 83-102

　　　1972 *Taoism and the Rite of Cosmic Renewal* Pullman

　　　1977 *Buddhist and Taoist Studies I.* Honolulu: The Univ. Press of Hawaii (With David W. Chappell)

Schipper, Kristofer Marinus

　　　1956 The divine jester: Some remarks on The Gods of The Chinese Marionette Theater, *Bulletin of Institute of Ethnology, Academia Sinica* 21: 81-96

　　　1974 Religions Organization in Traditional Taiwan, in G. W. Skinner ed., *The City in Late Imperial China* Stanford: Stanford Univ. Press

Smith, D. Howard

　　　1958 *Chinese Religions*, London: Weidenfeld and Nicolson

Swanson, Allen J.

1970　*Taiwan: Mainline versus Independent Church Growth*
South Pasadena: William Carey Library

Weber, Max

1951　*The Religion of China: Confucianism and Taoism*
Translated by Hans H. Geath. New York: Free Press

Wolf, Arthur P.

1974　*Religion and Ritual in Chinese Society* Stanford:
Stanford Univ. Press

Yang, C. K.

1961　*Religion in Chinese Society* Berkeley: Univ. of
California Press

自人口學觀點看我國都市社會

王　維　林

一、都市的意義

辭源解釋市：㈠「聚貨物爲買賣也」，易曰：「日中爲市」；㈡「買賣雜處也」，國語云：「爭利者於市」；㈢「城鎮曰市」，每縣分若干鄉，人煙稠密處曰市，田野寥濶處爲鄉。

「城者，城郭也」。內曰城，外曰郭。「都者，人所聚也」。又爲區域之名，小曰邑，大曰都。「都市，猶言城市也」。皆爲商賈聚集之區。「都會，大都邑之稱，謂人民及貨物集會之所也」。我國古代對有關都市的解釋，強調地區、人羣和商業活動。

史若堡（G. Sjoberg）說：「都市是有相當大的面積和相當高的人口密度的一個社區」。[1]

柏芝爾（E. E. Bergel）說：「任何集居地方，其中多數居民是從事非農業活動的，我們稱之爲都市」。[2]

字典上註釋都市：「一個比較有永久性和高度有組織的中心，包括有各種技能的一個人口集團，在糧食的生產方面缺少自足，而通常

---

[1] Gideon Sjoberg, "The Origin and Evolution of Cities", in *Cities* (A Scientific American Book, Alford A. Knopf, 1967), p. 27.

[2] E. E. Bergel, *Urban Sociology*, New York: Mc Graw-Hill, 1955, p. 8.

主要地依賴着製造業和商業以滿足其居民的需要」。❸

　　沃爾斯（L. Wirth）說：「一個都市可解釋爲社會異質的人們之一個相當巨大、稠密及永久的聚集」。❹

　　「從人文區位的立場來看，都市是個複雜而有結構或組織的地域集團。它所佔有的空間，按照土地利用及社會功能而有各種不同的區分，彼此之間有隔離、侵入、承繼及專業化的作用，也有集中和集中化的現象。都市裏常有競爭、衝突、順應、合作及同化的社會互動過程；同時又有共生、共榮、寄生等情形」。❺

　　都市社會學創始人派克（R. E. Park）認爲：都市是一種心理狀態，其居民普遍具有特殊的人格特徵、行爲模式、意識型態、人生觀念、集體表徵、社會控制方法等。❻

　　龍冠海說：「都市可說是集中在一有限地域內的一個人口集團，在法律上具有社團法人的地位；在政治上具有地方政府的體制，自成一自治團體；在經濟上具有詳細分工與專業化的特徵；其主要營生方式不是直接依賴自然或耕種以獲取食物，而是靠着工商業、人事服務及其他的專門技能；在社會活動上多半是集體的；在社會關係上多半爲間接的」。❼

　　總之，所謂都市，係殖居於相當小的地區而從事非農業活動的密集人羣（A dense concentration of people）。功能上的都市定義，

❸　Nebster's Third New International Dictionary.
❹　L. Wirth, "Urbanism as a Way of Life", *American Journal of Sociology*, 44 (July 1938): 3-24.
❺　龍冠海著都市社會學理論與應用，三民書局67年3月再版，第118頁。
❻　R. E. Park, "The City: Suggestions for the Investigation of Human Behavior in the Urban Environment", in *The City* edited by Park, Burgess and McKenzie, 1925.
❼　同註五，第六頁。

強調非農業的居民佔絕對優勢，如工業生產中心、商業中心、政治中心、文化中心、遊樂中心等。法律上的定義，指都市是一個法定的地方，它受制於較高的權威。都市之普查含義，通常基於最低限度的人口，如法國 2,000 人、美國 2,500 人、比利時 5,000 人、埃及 10,000人、瑞士 20,000 人、日本 30,000 人得稱爲都市。至於區位的研究，都市則與每單位面積最少的人口密度有關，如每平方公里有 500 人或1,000 人以上者，得稱爲都市。

二、都市社會的特徵

人類是建立文化的動物，都市是人類集體活動的產物。一部文明史，主要便是都市發展史。

沃爾斯認爲任何都市均具備三個基本特質：（1）眾多人口（Large population Size），（2）高密度人口（High population density），（3）高人口異質性（Heterogeneity）。這三種特質在都市內促成一種社會結構，使得人羣中的初級關係無法行使。次級關係支配社會的交往，人與人間的關係多屬公式化的、應付式的，以互相利用、剝削爲目的。❽

沙樂金（Sorokin）與齊麥曼（Zimmerman）列舉都市特徵：（1）職業爲非農業的居多；（2）環境是人爲的，與自然的分開；（3）社區的範圍比較大；（4）人口密度比較高；（5）人口異質性比較多；（6）社會區分與階層化比較多；（7）流動性比較大；（8）人際接觸的數目及種類比較多。❾

關於個人人格方面，都市居民比鄉村居民奸詐、冷漠、猜忌、自

---

❽　同註四，"Urbanism as a Way of Life".
❾　Sorokin and Zimmerman, Principles of Rural-Urban Sociology, 1927.

私等。關於人際關係方面，都市以社會角色和地位為基礎，而鄉村以人與人的關係為主。都市人際關係要比鄉村人際關係來得專業化、具計較性、缺乏情感、較具猜疑性等。都市比鄉村在社會結構方面，分化、專化得厲害。反社會行為與一般社會問題，都市比鄉村來得多。❿

齊穆爾 (G. Simmel) 認為：都市社會給予人一種過量的神經刺激，此種刺激包括聲、色、嗅聞、人潮、擁擠、緊張等感官與心理負擔。為適應此種過量的感官與心理負擔，都市居民不得不改變心理、人格與生活方式，從單純心理與眞誠樸實的村民特性，轉變為以動腦筋為主的猜疑、冷淡的都市人性格。⓫

總之，都市社會人口眾多，具異質性，世俗性高於聖潔性，分工複雜，和其他社會密切接觸，欲求組織行為朝向着既定目標。許多社會關係，均為契約性的 (Contractual)、非私人性的 (Impersonal)，而具有一個社會控制的正式體系。

三、都 市 化

所謂都市化 (Urbanization)，卽是人口集中的過程。隨着時間的改變，某一社會之人口逐漸移居集中於高人口密度的社區中。現代都市化，是工業革命的結果，它促使大量工人在中心地帶工作。又由於農業革命，允許小數目人口從事製造食物和原料，農村剩餘大量勞動力。都市化也就是從鄉村到都市之人口移動，都市人口無止境地增

❿　蔡勇美著現代都市社會理論分析，載在與郭文雄合編都市社會發展之研究（巨流圖書公司67年8月印行）第11——23頁。

⓫　G. Simmel, "The Metropolis and Mental Life," in R. Sennett (ed.) *Classic Essays on the Culture of Cities*, New York: Appleton-Century-Crofts, 1969, pp. 47-60.

加。換句話說，都市化係指人口之移動、變化情形；一般說來，都市人口在比率上，比鄉村人口增加較巨、較快。

都市化係指散佈都市行為模式和思想方式（都市文化）到鄉村中去，卽是都市中心對鄉村附庸或腹地之影響的傳播。「都市鄉村化、鄉村都市化」，多指物質建設方面，使鄉村亦有都市那樣設施和便利。根據如此的政策發展下去，也就是說健全的都市化政策實現後，都市和鄉村的差別，逐漸減少。

都市化是社會進化過程之一，係指某一社會隨着時間的變化，其在人口組成、人際關係、社會結構、社會價值、社會規範、社會制度等方面也發生變化。社會結構日趨專門化、複雜化。

都市化蘊含社區凝聚力之逐漸衰退，社會約束力之逐漸減弱，社會問題之逐漸增加。⑫

表一: 世界十大都市人口

上　海（中　國）	10,820,000(1970)	
東　京（日　本）	8,796,293(1972)	*11,581,906(1972)
紐　約（美　國）	7,894,862(1970)	*11,571,899(1970)
墨西哥（墨西哥）	7,768,033(1973)	*10,223,102(1973)
北　平（中　國）	7,570,000(1970)	
倫　敦（英　國）	7,340,500(1972)	
莫斯科（蘇　聯）	6,941,961(1970)	*7,410,000(1973)
孟　買（印　度）	5,970,575(1971)	
漢　城（南　韓）	5,433,198(1970)	
開　羅（埃　及）	4,961,000(1970)	

*加上周圍副都市人口。
材料來源：摘自聯合國1973年人口年鑑第7表。

---

⑫　參閱蔡勇美著都市化底因果與意義，載在與郭文雄合編都市社會發展之研究（臺北市巨流公司67年8月印行）25——40頁。

四、都市人口

　　世界十大都市（見第 1 表），上海人口約一千萬，佔第一位，北平人口約 750 多萬，佔第五位。

　　臺灣地區，截至67年底，有十八個市，六十九個鎮，二百三十一個鄉。茲定一都市標準，卽人口 3 萬以上、人口密度 5 百以上，選出十八個市、五十三個鎮（約佔77%）、六十七個鄉（約佔29%），作爲臺灣地區之都市（見第 2 表）。我們把院轄市、省轄市、縣轄市作爲都市外，都市化的鄉鎮也算作都市。

　　臺灣地區，百萬人口以上的都市爲臺北市和高雄市。臺中市和臺南市均將有 60 萬人，基隆市、板橋市和三重市均超過 30 萬人，嘉義市、新竹市和中和鄉均超過20萬人。10萬人以上的都市共有21個，合計有 770 萬多人，約佔臺灣地區總人口（17, 135, 714）45%。此一人口比率，在世界四十國家（見第 3 表）中，高於埃及等二十一國的都市人口比率。

　　5 萬人以上、人口密度一千人以上的城市有49座，合計有 963 萬人，約佔全區總人口56%。此一人口比率，高於捷克等二十七國的都市人口比率。5 萬人以上、人口密度 5 百人以上的城市有六十七座，合計有 1,077 萬多人，約佔總人口63%。此一比率，高於伊拉克等三十一國的都市人口比率。

　　4 萬人以上、人口密度 5 百人以上的城市有一百零三座，合計有 1,236 萬多人，約佔總人口72%。此一比率，高於法國等三十三國的都市人口比率。3 萬人以上、人口密度 5 百人以上的城市有一百三十八座，合計有 1,358 萬多人，約佔總人口79%。此一比率，高於荷蘭等三十九國的都市人口比率。

表二:　臺灣地區各市及都市化鄉鎮的人口　（67年底）

名　　　稱	人　　口	人口密度	最近八年增加率 (60——67年)
臺北市	2,163,605	7,950	17.6%
高雄市	1,063,797	9,352	22.0
臺中市	579,726	3,547	24.1
臺南市	558,635	3,180	15.3
基隆市	342,678	2,581	4.1
板橋市（臺北縣）	349,261	14,912	175.1
三重市（臺北縣）	306,606	18,790	22.6
嘉義市	253,227	4,219	4.4
新竹市	235,833	4,789	11.1
中和鄉（臺北縣）	206,243	10,464	144.5
永和鎮（臺北縣）	178,399	29,734	82.3
中壢市（桃園縣）	190,430	2,480	40.9
鳳山市（高雄縣）	188,482	7,048	70.5
屏東市	183,304	2,817	9.3
彰化市	171,754	2,614	21.8
桃園市	170,871	4,909	51.2
新店鎮（臺北縣）	152,915	1,273	60.3
新莊鎮（臺北縣）	142,659	7,228	146.3
豐原市（臺中縣）	124,192	2,994	21.1
臺東市	111,192	1,013	43.1
花蓮市	100,641	3,422	7.1
10萬人以上都市人口合計 7,774,450		佔臺灣地區總人口 45.4%	
員林鎮（彰化縣）	98,511	2,460	5.3
平鎮鄉（桃園縣）	81,144	1,698	65.5
宜蘭市	80,134	2,854	10.2
苗栗鎮	79,869	2,108	11.6
南投鎮	79,590	1,112	3.0
大寮鄉（高雄縣）	77,164	1,086	26.5
岡山鎮（高雄縣）	75,535	1,576	11.8

表二 （續）

名　　　　稱	人　　口	人 口 密 度	最近八年增加率 (60—67年)
清水鎮 （臺中縣）	74,776	1,165	9.7
鹿港鎮 （彰化縣）	70,897	1,796	5.2
永康鄉 （臺南縣）	69,998	1,738	38.9
小港鄉 （高雄縣）	69,496	1,744	42.0
竹東鎮 （新竹縣）	67,971	1,270	9.6
八德鄉 （桃園縣）	67,061	1,989	124.4
樹林鎮 （臺北縣）	66,663	2,012	46.
新營鎮 （臺南縣）	66,399	1,723	(—)0.04
頭汾鎮 （苗栗縣）	64,439	1,208	19.9
大甲鎮 （臺中縣）	62,990	1,076	10.6
和美鎮 （彰化縣）	61,692	1,545	11.4
大里鄉 （臺中縣）	59,749	2,069	66.5
羅東鎮 （宜蘭縣）	57,428	5,062	10.1
馬公鎮 （澎湖縣）	56,498	1,662	(—)2.9
北港鎮 （雲林縣）	55,560	1,339	(—)3.2
竹北鄉 （新竹縣）	53,510	1,142	20.6
竹園鄉 （高雄縣）	52,238	1,618	5.7
西螺鎮 （雲林縣）	51,517	1,034	1.0
潮州鎮 （屏東縣）	51,400	1,211	15.3
沙鹿鎮 （臺中縣）	51,387	1,270	23.4
竹南鎮 （苗栗縣）	51,309	1,356	16.8
5 萬人以上密度 1 千人以上都市人口合計 9,629,375，佔總人口56.2%			
埔里鎮 （南投縣）	81,050	779	4.1
斗六鎮 （雲林縣）	79,795	851	5.2
草屯鎮 （南投縣）	78,621	756	9.6
楊梅鎮 （桃園縣）	77,932	874	(—)11.9
瑞芳鎮 （臺北縣）	69,749	986	(—) 5.1
虎尾鎮 （雲林縣）	65,911	959	4.1
龜山鄉 （桃園縣）	64,487	896	24.3

表二　（續）

名　　　　　稱	人　　口	人　口　密　度	最近八年增加率 (60—67年)
大溪鎮（桃園縣）	63,880	608	16.1
淡水鎮（臺北縣）	60,957	863	17.5
東勢鎮（臺中縣）	60,253	513	0.7
二林鎮（彰化縣）	59,930	645	2.1
內埔鄉（屏東縣）	58,403	713	0.3
汐止鎮（臺北縣）	58,157	816	21.4
蘇澳鎮（宜蘭縣）	54,799	616	2.7
旗山鎮（高雄縣）	53,764	568	(－) 0.4
霧峰鄉（臺中縣）	51,896	529	12.5
龍潭鄉（桃園縣）	51,497	684	21.0
大園鄉（桃園縣）	51,191	586	(－) 3.8
5萬人以上密度5百人以上都市人口合計10,771,647，佔總人口62.9%			
民雄鄉（嘉義縣）	49,893	584	4.7
苑裡鎮（苗栗縣）	49,142	720	0.7
佳里鎮（臺南縣）	48,749	1,249	10.5
仁德鄉（臺南縣）	48,405	953	22.2
朴子鎮（嘉義縣）	48,069	970	(－) 4.7
後龍鎮（苗栗縣）	47,561	627	(－) 1.1
麻豆鎮（臺南縣）	47,552	881	(－) 4.9
萬丹鄉（屏東縣）	47,173	821	5.7
后里鄉（臺中縣）	47,001	797	8.2
芳苑鄉（彰化縣）	46,915	513	(－) 4.9
新屋鄉（桃園縣）	46,683	550	0.3
觀音鄉（桃園縣）	46,478	529	(－) 2.5
蘆竹鄉（桃園縣）	45,626	604	14.1
溪湖鎮（彰化縣）	45,353	1,415	3.0
路竹鄉（高雄縣）	45,337	936	12.8
斗南鎮（雲林縣）	44,813	931	(－) 0.1
湖口鄉（新竹縣）	44,585	763	4.8

表二　（續）

名　　　　稱	人　　口	人口密度	最近八年增加率 （60—67年）
多山鄉（宜蘭縣）	44,388	556	25.3
田中鎮（彰化縣）	44,387	1,283	9.1
土城鄉（臺北縣）	44,022	1,490	37.1
布袋鎮（嘉義縣）	43,888	734	(-) 8.7
水林鄉（雲林縣）	43,428	595	(-) 8.2
東港鎮（屏東縣）	43,259	1,468	8.2
吉安鄉（花蓮縣）	42,477	651	36.1
水上鄉（嘉義縣）	41,902	606	3.8
神岡鄉（臺中縣）	41,592	1,187	12.7
大林鎮（嘉義縣）	41,515	647	(-) 4.6
烏日鄉（臺中縣）	41,234	950	13.4
四湖鄉（雲林縣）	41,122	533	3.1
口湖鄉（雲林縣）	41,028	510	1.2
善化鎮（臺南縣）	40,874	826	6.5
大樹鄉（高雄縣）	40,802	609	9.5
東石鄉（嘉義縣）	40,750	572	(-) 5.9
潭子鄉（臺中縣）	40,341	1,560	42.2
新港鄉（嘉義縣）	40,173	608	(-) 3.8
元長鄉（雲林縣）	40,039	566	(-) 3.3
4萬人以上密度5百人以上都市人口合計12,368,203，佔總人口72.2%			
蘆州鄉（臺北縣）	39,926	5,370	51.6
鶯歌鎮（臺北縣）	39,235	1,857	29.0
六腳鄉（嘉義縣）	39,088	628	(-)10.2
社頭鄉（彰化縣）	38,846	1,075	8.4
福興鄉（彰化縣）	38,812	778	5.2
新園鄉（屏東縣）	38,742	1,011	13.4
二崙鄉（雲林縣）	37,914	636	(-) 0.9
香山鄉（新竹縣）	37,077	676	17.2
龍井鄉（臺中縣）	36,952	971	11.2

表二　（續）

名　　　稱	人　　　口	人　口　密　度	最近八年增加率 60——67
新化鎮（臺南縣）	36,693	659	4.7
永靖鄉（彰化縣）	36,225	1,755	2.5
歸仁鄉（臺南縣）	36,171	648	17.9
土庫鎮（雲林縣）	36,122	737	2.3
大雅鄉（臺中縣）	36,038	1,112	13.2
關廟鄉（臺南縣）	35,965	670	10.4
臺西鄉（雲林縣）	35,696	660	0.5
五結鄉（宜蘭縣）	35,584	916	2.4
花壇鄉（彰化縣）	35,142	967	12.6
埔鹽鄉（彰化縣）	33,813	876	2.1
學甲鎮（臺南縣）	33,726	626	(-) 4.5
枋寮鄉（屏東縣）	33,658	583	1.1
鹽水鎮（臺南縣）	33,631	644	9.2
埤頭鄉（彰化縣）	33,485	783	3.8
大肚鄉（臺中縣）	32,852	888	13.2
梓官鄉（高雄縣）	32,500	2,802	23.0
茄萣鄉（高雄縣）	32,385	2,054	8.2
崙背鄉（雲林縣）	32,074	548	2.6
泰山鄉（臺北縣）	31,549	1,644	71.9
梧棲鎮（臺中縣）	31,252	1,898	18.3
莿桐鄉（雲林縣）	31,231	614	3.1
五股鄉（臺北縣）	31,070	891	16.4
橋頭鄉（高雄縣）	31,059	1,197	11.0
下營鄉（臺南縣）	31,028	925	2.6
埔心鄉（彰化縣）	30,744	1,467	6.4
大林鄉（彰化縣）	30,484	990	5.6

3萬人以上密度5百人以上都市人口合計13,584,972，佔總人口79.3%

材料來源：根據61年和67年臺閩地區人口統計第二表和第廿六表之資料編製。

表三：世界各國都市人口比率

國　　名	人　　　　口	都市人口佔全體 人口百分比
澳大利亞(1971)	12,755,638	85.6
荷　蘭(1973)	13,438,404	77.4
英　國(1972)	55,816,663	76.6
加拿大(1971)	21,568,310	76.1
委內瑞拉(1970)	10,398,907	75.7
東　德(1973)	16,979,620	74.3
美　國(1970)	203,211,926	73.5
法　國(1968)	49,654,556	70.0
哥倫比亞(1973)	23,209,300	63.4
伊拉克(1973)	10,412,586	61.4
墨西哥(1973)	54,302,792	61.2
蘇　聯(1973)	249,749,000	59.2
巴　西(1973)	101,706,600	58.3
捷　克(1970)	14,344,986	55.5
秘　魯(1973)	14,912,200	54.6
波　蘭(1972)	33,058,000	52.9
阿爾吉 利亞(1973)	15,772,200	50.4
匈牙利(1973)	10,411,000	49.3
南　非(1972)	22,987,000	47.9
埃　及(1973)	35,619,000	43.2
伊　朗(1973)	32,076,000	42.6
丹　麥(1972)	20,662,648	41.6
南　韓(1970)	31,465,654	41.2
土耳其(1973)	37,933,000	38.6
南斯拉夫(1971)	20,522,972	38.6
西　德(1969)	60,842,100	38.4
摩洛哥(1973)	16,309,000	36.8
菲律賓(1970)	36,684,486	31.7
馬來西亞(1970)	10,319,324	26.9
巴基斯坦(1968)	44,080,919	26.8

表三　（續）

國　　名稱	人　　口	都市人口佔全體人口百分比
薩　伊(1973)	23,562,736	25.1
斯里蘭卡(1971)	12,711,143	22.4
印　度(1972)	563,494,000	20.2
印　尼(1973)	124,601,778	17.5
阿富汗(1973)	18,293,841	15.0
泰　國(1970)	34,397,374	13.2
蘇　丹(1973)	16,901,000	12.8
衣索匹亞(1973)	26,076,000	11.0
肯　亞(1959)	10,942,705	9.9
烏干達(1972)	10,461,500	7.1

材料來源：根據聯合國1973年人口年鑑第五表之資料編製。

　　在這一百三十八個城市中，人口增加最快的，首推板橋市，最近八年來增加一又四分之三倍。其次為新莊鎮和中和鄉，幾乎增加一倍半。桃園縣八德鄉，居然也增加一又四分之一倍。永和鎮約增加82%。鳳山市約增加71%，臺中縣大里鄉約增加67%，桃園縣平鎮鄉約增加66%，臺北縣新店鎮也增加60%強。

　　人口減少，在都市來說，是一種反常現象。不過，臺灣地區少數舊城市萎縮，也是事實。桃園縣楊梅鎮，八年來大約減少12%。嘉義縣六腳鄉大約減少 10%，布袋鎮大約減少 9 %。雲林縣水林鄉，減少 8 %強。

五、都市人口膨脹

　　民國29年，臺灣地區有十一個大城市，共有 120 萬多人，約佔總人口 (6,077,476) 20%。至67年底，該十一大城市增加到 5 百多萬（見第 4 表），約佔全地區總人口 (17,135,714) 30%，足證都市人

表四：民國29年臺灣都市人口

區　　　域	29 年 人 口	67 年 人 口	增加百分比
臺北市（原來十區）	353,744	1,495,550	322.8
高雄市	161,418	1,063,797	559.0
臺南市	149,969	558,635	272.5
基隆市	105,084	342,678	226.1
嘉義市	96,559	253,227	162.3
臺中市	87,119	579,726	565.4
新竹市	62,467	235,833	277.5
彰化市	60,171	171,754	185.4
屏東市	58,637	183,304	212.6
宜蘭市	38,157	80,134	110.0
花蓮市	34,701	100,641	190.0
合　　計	1,208,026	5,065,279	319.3

材料來源：(1) 臺灣省行政長官公署統計室編印：51年來統計提要，35年12月出版；
　　　　　(2) 內政部編印：中華民國67年臺閩地區人口統計，第2表。

口成分增加多。

　　十一大城市由 29 年至 67 年約增加 3.2 倍，臺灣地區由 29 年至 67 年約增加 1.8 倍，亦證明都市人口增加快。臺中市最快，約增加 5.7 倍；臺雄市次之，約增加 5.6 倍；臺北市也增加 3 倍多。

　　觀第 5 表，臺北地區（臺北縣市）人口，39 年為1,006,556，67 年為 3,799,712，約增加 278%，增加之速，為臺灣地區之冠。臺北市（舊市區）近 30 年約增加 2 倍，而臺北縣（包括景美等四區）增加 3 倍半強。

　　臺北市郊區或周圍地區人口，增加得最快。永和鎮、中和鄉之人口，近 30 年共增加了 16 倍半多，板橋市人口增加 11 倍多，景美區人口增加 8.8 倍，三重市人口增加 7 倍半多，新莊鎮人口增加 7.4 倍，木柵區人口增加 6 倍，新店鎮人口增加 4.7 倍，南港區人口增加

表五:　臺北地區近30年人口之擴張

區　　　　　　域	39 年 人 口	67 年 人 口	增加百分比
臺北市　　　（原來十區）	503,450	1,495,550	197.1
景美鎮 (67年屬臺北市)	8,775	85,819	878.0
木柵鄉 (67年屬臺北市)	9,501	67,233	607,6
南港鎮 (67年屬臺北市)	15,938	83,659	424.9
南湖鄉 (67年屬臺北市)	12,395	60,647	389.4
中和鄉 （永和鎮中和鄉）	21,951	384,642	1,652.3
板橋鎮　　　（67年爲市）	28,755	349,261	1,114.6
三重鎮　　　（67年爲市）	35,876	306,605	754.6
新莊鎮	17,080	142,659	735.2
新店鎮	26,879	152,915	468.9
泰山鄉	6,858	31,549	360.0
蘆洲鄉	11,968	39,926	233.6
樹林鎮	20,081	66,663	232.0
土城鄉	14,004	44,022	214.4
五股鄉	10,276	31,070	202.4
汐止鎮	22,899	58,157	154.0
林口鄉	9,650	23,086	139.2
鶯歌鎮	16,470	39,235	138.2
淡水鎮	31,589	60,957	93.0
萬里鄉	9,643	18,569	92.6
三峽鎮	26,551	49,792	87.5
八里鄉	8,185	14,175	73.2
金山鄉	11,693	19,541	67.1
深坑鄉	5,192	8,484	63.4
瑞芳鎮	43,629	69,749	59.9
三芝鄉	11,820	16,586	40.3
石門鄉	8,530	11,725	37.5
烏來鄉	2,384	3,151	32.2
貢寮鄉	13,608	17,963	32.0

表五　（續）

區　　　域	39　人　口	67　人　口	增加百分比
雙溪鄉	14,200	18,208	28.2
平溪鄉	9,926	12,311	24.0
石碇鄉	9,088	10,099	11.1
坪林鄉	7,712	5,703	(1) 26.0
臺北縣合　計	503,106	2,304,162	358.0

材料來源：根據民國40年度臺北縣統計年報和 67 年度臺北縣統計要覽編製。

4 倍多，內湖區人口幾乎增加 4 倍，使臺北地區成為國際大都會區
(A Cosmopolitan metropolis)。

表六：臺灣地區市縣面積與人口（67年底）

區　　　域	人　口　密　度	佔總面積百分比	佔總人口百分比
臺　北　市	7,950.29	0.76	12.65
高　雄　市	9,352.09	0.32	6.19
臺　中　市	3,547.34	0.45	3.39
臺　南　市	3,180.47	0.49	3.25
基　隆　市	2,581.21	0.37	2.04
五大都市合計	5,489.42	2.39	27.52
十六縣合計	353.73	97.61	72.48
總　　　計	426.131	100.00	100.00

材料來源：根據行政院主計處編印中華民國 67 年統計提要第十四表之資料編製。

六、人　口　密　度

所謂人口密度，就是平均每平方公里人口數。

都市人口最大特徵，就是高密度，也就是人烟非常稠密，有些都
市甚至達到擁擠不堪的境地。

關於都市人口密度方面，新加坡爲 3761， 香港爲 3981，雖高於臺中、臺南、基隆三市，但遠低於臺北、高雄兩市（見第6表）。關於地區人口密度方面，1973 年，西德 249、黎巴嫩 294、比利時 320、英國 325、荷蘭 329、大韓民國 334 等， 均低於臺灣地區，孟加拉人口密度竟高達 502。❸

臺北市面積，僅有 272 平方公里，佔臺灣地區面積不到 1％（見第6表）；而人口倒有 216 萬之多，約佔全地區人口 13％。高雄市面積只有 114 平方公里，約佔全地區面積 3％；而人口也有 106 萬，均佔全地區人口 62‰。

關於臺灣地區面積，五大都市約佔 2％，十六縣約佔 98％；而臺灣地區人口，五大都市約佔28％，十六縣約佔72％（見第6表）。人地分佈不均衡，正是城鄉辨別之依據。

觀第2表，人口密度以中和鄉最高， 每平方公里平均竟大約有 3 萬人。其次爲三重市，約有 18,800 人。再次爲板橋市，約有 15,000人。永和鎮每平方公里約有 1 萬人，高雄市有 9 千多人，臺北市約有 8 千人，鳳山市和新莊鎮均超過 7 千人，羅東鎮和桃園市約爲 5 千人。

高密度人口的影響，有幾種說法。第一，它可以引起資源分配問題，分配過程常遭干擾。人口眾多，易起競爭、易生混亂。處處爭、搶，甚而衝突，糾紛不息。

第二種說法是： 人有一種空間領域天性，一旦被侵佔，會感到受虐待，而有激烈的凶暴行爲。

第三種說法是： 高密度人口會帶給人們一種生理過度刺激。刺激

---

❸　見聯合國1973年人口年鑑。

結果，使生理機能減弱、腺體膨脹、抗病力衰退等生理反應失常。

　　第四種說法是：　高密度人口會引起對個人心理和社羣方面的壓力。人們這些社會空間，並非天生的，而是由社會進化過程中學習得來的。此種個人秘密感一旦被侵襲或剝奪，必定杌隉不安。

　　第五種說法是：社會所訂定的個人空間領域標準受到侵犯，精神上便產生壓迫感，常會帶來病態之行為反應，如頭痛、煩擾、暴躁、心理上不健康等現象。⓮

表七：臺灣地區67年各年齡組人口及其百分比

年齡（歲）	市		鎮		鄉	
0–9	1,573,911	22.20	842,013	21.73	1,331,067	22.15
10–19	1,566,115	22.09	918,850	23.72	1,460,842	24.31
20–29	1,445,488	20.38	761,962	19.67	1,152,750	19.18
30–39	863,448	12.18	410,619	10.60	594,660	9.90
40–49	689,493	9.72	385,083	9.94	593,971	9.88
50–59	555,042	7.83	292,734	7.56	461,379	7.68
60–69	277,392	3.91	173,052	4.47	273,034	4.54
70–79	99,112	1.40	73,776	1.90	115,251	1.92
80以上	20,645	0.29	16,282	0.42	26,450	0.44
合　　計	7,090,646	100.00	3,874,371	100.00	6,009,404	100.00

材料來源：根據內政部編印中華民國67年臺閩地區人口統計第二十四表編製。

七、都市人口年齡分配

　　在臺灣地區 67 年底 1,697 萬多人口中，屬於市的有 709 萬餘人，約佔42%；屬於鎮的有387萬多人，約佔23%；屬於鄉的有 6 百萬餘人，約佔 35%。（見第 7 表）

⓮　參閱蔡勇美著都市人口高密度與社會病態的關係，載在與郭文雄合編都市社會發展之研究（臺北市巨流圖書公司67年8月印行）第67——77頁。

表八: 臺灣地區市縣年齡分配百分比與扶養比 (67年底)

區　域	0-14歲百分比	15-64歲百分比	65歲以上百分比	扶　養　比
臺灣地區	33.6	62.5	3.9	60
臺　北　市	31.2	65.2	3.6	53
高　雄　市	35.1	62.4	2.5	60
臺　中　市	34.0	62.9	3.1	59
臺　南　市	33.2	63.1	3.7	58
基　隆　市	32.8	63.3	3.8	58
臺　北　縣	35.4	61.4	3.2	63
宜　蘭　縣	33.3	62.3	4.4	60
桃　園　縣	36.1	60.4	3.5	65
新　竹　縣	33.1	62.4	4.5	60
苗　栗　縣	32.9	62.2	4.8	61
臺　中　縣	35.0	61.2	3.8	64
彰　化　縣	34.0	61.5	4.4	63
南　投　縣	32.8	62.8	4.4	59
雲　林　縣	33.4	61.9	4.6	61
嘉　義　縣	31.9	63.5	4.6	57
臺　南　縣	30.9	64.0	5.1	56
高　雄　縣	35.0	61.3	3.7	63
屏　東　縣	33.2	62.7	4.1	60
臺　東　縣	34.5	61.2	4.2	63
花　蓮　縣	32.8	62.6	4.6	60
澎　湖　縣	34.7	59.9	5.4	67

材料來源: 摘自內政部編印中華民國 67 年臺閩地區人口統計第三表。

　　從出生到未滿 10 歲這一年齡組中，市、鎮、鄉大約都佔22%。10 歲至未滿 20 歲這一年齡組，市佔 22.1%，鎮佔 23.7%，鄉佔 24.3%，則有愈都市化（人口愈集中）人口比例愈小的趨勢。兩年齡組合在一起，卽從出生到未滿20歲，在市爲44.3%，在鎮爲45.5%，

在鄉為 46.5 ％。我們據此可下一定論：在未成年（未滿20歲）人口方面，都市成分較鄉村成分少。

20 歲至未滿 40 歲人口所佔比例，市為 32.6 ％，鎮為 30.3 ％點，鄉為29.1％之，顯然是：愈為都市化，青年成分愈多。

40 歲至未滿 60 歲人口所佔比例，市、鎮、鄉很相近（約 17.5％），也就是說：壯年人口，市鄉沒有什麼差別。

60 歲以上人口所佔比例，市為5.6％，鎮為6.8％，鄉為6.9％。換言之，老年人口成分，都市較鄉村為少。

一般說來，15 歲至不滿 65 歲人口所佔比率，都市較鄉村大，臺灣地區也是這種情形（閱第 8 表）。65 歲以上人口所佔比率，都市遠小於鄉村。

所謂扶養比，就是每一百位 15 歲至不滿 65 歲之人應扶養多少幼年和老年（即未滿 15 歲和 65 歲以上的人），大體上，臺灣地區扶養比，都市小於鄉村。

八、經濟活動人口

15 歲開始，便可以參加經濟活動。閱第 9 表，臺灣地區 15 歲以上人口， 67 年底有 1，143 萬多人，佔總人口 (17,135,714) 66％強。

臺北市 15 歲以上人口有 149 萬多，佔總人口 (2,163,605) 69％。經濟活動人口約佔 15 歲以上人口62％，非經濟活動人口約佔15歲以上人口 38 ％。所謂非經濟活動人口，係指料理家務者、學生、被收容者、老弱殘病不能工作者等人口。臺北市就業人口約 87 萬，約佔 15 歲以上人口 58 ％， 約佔經濟活動人口 (932,434) 93％。

表九: 臺灣地區67年經濟活動率及就業率

區　　域	15歲以上人口	經濟活動率	非 經 濟 活 動 率	總 人 口 就 業 率	經濟活動人 口 就 業 率
臺灣地區	11,436,957	66.3	33.7	64.5	97.2
臺 北 市	1,495,273	62.4	37.6	58.2	93.2
臺 灣 省	9,941,684	66.9	33.1	65.4	97.8
高 雄 市	693,268	60.0	40.0	57.0	94.9
臺 中 市	383,830	62.1	37.9	61.2	98.6
臺 南 市	374,499	60.5	39.5	58.1	96.0
基 隆 市	231,542	54.8	45.2	54.2	98.9
臺 北 縣	1,302,987	66.5	33.5	65.6	98.7
宜 蘭 縣	293,825	62.6	37.4	60.4	96.6
桃 園 縣	622,923	66.4	33.6	65.6	98.9
新 竹 縣	425,440	71.2	28.8	68.3	96.0
苗 栗 縣	366,376	69.8	30.2	68.2	97.7
臺 中 縣	613,352	67.3	32.7	65.3	97.1
彰 化 縣	756,490	65.6	34.4	64.8	98.9
南 投 縣	351,054	80.4	19.6	80.1	99.6
雲 林 縣	536,524	73.2	26.8	71.5	97.7
嘉 義 縣	571,358	65.2	34.8	63.5	97.4
臺 南 縣	663,599	71.2	28.8	69.6	97.8
高 雄 縣	666,159	66.8	33.2	65.4	98.0
屏 東 縣	590,583	70.1	29.9	68.9	98.3
臺 東 縣	187,654	71.4	28.6	70.8	99.2
花 蓮 縣	237,566	63.5	36.5	61.1	96.2
澎 湖 縣	72,655	69.8	30.2	66.6	95.4

材料來源: 摘自內政部編印: 中華民國 67 年臺閩地區人口統計第五表。

失業人口 (62,888) 約佔經濟活動人口 7％。

　　高雄市15歲以上人口有 69 萬多，佔總人口 (1,063,797) 65％。
經濟活動人口約佔 15 歲以上人口 60％，非經濟活動人口約佔15歲

以上人口40%。就業人口大約 40 萬人，約佔 15 歲以上人口 57%，約佔經濟活動人口 (415,983) 95%。 失業人口 (21,052) 約佔經濟活動人口 5 %。

　　觀第 9 表，都市經濟活動率（經濟活動人口佔15歲以上人口百分比）較鄉村經濟活動率低，都市非經濟活動率（非經濟活動人口佔15歲以上人口百分比）較鄉村非經濟活動率高。在總人口就業率（就業人口佔 15 歲以上人口百分比）方面，都市較鄉村低。在總人口未就業率（未就業人口佔 15 歲以上人口百分比）方面，都市較農村高。

九、有 業 人 口

　　15歲以上就業的人，算作有業人口。

　　臺灣地區 67 年底有業人口 (7,374,074) 約佔 15 歲以上人口 (11,435,597) 65%。 在這 7 百多萬就業人口中，雇主佔 2%，自營作業者佔 22%，受雇者佔 60%，無酬家屬工作者佔 16%。

　　臺北市有業人口 (869,546) 約佔 15 歲以上人口 (1,495,273) 58 %。高雄市有業人口 (394,931) 約佔 15歲以上人口 (693,268) 57%。觀第10表，在 15 歲以上各業人口當中，屬於雇主的，都市比率較鄉村比率大。屬於自營作業者，都市比率較鄉村比率小。屬於受雇者，都市比率遠大於鄉村比率。屬於無酬家屬工作者，都市比率遠小於鄉村比率。

　　觀第11表，臺灣地區愈都市化，農業人口比率愈小，相反地，非農業人口比率愈大。非農業人口在五大都市中約佔 92%，在縣轄市中約佔 88%，在各鎮中約佔 66%，在各鄉中約佔 47 %。

　　關於有業人口性比例，愈都市化性比例愈高。也就是說，有職業的人口以男性所佔的成分大。

表十: 臺灣地區 15 歲以上各業人口百分比（67年底）

區　　域	雇　　主	自營作業者	受 雇 者	無酬家屬工 作 者	合　　計
臺北市	4.3	13.1	80.7	1.9	100.0
高雄市	2.9	15.5	78.6	3.0	100.0
臺中市	2.2	21.3	69.6	6.9	100.0
臺南市	4.5	17.0	71.7	6.8	100.0
基隆市	2.4	8.7	86.1	2.8	100.0
臺北縣	2.6	15.2	78.7	3.5	100.0
宜蘭縣	1.1	24.3	64.8	9.8	100.0
桃園縣	0.8	19.5	65.6	14.1	100.0
新竹縣	1.0	19.4	62.6	17.0	100.0
苗栗縣	0.4	24.4	55.9	19.3	100.0
臺中縣	1.3	28.1	51.8	18.8	100.0
彰化縣	0.9	33.1	41.8	24.2	100.0
南投縣	0.6	27.6	46.3	25.5	100.0
雲林縣	0.3	28.8	28.7	42.2	100.0
嘉義縣	1.0	27.3	42.9	28.8	100.0
臺南縣	0.5	28.2	45.8	25.5	100.0
高雄縣	0.6	23.4	58.1	17.9	100.0
屏東縣	1.2	27.2	43.6	28.0	100.0
臺東縣	0.2	28.2	45.0	26.6	100.0
花蓮縣	1.3	28.5	51.2	19.0	100.0
澎湖縣	2.3	33.2	50.5	14.0	100.0

材料來源: 摘自內政部編印中華民國67年臺閩地區人口統計第八表

十、非農業人口

　　都市人口，主要為非農業人口。觀第12表，臺灣地區 35 年非農業人口約佔全體人口 42%，45 年約佔全體人口 50 %，55 年佔全體人口55%強，65 年佔全體人口 66%多，67 年佔全體人口 67% 有

表十一： 臺灣地區 67 年 15 歲以上有業人口統計

區　　域	有業人口	性 比 例	農業人口百分比	非農業人口百分比	百分比合計
市 合 計	2,804,004	237.5	9.4	90.6	100.0
五大都市	1,842,641	239.0	8.2	91.8	100.0
縣 轄 市	961,363	234.6	11.8	88.2	100.0
鎮 合 計	1,736,913	189.4	34.1	65.9	100.0
鄉 合 計	2,833,157	184.1	52.6	47.4	100.0

材料來源： 摘自內政部編印中華民國 67 年臺閩地區人口統計第六表

奇。我國人口逐年增加，非農業人口歷年增加得尤速。此可印證： 臺

表十二： 歷年臺灣地區非農業人口統計

年　　　份	非 農 業 人 口	非農戶人口佔全體人口百　　分　　比
35	2,567,980	42.16
37	3,026,511	44.47
39	3,555,929	47.07
41	3,871,238	47.63
43	4,260,388	48.69
45	4,691,849	49.96
47	5,158,534	51.38
49	5,418,827	50.21
51	5,980,896	51.95
53	6,607,950	53.91
55	7,186,465	55.31
57	7,651,573	56.05
59	8,679,075	59.14
61	9,341,723	61.10
63	10,050,702	63.40
65	10,944,836	66.30
67	11,497,653	67.10

材料來源： 根據行政院主計處編印中華民國 67 年統計提要第 43 表之資料編製。

灣地區鄉村人口大量移往都市。

　　觀第13表，五大都市非農業人口佔各該全體人口比率甚高。臺北縣圍繞臺北市，人口往郊區發展，是很正常的現象，所以臺北縣非農業人口比率接近五大都市。桃園縣非農業人口比率，也高達70%，亦是受臺北都會區之賜。

表十三: 臺灣地區各縣市非農戶人口統計 (67年底)

區　　　域	非 農 戶 人 口	非農戶人口佔全體人口 百　　分　　比
臺　北　市	2,122,828	98.12
臺　灣　省	9,374,825	62.62
高　雄　市	1,034,768	97.27
臺　中　市	508,708	87.75
臺　南　市	499,844	89.48
基　隆　市	336,922	98.32
臺　北　縣	1,776,449	88.52
宜　蘭　縣	248,312	56.69
桃　園　縣	679,181	70.05
新　竹　縣	392,469	62.05
苗　栗　縣	235,897	43.48
臺　中　縣	508,435	54.04
彰　化　縣	474,802	41.58
南　投　縣	222,002	42.66
雲　林　縣	241,095	30.10
嘉　義　縣	425,181	51.00
臺　南　縣	373,813	39.12
高　雄　縣	637,236	62.51
屏　東　縣	434,423	49.40
臺　東　縣	119,916	42.21
花　蓮　縣	184,381	52.50
澎　湖　縣	41,191	37.27

材料來源: 根據行政院主計處編印: 中華民國 67 年統計提要第 14 表之資料編製。

十一、出生率與死亡率

所謂出生率（粗出生率），係某地某年每千人口出生嬰兒數。67年臺北市為 20.7，高雄市為 23.5，臺中市為23.2，臺南市為23.6，基隆市為 20.7。觀第 14 表，五大都市合計大約為 22，縣轄市和鎮均大約為 24，鄉大約為 26。大體說來，鄉出生率大於鎮出生率、鎮出生率大於市出生率。我們可以確定地說：我國都市出生率小於鄉村出生率。

表十四：臺灣地區 67 年市鎮鄉出生率與死亡率

區　域	出生率	死亡率	男子死亡率	女子死亡率	自然增加率
臺灣地區	24.1	4.7	5.4	3.9	19.4
五大都市	21.8	3.9	4.7	3.1	17.9
縣轄市	24.4	4.3	5.1	3.4	20.1
鎮	24.4	5.0	5.7	4.2	19.4
鄉	25.6	5.2	5.9	4.7	20.4

材料來源：摘自內政部編中華民國 67 年臺灣地區人口統計第 47,55 表。

所謂生育率，係某地某年每千育齡婦女出生嬰兒數。觀第15表，顯然地，市生育率小於鎮生育率，鎮生育率小於鄉生育率。我們可以非常肯定地說：都市生育率小於鄉村生育率。

由於家庭計劃運動如火如荼地推行，更由於社會情勢迫使人們覺悟，近十年來，育齡婦女一般生育率大為減小，都市化程度愈高，減小得愈多。

所謂死亡率（粗死亡率），係某地某年每千人口死亡人數。67年臺北市為 3.7，高雄市、臺中市均為 3.9，臺南市為 4.6，基隆市為4.8。觀第14表，五大都市合計死亡率為 3.9，縣轄市為 4.3，鎮為

表十五:　臺灣地區市鎮鄉近十年育齡婦女一般生育率

區　　　域	58年	67年	減少百分比
市	114	87	23.7
鎮	123	98	20.3
鄉	134	106	20.9

材材來源:　摘自內政部編印中華民國 67 年臺閩地區人口統計第 79 表。

5.0，鄉爲5.2。顯然地，都市化程度愈高，死亡率則愈低。

在五大都市中，男子死亡率爲 4.7，女子爲 3.1。13個縣轄市中

表十六:　臺灣地區 67 年各齡組市鄉死亡率

年　　　齡	五大都市	縣　轄　市	鎮	鄉
未滿1歲	9.4	10.2	11.2	13.0
1–4 歲	1.1	1.3	1.5	1.9
5–9 歲	0.5	0.4	0.5	0.6
10–14歲	0.4	0.4	0.5	0.5
15–19歲	0.8	0.9	1.0	1.2
20–24歲	1.0	1.2	1.2	1.4
25–29歲	1.1	1.2	1.3	1.6
30–34歲	1.2	1.5	1.6	2.0
35–39歲	2.0	1.6	2.4	2.8
40–44歲	3.0	3.2	3.5	3.9
45–49歲	4.7	5.0	5.1	5.9
50–54歲	7.1	7.8	8.0	8.1
55–59歲	11.4	11.9	12.4	12.3
60–64歲	17.3	21.2	18.2	18.5
65–69歲	22.3	25.5	23.6	23.5
70–74歲	44.7	51.9	48.3	40.1
75–79歲	72.3	80.6	75.6	77.9
80–84歲	119.1	137.1	125.9	131.7
85歲以上	218.1	239.6	240.4	238.5

材料來源:　摘自內政部編印中華民國 67 年臺閩地區人口統計第二十表。

的死亡率，男爲 5.1，女爲 3.4。69個鎮中的死亡率，男爲5.7， 女爲4.2。231 個鄉的死亡率，男爲 5.9，女爲4.7。在任何情況中，男子死亡率均高於女子死亡率。無論男女，都市死亡率均低於鄉村死亡率。

　　觀第 16 表，嬰兒（卽未滿一歲）的死亡率特別高，滿兩足歲至20歲階段的死亡率特別低。自此以後，年齡愈大，死亡率愈高。85歲以上的死亡率，女的高達 199‰，男的高達 268‰，縣轄市、鎮、鄉更高。

　　所謂自然增加率，卽出生率減去死亡率之差。臺北市約爲 17 ‰，高雄市、臺中市和臺南市均約爲 19 ‰，基隆市約爲 16 ‰。觀第14表，五大都市合計，約爲 18‰，縣轄市、鎮、鄉均約爲20‰。仍可判定：都市自然增加率小於鄉村自然增加率。

表十七：臺灣地區 67 年人口總移動率

性　　別	臺灣地區	五大都市	縣 轄 市	鎮	鄉
男	260.0	384.2	339.2	210.4	164.8
女	288.3	411.9	358.4	240.6	193.7

材料來源：摘自內政部編印中華民國 67 年臺閩地區人口統計第 67 表。

十二、社 會 流 動

　　社會流動（Social Mobility）可分兩種， 一是上下流動，卽是上下階級之升降；另一是平行流動，卽是人口遷移。此處所談之社會流動，專指後者。

　　臺灣地區縣市間， 有遷入人口和遷出人口； 同縣市之鄉鎮市區間，有遷入人口和遷出人口。臺灣地區鄉鎮市區間，有遷入人口和遷出人口；同一鄉鎮市區內，亦有住址變更。譬如臺灣地區 67 年人口

總移動人次，男爲 2,308,072，女爲 2,334,840。各除以各該總人口數，並乘上一千，卽得人口總移動率，男爲 260‰，女爲288‰。

　　臺北市人口總移動率，男 432‰，女爲 465‰。高雄市人口總移動率，男爲 378‰，女爲 403‰。觀第17表，關於人口總移動率，五大都市大於縣轄市，縣轄市大於鎮，鎮大於鄉。我們可以確定地說：都市化程度愈高，人口總移動率愈大。不論市鎮鄉，女性移動率大於男性移動率。

表十八：臺灣地區五大都市平均每人每年交寄函件數

區　　　域	39年	49年	59年	67年
臺灣地區	5.1	33.0	37.5	46.0
臺 北 市	24.5	127.6	95.1	135.5
高 雄 市	10.0	58.7	58.1	51.3
臺 中 市	10.7	96.9	92.2	91.1
臺 南 市	9.7	53.4	63.4	65.8
基 隆 市	10.3	57.6	42.1	38.6

材料來源：行政院主計處編印中華民國 63 年統計提要第一一四表及 67 年統計提要。

十三、通　訊　率

　　所謂通訊率，係某地某年收寄函件數除以該地該年年中人口，卽平均每人每年收寄函件數。這代表人們對外的溝通，這也顯示該地人們互動的一斑。

　　觀第18表得知：都市通訊率大於鄉村通訊率。無論都市或鄉村，近 30 年來的通訊率，是逐漸增加的。

十四、結　　語

　　所謂都市，係殖居於一地區而主要從事非農業活動的密集人羣。

我國都市社會和他國一樣，都具有人口眾多、密度大、異質性高、流動性大等特質。

我國都市人口比鄉村人口增加較巨、較快。社會結構日趨專門化、複雜化。社會約束力逐漸減弱，社會問題逐漸增加。

未成年（自出生至未滿 20 歲）人口方面，都市成分較鄉村成分少。其中10歲至未滿19歲階段，愈都市化（人口愈集中），人口比率愈小。都市化程度愈高，青年（20 歲至未滿 40 歲）成分愈多。60歲以上老年人口成分，都市較鄉村為少。15 歲至未滿 60 歲的人口比率，都市較農村大。臺灣地區扶養率，都市小於鄉村。

臺灣地區經濟活動率方面，都市較鄉村低；非經濟活動率方面，都市較鄉村高。總人口就業率方面，都市較鄉村低；總人口未就業方面，都市較鄉村高。

臺灣地區，在 15 歲以上有業人口當中，屬於雇主的，都市比率較鄉村比率大；屬於自營作業者，都市比率較鄉村比率小；屬於受雇者，都市比率遠大於鄉村比率；屬於無酬家屬工作者，都市比率遠小於鄉村比率。

我國都市化程度愈高，農業人口所佔比率愈小，非農業人口所佔比率則愈大。愈都市化，性比例愈高，換言之，有職業的人口以男性所佔成分大。

我國人口逐年增加，非農業人口歷年增加得尤速。此可印證：臺灣地區鄉村人口大量移向都市。五大都市非農業人口比率甚高，圍繞臺北市的鄉鎮其非農業人口比率也很高。

我國都市社會出生率低於鄉村社會出生率。一般生育率逐年減小，都市化程度愈高，減小得愈多。都市社會死亡率低於鄉村死亡率，而有「都市化程度愈高，死亡率愈低」之現象。都市社會自然增

加率小於鄉村社會自然增加率。

　　關於社會平面流動，則有這樣的現象：都市化程度愈高，人口總移動率愈大。不論都市或鄉村，女性移動率大於男性移動率。

　　臺灣地區通訊率逐年增加，而且都市通訊率大於鄉村通訊率。

　　總之，我國都市社會不停地在發展！

參 考 書 目

龍冠海著：都市社會學理論與應用，臺北市三民書店61年初版，67年三月再版。

蔡勇美、郭文雄合編：都市社會發展之研究，臺北市巨流圖書公司67年八月一版。

Abrahamson, M., *Urban Sociology*, 2nd ed., Prentice-Hall, 1980

Agger, S. Ganassi, *Urban Self-Management*, Sharpe, 1979.

Castells, M., *The Urban Question*, MIT Press, 1979.

Colemen, Richard and B. Neugarten, *Social Status in the City*, San Francisco: Jossey Bass, 1971.

Cousins, A. N. & Nagpaul, H., *Urban Life*, Wiley, 1979.

Friedrichs, C. R., *Urban Society in An Age of War*, Princeton Univ Press, 1979.

Gluck, R. P. & Meister, R. J., *Cities in Transition*, New Yotk: Watts, 1679.

Greer, Scott and others (eds.), *The New Urbanization*, New York: St. Martin's Press, 1968.

Hansen, N. M., *Rural Poverty and the Urban Crisis*, New York: Greenwood Press, 1979.

Meadous, Paul and Mizruchi, E. H. (eds.) *Urbanism, Urbanization, and Change: Comparative Perspectives*, New York: Addison-

Wisley Pub. Co., 1969.

Mills, E. S. ard Song, B. N. *Urbanization and Urban Problms*, Harvard Uriv Courcil on East Asian Studies 1979,

Larson, C. J. and Nikkel, S. R., *Urban Problems*, Allyn & Bacon, 1979.

Morris, R. N., *Urban Sociology*, Ferdericy A, Fraeger, 1968.

Pahl, R. E. (ed.), *Reading in Urban Sociology*, Pergamon Press. 1968.

Prabha, K. Towns, a *Structural Analysis*, Inter-India Pubs., 1979.

Rugg, D. S. *Spatial Foundations of Urbanism*, 2nd ed. Brown, W C., 1970.

Smith, M. P. *The City and Theory*, St. Martins Press, 1979.

Treble, J. H. *Urban Poverty in Britain* 1880-1914, Batsford.

Tremlett, G. Living Cities, Smith M. T., 1979.

United Natios, *Urbanization: Development Policies and Planning*, 1968.

Social Aspects of Housing & Urban Development, 1967.

Western European in Transition, Watts, F. (NY), 1979.

臺灣地區的社會經濟發展與人口變遷

蔡 宏 進

前　　言

　　過去臺灣社會經濟變遷快速，而變遷的方向多半是發展性的。在社會經濟變遷與發展的過程中人口變遷也構成重要的一環，與其他的社會結構層面的變遷與發展交互影響。又人口變遷的過程中多方面的性質發生變化，重要的變遷層面（Dimensions）包括數量的成長、空間分佈的改變及結構上或組合上的變化等，而種種層面上變遷無非是出生、移動與死亡等過程的結果。出生、移動或分配與死亡乃構成人口變遷的三項主要成分（Components）。本文的主旨即在探討戰後臺灣社會經濟發展對三項人口變遷成分的影響。

第一節　社會經濟發展與生育率的下降

一、影響生育率變化的社會經濟發展因素

　　就理論上而言影響出生率的水準及變化的因素很多，實際上在臺灣影響出生率的水準及變化的因素也很多，大致上就類別不同而分則有些是屬於文化性的因素，而有些是屬於社會經濟性的因素。又按層次不同而分則有些是屬於社區或大社會總體層次的因素，另有些則屬於個體的因素。就社區或社會層次的文化因素而言，重要者有社區或社會公意、社區或社會的價值規範及宗教等。又就社區或社會層次的

社會經濟因素看，重要者包括家庭結構與功能、敎育水準、社會流動、都市化、工業化、生活條件及水準等。就個人層次的因素而言，則個人的團體規範價值、宗敎信仰、種族等文化特質、及社會經濟地位、敎育水準、死亡率水準、職業種類、就業性質、乃至年齡婚姻狀況與關係、生活習慣、節育行爲、及生理特質等都是。本節所討論的因素僅限於總體的社會經濟發展方面，尤其特別注意到臺灣晚近社會經濟發展對生育率下降的影響。

　　二次世界大戰之後的初期臺灣人口的粗生育率一度呈上升趨勢，主要因戰後和平、社會經濟恢復安定，加以自三十八年以後自大陸遷移來臺人口中多數爲年屆生育的青壯人口，故生育率一度上升。但自從 1952 年以後生育率大致呈下降趨勢，1952 年的生育率達一高峯，爲 46.6 ‰[1]，直到 1975 年降到 23‰，爲最低點，之後再略有回升現象。但就長期觀察，生育率則朝向下降趨勢。出生率長期逐漸下降的社會經濟發展因素很多，但工業發展、敎育發展、都市發展、醫療衞生發展與家庭計劃的推展則是較關鍵性的因素。如下就這四方面的發展事實及其對生育率下降的作用加以分析。

二、工業發展對出生率下降的影響

　　過去臺灣工業發展的趨勢至爲明顯。大致言之，自 1952 年政府將經濟發展政策的重心由農業發展變爲工業及貿易發展以後，工業成長快速。若以 1952 年工業製造業的產量爲衡量基數，至最近（1978年資料）指數高至 4,332.2％[2]。可見在短短 20 餘年內工業生產增至 40 餘倍，在世界各國之中少有如此快速成長者。

---

[1] *Council For Economic Planning & Developmeat*, Executive Yuan, Republic of China, Taiwan Statistical Book, 1978, 五頁。

[2] 同註[1]，78頁。

　　工業發展的結果,導致幾種效果: ①婦女在農業外就業機會增加, ②養育子女的成本提高, ③就業人員需要接受更高的教育及技術, ④人口由農村遷移都會地區及⑤醫療衛生科學及技術進步等重要變化, 這些變化終於影響出生率下降。其中第③、第④及第⑤三點變化的作用將分別於如下都市發展對生育率下降的影響、教育發展對生育率下降之影響、及醫療衛生發展、家庭計劃對出生率下降的影響等各節中合併說明, 於此先就對婦女在農業外就業機會增加及養育子女成本提高等之變化及其終於導致出生率下降之作用略加說明。

　　1. 導致婦女在農業外就業率增加及其對出生率下降之作用。

　　過去不少研究指出參與勞動力相對越多的婦女, 也都生育較少的兒女, 也即勞動參與程度與生育子女數目呈反相關現象。這種關係在工業國家比在非工業國家更為明顯。在工業化國家多數婦女都從事家庭以外並可直接賺得工資的工作, 而這類婦女為能保有工作, 增加收入, 多半對養育眾多兒女較少有興趣。因之比起從事家庭內工作的婦女, 其養育的子女數都較少。

　　晚近臺灣快速工業發展的結果導致非農業的從業人口占全部從業人口的比率增加, 不論是男是女其變化的趨勢都相同。婦女從事農業外工作人口占全部婦女從業人口百分比的增加幅度較之男性從事農業外工作人口占全部男性從業人口百分比的增加幅度毫不遜色。在1952年時臺灣滿 12 歲以上的就業人口中, 從事非農業的工作人口占 39%, 至 1966 年時增至 47%❸。在 1967 年政府統計就業人口結構時所取年齡改為 15 歲以上, 此時非農業從業人口占滿 15 歲以上就業人口的 50.6%, 至 1978 年已提高至 68.2%❹。由這些數字的變化可知,

---

❸　同註❶, 8頁。
❹　同註❶, 9頁。

過去 20 餘年來工業快速發展的結果促使從事農業外可獲工資收入的職業的人口所占比率大爲升高，其中婦女從事可獲工資收入的農業外職業的工作者占全部就業婦女人口的比率也大幅升高，這種變化是導致出生率下降的重要原因之一。

2. 養育子女成本提高對出生率下降之影響

就理論上言，一般工業社會養育子女成本都比農業社會養育子女的成本高。在農業社會中父母對子女的養育較爲簡單，耗用的直接成本也較少，父母本身的機會成本也較低，但在工業社會當父母者養育子女都較爲講究。一般工業社會對子女品質的要求較高，因之父母用於子女的直接成本也較高。又在工業社會父母在外謀職賺錢的機會較多，養育子女時就不能就職或兼職，因而造成的機會成本也較大。在工業社會中養育子女成本相對較高的結果，易於導致出生率的下降。

近年來臺灣社會邁向工業化，男女青年從事農業外的職業者相當普遍，對許多就業的父母而言，兒女價值的觀念逐漸被沖淡，反之兒女負擔的觀念逐漸被加重。小孩出生之後請人代養時需要費用，生病醫療需要費用，讀書上學需要費用，兒女長大後求職相當競爭，找關係說人情又是另一種負擔。孩子多了需要買房子增加住的空間，但購屋越來越不容易。工業社會中孩子成本的提高，對於出生率下降實有相當可觀的作用。

三、教育發展對出生率下降之影響

過去不少有關出生的研究指出，不論是在若干已開發國家或在開發中國家，個人教育程度與出生率都呈反相關。在美國，教育程度與出生率的相關性是如此，在德國、日本、阿拉伯共和國、印度等國教育與出生的關係也是如此❺。有關臺灣地區的生育研究報告也指出，

❺ U. N., *The Determinants and Consequences of Population Trends,* 1973, 98 及 99 頁。

屬同年齡的婦女其敎育程度與生育子女數之間也有相反方向的關係。Freedman, Takeshita 及 Sun 等人在其有關臺灣出生率與家庭計劃的著作中指出，按 1962 年的調查，35～39 歲婦女中沒有受過敎育者平均有 5.7 個生下來存活的子女，而受高敎育的婦女平均生後存活的子女數只有 3.6 個❻。

　　當個人的敎育程度與生育率呈反相關的情況下，若其他條件不變，則社會上全人口之敎育程度若普遍提高，必然也會影響社會上全人口生育率普遍下降。過去 20 餘年臺灣生育率下降之趨勢固然受到許多因素所影響，但其中受敎育普及與女性的敎育程度普遍提高之影響至深且大。過去臺灣人口敎育程度提高的情形至爲明顯，在 1952 年時全人口中六歲以上人口中曾受過大專及中學以上敎育者僅占10.2%，至 1978 年時增至 41.0%❼。

四、都市發展對出生率下降之影響

　　過去不少研究指出一國之內都市居民之出生率常較之鄉村居民的生育率低。雖然在若干國家的都市化初期某些都市人口的出生率有高於鄉村地區的出生率的現象，但就長期以觀，大致上都市人口的出生率都較低於鄉村人口的出生率。都市人口出生率相對較低的原因與其所處環境及居民心理上的特質有關。一般都市中的社會組織都較爲次級性，也卽較少傳統性，居民受到傳統社會組織的期望及壓力相對較低。都市社會居民的心理特質較傾向個人主義及自由性，較不願受子女牽累。且在都市社會中養育子女的成本與代價相對較高，以上這些因素都可能影響都市居民的心態較傾向偏好小家庭制。又從城鄉間醫

---

❻　Freedman, Takeshita and Sun, *Fertility and Family Planning in Taiwan*, 1964, 22-25 頁。

❼　同註❻，7 頁。

療設施的差異看，一般都市地區的設施都較鄉村地區的設施為優，故都市地區的嬰兒死亡率較低。此外當都市居民有意要接受家庭計劃或生育控制的指導與服務時，也較容易獲得。都市地區的這些優越條件與特性，具有導致其生育率相對較低的作用。

　　過去二、三十年來臺灣都市發展極為迅速，都市的數目增加。在 1964 年時只有 12 個都市，至目前增至 18 個。在都市發展過程中，各個都市的規模也不斷擴大，就以臺北市為例，在 1964 年時共有人口只有 1,065,700 人，至 1978 年增至 2,163,605 人，約增加一倍。都市發展原因很多，包括政府著重工商業發展的政策，建築與交通技術的發達，內生及外來人口的驟增等。都市發展的結果，使都市人口的增加相對快速，其絕對量及占全人口的比率都快速上升，在 1964 年臺灣各都市人口占全人口的 21.3%，至 1978 年時增至 41.9%。人口集中都市之後，人們生活態度改變，對養育子女數目的觀念也發生變化。一般的變化是，傾向喜歡較少數目的子女。臺灣都市人口家庭規模變小的結果對臺灣全人口出生率的下降有直接的功效。當前臺灣都市人口出生率的水準較之鄉村人口出生率為低的事實可由表 1-1 的資料明顯看出。

　　由表 1-1 中可以看出都市地區的各種生育率大致比非 都市 地區低。且在都市地區內五大都市的各種生育率分別比縣轄市的各種生育率低，而在鄉村地區內，較都市化的鎮之各種生育率也比鄉的各種生育率低。此外，平地鄉的各種生育率又比山地鄉的各種生育率低。

五、醫療衛生發展與家庭計劃的推展對出生率下降的影響

　　影響臺灣人口出生率下降的社會因素之中，醫療衛生發展及家庭計劃的推展更是不可忽視的一項。醫療衛生發展減低嬰兒及年幼小孩的死亡率，影響當父母者較容易接受少生子女的觀念。又醫療技術的

表一之一：臺灣都市地區與鄉村地區各種出生率的比較（千分率）

		都　市　地　區			鎮	鄉		
		計	五大都市	縣轄市		計	平地鄉	山地鄉
粗　出　生　率		22.9	22.0	24.6	24.5	25.7	25.7	25.8
一　般　生　育　率		87	83	96	98	106	106	122
總　生　育　率		2,390	2,285	2,605	2,810	3,055	3,040	3,805
年齡別 出生率	15-19	27	25	32	35	45	43	92
	20-24	167	156	189	196	224	224	234
	25-29	193	187	206	226	235	236	199
	30-34	69	68	70	78	77	76	121
	35-39	17	16	19	21	23	22	75
	40-44	4	4	4	4	6	6	37
	45-49	1	1	1	1	1	1	3
毛　繁　殖　率		1.1514	1.1000	1.2566	1.3581	1.4723	1.4655	1.8179
淨　繁　殖　率		1.1156	1.0634	1.2155	1.3102	1.4112	1.4064	1.6873

資料來源：內政部編印，中華民國臺閩地區人口統計，民國 67 年， 734-735 頁。

發展也有助於生育控制的實行。家庭計劃的推廣深切影響人們對生育
態度的改變，變為較能接受小家庭的價值與規範。家庭計劃工作中的
婦幼衛生服務更能直接幫助婦女接受各種避孕或阻止生產的方法，使
其能按願望生育較少子女。

　　過去二、三十年來臺灣的醫療衛生發展極為快速，家庭計劃工作的推展也甚為積極。從 1952 年至 1978 年間，當人口數量的指數增至211% 時，所有醫護人員的指數增至 679%，其中醫生數的指數增為351。可見每一單位人口可分得的醫護人員或醫生數都呈增加趨勢。過去政府及民間積極推展家庭計劃的情形，則可從歷年參與工作推行的人員及用於此項計劃的費用及接受計劃人數的變化見其一般。

　　自民國 43 年以後家庭計劃的工作在臺灣繼續展開。自 53 年之後政府衛生組織部門正式將家庭計劃納入計劃性的工作。以後不僅是政府機構積極展開家庭計劃工作，民間團體也紛紛展開工作。目前全臺灣地區各基層的家庭計劃訪視人員約為 450 人，加上民間參與工作的醫護技術人員、醫護行政人員及社會工作人員等實際參與工作的人員應有千人以上。每年用為推行家庭計劃的費用為數也不少，僅民國 68 年政府支出的家庭計劃推行費用即共一億二千一百餘萬。家庭計劃推行的結果使不少人接受各種避孕的方法。自民國 53 年至 68 年間約有 200 萬已婚婦女接受裝置樂普, 50 餘萬已婚婦女曾服用避孕藥，並約有 40 餘萬丈夫曾使用過保險套。又自 62 年以後約有 8 萬餘女性及近萬男性接受結紮手術。根據臺灣省及臺北市的家庭計劃年度報告，僅在民國 68 年 1 年內全臺灣地區接受各種生育控制方法者共約有 35 萬 7 千人。其中接受子宮內避孕者有 162,730 人，使用口服避孕藥者有 61,999 人，使用保險套者共有 80,228 人，實行結紮者共有 51,807 人，其中女性結紮者有 47,900 人，而男性結紮者有 3,907 人。

六、歷年出生水準下降的趨勢

　　綜合各項影響出生率下降的因素之效果，臺灣地區自1950年代初期以後，人口的粗出生率大致呈顯明逐漸下降的現象，但在這期間內

也發生過短期回升的現象。長期呈現下降的趨勢,可由 1952 年的 46.6 ‰降至1978年的24.1‰的事實見之,而短期回升的現象則發生於1955, 1958, 1969, 1976及1978年。各回升年代的回升幅度分別是1954至1955 由44.6‰回升至45.3‰, 1957 至 1958由41.4‰ 回升至 41.7‰, 1967 至1968由28.5‰回升至29.3‰, 1975至1976由23.0‰ 回升至 25.9‰, 又1977年至1978年由23.8‰回升至24.1‰。上舉回升的幅度以1975至 1976的情形較爲顯著,主要因受龍年生育偏好的影響,其餘各年回升 的幅度都較微小。

表一之二:　歷年臺灣地區人口粗出生率的變化

年　　代	1952	1953	1954	1955	1956	1957	1958	1959	1960
粗出生率	46.6	45.2	44.6	45.3	44.8	41.4	41.7	41.2	39.5
年　　代	1961	1962	1963	1964	1965	1966	1967	1968	1969
粗出生率	38.3	37.4	36.3	34.5	32.7	32.4	28.5	29.3	27.9
年　　代	1970	1971	1972	1973	1974	1975	1976	1977	1978
粗出生率	27.2	25.6	24.1	23.8	23.4	23.0	25.9	23.8	24.1

資料來源: 行政院經建會, Taiwan Statistical Data Book, 1979 , 5頁。

第二節　工商業發展與城鄉人口在分配上及 結構上的改變

一、工商業發展過程及工商業機關的集中性

自民國 42 年耕者有其田實施後, 政府卽開始著手計劃並實行一

連串的 4 年或 6 年經濟建設計劃,建設計劃的終遠目標指向如下數項:
(1) 提升經濟成長率, (2) 增加就業率, (3) 增加投資, (4) 提高生
活水準❽。爲能達成這些目標, 採用發展工業及開拓貿易爲主要方法。
爲使工業及貿易能有效發展,政府也採行一連串鼓勵性的政策與措施。
於是工業生產值占國家總生產值的比重大爲提高, 而出口的工業產品
價值占全部出口產品價值的比重也不斷提高。前者從民國 41 年的
17.1% 增加到 67 年的 40.2%, 而後者從民國 41 年的 4.8%, 增
加到 67 年的 89.1%❾。

　　工業與貿易發展的結果,全臺灣增加許多的工廠及公司行號,而多
數新增加的工廠及公司行號大多集中在各大都市及附近的工業鄉鎮,
尤以集中北部臺北大都會及南部的高雄大都會最爲明顯。民國 41 年
時全省共有工廠數 9,966 家, 至 67 年時增至 52,849 家❿。 民國
67 年時在北部的臺北縣市、桃園縣及在南部的高雄縣市的工廠數及工
商業公司數, 仍分別高占當年全省工廠數及公司數的 39.17% 及 77.
03%。可見在過去臺灣工廠及商業地理分佈上的集中性相當高。其中
商業明顯集中於都市, 而工業則集中在大都市附近的郊區。

二、城鄉人口分配的變遷

　　隨著工商業發展並集中於大都會內及其附近的結果, 過去二十餘
年來, 人口也由鄉村大量並快速移向大都會集中, 且許多原來的小城
鎮也相繼變爲都市,因而都市的人口所占比率越來越多, 鄉村人口所
占比率則越來越少。在民國 53 年時全臺灣共有都市 12 個, 而共有

---

❽　李國鼎,「第五期四年經濟計劃的展望」, 國際貿易月刊, 14 卷 2 期,
　　民國58年, 1 至 4 頁。

❾　Council for Economic Planning and Development(CEPD), Executive
　　Yuan, Republic of Chian, *Taiwan Statistical Data Book*, 1977, p.
　　33 & p. 190.

❿　同註❷。p. 95.

都市人口 3,530,486 人，占全省 12,280,557 人的 25.8%，而至 67
年時都市人口增至 7,174,368 人，已相當臺灣全部人口的 41.9%。
人口集中大都市及其附近鄉鎮的現象顯然反映出人口由鄉村向都會移
動並集中。

　　分析過去一、二十餘年來形成都市人口快速增加的人口要素共可
分成四大成分：(1)新增都市人口的加入，(2)自鄉村移向都市人口，
(3) 都市內部自然成長的人口，(4) 原來都市因擴張版圖所增加的人
口。就第一項成份而言，自民國 53 年至 67 年，臺灣都市數目由原
來的 12 個增至 18 個，即增加三分之一，由新增都市所增加的都市
人口因而也相當可觀。又就第二項成分而言，雖然過去某一時間內各
都市所獲得的淨移入人口數不一定比其本身自然成長的人口數多，但
一般淨移入人口數也頗可觀。就以高雄市為例，自民國 48 年至 67 年
間所增加的人口數共為 625,368 人（由 438,429 人增至 1,063,797
人），其中有 239,444 人是由淨移入得來，其餘則由自然增加得來。
由淨移入而增加的人口共占全部增加人口的 38.3%，為數也頗可觀。
再觀察第三項構成都市人口增加的成分，我們大致可以看出，多數都
市所增加人口中大部份都由自然增加得來，就以民國 48 年至 67 年
高雄市人口增加的情形說明，前已算出在這段期間內，該市所增加的
人口中有 38.3% 得自淨移入人口，其餘 61.7% 則是得自自然增
加。可見由自然增加所增加的人口數反比由淨移入所增加的人口數多。
最後再就第四項構成都市人口增加的成分分析，就以臺北市在民國57
年擴大市區範圍為例來說明出如何影響全市人口的增加。當民國 57 年
臺北市改變地理範圍時，自臺北縣劃入五鄉鎮變為臺北市的新市區，
這些新區的人口相當於當年全市人口的 20.2%。

　　總之，上舉四種成分都對都市人口的變化發生重大的影響，由其

影響不但使臺灣的都市人口的絕對數量逐年驟增，且使都市人口占總
人口的百分比也逐年提高。表 2-1 列舉歷年臺灣都市人口數量及其占
全人口百分比的變化。

表二之一： 歷年臺灣都市人口數量及其占全人口百分比的變化

年　度	全　省　人　數	都市人口數	都市數目	都市人口占全人口的%
1943	6, 585, 841	1, 399, 671	11	21.3
1956	—	—	—	25.8
1964	12, 280, 557	3, 530, 486	12	28.7
1965	12, 654, 223	3, 681, 850	12	29.1
1966	13, 021, 215	3, 832, 680	12	29.4
1967	13, 362, 725	4, 096, 048	13	30.7
1968	13, 682, 588	4, 578, 307	13	33.5
1969	14, 096, 294	4, 806, 492	13	34.1
1970	14, 505, 414	5, 034, 267	13	34.7
1971	14, 835, 394	5, 326, 041	14	35.9
1972	15, 141, 935	5, 759, 720	16	38.0
1973	15, 426, 936	5, 959, 907	16	38.6
1974	15, 852, 224	6, 255, 012	16	39.5
1975	16, 149, 702	6, 543, 475	17	40.5
1976	16, 508, 190	6, 849, 696	18	41.5
1977	16, 813, 127	7, 006, 928	18	41.7
1978	17, 135, 714	7, 174, 368	18	41.9

資料來源：歷年臺灣人口統計或中華民國臺灣地區人口統計。

　　當臺灣工商快速發展及都市人口快速增加的期間，雖然非都市人
口或稱鄉村人口，其絕對數量仍也有增無減，但增加的幅度卻相對較
少。在 1964 年至 1978 年間，都市人口共增加 3, 643, 882 人，但鄉
村人口僅增加 1, 211, 275 人，前者約為後者的三倍。在同一期間內
都市人口占全人口的比率也由 28.7% 增至 41.9%，而在這期間內，

鄉村人口則由 71.3% 減至 58.1%。下表顯示在 1964 年至 1978 年間臺灣都市人口與鄉村人口絕對數量及相對比重的變化。

表二之二: 1964 年至 1978 年間臺灣都市人口及鄉村人口的變化

年　代	全臺灣人口數	%	都市人口	%	鄉村人口	%
1964	12,280,557	100	3,530,486	28.7	8,750,071	71.3
1978	17,135,714	100	7,174,368	41.9	9,961,346	58.1
改　變	4,855,157	—	3,643,882		1,211,275	—

　　由上表的數字我們可進而再算出，在 1964 年至 1978 的十餘年間，臺灣都市人口增加 103.2%，而鄉村人口僅增加 13.8%。而在同一期間內臺灣全人口則增加 39.5%。

　　進一步再分析工商發展過程中都市人口及鄉村人口再分配的性質，結果則可看出以下所說明的若干特性。先就都市地區人口再分配的特性看，較重要者有如下諸點:

　　1. 大都市增加的人口數較多

　　1964 至 1978 年之間各個都市中增加最多人口者大致上都爲原來較大型的都市。其中以臺北市增加 1,097,905 人最多，其次是高雄市增加 504,674 人，再次爲板橋市增加 233,123 人，及臺中市增加 233,123 人。其中僅板橋市非在原來的五大都市之內，其餘則都在原來的五大都市之內。目前板橋市的人口數已超過基隆市的人口數，因而取代基隆市而成爲第五大都市。

　　2. 新興的都市人口增加率較高

　　在 1964 至 1978 年之間，各大都市中每年平均人口增加率較高者依次爲板橋市 (26.0%)，鳳山市 (12.41%)，桃園市 (9.06%)，

三重市(8.38％)，中壢市(7.65％)，這五個都市都爲較新興的都市。

3. 農業區域內的都市人口成長的速度較緩慢

相反的，在 1964 年至 1978 年間人口成長速度較緩慢的都市大多爲位於農業區域內的縣轄市。每年平均人口增加率較低者依次是嘉義市 (1.82％)，宜蘭市 (1.95％)，基隆市 (2.04％)，屏東市 (2.29％)，新竹市 (2.65％)。其中除基隆市附近的農業色彩較爲淡薄外，其餘都是位於農業色彩濃厚地帶的縣轄市。

4. 大都市內老社區人口有減少的現象

由人口統計資料進而可看出，在人口最多的臺北市，於 1964 年至1978年間若干較古老的社區人口有減少的趨勢。很顯然是由人口淨移出的後果。在這期間內人口減少的地區則有建成區(－38,724人)，龍山區 (－19,085 人)，延平區 (－18,674 人)。這些人口減少的老社區都是原來的商業中心區 (Central Business Districts)。可見隨着都市的成長，商業機關有由市中心向外分散的趨勢。

在工商發展過程中，隨着人口集中都市，鄉村人口的分配也發生變化，鄉村地區人口再分配的重要性質約可從三方面說明。

1. 圍繞大都市附近的非都市鄉鎮有多數及高比率的淨移入人口

計算在 1969 年至 1974 年間全省296 個鄉鎮的淨移動人口，多數鄉鎮有人口淨移出，只有少數圍繞大都市的鄉鎮有人口淨移入的現象。後者主要是包括圍繞臺北市的新莊、樹林、新店、永和、中和，及圍繞高雄市的大寮、小港、岡山及林園等鄉鎮。

2. 設有工業區的鄉鎮人口移出率較爲緩和

在過去十餘年間，許多工業區在鄉村地帶設立，而設有工業區的鄉鎮人口外移大致呈有緩和的現象。幼獅工業區所在的楊梅鎮自 41 年設立工業區以後，每年平均人口淨移出率都比其餘鄰近未設有工業

區的新屋鄉及新埔鎮的年平均人口淨移出率低。又南崗工業區所在的南投鎮，自 65 年設立工業區後年平均人口淨移出率也比隣近未設有工業區的名間、田中、芬園、社頭及中寮等鄉鎮的年平均人口淨移出率低。可見鄉村工業的發展具有緩和人口外流的作用，因而也影響人口的再分佈。

　　3. 農業地帶人口大量移出

　　自1959年以後至1978年間，幾乎所有農業縣份都有淨移出人口。在這期間內移出人口最多的縣份依次是嘉義縣（233.8千人），臺南縣（220.7千人），雲林縣（215.3千人），彰化縣（207.1千人）。嘉義、臺南、雲林及彰化等四個人口移出量最多的縣份也是最重要的農業縣份。

三、都市與鄉村人口在年齡結構上的變化及其差異

　　因爲從鄉村移往都市的人口在年齡上有選擇性，也卽移動人口在年齡的組合上與非移動人口的年齡組合有所差別。因之，隨着工商發展及人口都市化的過程，都市人口及鄉村人口在年齡組合上或結構上都發生變化。從過去的研究得知，晚近自臺灣鄉村移往都市的人口之中，年靑人所占的比率相對較高，致使十餘年來都市地區人口與鄉村地區人口在年齡結構上的變動有所不同。就兩種地區在三大年齡結構方面的變化之差異說明如下。

　　1. 都市地區年靑人口占全人口的百分比之增加幅度比鄉村地區年靑人口占全人口百分比之增加幅度大。

　　因爲隨着工商業及都市的發展，人口的主要流向是從鄉村移往都市，又自鄉村移往都市的人口中，靑壯人口所占比率相對較高，乃導致在都市地區靑壯人口所占比率相對增加較多或減低較少。在 1964 至 1978 年間，臺灣都市地區年齡在 25-29 的人口占全年齡人口的比率由 7.5% 增至 10.1%，增加的百分比數爲 2.6。在同期間在鄉村

地區同年齡組的人口占全年齡人口的比率則由 6.1% 增至 8.5%，增加的百分比數僅為 2.4，較都市人口增加的百分比數為低。又於同一期間內，在都市地區年齡在 30 至 34 的青壯年人口，由原來占總人口的 7.0% 降至 6.4%，下降的百分比數為 0.6，而在鄉村地區同年齡人口占總人口的比率，則由原來的 6.4% 降至 5.1%，下降的百分比數為 1.3。也即在鄉村地區下降的百分率較大。依前面所列舉，在都市及鄉村地區青壯年齡層人口所占比率的上升與下降顯然還受到各地區出生率變化的影響，若將出生率的影響效果去除不算，只留下人口移動的影響，則在都市地區青壯人口所占比率比鄉村地區青壯人口所占比率相對增加較大或減少較小的差異將更明顯。

2. 在鄉村地區老年人口占全人口比率之增加幅度較都市地區老年人口占全人口比率之增加幅度大。

由於出生率的漸趨緩和及生命期望的延長，不論在都市或鄉村，65 歲以上的老年人占全人口百分比都增加，但因自鄉村移往都市人口中青年人口所占比率相對較高，故形成在過去一段時間內，鄉村人口有老化的現象。從全省人口的統計資料可算出在 1964 至 1978 的 14 年間，臺灣鄉村人口中老年人所占比率的增加幅度比都市人口中老年人口所占比率的增加幅度大。在這期間內鄉村地區 65 歲以上的人口，由占原來總人口的 2.7% 增至 4.4%，而都市地區 65 歲以上人口則由原來占總人口的 2.1% 增至 3.4%。也即在鄉村地區 65 歲以上人口所占百分率的變遷為 1.7，而在都市地區同年齡的老年人口所占百分率的變遷僅為 1.3，顯然前者的變化幅度大於後者。

3. 由於移動人口在年齡上有選擇性，影響目前在都市地區年青人所占比率較高，而在鄉村地區則老年人口所占比率較高。

由於從鄉村往都市遷移的人口有偏向青壯年的性質，導致當前在

都市地區青壯年人口占全年齡人口的比率相對較高，而在鄉村地區則老年人口占全年齡人口的比率相對較高。也即是說都市成為青壯人口的會集之地，而鄉村則成為老年人留住之所。在 1978 年時都市地區年齡在 25-34 的青壯人口占全都市人口的 16.5%，而在鄉村同年齡組的人口則僅占全鄉村人口的 13.6%。又於同年，在都市地區年齡在 65 歲以上的老年人口所占比率僅為 3.4%，而在鄉村地區，同年齡的老年人口則占 4.4% 之多。

　　有關於 1964 年至 1978 年間臺灣都市地區及鄉村地區人口年齡結構的變化及其差異資料可參見表 2-3。

表二之三: 1964 年至 1978 年間臺灣都市地區及鄉村地區人口在年齡結構上的變化及其差異。(%)

年齡別	年代	0-4	5-9	10-14	15-19	20-24	25-29	30-34	35-39
都市地區	1964	15.3	15.0	13.1	8.1	7.7	7.5	7.0	6.8
	1978	10.9	11.1	11.1	10.8	10.4	10.1	6.4	5.9
	變遷	−4.4	−3.9	−2.0	2.7	2.7	2.6	−0.6	−0.9
鄉村地區	1964	16.2	15.0	13.4	8.6	8.1	6.1	6.4	5.9
	1978	11.3	10.6	11.5	12.3	11.1	8.5	5.1	5.1
	變遷	−4.9	−4.4	−1.9	3.7	3.0	2.4	−1.3	−0.8

表二之三（續）

年齡別	年代	40-44	45-49	50-55	56-59	60-64	65以上	合計
都市地區	1964	5.8	4.3	3.5	2.3	1.6	2.1	100
	1978	4.9	4.7	4.5	3.4	2.3	3.4	100
	變遷	−0.9	0.4	1.0	1.1	0.7	1.3	0
鄉村地區	1964	4.6	3.7	3.4	2.6	1.8	2.7	100
	1978	4.9	4.9	4.4	3.4	2.5	4.4	100
	變遷	0.3	1.2	1.0	0.8	0.7	1.7	0

　　資料來源: 臺灣人口統計 1964, 1978。

四、都市與鄉村人口在性別結構上的變化及其差異

在工商及都市發展過程中，從鄉村移往都市的人口不僅在年齡上有選擇性，且在性別上也常有選擇性，只不過在不同移動過程中，移動人口的性別選擇不如年齡選擇那麼一致。在年齡選擇上通常都表現出青壯年人較易移動，但在性別選擇上則有時顯出男性較易移動，有時顯出女性較易移動。過去 10 餘年來臺灣地區從鄉村移往都市的人口大致顯出女性相對較易移動，尤以較易移動的年青人口羣為是，也卽移動人口大致偏向選擇女性。臺灣鄉市間移動人口的此種特性，導致自 1964 年至 1978 年間都市地區全年齡人口及青壯人口的性比率較顯著下降，而鄉村地區全年齡人口及青壯人口的性比率則呈上升或較小幅度下降。將都市地區及鄉村地區人口在性別結構上的變化及其差異再略加分析說明如下：

1. 都市地區全部人口的性比率下降，而鄉村地區全人口的性比率上升。

在 1964 年至 1978 之十餘年間，是本省工商快速發展的時期，因而也是人口移動最快速的時期。在這期間內從鄉村地區移入都市地區人口的性比率大致比都市地區人口及鄉村地區人口的性比率都低。在人口主要移入地的都市地區全人口之性比率因而下降，而在人口主要移出地的鄉村地區，全人口的性比率因而上升。在 1964 年時全部都市人口的性比率為 111.7，至 1978 年時降至 108.6。而在 1964 年時全鄉村人口的性比率為 107.9，至 1978 年時則上升至 110.2。

2. 在都市地區年齡界於 25-29, 30-34, 及 35-39 者最易移動的青壯年人口羣之性比率都下降，而在鄉村地區 25-29 年齡組人口的性比率則上升。但 30-34 及 35-39 兩組人口的性比率雖也下降但不如都市地區同年齡組人口性比率的下降幅度之大。在都市地區這些青壯

年齡組性比率之下降，表示移入青壯人口的性比率比原來青壯人口的性比率低。又在鄉村地區 25-29 年齡層人口性比率之上升則表示此種年齡移出人口性比率比原來同年齡人口性比率低。

　　3. 當前在都市地區青壯人口女多於男，而在鄉村地區青壯人口則男多於女。

　　由於自鄉村移往都市的青壯人口，有偏於女性的趨勢，導致當前在人口淨移入的都市地區，年齡在 20-24, 25-29, 30-34, 35-39 及 40-44 等各組青壯年人口的性比率都低於 100，而在人口淨移出的鄉村地區，這些青壯年齡層人口的性比率都高於 100。有關在 1964 年至 1978年間臺灣都市地區及鄉村地區全人口及各年齡組人口性比率的變化及其差異，詳列於表 2-4。

表二之四: 1964年至1978年間臺灣都市人口及鄉村人口性比率之變動

區別及年代 \ 年齡別	0	1-4	5-9	10-14	15-19	20-24	25-29	30-34	35-39	40-44
都市地區 1964	108.0	107.1	106.9	105.8	105.8	97.0	96.6	112.4	132.2	149.3
1978	108.2	106.7	106.7	107.5	105.9	97.8	95.0	98.5	99.0	99.5
變遷	0.2	—0.4	—0.2	1.7	0.1	0.8	—1.6	—13.5	—33.2	—49.8
鄉村地區 1964	105.5	105.3	104.9	104.9	106.4	113.3	109.5	113.2	119.3	117.8
1978	108.0	106.1	105.5	104.8	104.8	109.7	114.2	112.7	109.7	109.5
變遷	2.5	0.8	0.6	—0.1	—1.6	—3.6	4.7	—0.5	—9.6	—8.3

表二之四: （續）

區別及年代 \ 年齡別	45-49	50-54	55-59	60-64	65-69	70-74	75-79	80-84	85以上	全年齡
都市地區 1964	152.7	151.4	128.9	110.2	89.9	90.4	54.3	35.8	—	111.7
1978	135.9	167.2	160.9	146.2	127.4	100.5	80.0	59.7	39.5	108.6
變遷	—16.8	15.8	32.0	36.0	37.5	10.1	25.7	23.9	—	—3.1
鄉村地區 1964	120.2	118.8	109.1	101.1	90.3	77.2	63.2	44.7	—	107.9
1978	127.6	141.5	129.3	119.6	106.7	89.9	78.5	64.2	47.2	110.2
變遷	7.4	22.7	20.2	18.5	16.4	12.7	15.3	19.5	—	2.3

資料來源: 臺灣人口統計 1964 年; 中華民國臺閩地區人口統計 1978 年。

第三節　社會多層面的發展與死亡水準及結構的變遷

一、影響死亡率下降的多種社會發展因素

　　戰後臺灣地區在死亡方面的最重要改變是死亡率的顯著下降。在 1947 年正當戰爭結束之時，臺灣全人口的粗死亡率仍高至 18.14‰，此後短期間內死亡率迅速下降，至 1955 年時已降至 10‰ 以下。至 1978 年時粗死亡率低至僅爲 4.69‰，比高度開發國如美國的粗死亡率還低。

　　臺灣人口死亡率之下降乃受社會多方面的發展所影響。廣泛的社會發展因素包括經濟發展、醫療進步、社會制度與習慣的改革，及自然環境的改進等五大方面。而在每一大因素之下又包含各種較具體的細微因素，譬如在經濟發展方面則又包括糧食生產增加、農工技術改進、交通運輸改善、國民收入提高等。而衞生改善方面則包括公共衞生設施及服務的普及及個人衞生條件與習慣的改進。其中以預防注射的普遍推廣最值注意。在醫療改進方面則包括各大小型醫院的普遍設立、醫護人員的增加及進步的醫療物品及方法的使用等。社會制度的改革方面的具體內容則包括各種保險制度的發展、工作及住宅條件的改進，及有關衞生健康的社會運動及制度的建立或推廣等。又在自然環境改進方面，較具體的表現則包括自來水供應的普及與住處環境的改善等。

　　上列種種社會發展因素都直接或間接有利改進居民健康及減除疾病或傷害，因而都構成爲影響死亡率下降的重要因素。其中究竟何種因素的影響較大，很不容易用精密的數量方法分辨清楚，但經其綜合影響之後，已收到死亡率下降的後果，則是很肯定的。

二、死亡率下降的趨勢與性質

回顧臺灣人口死亡率下降趨勢可從粗死亡率及年齡別死亡率的下降情形兩大方面加以分析，就這兩方面下降的趨勢與性質分別說明如下：

1. 粗死亡率下降可分成三個不同階段

自 1906 年臺灣舉行第一次人口普查以後，資料卽顯示死亡率大致就呈下降趨勢。又自光復以後下降的趨勢大致相當穩定，除於 1954 至 1955 年之間有回升現象以外，其餘期間都呈下降趨勢。在過去這 30餘年間粗死亡率下降的趨勢大概可分成三個不同階段：(1) 在 1958 年以前爲粗死亡率快速下降的時期，在這時期每年下降幅度在0.5‰以上乃至有高至0.9‰者。(2) 1959 年至 1964 年爲粗死亡率中度下降時期，在此期間內每年粗死亡率下降範圍在 0.3‰ 左右。(3) 自 1965 年以後爲粗死亡率低度下降或持平下降的時期，這時間每年死亡率的下降大致僅爲0.1‰，甚至有許多年之間死亡率不再變化，可見在此時間內死亡率已降至極低並很穩定的水準。將各時期粗死亡率變化的趨勢列於下表

表三之一: 歷年臺灣地區人口粗死亡率的變遷 (‰)

年代	1906	1910	1915	1920	1925	1930	1935	1940	1947	1950	1952	1953	1954
粗死亡率	33.4	27.5	31.5	32.0	23.9	19.4	20.3	19.4	18.1	11.5	9.9	9.4	8.2
年代	1955	1956	1957	1958	1959	1960	1961	1962	1963	1964	1965	1966	1967
粗死亡率	8.6	8.0	8.5	7.6	7.2	7.0	6.7	6.4	6.1	5.7	5.5	5.5	5.5
年代	1968	1969	1970	1971	1972	1973	1974	1975	1976	1977	1978		
粗死亡率	55.5	50.0	4.9	4.8	4.7	4.8	4.8	4.7	4.7	4.8	4.7		

資料來源: 1906 年至 1940 年資料得自歷屆人口普查資料; 1950 年至 1978 年得自歷年臺灣人口統計。

2. 小孩及老年人口死亡率下降的幅度較大

進一步再分析自光復後臺灣人口年齡別死亡率變遷的性質，則可看出小孩及老人人口組的死亡率下降的幅度顯明較大。按年齡別來看各地人口死亡率的水準，本來都可看出一個共同的現象，卽是最低及最高年齡人口的死亡率都較高，中間年齡人口的死亡率則較低。一般的情形是 1 歲以下的嬰兒的死亡率都甚高，而後逐漸下降，到 10 至 14 歲時下降到最低點，然後再逐漸回升，到老年時達到高峯。臺灣人口年齡別死亡率的性質也離不了這種基本模式。因爲幼齡小孩及老年人口的死亡率都較高，因而在死亡率下降的趨勢中，這些高死亡率年齡層人口的死亡率下降的幅度也都較大。表 3-2 列舉這些不同年齡別人口死亡率下降幅度差異的資料。

三、社會發展過程中死因結構的變遷

因爲社會在發展過程中影響死亡的原因也隨著發生變化，導致整個人口死因結構也發生變化。過去十餘年來臺灣人口死因結構的變化，可分成數個重要性質加以說明，這些變化的特性都反映出社會發展與社會變遷的特性。

1. 較內生性 (endogenous) 或慢性 (chronic) 疾病的死因比重加重，而較外生性 (exogenous) 或傳染性 (infectious) 的死因比重減輕

比較 1964 年時與 1978 年時臺灣死因重要次序的變化，可將各種重要死亡原因分成不變型，上升型及下降型等三類。在各大死因中位次不變者有腦血管病及癌症等兩種，位次上升的死因則包括意外傷亡、心臟病、肝病及高血壓等。而位次下降的重要死因則包含了肝炎、肺結核、支氣管病、胃腸病及自殺或傷害等。三類死因中的前兩類除了意外死亡與傷害外，大致都是屬於體質內生性或常年慢性的疾病所

表三之二：　光復後臺灣人口年齡別死亡率的變化　（千分率）

年代 \ 年齡別	全年齡	0-4	5-9	10-14	15-19	20-24	25-29	30-34
1950	11.47	28.84	3.38	2.19	2.22	3.48	4.24	5.31
1955	8.59	18.40	1.84	1.06	1.27	1.98	2.46	3.28
1960	6.95	12.93	1.13	0.80	1.36	2.30	2.24	2.76
1965	5.37	8.35	0.75	0.61	1.06	1.61	1.85	2.23
1970	4.90	5.58	0.62	0.54	1.00	1.39	1.60	2.09
1975	4.64	3.35	0.50	0.49	0.98	1.26	1.40	1.72
1978	4.69	3.38	0.51	0.44	1.02	1.25	1.32	1.60
1950年至1978年的變遷	-6.78	-25.46	-2.87	-1.75	-1.20	-2.23	-2.92	-4.71

表三之二：　續

年代 \ 年齡別	35-39	40-44	45-49	50-54	55-59	60-64	65-69	70+
1950	6.29	9.67	12.56	18.21	26.06	36.52	48.70	108.04
1955	4.25	5.62	8.57	12.34	18.75	29.39	43.35	103.65
1960	3.62	5.03	6.57	10.83	17.06	25.53	41.11	97.40
1965	2.87	4.09	6.19	8.97	14.64	23.75	35.24	87.57
1970	2.66	3.58	5.57	8.79	12.50	22.91	35.94	86.40
1975	2.51	3.54	5.10	7.73	12.54	15.47	30.46	79.05
1978	2.30	3.47	4.98	7.72	12.00	18.48	23.48	74.37
1950年至1978年的變遷	-3.99	-6.20	-7.58	-10.49	-14.06	-18.04	-25.22	-33.67

資料來源：同表 3-1。

導致的死因，而後一類則大致是由傳染而得疾病所形成的死因。腦血管及癌症一向分別位於死因中的第一及第二位，意外傷亡則由1964年的第五位升至 1978 年的第三位，心臟病則由原來的第十位升至第四位，肝病由原來的十大死因以外的位次晉而排列第六名。高血壓病也由原來的十大死因之外晉入第七位。相反地，肺炎由原來的第三位降至第五位、肺結核由第四位降至第八位，支氣管病由第七位降至第九位，自殺或傷害由第八位降至第十位，腎臟病則由第九位降至十一位，而胃腸病則由第六位降至第十一位以外。

2. 位次不變或部份位次升高的死因，其死亡率也上升，而位次下降或部份位次上升的死因，其死亡率則下降。

上列各種重要死因中的腦血管病、癌症、意外死亡及心臟病不僅其相對位次居高不下或上升，其死亡率也上升。其餘所有位次下降的死因或部份位次上升的死因，其死亡率則都下降。將 1964 年至 1978 年間各重要死因的位次及其死亡率列於下表。

表三之三: 1964 年至 1978 年間臺灣人口重要死因的位次及其死亡率之變遷

死　因		腦血管病	癌症	意外死亡	心臟病	肺炎	肝病	高血壓	肺結核	支氣管病	自殺或傷害	腎臟病	胃腸病
位次	1964	1	2		10	3			4	7	8	9	6
	1978	1	2	3	4	5	6	7	8	9	10	11	
死亡率（每十萬人）	1964	11.5	8.5	5.9	3.1	8.4			6.4	4.7	3.4	3.2	4.8
	1978	16.8	15.1	13.1	8.3	4.0	3.7	3.7	3.6	3.3	2.1		
	變遷	5.3	6.6	7.2	5.2	—4.4			—2.8	—1.4	—1.3		

3. 死因結構的變遷所反映的社會發展性質

　　上面指出的死因結構的變化，反映出幾點重要的社會發展性質：
其一是，社會經濟發展導致死於多種重要死因尤其是傳染性死因的比
率下降；其二是，生命的普遍延長導致死於數種內生性或慢性疾病的
比率上升；其三是，社會經濟發展導致死於意外傷亡及肝病的比率上
升。就死因變遷及社會發展的這三方面不同關係再加以說明。

　　(1) 社會、經濟、營養、醫療及衛生的發展與多種死因死亡率的
　　　　下降

　　正如本文第一節所說明，種種社會、經濟、醫療、衛生發展及環
境的改善都可能導致死亡率的下降，也因而都可能導致人口死於多種
傳染性或非傳染性原因的比率下降。臺灣人口死於若干原因的比率之
下降還可以從過去人口學者的理論或研究發現找到解釋的根據。譬如
顧得洽 (Goldscheider) 認為革命性的死亡率下降與農業發展、工業發
展、都市化、技術改進等社會性的革命有關[11]。又如歐瑪郎 (Omran)
也指出健康與疾病的改變受人口經濟及社會相互影響所致成[12]。阿里
阿加 (Ariaga) 則認為技術是決定發展中國家死亡率下降的最主要因
素[13]。鵝利 (Early) 則建議增加衛生服務及改善營養是影響死亡率下
降的最重要因素[14]。總之，由前人的理論與研究發現實可確信，一個
人口死於某些死因比率的下降不外受社會、經濟發展及營養、醫療、
衛生及環境之改進所致成，在臺灣這種效果也甚明顯可見。

[11] Calvin Goldscheider, *Population, Modernization and Social Structure*, Little Brown and Company, Boston, 1971, pp. 102-134.

[12] A. R. Omran, "The Epidemiological Transition", *Milbank Memorial Fund Quarterly*, Vol. XLIX, No. 4, ptI, pp. 509-538.

[13] Eduardo, E Ariaga and Kingsly Davis, "The Pattern of Mortality Change in Latin America," *Demography*, Vol. 6, 1969, pp. 223-242.

[14] Early, John D. "Structure and Change of Mortality in A Maya Community", *Milbank Memorial Fund Quarterly*, 1970, 48: pp. 179-202.

（2）生命延長與死於慢性疾病比率之上升

晚近臺灣地區居民死於腦血管病、癌症及心臟病等原因的比率上升，此與本地區居民生命延長的因素有關。而生命的延長則得力於上述各種社會、經濟、衞生、醫療等的改善之故。由於這些發展的條件致使較容易控制的疾病都獲得了有效的控制，其導致死亡的可能性也因而降低。剩餘若干較不容易控制的內生性或慢性疾病都比較是屬於老年人的疾病，這些疾病乃成爲較多數人口致命的原因。

（3）經濟發展與死於意外傷害及肝病者比率的上升

雖然多數有關健康、疾病和死亡的研究都指出社會經濟發展有致使死亡率下降之效果，但若干研究也指出社會經濟發展也會增加某種疾病之死亡率。胡加斯（Hughes）及亨特（Hunter）曾指出在非洲建造水庫、改善交通及都市化等社會經濟發展過程確是導致各種疾病及死亡的原因[15]。仔細觀察臺灣經濟發展對死亡變遷的影響，可以看出意外死亡率及肝病死亡率的增加實與臺灣的的經濟發展及技術進步有關。意外死亡率的上升顯然與車輛的增加、農藥的推廣及農工業上危險機械及藥品的使用有關。而死於肝病者比率的提高，則又與農藥殘留蔬菜及都市化有關。食用含有農藥的蔬菜易導致肝病，而都市化過程中許多單身移民經常在小攤位上飲食，經常使用不潔的公共餐具，因而容易導致肝病。衞生署就曾發表研究報告，指出經常在小攤上飲食的單身大學生患肝炎的比率特高。都市中經常在小攤飲食的人口增多，是人口都市化的結果，而都市化常被視爲社會發展之一面，可見社會發展也可能導致死於某些死因的比率之上升。

四、城鄉間社會經濟發展與居民健康、死亡水準的差異

[15] Hughes, C. C. and Hunter, J. M. "Disease and Development in Africa", *Social Science and Medicine*, Vol. 3, 1969-1970, pp. 443-488.

　　過去臺灣都市與鄉村地區之間，在社會、經濟發展上顯出若干程度的差異性，而發展上的許多差異終也影響兩地居民在健康與死亡水準上顯出了差別。城鄉之間在發展上的重要差異可由如下數點見之。(1) 兩地產業活動與結構顯然有別。都市地區以工商業爲主，鄉村地區則大致仍以農業爲主。(2) 收入水準有別。到目前鄉村中農民的收入水準遠不及都市中非農民的收入水準，前者常不及後者的 70%。(3) 都市地區的醫療設施及醫護人員相對較爲充足，例如 1978 年時當五大都市地區平均每千人可分得 1.08 張病牀時，其餘地區平均每千人只能分得 0.39 張病牀。又於同年在五大都市每位醫護人員平均只需服務 313 個人口時，其餘地區每位醫護人員平均得照顧 708 個人口。(4) 兩種地區用水品質仍甚有差異。至今在都市地區無不全部供應自來水，但在鄉村地區仍有不少居民仍依賴不潔的井水，泉水或溪水生活。(5) 鄉村青壯人口外流嚴重，導致老年人口所占比率相對較高。(6) 從反方面看，都會地區工廠設施及車輛交通較爲發達，因而空氣污染則較爲嚴重，爲害健康的程度也較嚴重。(7) 都市地區內移人口數量多，比率高，人口密度大。

　　上面列舉七點城鄉間發展上的重要差異，其中多項差異的存在，都對鄉村居民的健康較爲不利，因而導致鄉村地區居民有較高的死亡率。只有最後兩項差異，對都市人口的健康反較不利，故可能導致都市居民由感染傳染病及因意外死亡人口的比率相對較高。

　　綜合城鄉之間各種發展上差異所造成的影響，終於導致今日鄉村居民的健康仍普遍較差，死亡率也相對較高，平均餘命因而較短。將當前臺灣五大都市、各縣、各鎮、各鄉及各山地鄉的年齡別死亡率、粗死亡率及平均餘命列如下表：

表三之四：1977年臺灣都市與鄉村地區人口各種死亡
率及平均餘命（死亡率爲千分率）

項　　目 \ 地區別	全臺灣地區	五大都市	十六縣	各鎮	各鄉	各山地鄉
0 歲	11.30‰	9.38‰	10.25‰	11.23‰	12.97‰	24.96‰
1-4	1.51	1.12	1.32	1.53	1.87	5.20
5-9	0.51	0.46	0.44	0.47	0.56	1.31
10-14	0.44	0.40	0.39	1.00	0.46	0.63
15-19	1.02	0.87	0.92	1.24	1.18	2.39
20-24	1.25	1.09	1.25	1.30	1.44	3.86
25-29	1.32	1.13	1.21	1.62	1.59	4.54
30-34	1.60	1.33	1.54	2.43	2.02	7.94
35-39	2.30	1.87	1.65	3.54	2.81	8.14
40-44	3.47	3.08	3.19	5.13	3.89	11.24
45-49	4.98	4.81	5.05	7.98	8.92	11.17
50-54	7.72	7.31	7.81	12.38	8.06	15.53
55-59	12.00	11.56	11.93	18.17	12.29	23.13
60-64	18.48	18.61	21.22	23.64	18.53	25.72
65-69	23.48	23.36	25.53	23.64	23.49	31.59
70-74	47.83	47.21	51.79	48.31	48.08	69.90
75-79	76.34	75.13	80.59	75.55	77.86	91.00
80-84	128.05	125.07	137.08	125.93	131.70	132.72
85以上	234.64	225.07	239.57	240.37	238.53	200.96
粗死亡率	4.69	3.93	4.31	4.96	5.25	8.65
零歲人口的平均餘命 男	67.98	69.29	68.11	67.63	67.31	64.94
零歲人口的平均餘命 女	73.54	74.50	73.51	73.54	72.84	66.69

（年齡別死亡率）

資料來源：中華民國臺閩地區人口統計 1978,464-465頁，534 535頁，977-982頁。

　　分別比較各大都市與各縣、各鎮、各鄉及各山地鄉之間的年齡別
死亡率、粗死亡率、及零歲男女人口的平均餘命等，大致可看出都市
人口的各種死亡率都較低，平均餘命則較高。而在鄉村地區中，山地

鄉的各種死亡率則顯明較高，其平均餘命也顯明較低。可見，因爲城鄉之間發展條件不同，人口的健康與死亡率的水準確實也有差別。但於此值得一提的是，1978 年城鄉人口死亡率的差距已較 1973 年時的差距略爲縮小。譬如在 1978 年時五大都市人口與十六縣人口的粗死亡率分別是 3.93‰ 及 4.31‰ 但在 1973 年時兩者的差距較大，分別爲 3.90‰ 及 5.10‰。這可能與最近政府較注重鄉村地區的醫療衛生建設有關。今後政府在鄉村地區若能更加普遍推展各項社會、經濟、醫療及衛生建設，將可使都市與鄉村居民的健康及死亡水準的差異更爲縮短。也將更能使臺灣社會朝向民生主義所主張的均富社會的理想境界邁進。

參 考 文 獻

一、中文部份:

1. 臺大人口研究中心，人口問題與研究。

2. 內政部，臺閩地區人口統計要覽。

3. 行政院衛生署，臺灣省衛生處及臺北市衛生局，中華民國衛生統計。

二、英文部份:

1. U.N. *The Determinant and Consequences of Population Trends*, N.Y. 1973.

2. Tsai, Hong-Chin, *Changes of Leading Couses of Death in Taiwan*, Economic Review, China Commercial Bank, Taipei. No. 193, 1980.

3. Tsai, Hong-Chin, *Population Redistribution and Changes in Urbanization Process of Taiwan, Journal of Population Studies*, National Taiwan University, No. 3. 1979,

4. Goldscheider, C. Population, *Modernization and Social Struture*, Little Brown and Company, 1971.

5. Kitagawa/Hauser, *Differential Mortality in the United States*, Harvard College, 1973.

6. Freedman, Takeshita, and Sun, *Family Planning in Taiwan*, Prenceton University Press, 1969.

7. CEPD, *Taiwan Statistic Abstract*, 1980.

8. Peterson, William, *Population*, Macmillan Publishing Co. Inc. New York, 1969.

9. Thomas & Lewis, *Population Problem*, Fifth Edition, 1965.

10. Heer, David, *Society and Population.* Prentice-Hall, Inc. Englewood Cliffs, New Jersey, 1975.

11. Freedman, Berelson and Others, *The Human Population*, A Scientific America Book, 1974.

12. Hauser and Duncan, *The Study of Population*, The University of Chicago Press, 1972.

臺灣農村建設的回顧

黃　大　洲

一、前　言

　　農業是國家經濟的重要基礎。自古以來，農業卽爲人類賴以維持生活、延續生命的基本產業。農業生產中不論是穀物、蔬菓、肉類、纖維、木材、水產，都是人類日常生活上所不可或缺，儘管工業化、都市化程度日益增加，但農村社會對整個社會經濟的安定性仍有其重要的地位。自從1973年多，中東戰亂爆發以後，國際石油價格飛漲，產生能源危機，部份工業產品產銷失調，迫使工廠停工、工人失業，許多工人們只好再回到農村，農村社會的韌力與受容力再度顯示其重要性。

　　回顧三十年來本省之農村建設，實得力於政府正確的政策領導以及大量資源的投注。政府先後實施「三七五減租」、「公地放領」、「耕者有其田」等政策，給予現耕農民耕地的所有權，以提高農民耕作與接受新技術的意願，同時又興修農田水利，實施農地重劃，發展漁業生產，廣設衞生所，以及改進農民組織等，使整個農村社會得以平衡地進步與發展。自民國 42 年至 61 年，先後完成了五個四年經建計劃，農業的成長率，每年平均高達 4.8%，爲工業發展奠定了良好的基礎，達成了「以農業培養工業」的任務。然而，從第四期經建計劃以後，工商業發展迅速超越了農業成長，因其需要大量的人力資

源，從而吸引了很多農村人口進入工廠；臺灣經濟結構遂由「勞力集約」，轉變爲「資本集約」之型態，農村生活和農業生產活動因而受到很大的衝擊，農業在整個經濟生產值的比重大爲降低，農民對農業生產的興趣也大爲低落，造成農業投資不足，農民所得偏低，農村發展相對落後之現象。爲了改善此一現象，民國 61 年 9 月，當時的行政院長蔣經國先生宣佈「加強農村建設重要措施」，修正部份經濟政策，加強農業投資，實施稻米保證價格，以鼓勵農民增產興趣，安定農業之生產。

我們農業生產佔國內生產之比率，民國 42 年爲 38%，民國 68 年降爲 10.5 %，同期農產品及農產加工品輸出所佔之比率，已由 90.9 %，降爲 10 %，農業人口由 58.8 %，降爲 32.49 %。今後經濟建設，雖然農業在整個經濟結構上的比重，已逐漸降低，但農業在經濟上的重要性，農村社會對整個社會的重要性仍有其不可取代的地位。今後對鄉村建設的基本觀點，應揚棄狹隘的經濟觀點，而以政治、社會福利的觀點來考慮今後的農村建設。惟有突破此一觀點上的障礙才能可望以更大的手筆去推動今後的農村建設工作，才有可能拉平城鄉的差距，建立都市和鄉村平衡發展的安和樂利的社會。

二、戰後之臺灣農村和農業

臺灣的天然資源條件，比較利於以農業爲主的發展型態，所以在日據時代，日本爲遂其經濟壟斷的野心，即訂有「工業日本，農業臺灣」的發展策略。因此在日本佔領臺灣的 50 年間，臺灣的經濟發展實即爲農業發展。自 1910 年至 1940 年，臺灣在日本殖民統治下，農業生產有相當的進步，成爲一供給糧食和原料爲主的殖民地農業生產型態。但在 1940 年至 1945 年二次大戰期間，臺灣受到盟軍空

襲，農業設施遭受破壞，兼以農村勞力被強征參加侵略戰爭，人力缺乏，農業生產急劇減少，農村凋敝，衰微疲憊，百廢待舉。

　　日據時代的臺灣農民，可以說是終歲勞苦，僅求一飽。自民國28年起，日本為準備作戰，儲備軍糧，在臺灣實施米穀配給制度，農民（生產者）所生產之食米，除准其保留種籽，自食糧及僱工糧外，其餘全數強制收購，而對一般消費者則實施定量配給。

　　此一制度實施之結果，使農民自食糧不足，對消費之定量配給亦未能應付實際需要。糧食市場乃求過於供，黑市買賣叢生，有錢的可以高價購入所需的米糧，沒錢的只好過著半飢餓的日子。加以太平洋戰爭後期海運遭受封鎖，臺灣肥料極度缺乏，米穀生產直線下瀉，鄉下人大半吃甘藷籤充飢。民國34年上半年之米穀生產大減，因而食糧缺乏，發生嚴重糧荒。那時，本省農民生活大多數甚為困苦，同胞們穿的是粗布衣、木屐，吃的是甘藷摻幾粒米飯，住的是草茅泥磚土屋，走路全靠兩條腿，鄉下人絕大多數打赤腳，自行車難得一見，人民的生活水準非常低落。

　　戰後臺灣農村確是呈現一片貧窮落後，糧食缺乏、社會秩序慌亂、知識及教育程度低落，真是百廢待舉。

　　民國34年多，中華民國國民政府收復臺灣，取消糧食統制政策，實施農業救濟善後工作，積極恢復糖廠、電力廠、水利工程並從事農業改良場與農會組織的改進工作，以促進農業生產。隨著稻、甘蔗、甘藷等生產自民國 35 年至 37 年逐漸增加，惟因化學肥料在日據時代全由日本輸入，光復後缺少外滙，無法大量輸入，以致作物產量未能迅即增加。

　　38 年國民政府遷臺，人口驟增，政府乃儘全力注重糧食增產，以謀自給，遂開始大量輸入化學肥料。但因外滙缺少，輸入之肥料以

施用於水稻甘蔗為優先，至 41 年恢復工作大抵完成，而且水稻和甘藷之產量已超過日據時期之最高峯。

　　臺灣自光復伊始至民國 41 年這一段期間，政府在財經方面的努力，都是以穩定經濟，阻止通貨膨脹為前提。主要着眼點是在迅速增加生產，以發展農業培養工業作為經濟發展策略，其目的在於緩和物資短絀與通貨膨脹的現象。在此時期政府除增加生產外，並實施土地制度之改革及農會改組，以增進農民收益，同一時期獲美國政府經濟援助，着手經濟建設，中國農村復興聯合委員會，亦在此時期遷臺，協助政府進行農村建設工作。在這段期間內，由於政府與農民努力不懈，農業生產迅速的恢復並超過往年之最高水準。此期間農業生產年成長率平均為 10.2%，勞動生產力每年增加 6.3%，而土地生產力每年成長 9.2%。

三、土地改革之實施及其對臺灣農村之影響

　　臺灣全省耕地面積，依 38 年之統計為 842,301 甲，農業人口總數為 3,879,581 人，每一農業人口平均分攤耕地為 0.2171 甲。如果依農戶計算，全省農戶為 665,134 戶，每一農戶分攤耕地亦僅 1.2663 甲，耕地面積太小，顯而易見，而且耕地面積極難擴增。臺灣耕地僅佔土地總面積之 23% 左右，其餘 77% 土地，絕大部分均為山林地，既不適於耕作，亦不能一律予以墾殖，因山林之國土保安功用甚鉅，所以無法多讓出土地以供耕種之用。

　　根據臺灣省農林廳及臺灣省主計處之統計，在日據時代末期及光復初期，臺灣佃農戶數約佔農戶總數之 68.8 %（其中佃農戶數佔 37.8%，半自耕農佔31.0%）。又依據民國 39 年到 41 年統計平均數觀之，半自耕農佔農戶總數 24.0%，佃農佔農戶總數 34.5%，僱農

佔農戶總數 6.4%。這些耕地不足及根本無地可耕之半自耕農、佃農及僱農合併計算，則佔農戶總數 64.9%。亦即擁有全部自耕地之農民僅佔農民總數 35.1%。

茲再就耕地面積加以分析比較，依據民國 41 年地籍總歸戶時統計，臺灣全省私有耕地面積為 681,154 甲。其中自耕地佔私有地總面積之 62.72%，出租地佔私有耕地總面積之 37.28%。本省辦理地籍總歸戶時，距施行三七五減租已有 3 年之久，佃農購進耕地者，為數已相當可觀，而出租之耕地仍高達 37.28%，足見本省耕者無田現象極為嚴重。

出租地面積雖不太大，但半自耕農、佃農及僱農戶數卻佔農戶總數之 64.9%，可見有田自耕者，戶數少，佃耕他人田地者，戶數多而田少。這種型態已充分顯示臺灣土地分配利用之失調。其結果當然造成農村社會經濟結構偏頗之現象。此不僅為一農村經濟問題，抑且成為一社會政治問題。

1. 光復初期的租佃情形

臺灣省租佃制度之淵源，已有 300 餘年的歷史。臺灣光復之初，耕地之租佃關係普遍存在，租佃內容又極其繁苛，而且一般租率都在收穫總量50至70%，並有押租金、預租金等額外負擔，且租期不定，租約多係口頭約定，書面契約僅有十分之一，地主可隨時撤租或任意加租轉租、包租轉佃、層層剝削。此種租佃制度極為嚴重，不僅僅使一般農民負擔加重，生活困苦，而且阻礙農業生產的增加與進步。佃農終歲辛勤，仍不能脫離痛苦，而地主階級不勞而獲，卻能享受安富尊榮之生活，兩相對照之下，足以造成階級對立之嚴重性，自不待言。倘不加改善，亂源即由此發生，徵諸往事，歷歷不爽。再者，耕種非屬於自己之土地，愛惜土地之心情不高，無以鼓舞其生產之興

趣，更無法致力於農地之改良與利用，就整個國民經濟言，已是一種極大之損失。 因此之故， 臺灣必須實施土地改革，才能實現社會公道、促進農業發展與發達國家經濟。

2. 耕地三七五減租之實施及成效

臺灣光復後的租佃情形，已如上所述，極不合理；因之，臺灣省政府決定實行土地改革，並於民國卅八年先推行「耕地三七五減租」政策。

三七五減租的辦法要點：（1）私有耕地之租額，不得超過正產物每年收穫總量 375‰； 其約定地租超過 375 ‰者，減爲 375 ，不及 375‰者，依其約定。（2）耕地租用一律訂立書面租約，耕地租期不得少於 6 年，期滿並得續訂租約，以保障佃權，提高農民改良土地與增加生產的興趣。（3） 如遇荒歉，得依照當地習慣，按約定租率，協議減租；但其收穫量不及二成者，應全部免租。（4） 出租人非依土地法第一〇九條、第一一四條，或土地法施行法第二十七條之規定，不得終止租約。

三七五減租實施之後，全省當時私有出租耕地全部訂立三七五減租租約，計面積 256,557 公頃，佔全省耕地總面積 31.4%，受益佃農 296,043 戶，佔全省農戶 44.5%。自民國 38 年實行耕地三七五減租以後，給本省千萬佃農帶來了溫暖與希望，不僅直接改善了農民的生活，促進了農業的增產，而且間接繁榮了農村的經濟，安定了農村的社會。推行三七五減租政策，可以說得到了輝煌的成效。其最顯著成果有：（1）農民生活改善： 一般佃農受減租的鼓勵，努力增產，其收益大大超過全年應付的租額， 此超過租額之收益， 全歸佃農所有，所以佃農因減租所得的收益逐年增加，使其生活得以改善。（2）農業生產增加： 根據臺灣省地政局的調查統計：一般佃農由減租後增

加之收益，用於改善生活者，包括衣食、住行、教育、衞生、娛樂各方面，約佔其全部收益之 25.4％。其餘全部收益的 74.6％，則用於改進農業生產；其中用於購買肥料者佔 39.8％，用於購買耕牛者佔 14.2％，用於購買農具者佔 12.8％，其他佔7.8％。由此可見，三七五減租政策實行後，一般佃農增加其收益，不僅可以改善其生活，而且改進農業的生產方法，以增加其生產。據臺灣省糧食局調查統計：民國37 年本省米穀總產量僅爲 1,068,421 公噸；民國38年實行減租後，米穀生產總量卽增爲 1,214,523 公噸；民國 39 年，米穀生產總量又增爲 1,421,486 公噸；民國 40 年又增爲 1,484,792 公噸，民國 41 年又增爲 1,570,115 公噸，逐年增加。固然本省米穀逐年增產，究其原因，是由於政府興修水利、供應肥料、防除病蟲害、及改進農業技術等，但推行減租，亦爲重要因素之一。(3) 減租後，出租地之地價低落，僅值自耕地之半，佃農購買耕地者，逐年增加，這使政府易於實施耕者有其田。

3. 公地放領之實施及其成效

臺灣省公有耕地之多，爲我國各省之冠；據臺灣省地政局於民國41年 6 月舉辦地籍總歸戶之統計；全省已登錄的公有耕地爲 173,764 甲，未登錄的公有耕地，尚有 7,726 甲，合計有 181,490 甲之多。此均係接管日據時代， 各級政府所有及日人私有的耕地而來。 光復後，我政府依據現行土地法令之規定，將接收日據時期之公有耕地，分別劃爲國有、省有、縣市有、鄉鎮有四種。

自民國 40 年起，政府爲實施耕者有其田的倡導與示範，將國有及省有耕地所有權陸續移轉爲農民所有。放領對象首先爲承租公地之現耕農，依次爲僱農，承租地不足之佃農等。放領地價按照該耕地正產物全年收穫總量二倍半以實物計算，由承領農戶分10年均等攤還，

即繼續繳租十年，便能取得土地所有權，公有地租率爲原正產物的25％，故農民每年繳納與原來租率相同之地價，10年期滿，即取得所有權。

省政府地政局於民國 40、41、42、47、50年分五期辦理公地放領工作，其重要工作爲(1) 依實際使用情形，確定應行放領土地。(2) 根據查定結果，編造清册公告及通知農民依法申請承領。(3) 審核申請人。(4) 經確定放領之農戶，政府通知其繳納第一期地價，農民於繳清第一期地價後，政府即以公地承領證書發給之。(5) 收清地價後，農民憑承領證書換發所有權狀。

本省公有耕地之放領實施後，放領公有耕地共計爲96,004公頃，佔全省可以放領的耕地面積之90.5％，由 165,443 農戶承受，平均每戶受領 0.60 公頃。佔其平均每戶經營面積1.18公頃的50％。受益之農民在公平合理的地價之下，獲得到耕地，而成爲自有、自營、自享的自耕農戶，得以安心工作，努力改良土地，增加生產，故其生活與工作各方面，均普遍的得到了改善和提高。

4. 實施耕者有其田及其成效

實施耕者有其田的土地政策，就是扶植佃農或僱農，使其成爲自耕農。臺灣省政府於民國 41 年 1 月至次年 4 月先辦理完成全省地籍總歸戶，將同一所有權人的土地，歸入一戶名下，由一鄉而一縣以至於全省，故每一地主所有土地，不問在一鄉一縣或遍及全省，都有明白的記載，沒有遺漏或隱瞞。

自地籍總歸戶完成後 ， 政府即着手起草實施耕者有其田條例草案，立法院於 42 年 1 月將該條例修正通過，成爲法律，並由總統明令公佈實施。其主要內容如下：

(1) 凡私有出租耕地地主可以保留相當於中等水田三公頃或旱田

五公頃，超過之土地一律由政府征收，轉放於現耕農民承領。

（2）凡共有出租耕地、政府代管之耕地、祭祀公業宗教團體之出租耕地、神明會及其他法人團體之出租耕地，除條例有特殊規定外，均不予保留，全部征收。

（3）政府征收土地補償地主之地價，其標準定為各等則耕地主要作物全年收穫量之 2 倍半，以實物土地債券七成，公營事業股票三成，補搭發償。

（4）政府發生實物土地債券，水田以稻谷，旱田以甘藷，分10年廿期兑付本息。公營事業股票由政府出售原屬公營之水泥、紙業、農林、工礦等四大公司之股票充之。

（5）政府征收之耕地，一律放領於現耕佃農或僱農，放領地價與征收地價同，加算年息 4 ％，由承領農民於10年內分廿期均等繳清。

（6）現耕農民承購地主保留耕地時，得向政府申請低利貸款。保留地出賣時，現耕佃農有優先購買權。

總統明令公布上項條例後，省政府於同月份開始辦理耕者有其田，10月中旬完成，其重要工作為：（1）依據耕地減租及地籍整理資料編造佃農、業主、自耕農戶複查表，由政府地政人員會同租佃委員會委員、業佃代表、當事人等實地調查。（2）耕地保留及免征。兼顧地主利益准保留出租耕地中等水田三甲或旱田六甲。共有地主如為老弱孤寡殘廢藉土地維生者，亦得保留水田三甲或旱田五甲。團體地主如為祭祀公業及宗教團體可以比照個人加倍保留之，但以本條例施行前原已設置之祭祀公業及宗教團體為限。（3）調查結果經租佃委員會審議核定征收放領，並造冊公告，地主佃農如認為有錯誤者可以申請更正。（4）征收確定後，政府以書面通知被征收之地主，發給地價及附帶征收補償。（5）放領確定後，政府通知承領農戶繳納第一期地

價並發給土地權狀，完成土地移轉手續。

民國42年實施耕者有其田之結果，計征收放領耕地 143,568 甲，佔私有出租耕地 55％，地主土地被征收者 106,049 戶，佔地主總戶數 60％，承領耕地之農戶 194,823 戶，佔承租私有耕地佃農65％。

本省實施耕者有其田條例之後，不僅是國內人民稱頌，同時贏得許多國際權威人士的讚佩，譽為遠東實行土地改革之楷模，其主要成果如下：(1)農地農有，自耕自享：臺灣在實施耕者有其田之前，全省自耕農戶，佔全農戶數 55.4％，全省佃農戶，佔全農戶數38.8％，全省僱農戶，佔全農戶數 5.8％。在實施耕者有其田以後，民國 44 年，全省自耕農戶，已佔全農戶數 84.7％；全省佃農戶數減為佔全農戶數 10.4％；全省僱農戶數，減為佔全省農戶數 4.9％。(2)農業生產增加，農村經濟繁榮；自民國 38 年實施三七五減租以後，本省米穀生產量逐年增加，惟自民國 42 年，政府開始實施耕者有其田政策後，稻穀產量激增。農戶收益，亦逐年增多，使農村經濟日趨繁榮。(3)農民生活改善，社會地位提高；農民擺脫租佃制度之桎梏後，耕作自主，生活自由，加以經濟力量之加強，子弟就學者日眾，乃使農民之社會地位普遍提高。土地改革後之農民紛紛參加當地各種活動，競選公職；此種現象，實有助於本省地方自治之健全發展，而實現真正的民主政治。(4)改善所得分配，縮短貧富差距，打破傳統社會階梯，便利政令及技術直接傳達農民。(5)移出土地資本，投入工商企業；實施耕者有其田後，政府開放四大公營公司為民營，轉移地主土地資金新臺幣 6 億 6 千萬元投資工業，擴大自由企業，促進工業生產。(6)加強政治號召阻止共產思想的滲透，土地改革後之臺灣，農民生活安定，農村經濟繁榮，共產黨一向所採用之煽動及滲透等技倆已無從施用。

三十年來，促使本省農業增產，農民生活改善，促進鄉村建設，爲整個社會帶來安定與進步者，適時、正確且成功地實施「土地改革」，當居首功。

四、臺灣農會組織與鄉村建設

一、組織沿革

完成任何農村建設計劃必須先有組織健全的基層農民團體。臺灣的農民團體種類繁多，其中尤以基層農會之地位最爲重要。早在西元 1899 年臺北廳三角湧（今三峽鎮）第一個農會設立。嗣後逐年續有設立，均由佃農自動向地主要求確保耕作權及減租等利益爲目的而組成的。後來演變成爲日本政府統治臺灣經濟的手段。民國 26 年，公布「臺灣農會令」將農會改爲二級制。民國30年，太平洋戰爭爆發，又公佈「臺灣農業會令」及「臺灣農業會令施行細則」使素不穩定與零散之農業性團體，予以統一合併於農業會，實現農業團體組織一元化，以便其控制，也形成了所謂三級制的農業會。農業會會長由各級政府主管兼任，業務之推進雖較順利，然民主之精神則喪失殆盡，對農民權益的保障與生活的改善則少能顧及。

自臺灣光復，我政府銳意建設臺灣爲三民主義模範省，實行民主政治，推動經濟建設，把最主要的農民團體，加以整理扶植，使符合於民主精神，爲農民造福，乃於民國 34 年着手農業會之研究改組，翌年完成鄉鎮、縣市及省級農業會之改組工作，改名爲各級農會。嗣後，因我國大陸各省原有農會法與合作社法各有依據，加以本省已有農會與合作社傳統之體制，故仍將農會業務劃分爲兩個系統，將生產指導事業歸由農會辦理，將經濟及信用業務劃由合作社經營。但劃分之後，因應困難，農會未有充分經費，無法辦理推廣工作，使農會徒

具虛名，影響農村建設殊鉅，政府為改善上述不良後果乃於民國 38 年，公佈「農會與合作社合併辦法及其實施大綱」，於39年 2 月完成各級農會組織，恢復農民組織之一元化。

農會合併初期，事業頗有蓬勃發展氣象，終因組成份子複雜，業務仍為非農民身份之會員所操縱，不免忽視農民利益，政府為挽救此種缺點，乃於民國39年邀請美國鄉村社會專家安德生博士來臺，對臺灣農會詳加研究，提出具體改進建議。民國41年 8 月，依據安德生博士的建議，擬定改進方案，由行政院頒佈「改進臺灣省各級農會暫行辦法」；其主要立法精神，約有下列特點：(1) 強化農會組織功能，明定農會宗旨與任務。(2) 建立農會以農民為主體的組織，依序嚴格審定個別會員資格，將農會會員區分為正會員與贊助會員。(3) 採用權能劃分制度，會員代表大會為農會內部最高權力機關，並選舉理監事，分別組成理、監事會，以便於會員代表大會閉會期間，代行職權。農會總幹事為「能」的代表。民國 42 年，在農復會協助下，臺灣省政府將臺灣農會全盤予以改組，使成為純粹農民自有的農會。

改組後的臺灣農會，鄉鎮級在總幹事之下，設立五個辦公部門，計為稅務、會計、供銷、信用及農業推廣。民國 52 年 7 月 1 日起，增設家畜保險部，辦理家畜保險業務。

二、農會業務經營概況

臺灣省農會經過民國 42 年改組之後，因擺脫商人與地方士紳之控制，而由農民自行監督管理，業務乃突飛猛進，逐年發展甚速，各股部之營運情形大致如下：

(1) 供銷業務：臺灣農會之供銷業務可分為「農會自營業務」與「政府委託業務」兩大類。前者屬於農會本身經營之事業用以服務農民者，項目包括運銷、供給、倉儲及加工等。後者非農會本身業務，

係受政府機關或其他公私團體之委託代為辦理而收取經辦手續費者，包括肥料、豆餅配銷、稻穀徵收、農產品收購及加工等。

(2) 信用業務：農會之信用合作事業，為農會合作事業中一枝獨秀的事業。雖只限於鄉鎮級農會辦理，20 年來的業務都在不斷的擴充之中。信用業務之主要功能為鼓勵農民養成節約儲蓄之美德，並供給農民以生產及生活用途所需之資金。信用業務是臺灣農會業務發展最迅速的一環。農會信用部除舉辦自營存款放款業務外，並舉辦若干代理業務，如代理鄉鎮公庫，代理公私機關團體放款、代理合作金庫及土地銀行。45 年起，農復會以低利資金透過鄉鎮農會辦理示範農貸，輔導農貸、八七水災重建農貸及統一農貸。不僅供應農民生活及生產之所需，更促使農村金融之流通，對裨益農村之經濟繁榮與農民經濟生活之改善，更具功能。

(3) 推廣業務：為關心農民福利與服務之事業。臺灣農會所舉辦之推廣業務包括生產指導及文化福利兩大項目。前者為推廣農業技術，增加農業生產；後者為增進農民福利，提高文化水準。現行農會法規定，將純益 60% 悉數撥充推廣經費，不作個別會員分配，其意義至為重大；農會法所賦予農會之主要任務，全部農會均已舉辦。從民國 44 年起，農復會進一步協助農會舉辦農業推廣教育工作，組織農事研究班、家政改進班，以教育方法協助改善農業及家事，以提高農家生活，並推行四健會工作，組訓 13 歲至23歲的農村男女青年，使成為優秀之青年農民。

(4) 家畜保險業務：農業為一種相當不穩定的企業，易於感受一切天然的、經濟的或社會的災害。而此等災害，每非個別農民能力所能負擔。保險的目的係以合作行為，分散災害事故發生後的損失，而表現人類自救與互助的精神。農業保險可分為 (1) 財物，(2)生命，

（3）農作物，（4）家畜四種保險。臺灣農會辦理家畜保險業務，暫以毛豬和酪牛爲試辦對象。 毛豬保險包括疾病和死亡， 酪牛僅限於死亡。鄉鎮農會爲家畜保險的承辦單位，縣市及省農會爲再保單位，藉以分散責任。會員的牲畜一經保險，農會卽負責免費治療所投保牲畜的疾病。如果投保牲畜死亡，業主卽可按照規定標準向農會申請領取賠償費。

三、臺灣農會對鄉村建設之貢獻

臺灣農會經民國 38 年合併及 42 年改組後，迄今 30 年，業務發展足以證明合併及改組至爲適當，因爲我國農業，係小農制多角經營方式，尚未達大農制之企業化與商品化，因此農民對其自有組織之需要，不但是多方面的，而且需要量不大，不能同時支持若干不同業務之單營組織，故多元化農民組織最合需要；又農會改組前由商人與地方士紳經營，多係商業性的業務，以營利爲目的。改組後業務由農民控制，注重農業推廣、供銷、及信用業務，以服務農民爲目的，事業年有進步，其二、三十年來對於本省農業及鄉村發展建設已樹立了很多不可磨滅的功勞。茲舉其犖犖大者如下：

（1）配合政府政策，協助政府推行農業暨鄉村發展計劃，並實際執行政府所交付的工作，減輕政府推行農業改進計劃中日益增加的工作負荷。

（2）改善農業生產與農業經營，推廣優良耕作技術，繁殖優良品種， 引進新興作物， 改良土壤性質， 防治農業病蟲害， 促進畜牧經營，擴大農場共同經營及促進農業機械化之進行。

（3）繁榮鄉村經濟，農會信用業務之經營與統一農貸之倡辦，累積農業資本，活潑農村金融，促進農業生產。農產品的共同運銷，減少剝削、降低成本及合理營運，增進農民收益。

　　(4) 鄉村領袖之培養：農會不斷的改革會務，運用選舉制度，訓練農民行使民權，實施推廣教育，發展鄉村組織，建立以農民爲中心的農會，這些都是培養鄉村領袖的巨大力量，其對於農村及農業持續發展實有相當密切的關係。

　　(5) 提高農民的生活水準：透過農事推廣教育，指導成年農民新技術、新品種、改進農事，增加收入；透過家政推廣教育，指導農村婦女，謀家庭經濟之良好管理及完成家庭教育任務；透過四健推廣教育，組織四健會，訓練青少年的手、腦、身、心趨於健全發展，成爲優秀公民或現代化農民，藉着種種推廣教育，提高了農民的生活水準與品質。

五、四年經濟建設對鄉村建設之影響

　　臺灣光復後，政府致力於恢復生產及重建工作，興修水利，改進農業生產技術，改革土地制度，改組農會以謀增加農業生產兼公平分配。自民國 42 年起，連續實施兩期經濟建設四年計劃，包括農業、工業、交通、貿易等。在農業方面，兼顧增產與農民之利益，在國家計劃之引導與鼓勵之下，鼓勵農民增加投資，改良技術，以增加所得，改善生活；並因產量之增加，價格之穩定，及品質之改進，以利國內消費與國外輸出，增強國家之經濟力量。

第一、二期經建計劃之影響

　　由於政府及全體農民的努力，至民國 41 年，臺灣的農業生產就已超越戰前的最高水準。農業奠定基礎後，立刻就被賦予支持工業發展之任務；第一期四年經建計劃於民國42年開始實施，其重要策略卽爲「以農業培養工業，以工業發展農業」。在此策略下，農業必須繼續成長，充分供應國內所需之農產品，經由生產效率之提高，藉以維

持低廉之農產品價格與工資水準，造成良好的經濟發展環境。由於頭兩期的重點都是放在培植基本產業的農業之上，所以這八年間，不論是農、林、漁、牧各方面，均有具體的表現與長足的進步。就生產指數而言，如以民國 41 年爲基期，至 49 年已達 160。農業生產年平均增加率爲 4.7％，土地生產力年增加爲 4.6％，勞動生產力年增加4.4％。農業之增產可歸功於農業技術的改進，作物制度之改良，土地之集約使用以及新產品之引進等，惟主要產品仍以糖、米、鳳梨及茶葉爲主，生產結構仍未有顯著改變，農產品出口價值佔總出口值之85％左右，由此可見當時農業對賺取外滙、提高國民所得、發展國民經濟之重要性。

第三、四、五期經建計劃之影響

民國 50 年代爲臺灣農業之轉變時期，在經濟快速成長下，帶動了農業繁榮的契機，在50年代前期，許多新產品試種成功，如蘆筍、洋菇等，使農業生產持續成長。此時農產品之出口數量雖有增加，但佔總出口值之比例，至民國 55 年已降低至 50％以下。反觀工業，由於農業資本和勞力之轉移以及低廉原料之提供，自民國49年以後，工業迅速蓬勃發展，工業產品在出口貿易中的地位愈形重要，而農產品及農產加工品之地位，呈相對消長現象。此後，農業在整個經濟結構上之比重逐漸降低，在國民經濟之重要地位遂由工業取而代之。50年代後期，由於農村勞力之外移及農業用地之轉變使用，農業部門開始有資源不足之現象，特別至民國 57 年，臺灣農村勞動力之絕對數開始減少，工資上漲，使得土地利用有走向粗放的趨勢，而畜牧業及漁業生產因需要之增加開始迅速大量發展。在此期間，農業生產年成長率仍達 4.2％，土地生產力與勞動生產力之年增加率同爲 3.9％。

在農業全力培養工業之情形下，我國工業發展有了突飛猛進的成

效，國內經濟結構乃發生重大轉變，惟經濟結構之轉變過於迅速，致使農業未能及時隨着調整其本身之結構，農業生產乃趨於弛緩，農業成長也呈相對落後現象。第五期四年經建計劃期間，農業生產之年平均成長率由前一期之 5.8％降爲 2.2％，農業部門在經濟結構中更加相對萎縮，情況相當不利。

茲將光復後，經濟建設對農業及工業部門間之影響，扼要可歸納如下列幾點：

(1) 資本的轉移：光復後，農業發展卽有賺取外滙的任務，在民國40年代的商業外滙中，農產品及農產加工品出口獨佔鰲頭，所換取的外滙最多。經濟發展初期，農業負起培養工業的責任，資本由農業部門轉向非農業部門；資本之轉移是以肥料換穀制度和隨賦收購爲主要手段。此種資本轉移對於當時非農業部門之發展，有很大的貢獻。

(2) 勞力的轉移：民國 49 年左右，臺灣農業發展由於多年實施勞力密集的耕種技術，勞動邊際生產力逐年降低而趨近於零。且由於過多的勞力投施，農業勞力的平均報酬低於社會一般的平均報酬，因此在民國 49 年至 55 年這一段期間，農業勞動力被推出一部份。然而，此一階段的工業發展仍處於萌芽階段，並未能有效吸收農業剩餘勞力；自民國55年後，由於工業走向更高速率成長，對勞力的需求增加，農村勞力乃逐漸被工業部門吸走，且從 58 年以後，農業勞力外移數目超出自然增加數目，因此農業勞力絕對數目開始下降，這是臺灣農業發展史上，第一次農業勞力絕對數下降的開始。自此以後，臺灣經濟結構由於勞力資源的快速變動，而趨向工商業化，農業部門地位逐漸降低。加以工業所吸收的勞力均爲學歷較高，年齡較輕的優秀勞力，所以農業勞力品質也有降低趨勢，勞力老化趨勢也至爲明顯。同時根據資料顯示，自民國 54 年以後，複種指數卽逐年下降，使得

各產業間的土地分配與利用產生重大的改變。

(3) 農民所得相對偏低：由於長期性低糧價政策及農業資本之轉移，致使農民與非農民所得差距愈來愈大。

經濟結構中農業部門相對萎退，為經濟發展過程中常見的現象，但是如果不予及時輔導，對農業將更為不利，針對這種情況，政府遂於 58 年公佈十四項新農業發展政策綱要，企圖加速農業發展，平衡農民與非農民之所得， 以配合農業結構之改變與確保經濟之均勻成長。蔣院長上任以後，看出農村建設的重要性，所以在 61 年 9 月27日宣佈加速農村建設九項措施，並由中央核發補助款新臺幣20億元，配合貸款十幾億元，供 62 及 63 年推動九項措施之用，並於 64 年上半年再撥出 5 億元，這是臺灣農業發展政策之重要轉捩點，推動以來，已收到相當的效果。

六、村里基層建設

一、社區發展

社區發展是社區的民眾在自助、人助的原則下，從事社區生活改善的一種過程。社區發展是以社區為單位從事經濟、社會精神倫理發展的一種整體性發展過程，其終極目標在於結合政府和社區民眾的力量，從事於基層民眾生活的改善，使整個社會經濟建設能夠更加落實紮根。

行政院於民國 57 年 5 月 10 日頒訂社區發展工作綱要，臺灣省政府於民國 58 年全省全面實施社區發展八年計劃， 該計劃於民國61年增訂為臺灣省社區發展十年計劃，計劃實施期限為自民國 58 年至民國 67 年。其建設目標在完成社區基礎建設以消滅髒亂；實施生產福利建設以消滅貧窮， 推行精神倫理建設， 以端正風氣， 重建道

德。

　　計畫推行之組織結構由中央至省、市（省轄市）、縣、市（縣轄市）、鄉鎮各設委員會、社區理事會。社區理事會為社區工作之實際重心，其對社區發展之成敗均具有絕對性影響。社區發展工作由中央至地方均由各單位配合協力而成。

　　社區發展工作內容主要包括三大建設：（1）基礎工程建設。在此一建設下，包括個人衞生、家戶衞生及家庭以外環境衞生和公共設施的改善，基本項目包括自來水、排水溝、路面、巷道等。以期改善家庭以外的物質環境，使之更符合衞生上的要求。此一建設實乃包含物質和經濟發展的面。（2）生產福利建設。這是屬於經濟和社會活動的面。曬穀場、堆肥舍、手工藝、貧民住宅、托兒所、共同經營、醫護站、小康計劃等。（3）精神倫理建設。包括興建社區活動中心、推行國民生活須知、禮儀規範、提倡正當娛樂、加強各種基層民眾組織及其活動。藉以充實民眾的社會生活，提高當地文化、教育水準、進一步培養正當的康樂活動。希望把一些優良的傳統文化和固有道德重新恢復起來。這三大建設就好像一個等邊三角形一樣互為依角、互相呼應。事實上這三大建設之間是互相關聯、互相帶動的。如果精神倫理建設做得好，則整個社區意識、社區精神將更為加強，分工合作的程度將更為提高。社區內民眾之間互相的了解以及意見的溝通將更為增進。利用精神倫理建設所建立起來的感情和社會關係，可作為進一步推動生產福利建設之基礎。生產福利建設做好之後，民眾才能提供充分的資源，和政府的補助款配合以推動生產福利建設的基礎。

　　社區發展工作推動之時，係採社會運動方式，激發民眾自動自發精神，儘量動員當地的財力、人力、技術以及組織的力量來推動；先自貧苦落後髒亂之社區做起，逐步推展於全面；以民眾為主體，由社

區民眾參與意見，參與工作，貢獻智慧，貢獻力量，政府居於輔導地位，予以技術上之協助，經費上之援助及精神上之獎勵，從物質與精神雙方面，改進居民生活，有形與無形的增進居民福利。健全社區組織，由民眾自己組成社區理事會，並視實際需要，編組若干工作小組，負責推行社區各項工作及成果維護與繼續發展，舉辦社區發展業務講習、研討，並加強工作訓練，提高工作效率，發揮工作效能，以競賽方式，掀起高潮並公正考核，優予獎勵，以鼓舞民眾高昂之情緒。社區工作，依據社區事實與居民需要，適切的規劃方案，靈活實施。

　　本省社區發展工作係將全面選點，即各鄉鎮選一社區做，由點至面；先將全省二十個縣市，依地理形勢、文化背景、經濟生活的依存程度，和人民的意向興趣以及實際需要等因素，共劃分為 4,109 個社區，截至 68 年度為止已完成 3,640 個社區，尚有 469 個社區，預計 70 年度以前全部完成。

　　社區發展可說是自臺灣光復以後，繼土地改革之後，對鄉村人民的生活影響最普遍，最深入的社會經濟建設發展計劃。從來沒有一個由政府和民眾的力量配合起來的發展計劃，其影響面積大到居民的生活習慣、家戶衞生、家戶附近的排水溝、道路、巷道以及社區民眾的康樂活動。如果從這個觀點來看，社區發展應該是近 30 年來受益面最大，影響面最廣，受益最深的一個計劃。

　　從過去 10 餘年來所推行的社區發展工作來看，它固然有尚待改進之處，但其有形無形的效果也非常顯著，對農村生活的改善貢獻很大；第一，一般民眾已經從最初的抗拒、懷疑演變到接受社區發展的觀念。大多數民眾皆認為社區發展是一改善生活、建全基層建設的有效作法。第二、老百姓已經接受了自助的觀念，認為地方上的事並不一定非全由政府做不可，　老百姓在某一程度內也應該動員他們的財

力、技術、人力和政府的力量配合起來，推動社區發展工作。這個觀念上的進步是無形的，但卻很重要。第三、推行社區發展工作時，老百姓的參與情況愈來愈高，根據調查顯示，有 74%的民眾至少參加五項以上的社區發展活動。這種對公共事務的參與，打破了社區民眾原來孤立、被動、靜態的生活方式。第四、大多數的社區於辦理社區發展之後、派系意識較前薄弱、這是辦理社區發展後，一項難能可貴的重要貢獻；因為派系意識的存在往往是導致社區紛爭和阻礙鄉村繁榮的主要因素；在社區發展辦理過程中，民眾不分鄰落與姓氏，常常聚會討論。在聚會討論過程中增加彼此的溝通和互相間的了解程度，甚至於把原來不同的價值觀也慢慢統一起來。可以說是社會意識擴大，社會整合度提高的表現，這對社會建設有很大的貢獻。

然而社區發展過程中，也有需進一步改善的地方。第一、社區發展的財源不固定。一旦基礎工程建設完畢後，工作就停頓下來，無法再進一步發展，亦即無法把社區發展是一種動態過程的觀念加以確實的實踐。第二、理事會的工作能力尚待加強；有許多理事會一旦政府工作人員離開之後，就無法獨立處理事情。第三、公共設施的維護問題。一個工程做好後須時常維護才不會壞掉。許多有形的建設如路面、排水溝、巷道做好之後，要和這些物質建設配合在一起的維護價值觀念還沒有形成起來，因此無法長期保持改善成果。第四點是生產福利建設和精神倫理建設還不很積極，致社區發展在無形中尚停留在基礎工程建設的階段。根據調查資料顯示，一般民眾的反應是基礎工程建設受益較多，精神倫理建設老百姓感受程度較弱，居中的是生產福利建設。第五點是社區內組織間的協調不夠。社區內的組織，如廟宇管理委員會、四健會、家政班、農事研究班、媽媽教室、家長會等，這些社區內的組織沒有充分發揮組織的功能來推動社區發展。針

對這些問題，現在政府正推行很多加強計劃，作爲補救社區發展之不足，以期社區發展的功能能够充分發揮其效果。

二、綜合發展示範村

配合農業發展的同時爲謀求農村建設與農民生活改善的配合，農復會自民國 64 年度開始設置「綜合發展示範村」，其目的是「注重加強農民組織，普及農民教育，全面發展農業生產及運銷事業，輔導擴大農場經營規模，以提高農家收益；發揮自助力量，推行農村環境改善，以改進農民生活；並特別注重輔導農村青年工作，以培養未來優秀農民；達成農村的綜合發展爲目的」。由此可見，綜合發展示範村的精神是一種多目標的農村發展工作，包括了農業生產、農村環境及農民生活等三方面的現代化。在方法上注重農民教育，並從加強農民組織上着手，以發揮農民的自助力量。

綜合發展示範村計劃方案自民國 64 年元月開始推行，原先預定以10年爲期，藉各示範村「點」的效果，帶動其他村里成「線」的發展，並進而促進臺灣農村全「面」的繁榮。64 年度選定大園鄉五權村等四個村開始辦理；65 年度增選五結鄉大吉村等六村里；67 年度再設大安鄉東安村等六村里，合計十六村里。

綜合發展示範村主要工作內容有三：（1）農業經營改進與農事推廣教育：包括推行合理農業經營制度及綜合生產技術與改進設施、推行農業機械化、實施共同作業、推行委託代耕、廢除不必要田埂、輔導小農轉業、實施農產品共同運銷、加強農事推廣教育及組織活動。（2）農村環境改善與家政推廣教育方面：包括社區發展及維護公共設施、家庭改善、住宅新建、改建及美化庭院、發展家庭及手工藝訓練、推行家庭計劃及保健訓練、興辦托兒所及娛樂文化設備、加強家政推廣教育及組織活動。（3）農村青年輔導及四健推廣教育方面：包

括協助四健會員示範作業及訓練、協助農業增產服務工作、鼓勵農村青年就讀農校及參加農校訓練班、鼓勵青年創業及改進經營、倡辦農村青年正當康樂及交誼活動、協助國小、國中組四健會加強農業教育。

　　自示範村開辦已來，由於各方面的努力與配合已有了相當的成效。自然有些長期性的影響，不是目前所能評估得到的，同時由於本計劃是一種綜合性的農村發展建設計劃，其工作範圍至為廣泛，再加各示範村的客觀環境並非一致，因此計劃的成效亦有差異。其中如環境之維護、共同作業、委託代耕、過小農轉業、共同運銷及農民住宅興建等，與理想尚有一段距離。一般農民對於示範村工作雖有濃厚的參與感，但如同其他農業計劃的推行，在觀念上及態度上大多仍存依賴政府輔助的不健全心理，在行為上一般農民仍受傳統的約束力以及客觀環境的影響，許多措施在示範村仍不能突破。

　　在幾篇報告中均提出綜合發展示範村工作在農業經營改進方面的工作，推行甚為積極，加上中央與地方政府均有不少的經費補助，這些屬於經濟方面的發展工作，效果較為顯著也較易達成。茲就民國64年至 66 年之間示範村與非示範村之成果比較，根據研究資料得知；(1) 技術改進方面：示範村主要的農業機械的平均擁有率為 22%，在示範村開辦期間所購置者為 12%，而非示範村的農業機械擁有率分別為 17%和 8%。示範村第一期水稻生產過程使用機械操作率共29%，非示範村為26%。第二期水稻使用機械操作率為27%，非示範村為 24%。(2) 經濟效益之比較：3 年間，示範村平均每甲一期水稻的生產成本平均比非示範村低 3%，產量高 5%，價格沒有差異，而整個收益高出 16%之多；二期水稻的生產成本示範村比非示範村低 2%。產量和價格差異極微，而收益高出 4%，示範村瓜類的收益比非示範村高11%，示範村玉米的收益比非示範村高23%，示範村甘

蔗的收益比非示範村高 15%； 再者示範村平均每頭肉豬的收益比非示範村高 31%，仔豬亦高出 33%之多。 示範村的農場內賺款增加 4 %；而非示範村增加3 %；農場外賺款，示範村增加42%，而非示範村增加 31%；示範村平均每戶農家賺款增加 20%，而非示範村祇增加16%。(3) 農家生活環境改善之比較： 3 年來，示範村的現代農家生活設施平均擁有率增加 18%； 而非示範村的平均擁有率增加16%。雖說差異不大，但示範村在這幾年來，不論各方面的確比非示範村有較多的進步。

三、加强農村發展計劃

「加强農村發展計劃」係行政院農發會於民國 69 年開始着手倡辦，此一計劃可以說是發展示範村計劃的後續計劃。其主要目的為注重改善農業生產環境與改進農場經營，協助提高農民所得，縮短農民與農民所得之差距，加强農民心理建設，倡導「吾愛吾村」運動，鼓勵農友發揮自立自强的精神，積極改善農村生活環境，加强農民福利措施；輔導農村青年改進農場經營，以培養未來農民，維持農業之持續成長，建設三民主義安和樂利的現代化農村社會。

加强農村發展工作就是把綜合發展示範村辦理「模式」推廣到其他農村，擴大綜合發展示範村的示範效果。因之，自 69 年度起選定 75 村里（其中五村里係鄉鎮農會自費辦理者） 辦理 「加强農村發展計劃」，除加强農業推廣教育，促進農村綜合發展外，積極輔導農民推行「吾愛吾村」運動。

「吾愛吾村」運動推行 1 年來，咸認為是加强農村發展工作的重要原動力，可說是一種社會改進運動，藉着政府的輔導與鼓勵，加强農村精神建設，推動 「日行一善」， 同時規劃現代化農村發展的藍圖，對於改善農業生產環境及農村生活環境，已漸見績效。70年度經

再選定 51 村里實施（其中九村里由鄉鎮農會自籌經費辦理），連同69年度的七十五村里計一二六村里推行。

　　加速農村發展工作實施 1 年來，農民及鄉鎮農會為響應「吾愛吾村」運動，甚多出錢出力之盛舉；許多村里農民自籌經費充做農村公共設施經費。同時，本計劃的重點與精神，注重物質建設與精神建設的均衡發展，兼顧有形的成果與無形的效益，多數村里設置精神堡壘及心理建設標語，加強村民心理建設與建立「吾愛吾村」的精神，甚為難得。然加強農村發展工作及「吾愛吾村」運動，創辦伊始，其工作範圍牽涉甚廣，其問題亦頗複雜，而且政府補助經費有限，基層工作人員往往有「心有餘力不足」之感，其績效難以充分表現。再者各實施村里因本身條件不同，因之推行之成效，決定於農業推廣人員之工作技能與服務意願。

　　現代化農村發展工作，自推行以來，幸賴各級政府、農民團體及農民，羣策羣力共同推行。今後仍應針對目標，發揮自立自強精神，繼續努力，以達成預定之目標。

七、共同經營、委託經營

　　在政府推動農村建設的過程中，另一努力的方向是農場經營方式的改進。由於工商業之發展，導致農村勞力大量外流，使農業工資高漲，為解決農村勞力缺乏問題及減低生產成本，突破小農經營瓶頸，家庭農場的經營方式逐漸由新組織的各種合作團體來代替，共同經營、委託經營即為一例。

　　共同經營係指農民在從事作物或牲畜產銷過程中的合作行為而言。這種合作行為可因生產別之不同由農民自行決定其合作項目以及每一項目的合作程度。如此農民可從其合作行為中得到提高經營效益

的效果，另一方面亦可由合作程度的調整使個人自由意志的行爲得到保障。以水稻爲例，一羣農民可以決定統一品種並加統一消毒的合作行爲，但施肥或收穫則可自行操作不必假手他人，亦卽農民可在全部共同、部分共同或不共同之間自行選擇。至於所謂產銷過程中的合作行爲，並非意指每人都非躬身參予不可。事實上很多操作項目可委託班內或班外對某一工作項目有專長的人負責操作卽可。故共同經營事實上亦含有委託作業的意思，本省推行共同經營已有數年的歷史，有其成功的一面，亦有其不如意的一面。但就經濟收益而言，採取共同栽培方式對於單位面積產量的增加以及單位產量成本的降低確有成效。民國 68 年度在全省輔導設置一二五班共同經營班，其耕作成本比一般區減少 10％至 15％，而單位面積生產量平均增加 10％。

委託經營是耕地過小家庭農場覺得自己經營不經濟、或勞力不足無法自耕時，將部分或全部農場委託他人經營之謂。最近政府已將「委託經營」工作，列爲第二階段農地改革主要推行方法之一。委託經營有下列四項優點：（1）可擴大農場經營規模，促進農業現代化。（2）可解決農家農場經營與雇工之困難。（3）有效的降低生產成本。（4）提高留農農民之農場工作收入，並可增加離農農民之農業外收入。

政府爲進一步獎勵家庭農場以共同經營方式擴大經營規模，並爲因應農業發展，提高農業生產力，實施委託經營，由經濟部於 68 年元月公告「臺灣地區家庭農場共同經營及委託經營實施要點」。農發會於68年 7 月協助農林廳與省農會在臺灣省七十八村里中適當地點，將相毗鄰農地面積一五至二〇公頃之農戶，組織農場共同經營班一二五班，推行共同經營外，並接受其他農戶之委託經營。69年元月「農業發展條例」修改，對委託經營明定「不以租佃論」將可促進委託經

營之推行，以達擴大農場經營規模之目的。農發會再度協助農林廳與
省農會擬定「七十年度輔導推行共同經營與委託經營計劃」，預定再
組織農場經營班八十二班，加強辦理共同與委託經營。

　　根據 69 年度所組織之農場經營班一二五班，所做之統計，參加
農戶有二、六一五戶，共同經營面積達 2,235.54 公頃。另接受一、
三六三戶之委託經營，面積達 1,036.44 公頃，對受託經營二、六一
五戶而言，每戶由原平均經營面積 0.85 公頃擴大至平均1.25公頃，
卽平均擴大經營規模 0.40公頃 （增加 47.05%），已有相當效果。

八、加速農村建設

　　由於民國50年代中期臺灣經濟結構改變,致使農業部門相對萎縮,
造成農村勞力外流、農家所得偏低、農村社會相對落後的現象。政府
乃及時於民國 58 年公佈十四項新農業發展政策綱要，以期配合農業
結構之改變，確保經濟的均衡成長，復於 61 年 9 月宣布加速農村建
設之九項重要措施，並由中央核發補助款新臺幣 20 億元，供推行九
項措施之用。此後政府又連續採取一連串的重大措施，以期促進農業
發展，改善農民生活。加速農村建設九項措施的宣佈；農業發展條例
的通過、 農會法修正草案的提出、 十二等則以下農地變更用途的限
制、降低田賦和徵收廢耕農地、六 年經建計劃、稻谷平準基金、農
業機械化基金的設置、第二期農地重劃、農業發展條例的修正、試辦
農民及農作物保險等。從政府所採取的一連串措施，我們可以明顯地
看出決策當局確是朝着農工並重，期欲改善農民大眾生活的方向在努
力。這種政策上的美意為絕大多數的農民所擁護所讚賞自不在話下。

　　加強農村建設九大措施整個的內容相當廣泛，包含了農業發展和
農村建設各有關主要項目，也兼顧近程和遠程的改進方案，誠不失為

發展農業，改善鄉村生活的正確藍本。九大農建措施中的廢除肥料換
穀制度以及取消田賦附征教育費這兩種措施，最為農民鼓手稱慶並最
能立竿見影；隨後政府稻穀收購也以高於市價的保證價格辦理，顯示
過去由農民擔負大部分軍公糧的財政政策，現在已改為津貼農民的政
策，今後政府津貼農民的財政負擔勢將有增無減。

　　農村基本設施包括產業道路、鄉村水電、文化教育、環境衛生、
防風防洪及灌溉排水等公共投資。光復以來，至民國 58 年之間，政
府的政策是擠出農業剩餘支持工業發展，故對農村基本公共設施，除
了水庫之興建外，大都屬於現有設施之維護。自九大農建措施實施之
後，政府撥出的經費打破歷年紀錄，其投資重點置於興建海堤、修建
河堤、改善灌溉排水設施、修建海港、開闢產業道路、興建鄉村簡易
自來水、改善公共衛生、營造防風林、開發山坡地及海埔地等，每年
動用經費約為新臺幣10億元左右。這些公共投資，受惠的並不限於農
民，全體國民的生命財產均可獲得較前更為安全的保障。民國 65 年
政府為配合十大建設計劃，開始推動六年經建計劃，其中農業部門計
劃的政策目標有三：（1）提高農民所得，（2）增加農業生產，（3）加
速農村建設。六年經建計劃完成後，臺灣農村將可做到村村有路、戶
戶有水以及每村至少有一具電話的地步，農村與都市的生活水準可望
進一步縮短。

　　為了促進農業現代化，多年來政府致力於改善農業生產環境，工
作重點包括農地重劃、農業機械化、以及農業科技的研究發展。民國
51年起辦理農地重劃第一期十年計劃，實際完成面積 259,806 公頃；
重劃工作進行當中，同時修築道路，興辦水利，進行土地改良利用，
成效顯着。惟農民感覺到工程費的負擔頗為沈重。第二期農地重劃自
65年開始，配合 6 年經建計劃，預定重劃目標為 3 萬公頃；今後農地

重劃工程費將由政府補助，農民莫不表示歡迎。

政府爲加速推行農業機械化，已由行政院核定「農業機械化基金收支保管及運用辦法」，決定自 67 年 7 月起 4 年之內籌措新臺幣80億元，設置農業機械化基金；合計每年有 20 億元，作爲貸款及補助之用，以利農業機械化之普遍推展。

目前政府爲鼓勵農村青年留在農村從事農業，自民國 67 年起開始協助其創業，實行「輔導農村青年創業與改進農業經營計劃」，以期輔導農村青年能有企業化經營之基本知識與能力，以市場導向爲前提，使投入農場經營的每一分努力，得到最具經濟效益的報酬，使得臺灣的農業經營能提升至新的理想境界，在計劃中先補助其設置農場設備、提供技術協助，並給予創業貸款，最高可貸到一百萬元，以利農場經營之進行。 亦同時鼓勵其做記帳工作， 培養其成本分析之觀念，以了解各項農場投入與產出之情況。目前業已獲得此項貸款之農村青年已達一千七百人之多。

九、結　　論

三十多年來，在政府領導之下，臺灣的農業發展與鄉村建設確實有長足的進步。藉着土地改革之全面實施，達成耕者有其田，促使農地耕作權和所有權一元化，大大地提高了農民的增產意願。同時連續推行五個四年經建計劃，加強研究發展、灌溉排水工程、堤防工程之修建等公共投資， 以增進農業生產。 另一方面， 透過農民組織之力量，提供各種服務，使臺灣的農村建設奠定了良好的實施基礎。

爲使農村建設進一步紮根落實 ， 並爲縮短都市和鄉村發展的差距，政府特別推動社區建設、綜合發展示範村、農業區域發展、吾愛吾村等村里基層建設，以改善農民的生產條件、生活環境。近年來，

政府爲突破小農經營瓶頸，在保持私有制家庭農場制度之下，推行農場共同經營和委託經營制度。

時下許多人誤以工業化即代表進步，農業則代表落後。若純由經濟投資報酬角度來看，投資於工業的報酬率的確超過投資於農業的報酬率。在我國工業起飛之時，因工業發展的成果輝煌，使得若干人無意中忽視了農業存在的重要性。殊不知農業乃一國之基本產業，農村乃鞏固社會安定的基石。

今天，臺灣的農業發展、鄉村建設、農民生活，比起光復初期情景，雖有極大的進步，但是農業生活者的收入與工商業之間，卻仍有一段差距，若長此情形發展下去，將會形成兩極化的社會經濟結構。今後對鄉村建設的基本觀點，應揚棄狹隘的經濟觀點，而以政治、社會福利的觀點來考量今後的農村建設。惟有突破此一觀點上的障碍才能可望以更大的手筆去推動今後的農村建設工作，才有可能拉平城鄉的差距，建立都市和鄉村平衡發展的安和樂利之社會。

主要參考文獻

(1) 中國農村復興聯合委員會： 30 年來臺灣之農業經濟， 農復會叢刊第十號，民國 67 年 10 月。

(2) 黃大洲：鄉村建設文集，環球書社印行，民國 68 年 4 月。

(3) 農業天地：總第三十八期，民國 65 年 2 月。

(4) 陳誠：臺灣土地改革紀要，臺灣中華書局印行，民國·50 年 10 月。

(5) 潘廉方：臺灣土地改革之回顧與展望，民國 55 年 1 月。

(6) 沈宗瀚：臺灣農業之發展，臺灣商務印書館印行，民國 52 年 12 月。

(7) 郭敏學：多目標功能的臺灣農會，臺灣商務印書館發行，民國66年4月。

(8) 臺灣省政府社會處：臺灣光復 30 年、社會建設篇，民國64年10月25日。

(9) 中國農村復興聯合委員會：農業在臺灣經濟發展策略中之地位，農復會

　　叢刊第八號，民國 64 年 10 月。

(10)中國農推學會、省政府農林廳：農業推廣文彙第二十三期，民國 67 年
　　12月。

(11)中國農推學會、省政府農林廳：農業推廣文彙第二十四期，民國 68 年
　　12月。

(12)中國農推學會、省政府農林廳：農業推廣文彙第二十五期，民國 69 年
　　12月。

(13)中華民國社區發展研究訓練中心：社區發展季刊第捌號，民國 68 年10
　　月 25 日。

(14)中國農村復興聯合委員會、臺灣省政府農林廳：綜合發展示範村工作的
　　推行與展望，民國 65 年 5 月。

(15)中華農學會：中華民國農學團體 69 年聯合年會，臺灣新農村的建設，
　　民國 69 年 12 月 12 日。

(16)蔣彥士：我國當前農業政策的商榷，民國 69 年 12 月 13 日。

臺灣地區農業政策的檢討與展望
——事實和解釋

蕭 新 煌

一、前　　言

　　本文旨在檢討過去卅年來臺灣農業變遷和經濟成長，採取的立論觀點較不同於過去農業經濟學或鄉村社會學的傳統分析和看法。前者一向把農業孤立成一個純粹經濟的產業部門，後者則往往把視野侷限在鄉村社區的本身；本文想突破的正是農業經濟學和鄉村社會學的分析窠臼。

　　第一：不同於農經觀點的是著重在經濟現象背後的社會、政治因素；

　　第二：不同於鄉村社會觀點的，是著眼於整個國家的「社會經濟」(social economy) 運作；以及農業在其中的地位；

　　第三：因此，「政府」在國家經濟體系中對農業部門的成長和變遷所扮演的角色就不能不注意，政府的行為和政策就突出為兩個值得做為分析的對象。

　　政府的行為透過政府參預，農業政策就是政府對農業活動所採取的干涉與參預，環顧國際上農業的干涉主義也往往是非常普遍。張研田 (1977: 2-3) 曾為政府對農業的干涉做了如下的解釋：

　　(1) 農業上若干設施，如水庫、灌溉系統、排水系統等均為農業

生活上所必需，而非農民自力所能建設；

　　(2) 農業爲一收益微薄，經營規模較小的產業，需要政府的扶持與輔助；

　　(3) 在歷史上，農政常爲國家大政，政府的干涉參預有其傳統的淵源。

　　鑒諸中國「農政合一」的傳統，可見國家政治與農業的關係既深又固。農業不但是中國整體經濟的基礎，更維繫着中國政治、社會、倫理各個制度的持續與傳延。至於歷代農政的功過，其是否眞正照顧了中國「農民」，抑只是關心「農業」的促產？　則是另一個值得探討的問題。本文不企圖找尋歷史上的農政脈絡及對它們做任何評估，只想就臺灣光復以來將近卅年中間的農業政策，先做一斷代式的分析和檢討。

　　這段歷史的基線是定在土地改革完成之後，大約是在民國四十二年 (1953)，也就是政府開始實施「經濟建設第一期四年計畫」的同年。主要的原因是想盡量減少土改前在政治經濟上不穩定的因素。在土改完成之後，臺灣的農業在制度層次上呈現新的局面，因此政策的擬訂和執行得以一直在相當穩定的環境中運作。

　　首先，我們得將臺灣放到第三世界的架構中去分析，才能看出臺灣農業政策的全貌。

二、對第三世界農業政策的一般性批判

　　理論上說，農業政策是以國家爲主體，針對農業和農民而擬訂、實施的種種政府干涉活動。其目標，不外乎有下面這三個（參考 Johnstone and Kilby, 1975: 133-139; 張硏田, 1977: 12-14)：

　　(1) 增加農業部門的生產，藉以提高整體經濟的成長，以及經濟

結構的轉型；同時促進農業與其他部門之間的積極關連性。這就是一般農業經濟學上所謂的「農業對經濟成長的貢獻」；

（2）提高農村人口的福祉與福利，包括收入、機會、健康、乃至公共設施的增加和改良；

（3）改變農村人民的態度、行爲、和社會制度（如家庭、人口、社區等），使之能夠對整體社會發展的過程能有正面的影響。換句話說，就是要改變農民個人與社區的傳統，以協助農民和農業發展的順利推動。

如果仔細推敲上述三個農業政策的目標，不難發現其間隱含著所謂複合目標（multiple objectives）的內在競爭和衝突，也就是將會面臨「魚與熊掌不能得兼」的困境。其中最明顯的莫過於存在在第一與第二目標之間。前者旨在從農業部門「流出」資源到其他部門，尤其是工商業部門（而且是拓大其淨流出）；後者則旨在替農業部門爭取資源的「流入」（而且要擴大其淨流入）。一方面要加大資源的流出（maximization of outflow），另一方面又要加大資源的流入（maximization of inflow），顯然會產生政策目標上的矛盾。於是乎，在現實政策的運作層次上，許多第三世界的國家農業政策就不得不在這兩者之間做取捨，往往是取「從農業部門的資源流出」，而捨「給農業部門的資源流入」。這取捨當中，就牽涉到許多「非經濟因素」的考慮和決定。至於第三個農業政策的目標，也有不少問題。這個目標在過去十多年，曾經被聯合國拿來當做「國際發展」的號召——亦即「鄉村社區發展運動」，但如果由於基本上缺乏第二目標實現的支持，鄉村人民無法得到實質福利的提高，將會使得「改變鄉村人民的態度、行爲、和傳統社會制度」的政策，反而變成不切實際，甚而徒增農民負擔和困擾。已有一些批評出現，指出社區發展概念在鄉村

第三世界的推動，在沒有得到政府確實重視上述第二目標的情況下，對農業經濟及農民的發展和福利，可能不但沒有「實質」的裨益，恐怕還會轉移農業發展問題的癥結；因爲需要改變態度、行爲、及制度的不只是農民，可能更是那些坐在首都中央政府辦公室內的農業政策決策者和相關的社會、經濟、甚而政治制度（參閱Brandt, 1976/7; Lipton, 1977; Stavenhagen, 1975）。

依照這樣的批判角度追尋下去，我們不難發現，一旦第三世界的政府決策部門選擇了「資源流出」做爲農業政策的首要考慮和目標，接下來的政策、計畫、措施就會朝著這個基本目標去訂定和執行，不論是糧價政策、農機及生產投入的價格政策、產銷政策、農業金融政策及其他針對農業及農民的稅收辦法，都會用來達到「加大流出」的政策目標。舉例來說，農產品價格壓低，可以壓低工資，扶植外銷工廠，增加國際競爭的「比較優勢」；將農業技術及其他生產投入因素的成本提高（如農機、肥料……），吸取農村的現金、存款和儲蓄，投入都市及工業部門，促進國內的工業部門成長；此外，田賦、水租、及其他各種不同名目向農民課稅的措施，也都是變相的在加緊加快上述「資源流出」目的之實現。對農業部門及其依賴生存的農業人口而言，這種多少是偏頗的農業策略，可以直稱之爲「不均衡」（imbalanced）或「壓擠」（squeezing）的農業政策。令人遺憾的事實是，在戰後第三世界的國家農業政策當中，「不均衡的壓擠」竟然是相當流行的策略取向（Hsiao, 1979）。

在這種「壓擠」的策略取向下，以「提高農民的收入和福利」的第二個農業政策目標，就產生了衝突和矛盾的現象。除非政府改變它的基本態度，否則這矛盾將很難消除。這恐怕是關心目前第三世界農業發展和農民福祉的人，最感困惑，也最值得下工夫去研究，去找尋

取代或解脫這種矛盾的途徑。

　　土地改革（民國 38 年——42年）後的臺灣農業政策，實施了整整廿年（民國42年——民國61年），在這廿年當中，它的策略特色與其他第三世界的不均衡和壓搾政策，並無基本上的差異(Lee, 1970; Hsiao, 1979)。只是臺灣做得比較面面俱到，對經濟成長的貢獻也比較成功。李登輝稱這種農業發展策略叫「發展的搾取」(developmental squeeze)，可能就是從這個角度來評估的。

　　直到民國61年，「加速農村建設重要措施」頒布之後，壓搾政策的現象才暫時緩衝一下，過去廿年一昧專注「淨流出」的政策目標也才告一段落。而開始漸進到另一個農業政策的新階段，從民國 61 年到民國 69 年這八年，大致上呈現出「轉型期」(transitional)的政策形態。「矛盾、摸索、權衡得失和企求突破」大致上可以用來描寫這段期間，農業決策者（和機構）在尋求下一階段（即七〇年代）臺灣農業政策「新境界」的心態。而能不能突破過去廿年「壓搾」政策的窠臼，而導向於一個比較重視經濟公平和經濟福利的新農業政策，也將會是政府在七〇年代面臨的一大考驗！

三、廿年來臺灣農業政策的回顧：民國42年至61年

　　簡單的說，自從「土地改革」到「加速農村建設重要措施」為止，臺灣的農業部門和農村，無時不在對整體的經濟成長做「奉獻」，的的確確盡到了民國42年第一期四年經建所頒布的綱領「以農業培養工業，以工業發展農業」的前半段——「農業培養工業」。很多措施也就完全從農業如何培養工業著眼，它的作法也就不外是藉著農業部門在量上的「成長」(quantitative growth) 製造「剩餘」(surplus)。然後再透過其他措施辦法，將那些剩餘資源（不管是糧食、儲蓄、或勞

力）轉移到「非農業」部門。換句話說，過去廿年的臺灣農業政策，無異的是遵循前節對農業政策目標分析中的「擴大流出」取向，亦卽第一個目標。

從純粹的總體經濟指標來衡量臺灣的農業，是頗令其他第三世界的決策者羨慕的，除了最近幾年，它大致上都還能維持在人口成長率上下的成長比率（見下表），逃避了古典馬爾薩斯的陷阱。

年人口成長率		年農業成長率
民 42-51	3.55	3.7
民 52-61	2.88	2.8
民 62-68	1.91	1.6

資料來源: *Taiwan Statistical Data Book*, 1980

這也槪拓的說明了農業部門對整體經濟在過去將近三十年的奉獻和功勞。如果要具體的解釋農業如何「培養」工業，就得從臺灣在土地改革後實施的經建計畫去找線索。

大致上，從民國 42 年到 61 年中間的五期經建四年計畫，可以劃分爲兩個在不同時期推展的重要經濟成長策略。第一階段的策略，是從民國 42 年到民國 49 年，是所謂「進口代替」的成長策略；第二階段從民國 50 年到民國 61 年，是所謂「出口代替」的成長策略。不管是那種策略期，農業和農村都做了很大的貢獻，只不過是內容有所不同罷了。「進口代替」的成長策略，目的不外是建立國內的工業部門，用其產品以取代傳統進口的消費財物。政府採取的政策則是「保護主義」，一方面抵制外來的競爭，一方面則盡力扶植國內工商業部門的形成和成長；農業部門就被打主意，用它的外銷農產品所

得外滙來償付進口的工業生產物資，支持國內工業部門。換句話說，農業扶植了國內工業的雛形。

第二期的「出口代替」策略，旨在利用「製造工業」成品（如成衣、棉紡、夾板等）取代第一期的農業原料或成品做爲外銷的大宗。亦卽憑藉製造業的外銷打進國際市場，提高國內經濟成長。在這當中，農業部門又扮演另一種重要的奉獻角色，它不但提供給外銷的製造業以充够糧食資源，還有充沛的農村外流勞力。

從過去經建四年計畫看來，第一期到第二期是履行「進口代替」的策略，第三期到第五期則是履行「出口代替」的策略。農業在五期經建計畫的執行期間（共計二十年），都相當程度的發揮了培育、支持整體經濟建設的角色，而自己卻被壓擠了。

從下面這些指標可以看出這種事實：

第一：農業部門不但提供其他部門人口所需的糧食，更提供了工業部門所需的勞力。民國42年的時候，農業人口佔全人口的51.9%，其就業人口則佔全部就業人口的60%；但到了61年底這兩個比例則分別降到 38.9% 和39.9%。依梁國樹和李登輝 (Liang and Lee, 1975: 302-304) 的研究，農業勞動力的「淨移出」一直在增加，從民國42年的 48,752 人增加到民國 59 年的115,199人。移出率在民國 41 年到 49 年之間是2%，可是從民國 50 年以後竟高到3%。民國 59 年這一年竟更高達 6.81%。總括來說，從民國41年到59年這 19 年當中，農業移民轉到非農業部門的總數共計 824,000 人，這佔非農業部門在同期內所增加總勞動力數的 47%。當然，特別明顯的是發生在「出口代替」的那段期間，農業勞力流出現象異常突出。從社會階層的觀點去觀察，就不止於是經濟人口的移動而已，而更是一個新的都市階層的形成，那就是「都市勞動階級」(urban working class) 的興起和擴大。

　　第二，農業部門也提供了資本。再依據梁、李兩位的估計，在民國 39 年到 58 年之間，從農業部門外流出去的資本一直是正的，而且年年有加。譬如：

　　　　民國 39 年—— 44 年　粗資本外流達新臺幣 916,057,000 元

　　　　民國 50 年—— 54 年　粗資本外流達新臺幣 1,346,036,000元

　　　　民國 55 年—— 58 年　粗資本外流達新臺幣 2,078,932,000元

　　　　　　　　　(Liang and Lee, 1975: 304-307)

資本的外流來自土地稅、 地租、 金融機構貸款的利息、 政府稅捐、各種手續費、以及透過金融單位存入非農業部門的儲蓄等等。

　　第三、然而，農業部門經歷幾期經建下來，在計畫中所佔有的固定資本形成(fixed domestic capital formation) 比例，卻是愈來愈下降。這個指標一般是用來了解某個部門在政府經濟計畫中所受重視的比重，在第一個經建四年計畫的第一年（民國 42 年），農業的資本形成佔 25.9%，同年的工業資本形成則是 30.4%；但到了第五個經建四年計畫結束的那一年（民國 61 年），農業部門只佔資本形成總額的 9.0%，而工業部門則已高達了51.4%；民國 64 年時，農工的差距更是懸殊，竟分別是 5.4%和59.6%（詳見附表Ⅰ）。可是，農業在這種情形之下， 其歷年的生產在「全國淨國內生產總題」（net domestic product) 的比例， 一直卻都在投資所佔比例之上（詳見附表Ⅰ與附表Ⅱ）。可見，農業雖在「要羊兒肥，卻又不叫羊吃草」的困境下，仍然忍辱負重，默默的在替臺灣的經濟成長做奉獻。

　　第四、另一個指標可以用來說明農業的遭遇。在討論不同部門的關係時，「交易條件」（terms of trade) 往往可以分析出某個部門與其他部門進行交易時的優劣勢處境。以民國24年——26年為基線，將

農業產品賣到其他部門的價格，與從其他部門買進非農業產品的價格比較以後，發現兩者的比例，在民國 39 年到 58 年這二十年當中，一直是不利於農業生產者；農民付出的高於他們得到的價格。交易條件的指數一直是大於 100，譬如說民國39年——44年這指標平均是125.7%，到了民國55年——58年，雖然有了些微改善，是118.5%，但仍然不利於農民 (Liang and Lee, 1975: 305)。老實說，這種不利農業的交易條件結果，正是政府利用「價格政策」干涉糧價的後果。在許多農業經濟學的論著中，也經常在理論上支持這種干涉主義，為的是強化農業對經濟成長的功能 (Mellor, 1966)。這無異的提供了第三世界政府在推行影響農業及非農業部門的價格關係時的「學術合理化」工具。Lipton 稱這種作法叫做「扭曲的交易條件」(twisted terms of trade) (Lipton, 1977: 287-327)，旨在壓低糧價，以擡高工業及附屬產品價格。臺灣的另一個典型的例子，就是當時的「肥料換谷」措施，農民要以低於市價 20% 的穀子去買政府統售的肥料。誰贏誰虧，相當明顯。

　　第五，最後一個可用來說明以及為壓擠的不均衡農業政策做佐證的指標是農家與非農家的收入比。在民國42年的時候，農家收入佔非農家的 75%，然後跌到 53 年的 61%，甚至於到 57 年的 58%，從民國58年以降，一般農家的「農業所得」，根本不敷維持。於是乎，農家從事非農業工作，賺取農業外的收入反變成了農家的收入來源。譬如說，在民國 61 年的時候，有 30% 的農家收入是從非農性質的工作賺來的 (Hu, 1976: 25)。同時，專業農的比例也一天比一天低。民國50年，47.61% 的專業農，但到了民國55年時，降到31.93%，到了民國59年，更降到只有 30.24%。(Hu, 1976: 27; Wu, 1972)。農地的有限，甚而受工業用地壓迫日漸縮小，更使得農家很難從土地賺

得更多的收入。

　　由上述五種事實或指標，大致上可以看出在過去廿年當中，農業在臺灣經濟成長過程中的處境和角色，以及政府在運用政策之際，對農業部門賦予的任務又是如何的了。

　　讓我們再引一位農業經濟學家史濟增的話，來描繪我們對土地改革後的廿年內農業改策的面貌：

　　　「在『農業培養工業』的導向下，顯而易見的政策目標，大致不外開發農業資源、增加農業生產、改善國民營養、供應工業原料、和拓展出口貿易等數端。其主要手段，概括來說，就是藉由生物性的技術革新來提高農業生產力，創造大幅農業剩餘，然後再由政府運用租稅（包括變相捐稅、如肥料換穀、田賦征實等）和「低糧價政策」來吸取農業剩餘，以轉用於公共投資和工業部門的擴張。

　　　結果，在產出方面，農業供應廉價的糧食和工業原料；在因素方面，農業提供了勞動和資金，甚至宜耕之地亦被工廠侵用；在市場方面，農村的購買力做了工業產品國內市場的有力支柱；在貿易方面，農產品和農產加工品的輸出能力成爲工業發展初期購進機器設備所需外滙的主要來源。十多年下來，是農業「燃燒了自己」，把原來黯淡無光的工業前途給照亮了！

　　　統計資料顯示，在民國41年，即第一期計劃開始的前一年，臺灣的農業人口佔總人口的52%，農業就業人口在總人口就業人口中的比率更高達61%，至第四期計劃告成的民國五十七年，這兩項比率分別降至 44% 和 49%。次就農產品和農產加工品的輸出值在總輸出值中所佔的比率而言，由民國 41 年的 92%，而45年的 83%，而49年的 68%，而53年的58%，遞減至民國57年

的 32%，「葉落木降」的景象一再預報：一個「農業的秋天」即將在「工業的春天」裏來臨 (史濟增, 1976: 121)。

　　事實上，「農業的秋天」的確是在第五期經建期間完全的呈現出來，農業成長率平均每年只達 2.2%，只有預期目標的一半，比起在同期工業的平均成長率每年 21% 及 GNP 的成長率每年 11% 而言，真有天壤之別。同時，在這段期間內，臺灣也變成了一個糧食輸入國家 (JCRR, 1974)。這個「秋天」正是政府農業政策催生出來的，它卻帶給了工商業的「生機」。但是，農業部門在做一連串的奉獻之後，有沒有得到應得的「回報」，史濟增更進一步戲劇的描繪出這段因緣：

　　　　「在臺灣，由於政策的安排，農業於民國 42 年嫁到了『經濟結構』的大家庭裏。在「蜜月」期間賞心樂事，自然不在話下，接著而來的就是咄咄逼人的現實生活。做一個大家庭的媳婦，不是一件簡單的事，她必須在生活的體驗中學會了容忍、再容忍，適應、再適應，然能保持平衡和諧的家庭生活。在43年至57年這一段期間，臺灣經濟普遍呈現欣欣向榮的景象，可以說是農業培養工業的具體表現。」(史濟增, 1976: 122-3)

　　如果我們相信國家發展應含有讓各個羣體獲得公正、公平的涵義在內，那麼二十多年農業部門就不能說是得到公平的待遇，它顯然是被「壓擠」，結果是「瘦了農業，肥了工業」。雖然，它本身也在「量」的方面有了增加，但那只能說是成長而已，而不是「質」的發展；因為土改後提出的經濟計劃一直沒有履行「以工業發展農業」的諾言。再說，在大家仍只把農業看成商品 (commodity)，只看成經濟部門，而不注意到背後那些社會和人口羣的情況下，勢必很難講究「發展」的充要條件，那就是「公平、尊嚴、人道主義、互惠參與」等問題，

如果農民沒有充份的獲得這些發展的內涵，那就很難再談什麼「農業發展」了。發展是以「人」做本位，不光只是「商品」。重視「農業」，不表示就是重視農民，因為「重農」往往卻把農民當做手段。除非也能把農民當做目的，否則就談不上是真正的農業發展。

前面提到，第五期經建期間（民國58年—61年）是臺灣農業最艱難的時候，也正是過去一、二〇年的壓擠農業政策開始產生明顯負效果的時候。政府面臨每況愈下的農業，不得不在民國 58 年由行政院公布了「農業政策檢討綱要」（10月21日），提出了兩項農業上的基本問題，三項基本政策目標，和十四項重點措施，但並沒有經費配合，效果仍幾乎微乎其微。59年，中國國民黨十屆二中全會也通過了「現階段農村經濟建設綱領」，接著「檢討綱要」，再度提出較具體的政策綱領，有三大目標，十項基本措施。但是，仍然是如大旱之望雲霓，其奈密雲不雨。對過去的農業基本政策，依然守住不放，不願嚴加批判和做根本上的修正。結果是一拖再拖，面對臺灣農業的困境，似乎無法做即時有效的回應；卻只報以「社區發展十年計劃」，對農業問題的癥結，避而不談。換句話說，從民國58年到61年的 9 月 27 日，這四年時間，足足顯示了政府農業基本壓擠策略的牢不可破，以及決策者對改變政策所抱猶豫不決的態度。

值得一提的倒是在同時期當中，在中央決策圈外的地方政界、學術界和新聞界倒是紛紛為農業的現況提出警告、呼籲政府正視這個問題的嚴重性。

直到 61 年 9 月 27 日，就在蔣經國先生上任行政院長的 4 個月之後，行政院頒佈「加速農村建設重要措施」。這個措施的公佈，是土地改革以來臺灣農業政策的一個轉捩點，也算是政府決策階層替拖延了四年餘的農業政策做了一次關鍵性的交代。「加速農村建設重要措

施」共有九點，它們分別是：

(1) 廢除肥料換穀制度

(2) 取消田賦附征教育捐

(3) 放寬農貸條件

(4) 改革農產運銷制度

(5) 加速農村公共投資

(5) 加速推廣綜合技術栽培

(7) 倡設農業生產專業區

(8) 加強農業試驗研究與推廣工作

(9) 鼓勵農村地區設立工廠

　　其中，最有政策轉變意義的，要算是廢除肥料換穀制度（62年1月實施）和取消田賦附征教育捐（61年第2期田賦征實時實施）。由於有這項不公平制度的廢除與中止，也象徵了臺灣「壓搾」農業政策的暫時中斷，同時讓農業和農民喘一口氣。在政府方面，則面臨走下一步棋的抉擇，也讓人不禁關心的要問從此是否真能更進一步，開始步上公正均衡的農業發展政策？

　　雖然政府在宣佈上述措施的同時，卽撥 20 億元經費作為專款，另以 18 億元作為貸款基金。除了頒佈政策措施之外，還配合人力、物力、財力的支援，算是相當有誠意、有魄力的一次農業改革。難怪有人稱之為自土地改革以來，最有時代意義的農業政策。

　　然而，仔細評估這幾項改革措施，很多仍然是從「拓大流出」這觀點出發的，而對增加實質資源的流入，和增進農民福利還是不夠徹底。換句話說，壓搾的意識型態陰影還沒有完全去除掉。現在分別說明如下：

　　第一：九項重要措施之終極目標是在於改善農民生活及提高農民

所得，增加其福利。但許多措施的着眼點，並沒有把「農民」當做政策的焦點，仍是以「農產品」爲主體，如綜合技術栽培、農業試驗、生產專業區等。卽使這些措施的改良，或許間接的在長期會有利於農民福利，但也不是直接的保證就會提高農民在分享成果時的公平及發言權。因爲，這其中牽涉到「農產品」的價格問題，除非農產品的價格提高，否則將來農產品卽使增產了，運銷通暢了，農民仍然得不到實質的好處。在九項重要措施中似乎只關心農產品的再次成長，而沒有放寬對低糧價政策的控制。

第二：政府給農業部門的投資佔總投資額的比率仍然日益降低，如果眞要藉政策扭轉農業部門的劣勢地位，可能看似「過多」的投資，也是必需的。卽使一時「效率」的受損，也是必需的犧牲。而在理論上來說，一時投資「效率」上無法得到適當報酬，如能換得「公平」的補償，或許正是長期「效率」持續的條件。

因此，民國 61 年的「創舉」的確是個新農業政策的契機，它至少開啟了希望之窗。但這希望能不能實現，能不能落實在往後的農業政策上，是很值得我們在欣喜之餘冷靜的去評估的。

四、新農業政策的過渡：—— 民國62年至70年

民國62年 9 月 3 日更公布了研議多年的「農業發展條例」，明定農業現代化爲今後政府的政策。從此，臺灣有了賴以依據的農業發展基本大法，這也多少可視爲民國 60 年代農業政策的導向。同時，第 6 期4 年經建計劃（民國 62年——65 年）亦公布實施，在計劃中更再度標榜農工均衡成長的經建策略。主要目的是拉短已經存在的農工差距；從意識形態上看，也顯示出對以「公平、平等、福利」等原則爲內涵的「發展」觀念逐漸在經建決策過程佔了一席之地。

在第 6 期經建期間，計劃中的年農業成長率是訂在 4.1%。但實際的年成長率只有 3.62%，低於計劃，但卻比前期的 2.2%要強得多。這其中多少來自新頒農業政策的影響，目前無法評估出來。

在民國 64 年，政府放棄 4 年經建計劃，改以 6 年做為經建計劃的期限。換言之，這個新的 6 年經建計劃，是從民國65年開始，止於民國 70 年。在這 6 年經建計劃期當中，農業成長的年成長率只訂為 2.5 %，相當程度的低於前 6 期經建計劃中預期的農業成長率。從這點看來，政府對農業部門，開始有比較紮實、保守的期望，而不再一味以壓榨農村、擴大農業流出資源為標榜。換言之，在策略上，它承認農業已無理由去「壓擠」，農業之有發展，應該以本身為主要目的，而不是當做其他部門的工具。訂 2.5%為年平均成長率，該是這種政策背後意識形態的反映。此外，更宣佈將於計劃結束前（即 70 年）要將農家與非農家所得的差距縮短到可容忍的限度之內，亦即不能超過 30%。同時，亦提出「保證價格」來收購農家的糧農產品，並提供足夠的福利措施，如醫療服務、農民保險等，以減輕農民負擔，增加其實質所得及福利水平。這些都多少表現了農業政策似是在做根本調整上的努力；將「農民」取代「農產品」視為政策的主體。

民國 64 年又頒佈了「農業發展條例實施細則」，強調擴大農業經營規模的重要性，並於69年修改農業發展條例時，鼓勵農地重劃、恢復租佃關係，或買賣合併，使經營單位的規範增大，以利機械化耕作，降低生產成本和投資效率。從農村社會結構的觀點來看，這恐怕會再次影響本已相當均等的農村社會階層和分配結構，因為農地所有權一旦放鬆租佃制度或買賣，將無形中會製造所謂「大佃農，小地主」或眞的「新地主」階級，這種社會影響是非常值得三思而後行的。這對前述以提高農民普遍福利的策略目標，又是有如何的影響，

也是值得考慮和檢討的。此外，一旦期望透過買賣農地以擴大經營面積，勢必減少農民的數字，這些農民也勢必轉業，工商業部門是否能及時配合，提供適當的都市就業機會？否則，無異又將製造一批在都市裏的鄉村移民，徒增社會問題。卽使能找到工業部門的就業機會，由於一下子擴增那麼多的勞工人口，勢必降低工資，這是不是又將連帶的轉嫁這種社會成本到現有的都市勞工階級？反而一併降低了勞工的經濟福利水平？它可能引起的社會衝擊又將會是如何？

保證價格收購餘糧之無法有魄力的擴大實施，亦使得農業政策在轉型和過渡的過程當中面臨困境；「穀賤傷農」的後遺症日益明顯，（蔡宏進，1981）；農村福利措施尙無法運用「社會福利基金」以大力投資，也是另一個在利用農業政策的轉變，提高農民福利的阻礙。

總之，要突破20年來習以爲常的壓搾農業政策，而企圖轉變到一個比較側重公平、平等、均等、福利的「人文農業新政策」，將不是一件容易的事，除了要有計劃和經費之外，決策者更要有政治的良心，智慧和魄力排除一些政治及經濟結構上的阻力，那麼才可能摸索出一套眞正能應付70年代的新農業政策。

根據去（69）年底中央民意代表選舉時，農民團體候選人所提的政見，我們可以模擬出未來農業政策需要再修正、改革和努力的方向。

第一，在目標上：要求廣大農民羣眾能眞正公平的分享到經濟成長。從「成長」的意識型態轉變到「發展」的理想。

第二，在策略上：(1) 強化中央的農業決策單位，如設農業部；(2) 大幅度修改農業相關法令，包括農會法；(3) 確立農業保護政策，對內如加強農業投資，獎勵農業生產，對外如限制農產品進口；(4) 扶植農民的政治參與力量；(5) 重視農業污染問題。

第三，在做法上：(1) 改革農會組織；(2) 提高糧價；(3)提高收

購餘糧之價格；(4) 實施農業保險；(5) 限制國外糧食進口；(6) 鼓勵農產品出口；(7) 減少田賦、水租；(8) 建立農產品市場情報中心；(9) 開放臺糧、臺鳳、公賣局，由農民參與；(10) 反對臺糖規模養豬與小農爭利；(11) 成立農民福利中心；(12) 加強農民教育；(13) 輔導農民子弟留鄉；(14) 設立鄉村國宅貸款；(15) 降低農機價格；(16) 提高農價機械化服務水準；(17) 懲罰農業公害的製造者。

　　以上這些改革的芻議內容，很明顯的莫不以針對 60 年代農業政策未能確實做到「縮短農工差距」、「農業現代化」、和「提高農民所得」而提出的一系列批評。而改革的方向也正是期望在 70 年代的農業政策能積極加強「農民在分享經濟成長時的地位」，改善「農產品交易條件」，以及著實提高「農民所得和福利」。亦卽必須要從根本上祛除前節所討論的那些「壓擠」政策的餘禍，重新肯定民生主義強調的經濟均富的農業政策。

　　從農業發展條例的頒佈到它的修改，政府也的確用了不少心思在改善臺灣農業生產與運銷的環境和條件，並在民69年又開始實施爲期三年的「提高農民所得加強農村建設方案」，其主要措施不外爲增加農業公共投資，加強農業試驗研究與推廣，改進生產與運銷，實施稻米保證價格收購制度，降低農業賦稅，以及提供農業專案貸款與農用品補助。這些「措施」不能說沒有它的作用，多少也發揮了它短期間讓農民心存冀望的功效，實質上也鬆弛了若干農業成長困境的緊張。不過，這些措施，畢竟只是「措施」而不代表政策上的大轉變。而其中有些是需要等基本政策改變後才能眞正大力推動，然後也才能發揮作用的，譬如「增加農業公共投資」、「稻米保證價格」、以及「農業貸款」等。

　　今 (70) 年 3 月 6 日，行政院長在立法院又再重申政府不會因爲

工業發展快速，工業部門在經濟結構比重上占大部份，就忽視農業的重要性，並強調 70 年代對農業的基本政策有三點：（1）在國民所得普遍提高時，設法使農民所得跟著提高，這是政治方面的考慮；（2）改善農民福利，加強農村建設以平衡整個國家區域之發展，這是社會方面的考慮；（3）確保糧食自給自足政策，這是經濟方面的考慮。爲達成這三個基本政策，又有類似 69 年那個「提高農民所得方案」所列的一些措施。不過值得重視的倒是「設立平準基金」、「保證價格收購」和「籌辦農民保險」、「改善農村醫療」、和「鼓勵工廠設於農民眾多的鄉鎮」等。因爲這些措施一旦實施，「保護農民」取向的政策也就落實，不僅以前那樣只是著眼在「保護農業」而已。

　　從 60 年代步入 70 年代，是國家發展中很辛苦的階段，在農業上也是一樣。農業政策在這 10 年當中，也經歷前所未有的挑戰和調整，也進行了一連串嘗試性的改革，令人興奮的是第一步已經跨出去了；令人惋惜的是這一步還不够硬朗，不够堅強，好像會再縮回去似的。我們希望，有了這第一步的試探，應該破除萬難，更大膽的跨出更有力更快速的第二步、第三步。唯有如此，70年代的臺灣社會才能真正出現一個「均富」的形象。

　　以上，我們詳細的回顧過去土地改革以後20餘年來的「壓搾」農業政策，以及最近10年內的若干新的改革內涵，並且也分別的提出了批評和建議。但這些都是事實的陳述，並沒有解釋爲什麼前述的「壓搾」農業政策會在土地改革完成後就形成，而且還持續了 20 年？也沒有進一步分析 10 年來農業政策之所以有過渡現象的原委。

　　以下這節，我們將嘗試從鉅視社會學（macro-sociology）的觀點，提供若干分析和解釋。

五、農業政策與社會結構：若干解釋

從社會結構來看，一個政府的經濟政策，從擬訂之初到頒佈實施，都跟當時的國內外社會經濟和政治環境息息相關，農業政策是國家經濟政策的一環，自不能將它脫離現實環境而孤立的來分析。於是，欲完整的分析臺灣的農業政策，大概上，不外乎是依據下面這個架構：

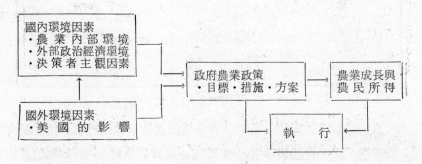

為方便分析起見，本節擬就國內與國外環境化約成下面幾個結構因素來分別討論它們對過去卅年農業政策形成、持續和轉變可能的影響。

(1) 土地改革完成後，農村／農民社會性格的轉變；

(2) 政府菁英份子對國家現代化的意識形態；

(3) 工商階層興起對政府農業政策的影響；

(4) 美國透過外援對政府農業政策的影響。

1. 土地改革後農村社會性格的轉變

臺灣的土地改革對整個社會結構的衝擊，是它製造了大批的「自耕農」階級，因而改變了鄉村舊有的社會性格，佃農階級不復在鄉村是主要的最下層。自耕地主在土地改革之後變成了鄉村社會結構的基

幹，在民國 38 年的時候，地主中只佔農業戶數的 36％，到了民國
46年，則增到 60％，如果加上半地主則這個數字更高到83％（Tang
and Hsieh, 1961: 123）。

	土地改革前（民 38 年）		土地改革後（民 46 年）	
	戶	％	戶	％
自耕地主	224,378	36	455,357	60
佃　　農	239,939	39	125,653	17
半自耕地主	156,558	25	178,224	23
總　　計	620,875	100	759,234	100

資料來源: *Tang and Hsieh*, 1961: 123

　　第二個值得注意的土改對社會結構的影響，是這些自耕地主絕大
多數都是「小」自耕農地主，在民國 44 年的估計，有 74％的農家
只擁有不到 1 公頃的農地。即使在民國 57 年時，這種小農戶還有
68％。這種小自耕地主階級一旦成為鄉村社會的主要構成成份，早期
存在於鄉村社會的佃農革命性格，也就消失。其可能造成的政治壓力
及威脅也就不存在。小自耕地主階級在土地改革之後，反而變成了
現有政府的穩定和保守力量的主要來源。他們不但不再是政府在土
地改革以前所擔心的動亂潛力，還是政府政權日後的主要支持者。
Huntington 曾對小自耕地主的社會及政治性格做過類似的推斷，他說：
　　　　「沒有一個社會羣體會比擁有一塊私有地的農人更保守，也
　　　　沒有一個社會羣體會比有太少的地，繳太多的稅的農人更有革命
　　　　性」（Huntington, 1968: 375）。
這段話的前半部對臺灣土地改革後的鄉村社會性格，倒是相當適

切的描寫。而其後半段則更點出了當初國民黨之所以在臺灣大力推動土地改革的主要動機。

同時，Jeffery Paige 在他那本 *Agrarian Revolution* (1976) 裏，也提出一個比較研究。他指出，在私有小農制度下，將會產生一個最穩定的社會制度，也就根本不可能有大的社會運動出現。至少這在歷史上還沒有出現過；頂多是一些規模不大，政治性不高的「產銷制度改良運動」，對農產品的價格和運銷要求較合理、較方便的措施。對於基本的財產制度，或是權力分配的改變，從不涉及。他的研究發現，在 1948-1970 之間，已存的 47 個小自有農制度（臺灣是其中的一個），沒有一個面臨動搖或變遷（即轉型到其他的農業經營制度，如大農場、莊園、合耕制、或是移民農莊制等）。可見其穩定性之高(Paige, 1976: 99-103)。

以臺灣土地改革後鄉村的情形來說，當時的小自耕農的確有他們的現實考慮，只要有公平的土地所有權，不必繳太不合理的稅，生活狀況過得去，任何一個偏激的舉動，都足以破壞他們既得利益；他們當然不會去幹，也不會支持。再說，光復之後，臺灣小自耕農對日據時代那種非常不合理的壓榨農業政策，仍記憶猶新，現在能真正當一塊私有地上的小地主，也就心滿意足了。在這種社會心理情況之下，很容易就讓我們了解為什麼土地改革後的臺灣鄉村社會性格是趨向保守的原因。一旦政治保守的社會心理形成之後，對當權者的權力運用及策略，也就根本不會構成任何有力量的威脅，這當然是政府決策者在推動某種對某一「標的」羣體不利的政策時最冀求的緩和政治氣氛。

另外一個原因也可以說明為什麼臺灣的小農無法向土地改革後推出的「壓擠」農業政策提出抗議。這得從中央政府在臺灣鄉村的控制談起。農會在實質上就是中央政府在地方上的執行機構，相當的採取

「集中化」（centralization）的管制方式。這個原來是農民自治的組織，愈來愈變成政府決策系統在地方基層的附屬單位，它的下情上達的功能，也就不太可能。Tien 曾對臺灣農會與鄉村變遷提出這樣的說法：

「一旦中央政府一心想把農會變成它的政治控制機關，要農會變成一個真正的農民利益團體及壓力團體，也就非常困難」（1979: 15）。

楊懋春（1980: 221-3）也依據實際觀察指出臺灣農會的確至今為未能有效的、正當的實現其改組後所釐定的理想、計畫與目標，甚至有愈走愈偏離其原有理想、與目標的趨勢。問題的本質就是農會無法表現農民的意見，民意的代表性低。

在上述兩種環境之下（農民的政治保守性格以及政府對農村的中央集中管制），臺灣的農民和農村也就變成了執政黨最忠實的支持羣眾之一。這可以從歷屆地方選舉中，執政黨提名候選人都能順利在農村地區得到支持，看出一些端倪。以民國 39 年到 57 年為例，反而是那些大都市對執政黨愈來愈構成威脅（Lee, 1972: 237-238）。這亦是使政府愈發重視都市政治壓力的主因之一。

直到第五期經建四年計劃期間，農業問題的嚴重性日益表面化，農民對所處困境的敏感度亦愈發提高，加以大眾傳播媒介的大力報導、知識界的鼓吹，黨外勢力亦以此攻擊政府的經濟政策，促使農村內部地方人才及精英份子對農業問題加以不斷反省，農民的不滿才開始宣洩出來，而反映在60年代鄉村的政治參與與傾向上面。

　2. 菁英份子對國家現代化的意識形態

上面這個環境因素，只能說是提供了一個先決條件，說明在那種環境之下，即使是不利農民的國家政策，農民也不會有什麼反抗的力

量來向那個政策挑戰。接下來，我們應該分析一下爲什麼會有偏向工商業，犧牲農業的壓擠政策？又爲什麼它能够一再持久了 20 餘年？首先讓我們看看政府決策核心菁英階層對國家現代化的意識形態，尤其是其中他們如何看待工業化對現代化的角色。如果菁英份子具有把工業化視爲國家發展和現代化的象徵，那麼將現代化意識形態付諸行動的政策，也就會以偏好工業部門的策略取向，來主導國家現代化的努力。相對的，農業部門也就會被視爲可以利用、可以做爲支持工業化策略的政策工具。工業發展是目標，農業成長爲工具的態勢，也就顯而易見了。換句話說，這牽涉到決策者對現代化力量的「部門偏好系統」(sectoral preference system) 的選擇問題(Mamalakis, 1972: 89-126)，一旦這個偏好系統確立之後，接下來就會直接影響政府對不同社會、經濟部門或羣體，在運用權力做資源分配時的作爲。

　　無可諱言，國民黨在近代中國政治舞臺，一直是與政權中心不可分的利益團體，而它的革命和政權集中的過程，卻都一直與城市有不可分的關連。它的活動大都以大城市，如廣州、上海、南京、武漢、重慶等地爲中心，而其黨員的吸收也以城市階級如公務員、軍隊爲主，來自農村的反而比較少（賴澤涵、蕭新煌，1981: 77-78）。換句話說，國民黨的權力基礎是建立在城市、發展也是以城市爲重心。在這種背景之下，難免就容易產生把「城市現實」建構而成爲「國家社會現實」的一種意識形態，亦卽所謂 Lipton 所謂具有「城市工業偏見」的現代化意識形態。

　　我們知道，國家的現代化策略，不是中性或中立的舉動，它是具有政治性的行爲，不可能所有標的羣體（階級）都會一律平等的蒙其利或蒙其害，總有差別待遇。差別的來源，就是導自決策者的意識形態。在大陸的幾十年歷史，我們也多少觀察出國民黨對城市工業的偏

好；加上飽受戰亂，和外敵入侵，使得在大陸時期中農村策略給人感覺是一個呈現消極無力的形象。

　　測量決策者（階層）的意識形態唯一可用來分析的資料是見諸文字的著作文件、報告或宣告。在大陸的那段時期，先總統的最重要作品，表現其對國家現代化意識形態的是「中國的命運」這本書，在這本書裏，他極力強調工業與中國未來現代化的關係。他認為工業化必然是中國經濟發展的基礎，主張中國最急迫需要的，無它，就是工業化。 只有工業化才符合現代世界經濟變遷的狀況。 單單用重視工業化，不足以表現重工業的意識形態；如果再進一步比較在全書中他對農業和工業的重視程度，就比較能說明是不是有偏好（preference）。在全書中，很少看到對農業發展和農村建設的話，而當時卻正是中國陷入相當嚴重的農業困境的時候（時當民國 32 年）。

　　從這個內容分析的指標，多少點出當年決策者確實是比較重視工業和城市，而對農業和鄉村也就放在比較次要的地位。一種多少不均衡的國家現代化意識形態也就浮現出來。

　　當政府遷臺之後，先總統再度呼籲「中國必須和平地，逐步地工業化」，在民國38年，他來臺之際，便開始建立對不同工業發展的前後次序。認為建設現代的臺灣，可以做為今後中國現代化的藍圖和模型。

　　於是，在這種偏好工業化及工業部門的意識型態之下，往後的幾個政府經濟政策，也就毫不保留的將那意識型態表面化。在連續兩期的進口取代與出口取代成長策略期間，就完全呈現用農業犧牲打、保送工業上壘的政策和措施。

3. 工商階級的興起對政府農業政策的影響

　　土地改革轉變了鄉村社會的階層結構，而進口代替和出口代替政

策則更是轉變了整個社會（尤其是都市）的階層結構，由於這兩階段的成長政策，直截了當的就是要拓展國內民營工商業部門，以改變整個經濟結構，其經濟衝擊自然易於測度。

從光復以來，臺灣的私營工商業企業愈來愈成長，譬如說在民國35 年的時候，私營工廠數雖佔 92.6%；但就業在私營企業的不過只有34.6%；這表示在當時私營企業的微弱、小規模、而不成氣候。到民國 46 年，私營企業數已增到兩倍之多，而就業人口數從 2 萬 5 仟人急增到 20 萬，相對公營的就業人口增加則非常緩慢只是從 48 萬增加到 61 萬。同時私營工業在整個工業就業結構已有日益重要的比重，與公營企業就業人口數佔全體就業人口之比率已提升到 23.5%對 76.5%的比率。到民國 47 年時，私營民間工業佔全國淨國內生產總額的 17.9%（比 46 年的12.3%高得多）。同時，私營工業出口的價值占總出口值從民國 41 年的 7.3%（美金 8 百 75 萬）到民國47年的16.9%（美金 2 千 7 百 73 萬）。到了出口代替時期（卽民國50年代開始）；在49年的「19點財經改革方案」的前導之下，更加速了國內各個私營企業的興起與蓬勃成長，其對臺灣經濟的重要性也愈來愈顯著。李國鼎更稱民營企業為 50 年代到 60 年代臺灣社會經濟結構中的主力。茲以公私營工業生產佔整個經濟生產額的比例說明其在經濟的比重：

	公營	
1952	56.6%	43.4%
1960	47.9	52·1
1968	31.1	68.9
1972	20.6	79.4

來源: *Taiwan Statistical Book*, 1977: 79.

其佔出口總額的比重也急速增高，到61年時，已高達 93.3％。

　　以上是就單純經濟層面的討論。從社會結構改變的意義來說，更有深一層的涵義。那就是由於擁有愈來愈多的資源生產和分配的力量，在 40 年代孕育和形成的本土新興工商階層到了 50 年代和 60 年代更逐漸成熟、壯大、而演變成一股具有政治壓力的新興階級。而漸漸的，這些工商階級更可以透過各種管道去遊說和影響政府去持續一向的工業化優厚政策，而相對的也就加給了阻力，使得農業政策得延續其壓擠的策略。

　　在中央的決策層，他們對工業化的意願將與執政黨的上層意識形態一致才對。到了 50、60 年代，非傳統型的「技術官僚」逐漸把握經濟決策權，他們受到西方科技及經濟成長理論及意識型態的影響，對工業化的途徑，更是於有深固的著執。若干新興工商金融階級，已開始間接直接地打進這一層經濟決策單位，進行其影響。

　　在中下層決策及執行單位裏，也有工商階級的力量在裏頭。

　　茲以「壓擠」農業政策推動最力的那段時間 20 年的民意代表和地方首長的出身背景來看他們可能不可能替農民說話，爭取較公平的經濟機會？從民國 43 年到 59 年這 17 年當中，省議員的出身一直是以第二、三級工業的出身爲最多，其代表性遠遠超過全省該行業人口在總人口的比例，而農業（民）出身的省議員卻甚低於在該代表的實際人口比例。

　　如果拿省議會、縣議會、市鎮長三級一併來看，這現象更明顯：

　　這種工商部門有過多代表在省市議會、及市鎮長層次，而農民部門卻有過低的影響力，很明白的又說明了爲什麼過去二十多年，在地方上也沒有辦法有效的反映農業／農民的利益及立場，當然對壓擠農業政策也就無法從基層提出有力的批判了。 Lerman 在臺灣做地方政

各級決策及執行者的社會背景 (民國 39-57 年)

	農業%	商業%	自由業，專業%	公務員%	其它%
省議會	18	31	25	10	16
市議會	27	28	18	8	19
市鎮長	3	19	20	49	9
民　國 53年人口	54.2	8.9	3.9	7.4	25.3

來源: *Lee Kwo-wei*, 1972: 235

治的研究時，就指出新興的工商業階級開始「找尋」或「推派」能代替他們利益說話的官僚或民意代表，爲了是確立、保證、維護甚而拓大他們的經濟利益。其方法就是要有人在各層次的決策單位裏。

在這種情況下，我們就不難明白在政治權力上，臺灣既行的農業政策已有相當鞏固的基礎，要改變它可能就牽涉到影響政治權力結構。因此，這也更解釋了，一旦政府依循其工業化的意識型態，實施壓搾的農業政策之後，小自耕農無法抗議，工商階級更不希望有所更改，因爲已有的權力結構安排就是不允許它做太多基本上的改變。如果，我們可以用較簡約的說法，那就是新興的工商階級與政府在對農業問題的立場上，是聯合的。在他們之間，建立了「聯盟」(coalition)。一旦這種聯盟建立了起來，光憑農業部門本身怎麼去做，都是沒多大用處的，因爲農業／農民之爲一個壓力團體，是微乎其微的。

那麼民國 61 年的「壓搾」農業政策的轉變，又該如何解釋呢?

從權力的觀點來說，第一、這是最高上層決策者 (行政院長) 的決定，而其之所以做改變，來自若干方面的壓力相當多，一是大衆傳播界、一是學術界。在 58 到 61 年當中，這幾方面的壓力及呼籲倒底

還是發揮了一些力量。但這壓力都絕不是來自農業部門或農民本身；

　　第二，農業部門的成長的確面臨困境，如果再不調整，農業一旦崩潰，農民受損之外，整個社會經濟都會受到連累；行政院不敢冒這險；

　　第三，政府在民國 61 年時已與工商部門共同建立的互惠聯盟關係，其關係已不易打碎了。於是行政院長的九大重點改革，只要是不牽涉到對基本農業決策的改變，只要不會對工商部門造成明顯的損失；戰術性的轉變，是沒有什麼困難的。

　　也基於上述理由和限制，民國 61 年到 69 年之間，政府的農業政策才一直是在混亂中，調整和改變後的政策也因此沒什麼有特別激進的措施。

4. 美國透過外援對政府農業政策的影響

　　戰後的臺灣跟美國有著非常密切的關係，美國對臺灣的政策有非常深遠的影響，其影響甚而披及許多國內政策。農業政策便是其一。這其中的關係，可能得從美國對美援運用背後的意識形態說起。

　　美援是二次大戰之後，美國為了維護資本主義世界體系以及其本國在這體系中的地位而塑造出來的援外策略。臺灣是主要的受援國之一，旨在將臺灣列為其「圍堵政策」的一環。

　　美援既然是在維護資本主義世界體系的運作，它當然希望接受援助的國家也能走資本主義的路線，方法之一就是鼓勵該國工業化，建立「工業資本主義」。並且更強調要大量塑造新興民間企業部門，以免由於外援增加政府的資源控制力量，而有走向社會主義的反路子（蕭新煌，1981）。臺灣的工業化政策，就在美國的影響下，更加大力的推進。特別跟農業政策有關的有下面兩個關鍵：

　　第一：民國49年的「19點財經改革方案」就是在美國的壓力之下訂定出來的，而那方案，在前面已提過是關係著「出口代替」工業政

策的主要促力。這方案一實施之後，國內外的企業紛紛投入工商業的行列，加大了前期「進口代替」時期已形成的國內工商業經濟力量。美援在兩期工業化當中都扮演着相當可觀的角色，它不但提供經援（物資、技術），而且指定用途是在給國內雛形工業用。並且也在國際上承擔一段時期臺灣在國際金融上的風險，譬如說在國際金融基金組織（IMF）的地位等。另外，就是美國的外援策略就是要在受援國內製造一批也能信奉「工業的資本主義」的工商中產階級。這一點，在臺灣的 50、60 年代就的確已經做到了。

第二：自1954（民43年）開始，美國為解決國內糧食生產過量，通過「公共法案 480 條」，將餘糧非常廉價的賣給發展中國家，其動機已是非常明顯。而對臺灣來說呢？它產生的影響有下列諸端：

①大量美國餘糧進口，提供並維持當時臺灣國內糧食的需要量，這樣子政府就不必花費大量資金和人力在農業部門，可以放心的轉移資源投到非農業發展上；

②由於有大量廉價的糧食充斥國內市場，必然導致與國內糧價做不公平競爭的情事，「穀賤傷農」的後果也就在那段時期內表面化；

③因此，美國的「公共法案 480 條」就變了方便國內決策者推動「壓擠」農業政策的政治和經濟工具。

換言之，美援的影響，一是催生了國內工商業，尤其是民間的工商階層的興起與美援有息息相關的地方，二是提供了政府方便的生路，不必正視國內長期的農業發展問題，而可以暫時的只考慮眼前的工商成長。

這種國外壓力的作用在最近這一兩年，又獲得另一個證據，那就是為平衡中美貿易，在美國壓力下乃有中美採購團大量買進農業產品（如小麥，雜糧）之舉，這舉動已明顯的又發生了其打擊國內農產品

的價格；以及扼殺了可能可以鼓勵從事該作物栽種的機會。這與最近十年內努力的「提高農民所得」、「農業現代化—專業化」和「糧食自給」諸方向，不是又發生矛盾了嗎？

從美國進口農產品的弊端又再度顯示農業政策的問題。

如果說為了維持中美貿易平衡，就應該由參與到出口貿易的所有部門來負責，而不應該由根本沒有得到中美貿易好處的農業部門和農民全部擔當這個責任。因為近十年來的我國對美外銷主要以工業產品為主，平均佔85％—90％左右，工業部門從外銷（甚而出超）得到了利潤和成長；可是由於它的出超，卻要犧牲臺灣的農民來賠償給美國，這未免太有違背「農業發展條例」頒定以來所揭櫫的農業發展目標。

六　結論：下一步？

由以上數節對臺灣三十年來農業政策的分析和檢討，我們不難發現第一個廿年的壓擠政策已受到基本的批判和揚棄，而代以最近十年的緩和政策，但若干現行措施卻仍然殘留有「壓擠」的色彩。同時我們也提供若干社會結構上的解釋來說明這兩期農業政策的形成、持續與演變的社會政治背景。

很明顯的，我們不得不承認政府在過去卅年當中的確扮演了非常積極而顯著的角色，在經濟作為上，可謂是可圈可點，尤其它能履行自己所訂立的經濟政策，實足表現像 Myrdal 所謂的「硬性國家」（hard state），有幹勁、有計劃、有力量。這是其他第三世界國家的政府所不能比擬的。這也是政府在過去卅年當中，相當成功的一點。也正由於這點，農業政策得以強有力的執行，以農業的犧牲，成全了工商業的發達，以及整體經濟成長的追求。加以其他國內外政治社會的環境，也有利於這種農業政策的推動，可謂「天時、地利、人和」。

最近十年，政府在種種條件的變化之下，也開始企求突破，希望能找尋出一條新途徑，來眞正發展臺灣的農業以及提高農民的福利。十年來，許多努力是看到了一些效果，但仍有很多癥結沒有打開，如果要有70年代的臺灣農業美景，首先就得突破種種政治經濟上的困難，重新自我批判檢討三十年來的農業政策。基於前面的討論，我們有理由相信，政府的能力有辦法做得到，更替農業，更爲農民著想的政策。

有人說臺灣農業政策是成功的，因爲它繁榮了工商業，也提高了經濟成長。這得看我們怎麼定義農業政策以及如何看國家發展。如果我們要堅持好的農業政策是要是「爲農業」的政策，而不是犧牲農業的政策；如果我們也堅持國家發展必須照顧不同羣體、階級的公平分享；那麼我們就不應該用整體經濟成長來做爲開脫壓擠農業政策的藉口。

於是，我們認爲 70 年代農業政策的展望必須要先從批判 50 、60 年代的農業政策著手。

下面是幾點基本的著眼點，如果這些著眼點能夠由政府決策者接受，相信以之訂出來的新農業政策應該是比較理想的：

（1）政府應認清今日農民的性格，他們不再是保守，不求創新的傳統農民，他們是一心企求改進的「理性農民」，只要有正確的農業政策，相信他們都會配合的。換言之，政府決策者應該可以信任農民。

（2）政府應改變對國家發展的意識型態，不要再以「經濟成長」爲唯一的目標，應重視實質的人文發展，以公平，平等，公正，福利分享等原則爲測量國家發展的內涵。如果能朝這方向去擬訂國家發展策略，農民就必然會得好處。

（3）政府應認識到臺灣的農業不容失敗，一旦失敗，可能會導致一些政治上與社會上的不良後果，這對政府而言，也將是不可彌補的遺憾。因此，政府應該在 70 年代要有「保護農業」的觀念，不容再

藉機會壓擠農業，許多保護措施應該列入新的農業政策當中。

（4）政府應加強農業主管部門的獨立權力，不應太拘泥於「顧全大局」而再度犧牲農業，如果能成立較有力量的中央級農業主管單位而且重視它，由專才及有心的官員主其事，或許會增加農業部門在決策過程中的發言權。

（5）最後，政府應多主動了解農民的意見，和他們對農業改革的反映，畢竟他們才是農業政策的主體，而且他們可能最清楚「農事」以及他們的需要。也許，第一個措施就是放鬆和扶植地方農會，讓農會逐漸恢復變成農民真正的民主自治團體，讓他們能做到下情上達。然後更進一步去謀求農民的福利。

假如政府有必要在 70 年代將臺灣帶到一個有理想的均富國家境界，就應先從農業政策的大幅度改革下手。

附表 I　固定資本形成的組合（依產業別分），1952-1957（%）

年　　代	農　業	工　業	交通運輸	商　業	其　他	合　計
民國 41 年 第一期經建	24.2	30.0	15.3	10.4	20.1	100
民國 42 年 民國 45 年 第二期經建	25.9 22.6	30.4 38.2	12.7 10.8	12.0 7.6	19.0 20.8	100 100
民國 46 年 民國 49 年 第三期經建	16.9 18.3	42.2 37.1	13.8 17.9	4.3 3.7	22.8 23.0	100 100
民國 50 年 民國 53 年 第四期經建	19.5 17.5	37.1 39.4	17.2 16.3	3.5 6.0	22.7 20.8	100 100
民國 54 年 民國 57 年 第五期經建	17.3 12.0	40.5 45.4	17.1 16.2	5.5 5.7	19.6 20.7	100 100
民國 58 年 民國 61 年 第六期經建	9.7 9.0	44.5 51.4	20.4 15.3	5.9 3.0	19.5 21.3	100 100
民國 62 年 民國 64 年	10.6 5.4	51.4 59.6	15.1 17.7	2.5 2.0	20.4 15.3	100 100

資料來源：*Taiwan Statistical Data Book*, 1977: 41-42.

附表Ⅱ：淨國內生產的產業組合 1952-1976 （％）

年　　代	農　　業	工　　業	交通與運輸	商　　業	其　　他	合　計
民國 41 年 第一期經建	35.7	17.9	3.8	18.7	23.9	100
民國 42 年 民國 45 年 第二期經建	30.0 31.2	17.6 22.2	3.4 3.9	18.4 16.9	22.6 25.8	100 100
民國 46 年 民國 49 年 第三期經建	31.3 32.4	23.6 24.6	4.3 4.1	15.2 14.3	25.6 24.6	100 100
民國 50 年 民國 53 年 第四期經建	31.1 27.6	24.7 28.0	4.7 4.3	13.8 14.8	25.7 25.3	100 100
民國 54 年 民國 57 年 第五期經建	26.8 21.5	28.1 31.9	4.7 5.6	14.8 14.3	25.6 26.7	100 100
民國 58 年 民國 61 年 第六期經建	18.5 14.9	33.8 38.9	5.8 6.0	13.5 11.7	28.4 28.5	100 100
民國62年 民國65年 *	15.0 13.8	40.1 38.2	6.1 6.1	11.0 11.7	27.8 30.2	100 100

＊估計值　資料來源：*Taiwan Statistical Data Book*, 1977: 32

參考書目

史濟增 1976 「臺灣農業發展問題之重點檢討」，臺灣經濟發展方向及策略研討會，中央研究院經濟研究所，頁119-158。

張研田 1978 農業政策學，黎明文化事業。

楊懋春 1980 近代中國農村社會之演變，巨流。

賴澤涵、蕭新煌 1981 「現代中國城鄉策略之分析：1911-1949」思與言，18卷6期，頁 75-84。

蔡宏進 「農民的農業經營願望與農業建設的目標」，中國論壇，129，頁30-34。

蕭新煌 1981 「戰後美國對台灣和南韓的援助：世界體系的分析」，中華學報，2卷7期（排印中）

Brandt, V. S. R. 1976/7 "Rural Development and the New Community Development in South Korea", *Korean Studies Forum*, 1:32-39.

Dorner, Peter 1971. "Needed Redirections in Economic Analysis for Agricultural Development Policy", *American Journal of Agricultural Economics*, 53 (February), 8-16.

Goulet, Denis, *A New Moral Order*: *Development Ethics and Liberation Theology*. Mayknoll, New York: Orbis Books.

Government of the Republic of China. 1953. *The First Four-Year Plan for Economic Development in Taiwan*. Economic Stabilization Board.

1957. *The Second Four-Year Plan for Economic Development in Taiwan*. Ministry pf Economic Affairs

1961. *The Third Four-Year Plan for Economic Development in Taiwan*.

1965. *The Fourth Four-Year Plan for Economic Development in Taiwan*. Council for International Economic Cooperation and Development.

1969. *The Fifth Four-Year Plan for Economic Development in Taiwan*.

1973 *The Sixth Four-Year Plan for Economic Development in Taiwan*. Economic Planning Council.

1976. *Six Year Plan for Economic Development in Taiwan*.

Hirschman, A. O. 1958. *The Strategy of Economic Development*. Yale University Press.

1968. *Journeys Toward Progress*: *Studies of Economic Policy-Making in Latin America*. New York: Greenwood Press.

Ho, S. P. Samuel 1978. *Economic Development of Taiwan*, 1860-1970. New Haven: Yale University Press.

Hsiao H. H. Michael 1979 *Assessing and Comparing Government Agricultural Strategies in the Third world*: *The Cases of Taiwan and South Korea*, Ph. D. Dissertation, SUNY/Buffalo

Hsing, M. H. 1971. *Taiwan: Industrialization and Trade Policies.* New York: Oxford University Press.

Hu, H. Y. 1976. "Agricultural Policy and Labor Absortion in Taiwan", *Industry of Free China* (April), 20-30.

Huntington, Samuel 1968. *Political Order in Changing Societies.* New Haven: Yale University Press.

Jackson, W. A. D. (ed) 1971. *Agrarian Policies and Problems in Communist and Non-Communist Countries.* Seattle: University of Washington Press.

Johnston, Bruce F. and Peter Kilby 1975 *Agriculture and Structural Transformation.* New York: Oxford University Press.

Lee, Kuo-wei 1972. "A Study of Social Background and Recruitment Process of Local Political Decision Makers in Taiwan", Indian Journal of Public Administration 18: 2, 227-244.

Lee, T. H. 1970. *Intersectoral Capital Flows in the Economic Development of Taiwan*: 1895-1960. Ithaca: Cornell University Press.

Lerman, Arthur 1977 "National Elites and Local Politician in Taiwan", *APSA*, Vol 71: 4, pp. 1406-1422.

Li, K. T. 1976. *The Experience of Dynamic Growth in Taiwan,* Taipei: Mei Ya Publications Inc.

Liang, K. S. and T. H. Lee 1975. "Taiwan: Economic Development" in Shinich, I. (ed), *The Economic Development of East and Southeast Asia*, 269-346.

Lin, C. Y. 1973. *Industrialization in Taiwan* 1946-1972: *Trade and Import Substitution Policies for Developing Countries.* New York: Praeger.

Lipton, M. 1977. *Why Poor Peopole Stay Poor.* Cambridge: Harvard University Press.

Mamalakis, M. J. 1972. "The Theory of Sectoral Clashes and Coalitions Revisited", in Latin America Research Review, 89-126.

Mellor, J. M. 1966. *The Economics of Agricultural Development*. Ithaca: Cornell University Press.

Morametz, David 1977. *Twenty-five Years of Economic Development*, 1950-1975. Baltimore: Johns-Hopkins University Press.

Myrdal, G. 1968. *Asain Drama: An Inquiry into the Poverty of Nations*. 3 Vol. New York: Patheon

Paauw, D. S. and John Fei. 1973. *The Transition in Open Dualistic Economics: Theory and Southern Asian Experience*. New Haven: Yale University Press.

Paige, J. M. 1976. *Agrarian Revolution: Social Movements and Export Agriculture in the Underdeveloped World*. New York: Free Press.

Seers, D. 1977. "The Meaning of Development". *International Development Review*. 2, 2-7.

Stavenhagen, R. (ed) 1970. *Agrarian Problems and Peasant Movements in Latin America.* New York: Anchor Books.

1975. *Social Classes in Agrarian Societies.* New York: Anchor Books.

Stavis, B. 1975. *Rural Local Government and Agricultural Development in Taiwan.* Ithaca: Rural Development, Committee Cornell University.

Tien, Hung-Mao 1979 "Agranian Changes and the Farmer's Associations", Paper Presented for Presentation at the annual Meeting of the Qssoriation for Asian Studies in L. A. March 31-april 2.

Wu, T. S. 1972. *Rural Migration and Changes in Agricultural Population*, Dept. of Agriculture Extension, National Taiwan University.

近卅年臺閩地區職業結構的變遷

張 曉 春

一、前 言

　　職業 (occupation) 就其特性而言，旣具社會性的意義，又有經濟性的意義；同時，它又聯繫着社會與經濟的兩種現象。莫爾 (Wilbert E. More) 與哈威 (Edward B. Harvey) 兩氏對職業的雙重性有其精闢的看法。莫氏指出，生產方式與社會結構最直接的聯繫之一，當爲勞動力參預與經濟活動的類型。當財貨與服務由獨自式的生產，轉化爲互賴式的生產，這種經濟的演變，使得人類或社會的工作角色，也發生連鎖性的一系列的變化[1]。

　　哈氏則認爲有關當代工業社會的職業組成要素的知識，乃是我們瞭解工業社會結構的前提。一個社會各種職業的性質與範圍，爲該社會工業發展在成熟與殊異程度，提供強有力的線索。再者，在絕大多數社會，職業聲望與社會地位，兩者彼此密切相符，是二而一，一而二的一體之兩面，而給予一個社會的職業結構以訊據，並且通常是其社會階層化體系十分正確的表象[2]。

---

[1] Wilbert E. More, *Changes In Occupational Structure*, in Neil J. Smelser & Seymour Marlin Lipset ed., Social Structure And Mobility In Economic Development, Aldine Pubeishing Co., 1966, p. 194

[2] Edward B. Harvey, Industrial Society Structure, Roles & Relations, The Dorsey, 1975

　　莫、威兩氏說法雖異，而其所持觀點在基本上則是一致的，都認爲職業具有社會的與經濟的雙重性質。因此，探討職業結構的變遷，有助於瞭解社會的與經濟的發展。本文就是基於這種認識而撰的，其內容分爲職業與職業結構、經濟成長、職業結構的變遷以及職業結構變遷的社會意義。

二、職業與職業結構

㈠、職業的意義及性質

　　一般人以爲職業就是工作（job），工作就是職業；其實不然，職業涵蓋工作，但並不等於工作。社會學給予職業的定義，茲舉兩人之說以作分析。日本社會學家尾高邦雄提出的定義是，職業乃是發掘個性（才能）、履行角色以及維持生計爲目的的一種繼續性的人類活動❸。他所強調的是，職業要具備三個要件，即個人的、社會的以及經濟的。美國社會學家謝爾茲（Salz)亦持相同的見解，他認爲職業的概念必須包含三組要件，即技術的、經濟的與社會的，而界定職業是那種具有市場價值，一個人爲了使收入源源而來所繼續從事的特殊活動（specific activity)；這種活動並且決定了那個人的社會地位。❹

　　將上述兩種定義作一綜合，則職業可說是人人爲了經營社會生活，個人將其擁有的才能（技術）應乎社會環境的需求，以遂行其作爲社會成員所擔任的角色，並且獲得維持生計所需的報酬，因而所從事的繼續性的勤勞。因此，職業是由個人的、社會的以及經濟的三個要素組成。這三個要素並不是互相分離各自獨立存在的，而是三者之間彼此互動，形成一種動態的統一而對職業發生作用；亦即三個要素

---

❸　尾高邦雄，新稿職業社會學，第一分册，福村書店，1953，19頁。

❹　張逢沛譯，職業社會學，復興書店，民 61 年，7 頁。

有其相互依存的關連性。職業三個要素之間的關係，可以圖示如下：

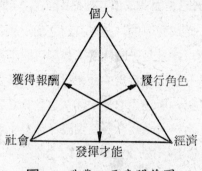

圖一　職業三要素關係圖

　　根據上圖，一個理想的職業，則三個要素形成一個等邊三角形，即個人才能得以充分發揮，社會角色能夠適當履行，以及經濟報酬可以合理獲得。個人的職業其三個要素成一等邊三角形，則職業成一穩定狀態而異動的可能性較小，反之，若非等邊三角形，則職業陷於不穩定情況而異動的可能性較大。❺

　　基於上述職業的定義，以及社會學家對職業的分析，職業有以下諸項特徵：

　　第一、職業的組成要素有三，即個人的、社會的以及經濟的；個性或才能的發揮，是職業的個人層面，藉諸職業個人的才能與技術始能施展。角色的履行是職業的社會層面，社會成員在某種限度內擔任一定的角色，而角色的履行乃使社會生活有其可能。報酬的獲得是職業的經濟層面，職業是維持生計的手段，人人以其勤勞而得到報酬即有其收入，因而人人乃能營生，贍養家人。

---

❺　張曉春，工廠青年工人的職業異動，是社會變遷中青少年問題研討會：論文專集，中央研究院民族學研究所，民67年。

第二、職業是人類的一種繼續性活動：無論工作的性質或重要性如何， 如果從事者只是隨興或因其他原因而爲， 事過境遷， 工作便停；這種工作是一時或暫時的，難以發揮才能，履行角色，而且也無助於維持生計，所以，凡是一時性的工作都可說不是職業。

第三、職業是一種社會行爲或社會行動：職業是一種勞動，含有前述三個要素的互動，所以，它是一種具有社會意義的行爲。李・泰勒 (Lee Taylor) 指出，就社會學觀點說，職業少不了要從事該職業的各人間有相當的團結 (corporateness)，相當的同類意識 (conscio-usness of kind)，和一種交互作用 (reciprocity)，以及社會對這些職業中人的承認❻。同時， 職業的行爲是互補的，相異職業間的互補，甚至同一職業亦有互補的情形； 由於互補經濟活動始能進行不輟，也由於互補社會共同生活始有可能。

第四、職業指涉的是人而非事或物；在經濟活動中指涉有關個人經濟活動類型的是職業，它是識別人與人相異的標準之一，可用以代表社會性的個人差別。與其相對的則是行業，它是在於指涉有關經濟活動的事或物，是就活動結果的產物而就區分，不同於職業是依活動過程所存在的行爲而作分類的。

第五、職業是聯結個人與社會的關鍵性環節：社會生活的樞軸，一極爲社會另一極爲個人，聯結兩極的環節或管道即是職業，卽社會與個人、全體與個體賴職業以聯結，這種聯結的動的相關卽爲人類共同生活的基本結構❼。換句話說，職業是個人與更大社會結構間的一種基本的聯系。職業角色的一個基本特徵，是將許多人類的社會互動定其模式，確定個人與許多職業角色，平行的或上下從屬的，以特定

---

❻　同註❹，8 頁。
❼　同註❸

方式從事行為。由此職業將個人與其他有關的人相互聯繫❽。

第六、職業是個人認同的來源：在前工業社會（preindustrial societies），個人的認同是以居住地即地緣與親屬網胳即親或血緣為依據，在現代工業社會，則以個人所從事的職業為認同的主要來源，因為高度工業化社會的特質是個人的地區移動程度高，並且核心家庭是一普遍性的家庭組織型態❾。

(二)、職業結構的意義

職業結構，亦有稱為職業組成或職業分配狀態。一般而言，它所指的是一個社會的所有職業的組成。當然，有時用於較狹小的社會，並將其焦點置於一個特定的組織或產（行）業的職業結構❿。事實上經濟結構乃是以一個社會的成員，他們在經濟活動中的活動類型為依據，予以分門別類而形成各種職業的羣體；社會中的所有這些羣體就是職業結構。

職業結構可視為經濟活動中人羣關係的整合（integration），李・泰勒認為職業的社會學的概念，可以解釋作一套成為模式的與特殊工作經驗有關的人羣關係。這種成為模式的工作關係的整合，促進了職業結構的發展和職業意識型態（occupational ideologies）的顯現。一個社會的社會結構和一種職業的本來結構，是隨着職業的擴展或緊縮、權勢消長（power shifts）相關聯的⓫。

一個社會的職業結構的變遷與發展，乃是取決於工業化與科技的進步。哈威認為社會的日增工業化，促使分工特殊化的需求。而新科

---

❽　Ronald M. Pavalko, Sociology of Occupations & Professions, F.E. Peaiock Publishers, Inc., 1971, p. 3

❾　同註❽，p. 3

❿　同註❷，p. 97

⓫　同註❹，p. 10

技的進步，通常導致修正既存職業或創設新職業。職業結構的分析，必須經常承認變遷的事實。杜克（Peter F. Drucker）指出，一個社會的變遷，由農業佔優勢轉爲工業居優勢，人們則趨向於越來越少自僱的，而越來越多成爲受僱於大型企業與科層組織⑫。

　　總之，職業結構是一個社會人口的職業分配狀況，因經濟活動類型而來；同時，職業結構是動態的，隨着工業化而起的分工，以及科技的進步而發展。

二、經濟成長與行業結構

㈠生產總值的變化

　　一個社會的職業結構是隨是經濟的成長而發展，兩者的關係如影隨形，亦步亦趨相伴而變化，這如芮特所指出，人口的職業分配，是經濟組織的一個結果和指數⑬。因此，在分析近30年臺閩地區職業結構之前，先就經濟成長作一回顧。

　　近卅年我國的生產總值 （GNP），以流通貨幣卽新臺幣的面值而言，1952 年是 171 億 6 千多萬元，1979年估計爲 1 萬 1 千 6 百41億 3 千多萬元，增加將近 68 倍。若以 1976 年貨幣實值爲標準，則 GNP 未調整與調整的， 1952 年各爲 898 億 6 千多萬元與 9 百14億 2 千萬元，1979年增爲 9 千 4 百零 5 億 6 千多萬元與 9 千 1 百99億 7 千萬元，前後相比均約增10倍。

　　至於 GNP 的成長率，若依貨幣實值而就交易調整來看，1952年爲 13.1%；1953 至 62 年，在 4.5% 至 9.6% 之間； 1963 年增爲 11.8%，其後至 1979 年，升降互見起伏不定，最高的是 1976 年

⑫　Peter F. Drucker, "The Employee Society", American Journal of Sociology, 58 (January 1953), pp. 358-363

⑬　E. B. Reuter, Population Problems, 1937, p. 102

表一：全國生產總值

Period	Book Value (At Current Prices)				Real Product (At Constant Prices of 1976)							
	Amount	Index		Growth Rate	Without Adjustment for Gain or Loss Due to Changes in Terms of Trade				Adjusted for Gain or Loss Due to Changed Terms of Trade			
		1952 =100	1976 =100	(%)	Amount (NT$ million)	Index 1952 =100	Index 1976 =100	Growth Rate (%)	Amount (NT$ million)	Index 1952 =100	Index 1976 =100	Growth Rate (%)
1952	17,162	100.0	2.5	40.1	89,864	100.0	12.9	12.0	91,420	100.0	13.1	13.1
1953	22,859	133.2	3.3	33.2	98,239	109.3	14.1	9.3	100,195	109.6	14.4	9.6
1954	25,083	146.2	3.6	9.7	107,641	119.8	15.5	9.6	108,678	118.9	15.6	8.5
1955	29,835	173.8	4.3	18.9	116,349	129.5	16.7	8.1	117,891	129.0	16.9	8.5
1956	34,212	199.3	4.9	14.7	122,748	136.6	17.6	5.5	123,145	134.7	17.7	4.5
1957	39,881	232.4	5.7	16.6	131,684	146.5	18.9	7.3	132,212	144.6	19.0	7.4
1958	44,502	259.3	6.4	11.6	140,323	156.2	20.2	6.6	141,170	154.4	20.3	6.8
1959	51,369	299.3	7.4	15.4	151,197	168.3	21.7	7.7	151,680	165.9	21.8	7.4
1960	62,143	362.1	8.9	21.0	160,987	179.1	23.1	6.5	160,817	175.9	23.1	6.0
1961	69,594	405.5	10.0	12.0	171,970	191.4	24.7	6.8	171,629	187.7	24.7	6.7
1962	76,652	446.6	11.0	10.1	185,467	206.4	26.6	7.8	186,833	204.4	26.8	8.9
1963	86,710	505.2	12.5	13.1	202,852	225.7	29.1	9.4	208,813	228.4	30.0	11.8
1964	101,492	591.4	14.6	17.0	227,816	253.5	32.7	12.3	237,160	259.4	34.1	13.6
1965	111,895	652.0	16.1	10.3	252,909	281.4	36.3	11.0	254,541	278.4	36.6	7.3
1966	125,343	730.4	18.0	12.0	275,691	306.8	39.6	9.0	278,076	304.2	39.9	9.2
1967	144,839	844.0	20.8	15.6	304,799	339.2	43.8	10.6	308,821	337.8	44.4	11.1
1968	168,695	983.0	24.2	16.5	332,439	369.9	47.8	9.1	337,480	369.2	48.5	9.3
1969	195,693	1,140.3	28.1	16.0	362,370	403.2	52.1	9.0	372,453	407.4	53.5	10.4
1970	225,283	1,312.7	32.4	15.1	403,201	448.7	57.9	11.3	415,381	454.4	59.7	11.5
1971	262,125	1,527.4	37.7	16.4	455,226	506.6	65.4	12.9	467,616	511.5	67.2	12.6
1972	314,369	1,831.8	45.2	19.9	515,825	574.0	74.1	13.3	530,557	580.4	76.2	13.5
1973	407,419	2,374.0	58.5	29.6	581,928	647.6	83.6	12.8	591,076	646.5	84.9	11.4
1974	544,847	3,174.7	78.3	33.7	588,459	654.8	84.5	1.1	577,990	632.2	83.0	2.2
1975	581,150	3,386.3	83.5	6.7	613,414	682.6	88.1	4.2	601,913	658.4	86.5	4.1
1976	696,101	4,056.1	100.0	19.8	696,101	774.6	100.0	13.5	696,101	761.4	100.0	15.6
1977	811,819	4,730.3	116.6	16.6	764,706	851.0	109.9	9.9	763,374	835.0	109.7	9.7
1978	967,938	5,640.0	139.1	19.2	870,621	968.8	125.1	13.9	855,269	953.5	122.9	12.0
1979①	1,164,137	6,783.2	167.2	20.3	940,561	1,046.6	135.1	8.0	919,969	1,006.3	132.2	7.6

資料來源：Taiwan Statistical Data Book, 1980 行政院經建會

的 15.6％，最低是 1974 年的負 2.2％ 與 1975 年的 4％，其餘多數在10％以上。

㈡、產值在產業別的分配

近 30 年之間，GNP 除 1973 年因世界經濟不景氣，而呈現退縮外，大致上可說是年年成長。經濟成長的結果必然導致產業結構的變化，有的產業在結構上所佔比重增加，有的則減少；這可由國內淨產值在產業的分配狀態看出（見表二）。

據表二國內淨產值在產業別分配狀態所示，近 30 年間各個產業的產值，年年均有增加，但是，個別產業的產值所佔百分比則有顯著變化。農業的產值，在 1952 年約佔總產值的 36％，到1969年減半爲18.8％，迄 1979 年估計可降爲10.5％。

工業產值佔總產值的百分比，則年年遞增，1952 年佔 18％，到1979年增加爲46.1％。工業類之中各業升降不一，礦業及土石採取業的產值所佔百分比，在 1967 年以前，或升或降起伏不定，其後則逐年遞降。製造業的大致上呈現遞增趨勢，1952 年約佔 11％，1979年估計佔 35％，前後增長 3 倍多。水電煤氣業與營造業兩者產值所佔百分比，大致上亦顯現趨增之勢，不過都很低，最高的都在1979年，前者爲 2.8％，後者爲 7.1％。

運輸、倉儲及通訊業產值所佔百分比，在基本上亦是趨向遞增，1952 年約佔 4％，1979 年增爲 6％。反之，商業的則遞降，1952年約佔 19％，1979 年降爲 13.3％。其他不能分類行業的所佔百分比相當穩定，歷年都佔25％上下，變化甚微。

經濟發展，GNP 成長，若以 1952 年爲基期，且依貨幣實值而經交易調整，則在近30年之間 GNP 增長 10 倍。而歷年經濟發展，各產業並非成比例齊一而成長，有的快有的慢，以致引起產值在GNP

表二:　國內淨產值在產業別分配狀態

I. Amount (NT$ million)

Period	Total	Agri-culture	Industry					Transp. & Communi.	Commerce	Others
			Sub-total	Mining	Manu-facturing	Public Utilities	Con-struction			
1952	14,572	5,233	2,622	306	1,579	92	645	560	2,743	3,414
1953	19,417	7,436	3,433	336	2,192	136	769	670	3,590	4,288
1954	20,623	6,533	4,572	385	2,982	108	1,097	765	3,638	5,115
1955	24,434	8,027	5,163	431	3,373	163	1,196	997	4,134	6,113
1956	27,755	8,759	6,218	620	4,033	212	1,353	1,096	4,744	6,938
1957	32,054	10,162	7,648	832	5,031	326	1,459	1,408	4,917	7,919
1958	35,697	11,127	8,574	1,054	5,546	430	1,544	1,477	5,469	9,050
1959	41,256	12,591	10,632	1,035	7,322	465	1,810	1,622	6,048	10,363
1960	50,415	16,528	12,562	1,177	8,488	650	2,247	2,074	7,277	11,974
1961	56,889	17,872	14,240	1,194	9,664	881	2,501	2,711	7,999	14,067
1962	61,416	17,891	15,857	1,556	10,428	1,085	2,788	2,832	8,918	15,918
1963	70,325	18,844	19,780	1,476	13,865	1,165	3,274	3,084	10,434	18,183
1964	82,786	23,509	23,872	1,503	17,277	1,491	3,601	3,672	11,442	20,291
1965	90,866	24,797	25,954	1,757	18,271	1,713	4,213	4,363	15,001	20,751
1966	101,175	26,477	29,268	2,051	20,578	1,793	4,846	5,501	15,078	24,851
1967	116,515	27,611	35,905	2,301	25,940	1,937	5,727	6,009	17,884	29,106
1968	134,099	29,565	43,632	2,233	32,335	2,316	6,748	7,609	20,461	32,832
1969	151,721	28,524	52,587	2,166	39,868	2,963	7,590	8,924	23,171	38,515
1970	177,077	31,763	61,378	2,596	46,797	3,918	8,067	10,478	27,387	46,071
1971	208,062	30,921	76,821	2,910	60,127	4,431	9,353	12,656	34,247	53,417
1972	247,709	34,975	100,112	3,354	80,281	5,089	11,388	15,040	37,312	60,270
1973	320,739	45,072	140,558	3,701	116,387	5,490	14,980	19,230	42,582	73,297
1974	431,935	62,580	177,825	5,415	141,175	8,715	22,520	24,845	65,801	100,884
1975	458,795	68,335	179,686	5,922	134,327	10,984	28,453	27,415	66,433	116,926
1976	548,753	73,239	234,564	7,755	178,601	11,430	36,778	31,964	75,469	133,517
1977	637,919	79,769	278,402	8,008	209,879	16,579	44,256	37,857	86,960	154,931
1978	749,782	84,800	341,104	8,588	258,557	20,841	53,098	45,116	101,423	177,339
1979①	887,669	93,471	408,949	10,829	310,862	24,322	62,936	53,349	117,616	214,248

II. Percentage

Period	Total	Agri-culture	Industry						Transp. & Communi	Commerce	Others
			Sub-total	Mining	Manu-facturing	Public Utilities	Con-struction				
1952	100.0	35.9	18.0	2.1	10.9	0.6	4.4	3.9	18.8	23.4
1953	100.0	38.3	17.7	1.7	11.3	0.7	4.0	3.4	18.5	22.1
1954	100.0	31.7	22.2	1.9	14.5	0.5	5.3	3.7	17.6	24.8
1955	100.0	32.9	21.1	1.7	13.8	0.7	4.9	4.1	16.9	25.0
1956	100.0	31.6	22.4	2.2	14.5	0.8	4.9	3.9	17.1	24.7
1957	100.0	31.7	23.9	2.6	15.7	1.0	4.6	4.4	15.3	25.4
1958	100.0	31.2	24.0	2.5	15.5	1.2	4.3	4.1	15.3	25.1
1959	100.0	30.5	25.8	3.0	17.8	1.3	4.5	3.9	14.7	23.8
1960	100.0	32.8	24.9	2.3	16.8	1.5	4.4	4.1	14.4	24.7
1961	100.0	31.4	25.0	2.3	17.0	1.5	4.5	4.8	14.1	25.9
1962	100.0	29.2	25.8	2.1	19.7	1.8	4.4	4.6	14.5	24.5
1963	100.0	26.8	28.1	2.5	20.9	1.7	4.6	4.4	14.8	22.8
1964	100.0	28.4	28.9	2.1	20.1	1.8	4.4	4.4	13.8	24.6
1965	100.0	27.3	28.6	1.8	20.3	1.9	4.7	4.8	16.5	25.0
1966	100.0	26.2	28.9	1.9	22.3	1.6	4.8	5.4	14.9	24.5
1967	100.0	23.7	30.8	2.0	24.1	1.7	4.9	5.7	15.3	25.4
1968	100.0	22.0	32.5	1.7	26.3	1.9	5.0	5.9	15.3	26.0
1969	100.0	18.8	34.6	1.4	26.4	2.2	5.0	5.9	15.5	25.7
1970	100.0	17.9	34.7	1.5	28.9	2.1	4.5	5.9	16.4	24.3
1971	100.0	14.9	36.9	1.4	32.4	1.7	4.6	6.1	15.1	22.8
1972	100.0	14.1	40.4	1.3	36.3	2.0	4.7	6.0	13.3	23.4
1973	100.0	14.1	43.8	1.1	32.7	2.4	5.2	5.7	15.2	25.5
1974	100.0	14.5	41.2	1.3	29.3	2.1	6.2	5.9	14.5	24.3
1975	100.0	14.9	39.2	1.3	32.5	2.4	6.7	5.8	13.8	24.3
1976	100.0	13.4	42.7	1.4	32.9	2.1	6.9	5.9	13.6	23.7
1977	100.0	12.1	43.7	1.3	34.5	2.6	7.1	6.0	13.5	24.1
1978	100.0	11.3	45.5	1.1	34.5	2.6	7.1	6.0	13.6	23.7
1979(①)	100.0	10.5	46.1	1.2	35.0	2.8	7.1	6.0	13.3	24.1

資料來源：Taiwan Statistical Data Book, 1980, 行政院經建會

所佔比重的變化，形成消長參差不一的現象；最明顯的是農業產值自
36％降爲 10.5％，反之，工業產值則由 18％升到 46％。一降一升，
是爲我國社會由農業型態轉變爲工業型態的一個事實。由於各業成長
情形彼此互異，其人力的運用及結構自然因應需要而有所變化，這種
可以行業結構的變遷予以分析。

三、行業結構及其變遷

近卅年有業人口在行（產）業分配的變遷，如表三所示，民45年
各行業從業人口數佔就業總人口數的百分比，第一類行業爲55.6％，
爲第二類行業的 16.7％ 的兩倍有餘，並爲第三類行業的 20％ 的 1.6
倍。第二類行業中以製造業的12.1％爲最高，第三類行業則是服務業
的16.2％居首。

民國 45 至 55 年，十年之間各行業的人力結構有顯著變化，各
行業所佔百分比，第一類行業降爲37.5％，但仍爲第二類行業的16.8
％的一倍，卻不及於第三類行業的40.2％。第一行業的銳減，第三行
業的劇增，尤其是各類服務業增加的幅度最大，增加 11.5 點。第二
行業的各業，增減甚微，變化很小。

民國 55 至 65 年的第二個十年之間，行業結構變遷比較突出的
是第二類行業，由前一階段佔 16.8％升至 25.9％，增加9.1點，其
中製造業增加最多爲8.8點。第二類行業與第三行業均呈下降，前者
降2.9 點，後者僅 0.8 點，其中商業與運輸業共升 2 點，而服務業降
2.8 點。

民國 65 至 68 年，雖僅 3 年而行業結構的變遷卻相當顯著。第
一行業在這期間再降 4.9 點，而其從業人數佔總就人數的 29.7％。
第二類行業佔 29.7％，共增 3.8 點，其中製造業增 3.3 點，營造

表三：歷年有業人口的行業分配

年別 / 行業別	歷年各行業人口 民45年	民55年(1)	民65年(2)	民68年	淨增 民45~55年	民55~65年	民65~68年	民45~68年	歷年行業結構變化(百分點) 民45~55年	民55~65年	民65~68年	民45~68年
第一類 農林、畜牧、漁獵業	1,500,781 (55.6)	1,559,887 (37.5)	2,374,977 (34.6)	2,292,548 (29.7)	99,106 (6.60)	775,090 (48.45)	-82,429 (-3.46)	791,767 (52.76)	-18.1	-2.9	-4.9	-25.9
第二類 〔小計〕	(16.7)	(16.8)	(25.9)	(29.7)			(36.84)	(47.76)				
礦業及土石採取業	45,641 (1.7)	64,683 (1.5)	56,660 (0.8)	49,845 (0.6)	19,042 (41.72)	-8,023 (-12.40)	-6,815 (-12.03)	4,204 (9.21)	-0.2	-0.7	-0.2	-1.1
製造業	325,987 (12.1)	528,588 (12.4)	1,451,638 (21.2)	1,895,347 (24.5)	202,601 (62.15)	923,050 (174.63)	443,712 (30.57)	1,569,360 (481.42)	0.3	8.8	3.3	12.4
水電煤氣業	15,430 (0.6)	27,342 (0.6)	44,338 (0.6)	49,728 (0.6)	11,912 (77.20)	16,996 (62.16)	5,390 (12.15)	34,298 (222.28)	0	0	0	
營造業	62,097 (2.3)	97,192 (2.3)	224,077 (3.3)	305,233 (4.0)	35,095 (56.52)	126,885 (130.55)	81,156 (36.22)	242,136 (390.24)	0	1.0	0.7	1.7
第三類 〔小計〕	(20.0)	(40.2)	(39.4)	(40.5)								
商業	186,705 (6.9)	369,914 (8.7)	671,745 (9.8)	877,241 (11.4)	183,209 (98.13)	301,831 (81.59)	205,496 (30.59)	690,536 (369.85)	1.8	1.1	1.6	4.5
運輸、倉儲及交通通訊業	106,839 (3.9)	163,686 (3.8)	325,665 (4.7)	378,102 (5.3)	56,847 (53.21)	161,979 (98.96)	52,437 (16.10)	271,263 (253.81)	-0.1	0.9	0.2	1.0
金融保險、不動產及工商服務業 社會團體及個人服務業	437,507 (16.2)	1,179,978 (27.7)	1,707,566 (24.9)	1,875,434 (24.2)	742,471 (169.70)	527,588 (30.90)	167,868 (9.83)	1,437,927 (328.66)	11.5	-2.8	-0.7	8.0
其他不能分類行業	18,600 (0.7)	233,849 (5.5)	878 (0.0)	486 (0.0)	215,249 (1157.25)	-232,971 (-99.62)	-392 (-44.65)	-18,114 (-97.39)	4.8	-5.5	0	-0.7
總計	2,699,587 (100.0%)	4,265,119 (100.0%)	6,857,544 (100.0%)	7,723,964 (100.0%)	1,565,532 (57.99)	2,592,425 (60.78)	866,420 (12.63)	5,024,377 (186.12)				

資料來源：(1) 中華民國45、55、59年臺閩地區戶口普查資料之分析，內政部編印

　　　　　(2) 中華民國臺閩地區人口統計，民65年，內政部編印

　　　　　(3) 中華民國臺閩地區人口統計，民68年，內政部編印

註：括號內數字為百分比

業增1點，礦業降 0.2 點。第三類行業佔40.5％，增1.1點，其中商業增 1.6 點，運輸業增 0.2 點，而服務業降 0.7 點。

行業結構以民國 45 年的與 68 年的予以比較， 則就業人數增加 5,024,377 人，爲民國45年的 1.86 倍。這五百多萬人的分配，除其他不能分類行業而外，第一行業佔 15.76％，第二行業爲 36.84％，第三行業爲 47.76％。若就增加的絕對數而言，各業均有增加，而增加最多的是製造業的 1,569,360人，其次是服務的 1,437,927人，再次爲第一行業的 791,767 人，第四位是商業的 690,536 人，其餘則在4千多人至 20 多萬人之間。但就歷年各業從業人數佔總就業人數的百分比， 前後比較所得的百分點來看， 百分點爲正的是增長的行業，爲負的則爲萎縮的行業。增長的行業以第二類行業的製造業爲最迅速，歷年共增長 12.4 點，第二位與第三位爲第三行業的服務業與商業，前者增長8點，後者增長 4.5 點; 水電煤氣業沒有變化， 營造業與運輸業略顯增長。萎縮的行業，第一行業最劇烈，共減少25.9點，而第二行業的礦業則較微弱，只減 1.1點。

根據以上分析，近卅年經濟發展所引起的行業結構的變遷是非常顯著的，其事實是: 第一、第一類行業一直呈現萎縮狀態; 第二、第二類行業的製造業自始就蓬勃發展，尤其是從民國 55 年以後更是迅速增長; 我國的工業化基礎可說是在此時奠定的。第三、第三類行業的各類服務業與商業的發展情況，也相當迅速，這與工業特別是製造的高度成長密切相關，因爲工業發展需要商業與服務業的支持、配合與服務。

四、職業結構及其變遷

各行業中從業人員的工作配置，亦卽參預經濟活動的類型乃因行

業而異，所以，行業結構的變遷並不等於職業結構的，但卻對職業結構有其影響。有關職業結構及其變遷的分析，分作一般人口即男女合計的，男性的就業人口以及女性的就業人口三部分，然後再就男性與女性的予以比較，藉之探討我國人力資源的開發、運用及其演變在性別上的差異與差異所顯示的特徵。

　　㈠職業結構及其變遷之一：一般人口

　　一般人口的職業結構及其變遷，如表四所示，民國45年各類職業的從業人數佔總就業人數的百分比，以第六類的農林、畜牧、漁獵工作者的54.2%最高，其次是第七類的生產作業及有關人員的18.7%，再次分別為第四類的買賣人員、第三類的佐理人員及第五類的服務工作者，分別佔 7.9%、6.3%、及 5.1%；至於第一類的專門技術及有關人員與第二類的管理人員，所佔百分比都很低，各為3.6% 與 2.1%。

　　自民國 45 年以後的第一個 10 年即民國 55 年，除職業不能分類工作者不分析外，第一至第七類的職業從業人數佔總就業人數的百分比都發生變化。增長的依百分點高低而列，第五類佔13.7%，增加8.6 點，第七類佔 26%，增加 7.3 點，第一類佔 5.9%，增加 2.3點，第三類與第四類分別佔 7.9%與 8.1%，各增加 1 點與 0.2點。萎縮的有第六類，佔 36.5%，但減少 17.7點，第二類佔 1,8%，減0.3點。顯然，第六類急速萎縮，而第五類與第七類則劇烈增長；若就增加人數而言，第七類的約為 58 萬人，多於第五類的43萬人，相差約 15 萬人。

　　民國 55 年以後的第二個 10 年，即民國 65 年，兩相比較，變化幅度較小而且多半顯現萎縮。繼續增長的有第七類，佔 27.8%，增加 1.8 點，第三類與第四類各佔8.7%與 8.9%，都增加0.8 點。

表四：臺閩地區歷年十五歲以上有業人口職業別(一)——一般人口

職業別	業別人口 民45年	業別人口 民55年(1)	業別人口 民65年(2)	業別人口 民68年(3)	淨增長 民45~55年	淨增長 民55~65年	淨增長 民65~68年	淨增長 民45~68年	歷年職業結構變化(百分點) 民45~55年	民55~65年	民65~68年	民45~68年
1. 專門性、技術性及有關人員	93,312 (3.6)	241,928 (5.9)	295,756 (4.3)	346,036 (4.5)	148,616 (159.27)	53,828 (22.25)	50,280 (14.53)	252,724 (270.83)	2.3	-1.6	0.2	0.9
2. 管理人員	53,732 (2.1)	74,998 (1.8)	117,335 (1.7)	155,741 (2.0)	21,266 (39.58)	42,337 (56.45)	38,406 (32.73)	102,009 (189.85)	-0.3	0.1	0.3	-0.1
3. 佐理人員	163,694 (6.3)	322,701 (7.9)	598,017 (8.7)	804,337 (10.4)	159,007 (97.14)	275,316 (85.32)	206,320 (34.50)	640,643 (391.37)	1.6	0.8	1.7	4.1
4. 買賣人員	205,489 (7.9)	330,177 (8.1)	606,977 (8.9)	713,335 (9.2)	124,688 (60.68)	276,800 (83.83)	106,358 (17.2)	507,846 (247.13)	0.2	0.8	0.4	1.3
5. 服務工作者	132,909 (5.1)	563,234 (13.7)	453,609 (6.6)	547,311 (7.1)	430,325 (323.77)	-109,625 (-19.46)	93,702 (20.66)	414,402 (311.79)	8.6	-7.1	0.5	2.0
6. 農林、畜牧、漁獵工作者	1,408,267 (54.2)	1,498,503 (36.5)	2,362,944 (34.4)	2,274,151 (29.4)	90,236 (6.41)	864,441 (57.69)	-88,793 (-3.76)	865,884 (61.49)	-17.7	-2.1	-5.0	-24.8
7. 生產作業人員、運輸設備操作人員及體力工人	487,301 (18.7)	1,064,624 (26.0)	1,903,312 (27.8)	2,337,917 (30.3)	577,323 (118.47)	836,688 (78.78)	434,605 (22.83)	1850,616 (379.78)	7.3	1.8	2.5	11.6
8. 職業不能分類工作者	54,783 (2.1)	4,015 (0.1)	519,594 (7.6)	545,136 (7.0)	-507,68 (-92.67)	515,579 (12,559.29)	25,542 (4.92)	490,353 (956.88)	-2.0	7.5	-0.6	4.9
總計	2,599,487 (100.0)	4,100,180 (100.0)	6,857,544 (100.0)	7,723,964 (100.0)	1,500,693 (57.73)	2,757,364 (67.25)	866,420 (12.63)	5,124,477 (197.13)				

資料來源：(1)(2)(3) 同表三

註：同表三

萎縮的，以第五類最顯著，佔6.6％，減少7.1點，第六類佔34.4％，減少 2.1點，第一類與第二類各佔 4.3％與1.7％，減少1.6點與 0.1點。在第二個 10 年之間，職業結構變遷最明顯的事實是：第一、農林、畜牧、漁獵工作者所佔百分比再度呈現下降；第二、生產作業及有關人員所佔百分比繼續升高，惟幅度不大，其原因可能是民國 63年為世界性不景氣，65 年處在復蘇，以致增長不大；第三、佐理人員與買賣人員續增，幅度都很小；第四、各業的就業人數，只有服務工作者真正減少，前後相差約11萬人，就是趨向萎縮的農林、畜牧、漁獵工作者仍增加 86 萬4 千多人，尚比呈現增長的生產作業及有關人員增加 83 萬 6 千多人為多。

　　再三年後的民國 68 年，各業從業人數佔總就業人數的百分比又顯現變化。第六類的以佔 29.4％ 而再減少 5 點，其他六種職業都略呈成長，第七類佔30.3％，增長 2.5 點，第三類佔10.4％，增長 1.7點, 第五、四、二與一等四類,分別佔7.1％、9.2％、2.0％與4.5％，各增長0.5、0.4、0.3與0.2 點,增長幅度都很小。在這三年間職業結構變遷所顯示的事實，第一、農林、畜牧、漁獵工作者這類職業，更顯萎縮，其幅度為第二個 10 年的一倍有餘，而且從業人數第一次出現減少，相差約九萬人；第二、生產作業及有關人員與佐理人員兩類職業，自始一直增長。

　　以民國 68 年的總就業人數與民國45 年的相比，增加 5 百12 萬4 千多人，其各業的分配，第七類的佔 36.11％為最高，其次是第六類的 16.90，再次是第三類的 12.50，以下依次是第四類的 9.91、第五類的 8.09 、第一類的 4.73 以及第二類的 1.99。若就職業結構變化的累積增減百分點來看，顯現萎縮的有農林、畜牧、漁獵工作者與管理人員兩類職業，前者共減 24.8 點，後者僅減 0.1 點；而增長的

有生產作業人員、運輸設備操作人員及體力工人這類職業爲最，共增
11.6 點，其次爲佐理人員，增加 4.1 點，服務工作者與專門性、技術
性及有關人員兩類職業，增長幅度很小，前者增加 1.3 點，後者僅增
0.9 點。總之，在職業結構變化累積百分點所顯示的，農業從業者銳
減，工業生產及有關人員劇增，這可爲我國社會型態由農業的轉入工
業的有力指標。

　　㈢職業結構及其變遷之二：男性人口

　　參與勞動率男女不同，亦卽有業人口男女有別，所以，職業結構
及其變遷，應進一步分爲男與女兩部分予以分析，首先討論男性的。
民國 45 年 15 歲及以上男性有業人口共計 2,145,894 人，其在各種
職業的分配狀態，就百分比而言，第一類的佔 3.2，第二類的佔 2.3，
第三類的佔 6.7， 第四類的佔 8.3， 第五類的佔 4.4，第六類的佔
52.4，超過半數而佔首位，第七類的佔 20.2，爲居次的，其餘的 2.5%
屬於職業不能分類工作者。由於第六類的農林、畜牧、漁獵工作者佔
半數以上，而第七類的生產作業及有關的工作者佔五分之一，所以，
此時可說是我國工業化基礎的奠定時期。

　　至民國 55 年的第一個 10 年時，職業結構變遷非常顯著。增長
的職業有第五類，從業人員佔總就業人數的 13.9%，增加 9.5 點，
第七類的佔 27.8%， 增加 7.6 點， 第一類的與第三類的各佔 5.6
與 8.0 點，分別增加 2.4 與 1.3 點， 萎縮的職業有第六類， 佔
34.6 而減少 17.8 點， 第二類與第四類的分別佔 2%與 8%，都減
0.3 點。就絕對數而言，增加最多的是第七類約 50 萬人，其次是第
五類約 37 萬人，而第三與第一兩類都增加 12 萬多人；就是萎縮最
甚的第六類亦增加 3 萬多人。

　　自民國 55 至 65 年的第二個 10 年，職業結構的變遷是，第二

表五：臺閩地區歷年十五歲以上有業人口職業列(二)——男

職業別	人口 民45年	人口 民55年(1)	人口 民65年(2)	人口 民68年(3)	淨增／增長 民45~55年	民55~65年	民65~68年	民45~68年	職業結構變化(百分點) 民45~55年	民55~65年	民55~68年	民45~68年
1. 專門性技術性及有關性人員	68,787 (3.2)	189,039 (5.6)	190,235 (4.1)	217,538 (4.2)	120,252 (174.82)	1,196 (0.63)	27,303 (14.35)	148,751 (216.25)	2.4	-1.5	0.1	1.0
2. 管理人員	49,712 (2.3)	67,042 (2.0)	93,736 (2.0)	121,249 (2.4)	17,330 (34.86)	26,694 (39.82)	27,513 (29.35)	71,537 (143.90)	-0.3	0	0.4	0.1
3. 佐理人員	143,070 (6.7)	269,084 (8.0)	377,188 (8.1)	471,974 (9.2)	126,014 (88.08)	108,104 (40.17)	94,786 (25.13)	328,904 (229.89)	1.3	0.1	1.1	2.5
4. 買賣人員	178,637 (8.3)	268,134 (8.0)	408,419 (8.7)	447,602 (8.8)	89,497 (50.10)	140,285 (52.32)	39,183 (9.59)	268,965 (150.57)	-0.3	0.7	0.1	0.5
5. 服務工作者	95,033 (4.4)	464,068 (13.9)	294,299 (6.3)	336,418 (6.6)	369,035 (388.323)	-169,769 (-36.58)	42,119 (14.31)	241,385 (254.00)	9.5	-7.6	0.3	2.2
6. 農林、畜牧、漁獵工作者	1,124,266 (52.4)	1,155,741 (34.6)	1,498,757 (32.1)	1,444,540 (28.2)	31,475 (2.80)	343,016 (29.67)	-54,117 (-3.61)	320,374 (28.50)	-17.8	-2.5	-3.9	-24.2
7. 生產作業人員、運輸設備操作人員及體力工人	432,750 (20.2)	928,513 (27.8)	1,289,815 (27.6)	1,532,971 (30.3)	495,763 (114.56)	361,302 (38.91)	243,156 (18.85)	1,100,221 (254.24)	7.6	-0.2	2.4	9.8
8. 職業不能分類工作者	53,639 (2.5)	3,043 (0.1)	515,437 (11.0)	541,143 (10.6)	-50,596 (-94.32)	512,394 (16,838.45)	25,877 (5.02)	487,675 (909.18)	-2.4	10.9	-0.4	8.5
總計	2,145,894 (100.0)	3,344,564 (100.0)	4,667,886 (100.0)	5,113,706 (100.0)	1,198,770 (55.86)	1,323,222 (39.56)	445,820 (9.55)	2,967,812 (138.30)				

資料來源：(1)、(2)、(3) 同表四

註：同表四

類的從業人員佔總就業人數的 2％，與前一時期相比沒有變化，第
三類的佔 8.1％，增長極微，第四類的也是低度增長，佔8.7％而增
加 0.7 點；萎縮的職業就百分點而言，以第五類的居首，佔6.3％而
減少7.6 點，其次是第六類的佔 32.1％，減少 2.5 點，再次是第一
類的佔 4.1％，減少1.5點，第七類的以佔 27.6％ 而減少0.2；這時
期職業不能分類的增加 51 萬2千多人，因而影響了結構上的分配狀
態，以致第七類的生產作業及有關工作者，增加 26 萬多人而變化百
分點卻呈現負數⑭。 就增長的絕對數觀之，惟有第五類的服務工作者
是眞正減少，與前一期相比， 約減少 17 萬人， 這可能是受到民國
63、4 年經濟不景氣的影響而致；其他各業從業人數增加1千多人(第
一類) 到 30 多萬人 (第六、七兩類)。

　　民國 68 年卽第二個 10 年之後的第三年，職業結構的變遷普遍
較小，可能只是間隔三年而已。從業人員佔總就業人口的百分比顯現
萎縮的，只有第六類的，佔28.2％而減少3.9點，其餘都是增長的，
第七類的佔 30％，增長 2.4 點，第三類的佔 9.2％，增加 1.1點，
第二類的佔 2.4％，增加 0.4 點， 第五類的佔6.6％， 增加0.3點，
第一、三及四等類的，分別佔4.2％、9.2％及8.8％，而都增加 0.1
點。在絕對數上，惟一實在減少的只有第六類的農業及有關的工作者，
減少5 萬多人，其他各業最少增加2萬7千多人 (第一類的)， 最多
增加 24 萬多人 (第七類的)。

　　20 多年之間，就業總人數淨增加 2,967,812 人，以民國 45 年
爲基期其增長率爲138.30。增加人數的各業分配，依百分比高低而列，
最高的是生產作業人員、運輸設備操作員及體力工人的 37.07， 增
加1百 10 萬多人，其次是佐理人員 11.8 ，再次是農林、畜牧、漁

⑭　國防人員列入統計，致不能分類職業人數驟增。

獵工作者的 10.80，然後是買賣人員的 9.06，服務工作者的 8.14，專
門性、技術性及有關人員的 5.01 以及管理人員的 2.41； 其餘的16.4
3 則屬於職業不能分類工作者。增長指數低於總計的是農林及有關工
作者一類，只有 28.5 而爲總計的五分之一；亦爲基期的五分之一，
但絕對數則增加 30 多萬人；略高於總計的只有管理人員一類。依職
業結構變化百分點的增減累積來說，呈現負數的僅有農林及有關的工
作者一類，共減少 24.2 點，爲一最明顯的萎縮性的職業；累積百分
點爲正數增加的即增長的有生產作業及有關工作者，爲 9.8 點，其次
是佐理人員的 2.5 點與服務工作者的 2.2 點，再次是專門性、技術性
及有關工作者的 1.0 點，買賣人員的 0.5 點；管理人員僅有 0.1 點，
似乎是一瀕臨萎縮的職業。

　　就整個職業結構變遷的百分點而言，其所顯示的事實是： 第一、
農林、畜牧及漁獵工作者的，自始就呈現負數；第二、惟一未有負數
出現的是佐理人員一類；第三、先增後減再增的有生產作業及有關的
工作者、服務工作者與專門性、技術性及有關人員等三類，百分點的
累增在 9.8 點至 1 點之間；第四、先減後增的有買賣人員與管理人員
兩類，增加甚微。

　　㈢職業結構及其變遷之三： **女性人口**

　　臺閩地區十五歲及以上有業婦女人口的職業結構，各業從業人數
佔總就業人數的百分比，由高而低依次是第六類的62.6%，第七類的
12.0%，第五類的 8.4%，第四類的5.9%，第一類的5.4%，第三類
的 4.5%，第二類的 0.9%，其餘的 0.3% 屬於職業不能分類者。這
一職業結構所顯示的特徵是： 其一、幾乎有三分之二的婦女從事於農
林、畜牧及漁獵的工作；其二、從事生產作業及有關工作的與服務工
作者的相比，約多 1 萬 7 千人而已，因爲這時是我國工業發展的初期，

表六：臺閩地區歷年十五歲以上有業人口職業別(三)——女

職業別	人口 民45年	民55年(1)	民65年(2)	民68年(3)	增　長 民45~55年	民55~65年	民65~68年	民45~68年	職業結構變化（百分點） 民55~65年	民65~68年	民45~68年	民45~68年
1. 專門性、技術性及有關人員	24,525 (5.4)	52,889 (7.0)	105,521 (4.8)	128,498 (4.9)	28,364 (115.65)	52,632 (99.51)	22,977 (21.77)	103,973 (423.95)	1.6	-2.2	0.1	-0.5
2. 管理人員	4,020 (0.9)	7,956 (1.1)	23,599 (1.1)	34,492 (1.3)	3936 (97.91)	15,643 (196.62)	10,893 (46.24)	30,472 (758.01)	0.2	0	0.2	6.2
3. 佐理人員	20,624 (4.5)	53,617 (7.1)	220,829 (10.1)	332,363 (12.7)	32,993 (145.14)	167,212 (311.86)	111,534 (50.51)	311,739 (1511.54)	2.6	3.0	2.6	6.2
4. 買賣人員	26,852 (5.9)	62,043 (8.2)	198,558 (9.1)	265,733 (10.2)	35,191 (131.06)	136,515 (220.02)	67,175 (38.83)	238,881 (889.62)	2.3	0.9	1.1	4.3
5. 服務工作者	37,876 (8.4)	99,166 (13.1)	159,310 (7.3)	210,893 (8.1)	61,290 (161.82)	60,144 (60.65)	51,538 (32.38)	173,017 (456.80)	4.7	-5.8	0.8	-0.3
6. 農林、畜牧、漁獵工作者	284,001 (62.6)	342,762 (45.4)	864,187 (39.5)	829,511 (31.8)	58,761 (20.69)	521,425 (152.12)	-34,675 (-4.01)	545,510 (192.08)	-17.2	-5.9	-7.7	-30.8
7. 生產作業人員、運輸設備操作人員及體力工人	54,551 (12.0)	136,111 (18.0)	613,497 (28.0)	804,946 (30.8)	81,560 (149.51)	477,386 (350.73)	191,449 (31.21)	750,395 (1375.58)	6.0	10.0	2.8	18.8
8. 職業不能分類工作者	1,144 (0.3)	972 (0.1)	4,157 (0.2)	3,822 (0.1)	-172 (-15.03)	3,185 (327.67)	-335 (-8.06)	2,678 (234.09)	-0.2	0.1	-0.1	-0.2
總計	453,593 (100.0)	755,516 (100.0)	2,189,658 (100.0)	2,610,258 (100.0)	301,923 (66.56)	1,434,142 (189.82)	420,600 (19.21)	2,156,665 (475.46)				

資料來源：(1)、(2)、(3)，同表三

註：同表三

所以婦女從事工業生產及有關作業的較少。

　　民國 55 年的職業結構，及其與前一時期相比第一個 10 年有顯著變化。在結構上第六類的佔 45.4％，百分點減少 17.2 點，第七類的佔 18.0％，增加 6.0 點，第五類的佔 13.1％，增加 4.7 點，第三類的佔7.1％，增加2.6點，第四、一與二等類，各佔8.2％、7.0％與1.1％，分別增加2.3 點、1.6 點與 0.2 點。在淨增長絕對數上，各業都增加，即以百分比減低的農林、畜牧、漁獵工作者的，也增加5萬8千多人。

　　再歷經 10 年的民國 65 年，各業從業人數佔總就業人數的百分比，第六類的佔 39.5％，減少 5.9 點，第五類的佔 3％，減少 5.8 點，第一類的佔4.8％，減少2.2點，這三類的職業在變化百分點都是負數，有萎縮的趨向；第二類的佔 1.1％，百分點為 0 即10年間沒有變化；第七類的佔 28.0％，增加 10點，第三類的佔10.1，增加 3.0 點，第四類的佔 9.1％，增加 0.9 點，這三類的職業，變化的百分點都是正數，是傾向於增長的職業。在絕對數上，各業都增加，即呈現萎縮的農林、畜牧、漁獵工作者，仍然增加 52 萬多人，為比增長職業的生產作業及有關工作者的 48 萬人多4萬多人；而增加總數則為第一個十年的三倍多。

　　3 年後的民國 68 年，各業從業人數佔總就業人數的百分比，第六類的佔 31.8％，減少 7.7 點，惟一顯現萎縮的職業；第七類的佔30.8％，與第六類的相近而增加 2.8 點，第三類的佔 12.7％，增加2.6 點，第四類的佔 10.2％，增加 1.1 點，第二、一兩類的，各佔1.2％ 與 4.9％，分別增加 0.2 點與 0.1 點。在絕對數上，從業人數惟一減少的是農林、畜牧、漁獵工作者，餘者都增加（職業不能分類工作者除外）。值得注意的是生產作業員、運輸設備操作人員及體力

工人的從業人數 80 多萬人，僅爲佐理人員 33 萬多人的一倍半而已，民國 45 年兩者相比亦爲一倍半，顯然，兩者的增長，成三比二的狀態；因此，婦女的就業，除農林及有關的工作外，最主要的就是生產作業及有關的工作與佐理方面的事務性工作。

以民國 45 與 68 年相比，總就業人數淨增長 2,156,665 人，淨增加約 4.8 倍；其分配狀態是第七類的佔 34.79%，第六類的佔 25.30%，第三類的佔 14.46%，第四類的佔 11.08%，第五類的佔 8.02%，第一類的佔 4.82%，第二類的佔 1.41%，其餘 0.12% 爲職業不能分類的工作者。在絕對數上各業都顯現增加，而在淨增長率低於總計的，有農林及有關的工作者、專門性與技術性及有關工作者，以及服務工作者三類，而這三類職業，在職業結構變化百分點增減累積都呈現負數，可說是具有萎縮傾向的職業，尤以農林及有關工作者的爲甚。生產作業及有關工作者、佐理人員、管理人員以及買賣人員都是正數，這四類顯然都是趨向於增長的職業。

從整個職業結構變化百分點來看，其所顯示的事實是：第一、農林及有關工作者自始就呈現負數，反之，生產作業及有關工作者則爲正數，這是社會型態從農業社會轉化爲工業社會必然的現象；第二，管理人員、佐理人員及買賣人員等三類職業，亦是自始就一直爲正數，是屬於增長的職業；第三，專門性、技術性及有關人員與服務工作者兩類，都是先增後減，增減相抵而爲負數，顯然，兩者可說是屬於相對的萎縮性職業。

（四）職業結構及其變遷的性別比較

職業結構及其變遷，已就男與女兩部分予以分析，若進一步作一比較，以瞭解結構上及變遷趨勢的差異，則對人力資源的開發與運用的規劃有其助益。茲分有業人口的性別比較、職業結構的性別差異、

以及職業結構變遷的性別差異（均見表七），以作討論。

一、有業人口的性別比較

　　民國 45 年有業人口約 260 萬人，其中男的佔 82.55%，女的佔 17.45%，男與女約成五比一。至民國 68年，有業人口增加爲 7 百72 萬 4 千人，男的佔 66.21%，女的佔 33.79%，一降一升的百分比 爲16.34%；男與女成二比一。顯然，自民國 45 至 68 年之間，婦女 就業人數急速增加，這是在工業化過程中大量需求人力，婦女藉機投 入而致的必然現象。雖然如此，但就民國 70 年 1 月勞動力參與率來 看，男的爲 60.27%，女的爲 39.73%❺，兩者則成三與二之比；這 一事實說明，婦女仍有相當的潛在勞動力存在，尚待開發運用。

二、職業結構之性別比較

　　有業人口職業結構的性別差異，在民國 45 年百分比居前三位的 男的爲第六、七與四等類，女的爲第六、七與五等類，惟一不同的是 居第三位的，一爲第四類的買賣人員，另一爲第五類的服務工作者。 以各類職業所佔百分比作比較，男的高於女的有第二、三、四與七等 四類，差距最大的第七類，爲8.2%，餘者三類相差只有 2 %上下。女 的高於男的有第一、五與六等三類，差距爲2.2%、4.0%與10.2%；差 距普遍大於男的高於女的。

　　民國 68 年，在職業結構上百分比佔前三位的，男的爲第七、六 與三等三類，女的亦是這三類，但其位序第六類的先於第七類的。各 業所佔的百分比對照比較，男的高於女的只有第二類的一項，其差距 也僅爲 1.1% 而已；女的高於男的六項之中，相差最小的爲第七類的 0.6%，最大的爲第六類的3.6%。男與女各業百分比相比，其差距較 諸民國45年的普遍縮小，而變化最大的爲第六、七兩類的，其差距

────────────

❺　中華民國臺灣地區社會指標月報，行政院主計處，民70年1月。

表七：臺閩地區十五歲以上有業人口的職業結構及其變遷之性別比較

年別／職業別	民國45年			民國68年			淨增長			職業結構變化百分點		
	合計	男	女	合計	男	女	合計	男	女	合計	男	女
1. 專門性、技術性及有關人員	3.6%	3.2%	5.4%	4.5%	4.2%	4.9%	270.83% (4.93)	216.25% (5.01)	423.95% (4.82)	0.9	1.0	0.5
2. 管理人員	2.1	2.3	0.9	2.0	2.4	1.3	189.85 (1.99)	143.90 (2.41)	758.01 (1.41)	-0.1	0.1	6.2
3. 佐理人員	6.3	6.7	4.5	10.4	9.2	12.7	391.37 (12.50)	229.89 (11.08)	1511.54 (14.46)	4.1	2.5	6.2
4. 買賣人員	7.9	8.3	5.9	9.2	8.8	10.2	247.13 (9.91)	150.57 (9.60)	889.62 (11.08)	1.3	0.5	4.3
5. 服務工作者	5.1	4.4	8.4	7.1	6.6	8.1	311.79 (8.09)	254.00 (8.14)	456.80 (8.02)	2.0	2.2	-0.3
6. 農林、畜牧、漁獵工作者	54.2	52.4	62.6	29.4	28.2	31.8	61.49 (16.90)	28.50 (10.80)	192.08 (25.30)	-24.8	-24.2	-30.8
7. 生產作業員、運輸設備操作人員及體力工人	18.7	20.2	12.0	30.3	30.2	30.8	379.87 (36.11)	254.24 (37.07)	1375.58 (34.79)	11.6	9.8	18.8
8. 職業不能分類工作者	2.1	2.5	0.3	7.0	10.6	0.1	956.88 (9.57)	909.18 (16.43)	234.09 (0.12)	4.9	8.1	0.2
總計百分比	100.0	100.0	100.0	100.0	100.0	100.0	197.13 (100.0)	138.30 (100.0)	475.46 (100.0)			
實數	2,599,487	2,145,894	453,593	7,723,964	5,113,706	2,610,258	5,124,477	2,967,812	2,156,665			
性別比	100.0	82.55	17.45	100.0	66.21	33.79	100.0	57.91	42.09			

來源：表四、一、六　※括弧中數字淨增長數的職業分配分比

約縮小6.7%；尤其值得注意的是，第七類的生產作業員、運輸設備操作員及體力工人，男與女的百分比相差極微，而且女的反比男的為高。

三、職業結構變化之性別比較

　　總就業人數，民國 68 年比民國 45 年增加 5 百12萬多人，總增加率為 197.13%，男的增加 2 百 96 萬多人，增加率為 138.30%，女的增加 2 百15萬多人，增加率為 475.46% 約為男的二倍半，足見婦女就業人口增加速率大於男的。以增加的就業人數在職業上分配而言，居於前三位的男的為第七、三與六等類，各佔37.07%，11.08%與10.80%；女的為第七、六與三等三類，各佔34.79%，25.50%與14.46%；三類相同，只是第六與第三兩類的位序互異而已；而且第七類生產作業及有關人員與第三類佐理人員的百分比相加，男與女兩者都幾達50%，若再加上第四類的買賣人員與第五類的服務工作者則達於三分之二。所以，淨增加的從業人員，以在非農業的第三、四、五與七等類尤其第七類為主。

　　從職業結構變化增減累積百分點來看，呈現負數的為第六類的農林及有關工作者，男的為負 24.2 點，低於女的負30.8點；第五類服務工作者，男的為正數 2.2 點，女的為負 0.3 點。累積百分點為正數而顯示增長的，以第七類的生產作業及有關工作者為最，男的增加9.8 點，女的增加 18.8 點幾為男的一倍；第一至四等四類，男的增加 0.1 點（第二類）至 2.5 點（第三類），女的增加 0.5 點（第一類）至 6.2點（第二、三類）；除第一類外，增加的百分點女的都高於男的。由各業變化百分點多半女的高於男的，足見近2、30年之間，婦女就業的範圍普及各業，這是由於經濟發展而在各業給予婦女提供更多就業機會；同時教育程度普遍提高，使得婦女能有才識與學力擔任社會給予的工作。

（五）職業結構變遷的幾個事實

從以上職業結構及其變遷的分析，發現以下幾項顯著事實:

第一、自民國 45 至 68 年總就業人數約增加一倍。

第二、職業結構變化以百分點而言,農林及有關工作者減少 24 8 點, 其減少趨勢, 婦女的尤甚於男性的。

第三、生產作業及有關工作者的職業, 增長迅速,增加 11.6 點, 而增長速率女的高於男的幾及一倍。

第四、此外各業的變遷, 婦女的普遍顯著增長, 男的增長幅度則 較小。

第五、就業人數的性別比較, 由民國 45 年的男與女成五與一之 比, 縮小為民國 68 年的二比一, 足見婦女勞動力參與率迅速提高, 但是以民國 70 年 1 月的情形而言, 僅達 39.73%, 婦女勞動力尚有 開發運用之餘地。

五、變遷中的職業結構

根據上述, 近卅年臺閩地區職業結構變遷的最明顯事實, 乃是農 林、畜牧、漁獵工作者佔就業總人口百分比的銳減, 而生產作業人 員、運輸設備操作員及體力工人的劇增; 這種變遷情形, 女性人口尤 甚於男性人口。今後職業結構仍將繼續變遷, 至其變遷趨勢如何, 則 難作正確預估; 不過, 由於經濟的成長、科技的進步、教育的普及與 提高、以及婦女勞動率參與率的增長, 職業結構仍會有鉅大變遷, 則 可預料。

既往臺閩地區的經濟, 由農業為主而逐漸發展為以工業為主。在 這一期間迅速成長起來的工業, 是勞力密集的工業, 其特徵是低度技 術。目前我們的工業, 正由勞力密集向資本或技術密集突破, 一如高

度工業化國家所經驗過的所謂「工業升級」，就是意指工業發展走向資本或技術密集。而發展資本或技術密集工業，固然資本重要，但是人力資源素質能否應乎技術密集工業的需求則為更重要，否則工廠與建起來，機器設備又是最新的，卻因「萬事俱備只欠東風」，即缺乏操作人員，而勢必形成資本浪費。因此，工業升級過程中，必須解決而又一時難以解決的，是人力資源問題。

關於工業升級面臨的人力資源問題，其解決之道在於教育規畫與就業輔導，應針對工業升級的趨勢，尤其是工業結構本身的變化，採取適當策略，才能教育與訓練所需人員。茲就兩者略作說明。

第一、教育規畫

近些年來，教育政策與經濟發展脫節是眾所週知的一項明顯事實，據青輔會若干調查指出，大專畢業生就業困難，且有「用非所學」的情形存在；而中小學畢業生則就業機會甚多，可以在多項機會擇一而就業。今後為配合工業升級的人力需求，教育規畫應密切而且精確地與經濟發展計畫結合，採取彈性策略，經常調整大專科系，以及中學的普通教育與職業教育的比重，以培養經濟發展所需人才，如此，既無慮於工業升級的人力匱乏，且不會因「用非所學」或就業困難而浪費人力資源。

第二、就業輔導

目前就業輔導工作方式，多半偏於靜態、被動的，既未積極開發人力資源，又非積極開拓人力市場。為配合工業升級趨勢，就業輔導工作，應採取動態的、主動的策略，經常不斷與廠商接觸，並與教育與經濟部門維持高度密切合作，以瞭解經濟發展的趨勢，掌握人力資源供需狀況，才能發揮就業輔導的最大功能。

同時，近些年就業輔導求職與求才不但有其差距，而且差距顯示

有擴大之勢，其癥結在於求才者徵求不到所需技術條件的人才，而求職又以缺乏技術不能應徵。這一事實指出，在工業升級過程中，由於工業由低度技術向高度技術發展，因此，需求具有技術的人力趨向增加。針對這一事實，就業輔導在掌握經濟發展的人力供需情況之下，積極配合職業訓練，始能有效地施展人力供需的媒介作用，而使工業提升能够順利以進。

　　總之，今後由於工業升級，職業結構勢必仍會趨向於鉅大變遷，但是如何在工業升級過程中，適當處理人力資源問題，則是急待解決的問題。